리더십
이론과 실제

탁진국 · 손주영 공저

학지사

이 저서는 2014년도 광운대학교 연구년에 의하여 발간되었음.

| 저자 서문 |

학부와 대학원에서 리더십을 강의한 지 20년이 넘었다. 대학원에서의 리더십 수업은 주로 해외 논문을 읽고 논의하면서 진행하기 때문에 교재 걱정을 할 필요가 없지만 학부 수업은 교재가 있어야 하기 때문에 어떤 책을 교재로 할지 늘 고민이었다.

요즘에는 학부 수업용으로 사용할 수 있는 리더십 교재가 많이 나와 있지만 초창기에는 사용할 만한 교재가 별로 없어서 교재 없이 나름대로 강의안을 만들어 사용하곤 했다. 새로운 교재들이 많이 나오기 시작하면서 그만큼 선택의 폭은 넓어졌지만, 책에서 다루는 내용이 다소 어렵거나 또는 이론 위주로 되어 있어서 학부생에게는 적합하지 않은 것으로 판단되었다.

학부생들만을 대상으로 좀 더 실무적인 내용을 다루면서 최근 이론까지 포함하는 책을 내야겠다는 생각은 하고 있었으나 방대한 내용을 혼자 기술하기에는 어려움이 많아 계속 미루게 되었다. 마침 몇 년 전, 같은 학교에서 전체 학부생을 대상으로 리더십 교양 강의를 오랫동안 해 오셨던 손주영 교수님과 이야기를 하다가 공저로 리더십 책을 내자고 의견을 모았다. 하지만 그 후로도 차일피일 미루다 보니 이제야 책을 출간하게 되었다.

이 책의 특장점은 다음과 같다. 첫째, 학부생을 대상으로 하는 책이어서 그들의 이해를 돕기 위해 내용을 가능한 한 쉽게 기술하려고 애썼다는 점이다. 둘째, 리더십 이론에 관해 설명한 다음에, 각 리더십 이론에서 다루는 리더십 역량을 독자들이 얼마나 가지고 있는지를 스스로 진단할 수 있도록 리더십 진단도구를 부록으로 제시하였다는 점이다. 셋째, 다른 책에서는 잘 다루지 않은 최근의 리더십 이론(예: 학생리더십, 여성리더십, 코칭리더십, 긍정리더십, 창의적 리더십 등)과 바람직한 리더 역량(예: 갈등 관리, 역량 개발, 비전 관리, 목표 관리, 직무 스트레스 관리 등)에 관한 내용을 포함시켰다는 점이다. 마지막으로, 리더십 이론에 대한 이해를 돕기 위해 각 장에 해당 리더십 이론과 관련된 사례를 수록하였으며, 각 장의 마지막에는 팀 토의를 통해 해당 장에서 배운 내용을 다시 한 번 논의할 수 있게 하였다.

이 책은 총 13개 장으로 구성되어 있으며, 학부에서 한 학기용 리더십 강의 교재로 활용할 수 있도록 집필되었다. 전체 13장 가운데 탁진국 교수가 4, 5, 8, 9, 10, 11장을, 손주영 교수가 1, 2, 3, 6, 7, 12, 13장을 맡아 집필하였다.

이 책이 나오기까지 오랜 시간이 걸렸음에도 불구하고 독촉하지 않고 묵묵히 기다려 주신 학지사 김진환 대표님께 감사하다는 말을 전하며, 참고문헌을 비롯해 전체 내용을 내 책같이 꼼꼼히 살펴봐 주신 편집부 박나리 대리에게도 감사드린다.

2017년 6월
공동저자 대표 탁진국

| 차례 |

제10장 학생리더십과 여성리더십 · 289

제11장 창의적 리더십 · 313

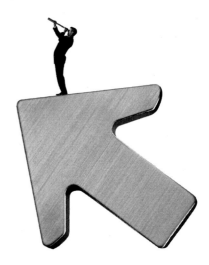

제1장 조직과 리더십

1. 조직의 정의

현대사회는 '조직사회(organizational society)'라고 불릴 정도로 다양한 형태의 조직들이 존재하는데, 크게 직장, 학교, 지방자치 단체, 제조업체, 서비스업체 등과 같이 두 사람 이상의 구성원이 공동의 목표를 달성하기 위해 의식적으로 구성한 공식 조직(formal organization)과 동호회, 학습모임 등과 같이 빈번한 개인적 접촉을 통해 무의식적으로 형성되는 비공식 조직(informal organization)으로 분류할 수 있다.

Toffler(1990)가 인류의 생활양식을 가장 크게 변혁시킨 사건 중 하나로 '조직사회'를 언급했듯이 현대사회에서 조직은 개인의 생활양식뿐만 아니라 사회적 계급(social class)의 변화에도 지대한 영향을 미치게 되는데, 이는 조직의 직급이나 직위가 개인의 사회적 계급에 반영되는 경우가 많기 때문이다.

조직(organization)이란 용어는 생물학의 유기체를 의미하는 라틴어 'organisatio'에서 유래된 개념으로서 시대 또는 연구의 관점에 따라 다양하게 정의된다. 사회학자인 Weber(1948)는 조직을 "계속적이고 의도적인 특정한 형태의 활동체제"라고 규정하였다. Weber에 의하면 조직 내부에는 조직 구성원들의 활동을 규정하고 통제하는 제도와 절차가 있고 이 제도와 절차들은 조직의 질서를 유지하며 조직이 존재하도록 하는 역할을 수행한다. 따라서 조직은 '제도와 절차 등의 규칙에 의하여 외부인의 출입이 제한되는 사회적 관계'이기도 하다.

Barnard(1968)는 조직을 "공동의 목적을 달성하고자 의식적으로 조성된 2인 이상이 모여 상호 의사소통하는 집합체 또는 협력체계"라고 정의하였다. 그에 의하면 '체계'는 목표설정, 목표지향, 의사소통의 세 가지 구성요소로 이루어져 있기 때문에 조직 경영자의 역할은 명확하게 목표를 설정하고, 조직 구성원들이 자발적으로 목표달성을 향해 나아갈 수 있도록 효과적으로 동기부여시키며, 원활하고 수평적인 의사소통을 통해 조직 구성원들 간의 협력을 키워 나가는 것이다.

한편, March와 Simon(1960)은 "인간들의 상호작용의 집합체로서 하나의 사회제도"라고 조직을 정의했으며, Khan과 Katz(1960)는 "공동의 목표를 가지고 있고 내부관리를 위한 규제 장치와 외부환경 관리를 위한 적응구조를 발달시키는 사람들의 집합체"라고 조직을 정의하였다.

또한 Presthus(1978)는 조직을 "구성원의 활동을 조정하여 특정한 목적을 달성하도

| Weber(1948) |
| 계속적이고 의도적인 특정한 형태의 활동체제 |

| Barnard(1968) |
| 공통의 목적을 달성하고자 의식적으로 조성된 2인 이상이 모여 상호 의사소통하는 집합체 또는 협력체계 |

| March와 Simon |
| 인간들의 상호작용의 집합체로서 하나의 사회제도 |

| Khan과 Katz |
| 공동의 목표를 가지고 있고 내부관리를 위한 규제 장치와 외부환경 관리를 위한 적용구조를 발달시키는 사람들의 집합체 |

| Presthus |
| 구성원의 활동을 조정하여 특정한 목적을 달성하도록 만들어진 상당히 영속적인 사회체제 |

| Etzioni |
| 일정한 환경에서 특정의 목적을 달성하기 위하여 의도적으로 구성되고 재구성되는 사회적 단위 또는 인간들의 집합 |

| Litterer |
| 조직이 아니면 이룰 수 없는 무엇인가를 달성하기 위해서 인간이 개발한 사회적 발명품 또는 도구 |

|그림 1-1| 조직의 개념

록 만들어진 상당히 영속적인 사회체제"로 설명하였고, Etzioni(1961)는 "조직이란 일정한 환경하에서 특정의 목적을 달성하기 위하여 의도적으로 구성되고 재구성되는 사회적 단위 또는 인간들의 집합"이라고 규정하였다. 마지막으로, Litterer(1974)는 "조직이 아니면 이룰 수 없는 무엇인가를 달성하기 위해서 인간이 개발한 사회적 발명품 또는 도구"로 조직을 정의하였다.

하지만 조직의 개념에 대한 학자들의 다양한 정의에도 불구하고 조직에 대한 정의에는 다음과 같은 몇 가지 공통점이 있다.

① 조직은 공동의 목적(purpose) 및 목표(goals)를 가지고 있다: 조직목적은 조직의 존재 이유이자 궁극적으로 달성하고자 하는 가치 중심적인 지향점으로서 조직목표에 비해 보다 포괄적이다. 또한 조직목적은 조직 활동의 방향성을 제시하고, 조직 구성원의 의사결정에 있어 지침이 되며, 행동과 성과의 평가기준이 된다. 따라서 조직의 기대 역할을 성공적으로 수행하기 위해서는 조직 구성원들에게 조직의 목적을 명확하게 이해시키는 것이 무엇보다 중요하다. 한편, 조직목표는 조직목적의 하위 개념으로서 조직의 목적을 실현하기 위해 일정 기간 내에 달성해야 할 계량적이고 구체적인 설정치이다. 조직 효과성의 측정기준이 되는 조직목적과는 달리, 조직목표는 조직 효율성의 측정기준이 되고 조직의 계획 및 실행 사항 등을 명확하게 하는 기초가 된다.

② 조직은 공동의 목적달성을 추구하는 구성원들로 이루어져 있기 때문에 가장 중요한 구성요소는 인적 요소이다: 21세기 지식정보화 사회에서는 재화 또는 용역보다 가치 있는 정보의 획득이 보다 중요하며 창의적인 정보 인프라의 구축이 조직 경쟁력의 원천이 된다. 따라서 조직이 지속적으로 성장, 유지, 발전하기 위해서는 우수한 인적자원을 통해 조직이 가장 필요로 하는 정보를 찾아내고 이를 활용하여 부가가치를 창출할 수 있어야 하며 이를 위해서는 효과적인 인적자원 개발 전략이 반드시 필요하다.

③ 조직은 2인 이상의 구성원으로 이루어져 있기 때문에 구성원들 간의 이해관계를 조정하고 통합하는 협력체계의 구축과 함께 힘의 구심점이 되는 파워센터(power center)가 필요하다: 일반적으로 조직은 여러 사람으로 구성된 협동체로서 조직의 목표달성을 위해 서로 협동한다. 하지만 조직의 규모가 커지고 조직환경이 복잡해짐에 따라 조직을 효율적으로 관리하기 위한 조정체계가 필요하다.

④ 조직은 구성원들 간의 역할(role)과 업무, 책임과 권한, 규율(rule), 기능(function) 등을 결정하는 규정 및 절차 등을 포함하는 공식적 구조를 가지고 있다: 조직은 구성원들의 단순한 모임체가 아닌 별도의 사회적 단위로서 조직의 목표달성을 위해 구조라는 일정한 틀과 활동체계를 가진다.

⑤ 조직은 경계가 있고 환경과 상호작용을 한다: 조직은 조직 내부와 외부를 구분하는 경계를 가지고 있기 때문에 타 조직 또는 환경과 차별화되는 집단을 형성한다.

따라서 이상과 같은 공통점을 포함하여 조직의 개념을 재정의하면 '조직은 공동의

목적(common purpose)을 달성하기 위하여 두 사람 이상이 의식적으로 결합하여 상호
작용하는 사회적 집합체 또는 힘(forces)의 체계'라고 정리할 수 있다.

2. 조직과 집단

"인간은 사회적 동물이다."라는 아리스토텔레스의 말과 같이 인간은 사회라는 울타
리 안에서 어울려 살 때 비로소 삶의 만족과 기쁨을 느끼게 된다. 사회 속의 인간은 본
태적으로 조직과 무의식적으로 동기화되어 있기 때문에 고대사회로부터 조직은 인간
사회의 기본 구성요소로서 개인의 중요한 생활수단이 되어 왔다. 현대사회에서도 조
직은 단순히 여러 사람이 모인 집합체를 의미하는 것이 아니라 조직 구성원의 복합적
인 행동과 의사결정 체계를 의미하는 포괄적인 개념으로서 개인과 집단을 포함한다.

1) 집단의 의미

집단(group)의 개념은 조직의 개념과 상당히 유사하다. 하지만 집단에 비해 조직은
보다 뚜렷한 목표와 경계를 가지고, 보다 명확하게 구성원의 지위와 역할을 구별하며,
보다 엄격하게 규범을 규정짓는 특성을 갖는다.

Bass(1990)는 집단을 "함께하는 것이 자신들에게 이익을 준다고 생각하여 모인 사람
들의 집합"으로 정의하고 있으며, McDavid와 Harari(1968)는 "집단은 역할과 규범이
공유되며 필요한 기능을 수행하는 둘 이상의 개인들로 구성된 조직화된 시스템"이라
고 정의함으로써 시스템으로서의 집단의 특성을 강조하고 있다. 따라서 집단은 '공동

|그림 1-2| 개인, 집단, 조직의 관계

의 목표를 공유하고 자신을 집단의 일원으로 인식하는 둘 이상의 사람들이 모여 상호 작용하는 상호 의존적인 개인들의 집합체'라고 정의할 수 있다.

집단은 팀(team)의 개념과는 명확하게 구분되는데, 집단의 경우 임명된 한 명의 지도자가 존재하는 데 반해 팀은 지도자의 역할이 공유된다. 또한 집단은 구성원에게 공동의 목표를 제시하고, 조직화된 업무 위임을 통해 개인의 책임을 강조하며, 개별적인 결과물을 요구하는 데 반해 팀은 팀 스스로 설정한 팀목표의 달성을 위해 공동의 책임을 강조하고, 팀 구성원들 간의 자유로운 토의 및 피드백, 적극적인 문제해결 등을 통해 팀 공동의 결과물을 제출할 것을 요구한다. 집단을 특징짓는 주요 구성요소는 다음과 같다.

2) 집단의 구성요소

① 역할(roles): 역할은 조직이 특정 지위에 있는 사람에게 기대하는 행위 패턴을 의미하는 것으로서 집단의 구성원들에게 조직의 기대와 해야 할 일을 알려 주는 기능을 한다. 일반적으로 집단 구성원들의 역할은 직무담당자가 수행하여야 할 의무와 책임 등을 기술해 놓은 직무기술서(job description)를 통해 파악할 수 있다.
② 규범(norms): 규범은 조직에서 공유되고 있는 집단 구성원의 바람직한 행위를 규정하는 것으로서 집단 내에서 수용 가능한 행위의 기준이 된다.
③ 지위(status): 지위란 집단에서의 서열 및 순위 등을 나타낸다. 지위는 조직 구성원의 동기부여에 영향을 미치는 중요 구성요소 중 하나이고 조직 행동을 이해하는 데 있어 매우 중요한 개념이다.

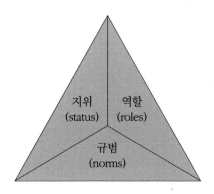

|그림 1-3| 집단의 구성요소

집단은 인간의 라이프사이클(life cycle)과 마찬가지로 형성에서 쇠퇴에 이르는 다섯 단계의 발전단계를 거친다.

첫 번째 단계는 집단형성 단계로서, 조직 구성원들은 이 단계에서 집단의 활동 및 운영에 대한 기본적인 규칙을 만들고 이 규칙을 통해 서로를 집단의 일원으로 인정하게 된다.

두 번째 단계는 갈등단계로서 집단의 목표달성을 위한 구성원 간의 상호작용 과정이다. 구성원들은 이 단계에서 상호 간의 영향력 발휘로 인해 갈등을 경험하게 되는데, 만약 구성원들 간의 갈등이 해결되지 않는다면 구성원들의 집단 이탈로 인해 집단 해체의 가능성이 있다. 집단 지도자의 리더십 발휘가 중요한 시점이다.

세 번째 단계는 규범확립 단계로서 집단의 목표, 과업 수행방식, 성과 측정기준 등 직무 수행의 핵심적 사항에 관한 조직 규범이 확립되는 단계이다. 구성원들은 규범을 수용하는 과정을 통해 구성원 상호 간에 동질성과 동료애를 느끼고, 책임감을 공유하게 되며, 강한 집단 응집력(group cohesiveness)을 갖게 된다.

참고 | 집단 응집력이란?

집단 응집력이란 한 집단의 구성원들이 서로를 신뢰하고, 집단의 일원으로서 자부심을 느끼며, 계속적으로 그 집단에 존재하고 싶은 정도를 의미한다. 응집력이 높은 집단일수록 구성원 상호 간에 유대가 강하고, 서로 많은 영향을 주고받으며, 집단 활동에 보다 적극적으로 참여하는 경향이 있다. 집단 응집력에 영향을 미치는 요인으로는 집단의 규모, 목표 달성의 성공 경험, 집단 구성원들의 태도 및 가치관의 유사성 등을 들 수 있는데, 일반적으로 집단 규모가 작을수록 구성원 상호 간에 상호작용이 활발해지고 집단 응집성이 증가하는 경향이 있다. 또한 집단이 공동의 목표를 성공적으로 달성하게 되면 효과적인 집단의 일원이라는 자부심이 증가하고 성공 체험의 공유 등을 통해 집단 응집력이 제고된다. 집단 구성원들의 유사한 태도 및 가치관은 집단 응집력의 가장 강력한 원천으로서 구성원 상호 간에 원활한 의사소통과 교감을 가능하게 한다. 일반적으로 집단 응집력이 높은 집단은 집단의 목적과 개인의 목적이 일치하고, 지도자의 리더십이 효과적으로 발휘되며, 집단의 과업을 효과적 · 효율적으로 달성한다. 또한 집단 구성원 간의 원활한 의사소통으로 인하여 집단에 대한 만족도가 높고, 상호 간 높은 신뢰 및 협동을 통해 집단 내부의 갈등이 적으며, 집단목표에 대한 수용도가 높아서 집단의 성장과 발전에 장애가 되는 방해요인들을 성공적으로 극복해 나간다. 또한 강한 동질감을 느끼고, 집단의 목표달성에 있어서 적극적으로 참여한다. 하지만 집단 응집력의 이러한 긍정적 효과에도 불구하고 지나치게 강한 집단 응집력은 외부 집단의 능력과 효과성을 과소평가하게 하고, 타 집단의 구성원에 대해 강한 거부감을 가지게 하며, 구성원 모두가 일체가 되어 함께 행동하려는 경향으로 인해서 의사결정을 할 때 합리적이고 객관적인 태도를 가지기보다는 다수의 의견에 쉽게 동조하게 되고 이로 인해 의사결정의 정확성과 합리성이 저하되는 것과 같은 부정적인 효과 역시 간과할 수 없는 것이 사실이다.

네 번째 단계는 성취단계로서 집단 구성원들이 함께 목표를 달성해 나가는 과정을 통해 리더의 영향력에 대한 수용도가 증가하고 리더-구성원 간의 호의적인 관계 구축을 통해 집단의 성과가 최고조에 이르는 단계이다.

마지막은 해체단계로서 집단의 목표가 달성되었거나 상실될 경우 또는 구성원들이 집단을 이탈하거나 집단의 규범이 더 이상 효과적이지 못할 경우 등의 이유로 집단이 점진적으로 해체되는 단계이다.

3) 조직 행동론

조직 및 집단 그리고 개인과의 상관관계를 연구함에 있어서 가장 관심의 대상이 되는 것이 조직행동론이다. 조직행동론(Organizational Behavior: OB)은 개인, 집단 그리고 조직에 대한 체계적인 연구를 통해 조직 내 인간의 행동을 이해하고, 기술하며, 향후 발생 가능한 미래 행동을 예측할 뿐만 아니라 이를 통제하는 것에 관련된 모든 지식과 기술을 탐구하는 학문이다. 특히 조직행동론은 복잡하고 다양한 인간의 행동을 연구하기 때문에 심리학(직무 스트레스, 학습, 인지, 직무 태도 등), 사회학(집단역학, 리더십 등), 정치학(갈등, 권력 등) 등 다양한 사회과학 분야에 대한 깊이 있는 이해를 필요로 하는 대표적인 다학제적(interdisciplinary) 학문이다(송계충, 정범구, 2008).

Altman, Valenzi와 Hodgetts(1985)는 "조직 내에서의 인간의 행동을 설명, 예측, 통제하는 학문"이라고 조직행동론을 정의했으며, Duncan(1988)은 "조직행동론은 조직 내 인간 행동의 모든 측면에 관한 연구로서 조직의 인간에 대한 또는 인간의 조직에 대한 영향 모두를 포함한다."라고 설명하였다. 또한 Kelley(1980)는 조직행동론을 "조직 구성원의 행동과 태도, 지각 등에 미치는 조직의 영향 및 조직에 대한 인간의 영향을 규명하는 학문으로서 특히 조직목표 달성에 미치는 인간 행동의 영향을 규명하는 학문"으로 정의하였다.

| Altman 등 |
조직 내에서의 인간의 행동을 설명, 예측, 통제하는 학문

| Duncan |
조직 내 인간 행동의 모든 측면에 관한 연구로서 조직의 인간에 대한 또는 인간의 조직에 대한 영향 모두를 포함한다.

| Kelley |
조직 구성원의 행동과 태도, 지각 등에 미치는 조직의 영향 및 조직에 대한 인간의 영향을 규명하는 학문으로서 특히 조직목표 달성에 미치는 인간 행동의 영향을 규명하는 학문

|그림 1-4| 조직행동론의 개념

　조직행동론은 조직 구성원의 개인 행동 및 집단 행동 그리고 조직 행동을 이해, 예측, 통제함으로써 조직 전체의 효과성과 효율성을 높이고 개인의 행복을 증진시키는데 그 목적이 있다. 최근 조직행동론에 대한 연구의 필요성이 그 어느 때보다 크게 부각되고 있다. 많은 연구결과에 따르면 조직 구성원들의 행동에 대한 깊이 있는 이해는 리더로 하여금 조직 구성원을 목표달성의 수단이 아닌 가치 있는 자원으로 인식하게 하고 조직 내 인간관계의 중요성을 인식하게 함으로써 궁극적으로는 조직 구성원의 동기부여, 조직 내 의사소통의 증진, 효과적인 갈등관리, 성공적인 조직 변화 등에 많은 기여를 하게 한다.

　또한 조직 구성원들의 조직 행동은 조직 효과성(effectiveness) 및 조직 효율성(efficiency)과 밀접한 상관관계가 있다. 일반적으로 조직 효과성은 조직목적의 달성 수준을 의미하는 것으로서 조직목적과 관련된 개념이다. 조직 효과성은 조직 효율성에 비해 보다 광범위한 개념이자 상위 개념이며 조직이 최종적으로 달성하고자 하는 조직목표들의 달성 정도를 통해 평가된다. 반면, 조직 효율성은 조직목표와 관련된 개념으로서 조직의 목표달성을 위한 제 활동에 있어서 한 단위의 산출물을 생산하는 데 사용되는 자원의 양을 가리킨다. 즉, 조직 효율성은 조직의 목표달성을 위해 투입된 시간이나 필요 자원을 얼마만큼 최소화하였는가를 의미하는 것으로서, 조직 효율성이 높다는 것은 투입량(input)에 대한 산출량(output)의 비율이 높다는 것을 의미한다.

　조직행동론에 대한 연구는 분석 수준에 따라 거시적 조직행동론과 미시적 조직행동론으로 구분할 수 있다. 거시적 조직행동론은 조직분화, 조직구조, 직무 및 조직 설계,

조직환경, 조직 진단 등에 초점을 두는 반면, 미시적 조직행동론은 조직 구성원의 가치관, 태도, 성격, 지각, 학습, 동기부여 등의 개인 행동과 리더십, 커뮤니케이션, 의사소통 및 의사결정, 갈등 및 협상 등의 집단 행동에 보다 많은 관심을 둔다. 이 책은 미시적 조직행동론에 초점을 맞추고 있다.

3. 조직과 개인

조직은 집단으로 이루어지고 집단은 개인으로 구성되어 있기 때문에 조직행동론의 일차적 관심은 조직 내 개인의 행동이다. 조직은 조직의 목적달성을 위해 고용된 개인들과 심리적 계약(psychological contract)관계를 체결한다. 즉, 개인은 조직을 위해 다양한 형태의 공헌을 하고, 조직은 개인의 공헌에 대한 반대급부로서 보상을 제공한다는 것이다. 조직에 고용된 개인은 자신의 능력 및 노력, 충성심, 시간 및 기술, 몰입 등을 제공함으로써 조직에 공헌한다. 조직은 조직에 공헌하는 개인에게 급여 및 복지, 직무안정, 지위 및 경력 기회 등을 제공함으로써 상호 간의 심리적 기대감을 충족시키고 조직의 균형을 유지하지만 만일 이러한 심리적 기대가 깨어질 경우 조직 내 개인은 낮은 직무만족과 조직 몰입, 높은 이직 의도, 이직 행위 등의 부정적인 모습을 보이게 된다(Daft, 2001).

Hicks와 Gullett(1976)는 인간의 행동에는 상당한 공통점이 있음에도 불구하고 조직 내 인간은 동일한 상황에서 다양한 행동상의 차이를 보이게 됨을 지적하고 그 원인변수를 다음과 같이 제시하였다.

① 생리적 차이: 개인의 육체적 능력과 정신적 능력 등
② 환경적 차이: 개인이 속한 가족, 문화, 사회적 계급 등
③ 심리적 차이: 개인의 가치관, 태도, 성격, 지각, 학습, 동기 등

조직 내 개인의 행동은 개인의 가치관(values), 태도(attitudes), 성격(personality), 지각(perception), 학습(learning), 동기부여(motivation) 등의 심리적 요소에 많은 영향을 받고 이러한 심리적 요소들은 개인의 성과달성에도 지대한 영향을 미친다. 따라서 조직의 효과성과 효율성을 제고하기 위해서 리더는 이들 심리적 요소와 구성원 행동 간의 상관관계에 대한 정확한 이해와 분석이 필요하다.

1) 조직구성원의 가치관

사전적 의미로 가치관(value system)은 '특정 행동방식이나 대상에 대해 무엇이 옳고 바람직한 것인가를 판단하는 개인의 도덕적 취향(moral flavor)'으로 정의될 수 있다. 가치관의 개념은 다음의 두 가지 측면을 내포한다. 첫째, 가치관은 개인으로 하여금 어떠한 행동방식이 옳고 어떠한 행동방식이 틀린 것인지를 판단하는 도덕적 기준이 된다. 둘째, 가치관은 개인으로 하여금 어떠한 상태가 행복하고 어떠한 상태가 불행한 것인지를 판가름하는 기준이 된다.

Rockeach(1968)는 가치관을 "특정 행동방식이 다른 행동방식보다 개인적 또는 사회적으로 바람직하다고 생각하는 기초적 신념"으로 정의하였다. 그에 의하면 개인의 가치관은 특정한 행위나 존재목적이 다른 행위나 존재목적보다 더욱 바람직하다고 믿는 개인의 내면적 신념으로서 개인의 행동에 많은 영향을 미친다. 또한 인간은 자신의 가치관을 기반으로 하여 행동하기 때문에 조직 구성원이 어떤 가치관을 가지고 행동하는가는 한 개인의 문제로 끝나지 않고 조직 전반에 상당한 영향을 미치게 되고 특히 지도자의 철학과 가치관은 조직의 효과성과 효율성에 막대한 영향을 끼치게 된다.

한편, Allport와 Vernon(1961)은 총 45개의 설문 문항으로 구성된 '가치관 연구척도(Study of Values Scale)'를 통해 여섯 가지 기본적 가치관의 체계를 제시하였는데, 이는 다양한 조직, 민족 그리고 종교 집단 간의 차이에 대한 연구에 광범위하게 사용되고 있다.

표 1-1 Allport와 Vernon의 6가지 기본적 가치관

1. 이론적 인간	진리의 발견을 최고의 가치로 보고, 자신의 지식을 질서화 및 체계화시키려 하며, 경험적이고, 비판적이며, 합리적이다.
2. 경제적 인간	효용성에 최고의 가치를 두고 특히 사업과 관련된 일에 높은 관심을 보인다.
3. 심미적 인간	미(美)와 조화를 최고의 가치로 삼고, 예술적 경험을 통해 미의 본질을 발견하고자 노력하며, 품위 유지 및 삶의 균형에 높은 관심을 둔다.
4. 사회적 인간	이타주의와 자선적 사랑에 최고의 가치를 두고, 타인을 수단이 아닌 목적 그 자체로 여기며, 친절하고, 동정적이며, 사심이 없다.
5. 정치적 인간	권력과 영향력을 최고의 가치로 여기고, 경쟁과 투쟁을 즐기며, 리더의 자리에 오르기를 갈망한다.
6. 종교적 인간	일체감을 가장 중시하고, 신비한 경험과 영혼적 존재에 의존하며, 우주와의 합일을 추구한다.

출처: 송계충, 정범구(2008), p. 90에서 수정 · 인용.

결론적으로 말해, 가치관은 사회적 행동을 결정하는 개인의 심리적 성향으로서 무엇이 옳고 그름을 명백하게 규정하는 개인적 신념이다. 조직 내 개인은 조직생활에서 직면하게 되는 다양한 상황을 자신의 가치관에 따라 평가하고, 가치 있다고 생각하는 것을 선택하게 된다. 가치관은 개인적 경험과 개인이 속한 사회의 문화에 의해 형성되고, 개인의 동기 및 신념을 결정하며, 지각과 행동에도 막대한 영향을 미치기 때문에 조직 구성원의 가치관에 대한 이해는 구성원의 조직 행동을 설명하거나 예측하는 것은 물론이고 집단의 조직 행동을 이해하는 것에도 많은 도움을 준다.

2) 조직 구성원의 태도

태도(attitude)란 '어떤 대상이나 집단, 주제 등에 대하여 긍정적 또는 부정적으로 비교적 일관되게 반응하는 학습된 경향'을 의미하는 것으로서 인지(cognition), 정서(affect), 행동 경향(behavioral tendency) 등을 포함하는 심리적 상태이다. Steers와 Blake(1994)는 태도를 "특정 환경하에 있는 대상 또는 사람에게 좋거나 나쁘다고 반응하는 심리적 경향"으로 정의했으며, Robbins(2003)는 "특정 사람이나 사건 또는 대상의 다양한 측면에 대해 비교적 지속적으로 좋거나 나쁘다고 반응하는 평가적인 기술"로 태도를 정의하였다. 따라서 태도는 특정 대상이나 사물 등에 대해 좋거나 나쁘다고 반응하는 심리적 경향이고 개인의 행동을 결정짓는 중요 요소이기 때문에 특정 대상이나 사건에 대한 조직 구성원들의 태도를 정확하게 파악하는 것은 그들의 조직 행동을 이해하고 예측하는 데 많은 도움을 준다.

태도와 가치관은 매우 유사한 개념이지만 가치관이 태도에 비해 보다 광범위하고 영구적인 개념이다. 도둑질이 나쁘다는 것이 가치의 문제라면 네가 하는 일이 마음에 들지 않는다는 것은 태도의 문제이다. 가치관은 개인의 태도 형성에 많은 영향을 미치고, 태도는 개인의 행동을 결정하는 중요 요소로서 작용한다.

|그림 1-5| 가치관, 태도, 행동의 관계

태도 형성에 영향을 미치는 중요 요인은 다음과 같다.

① 성격: Freud(1933)에 의하면 유년기에 받았던 부모로부터의 교육 또는 부모와의 관계 등을 통해 성격이 형성된다. 일반적으로 성격에 따라 태도가 결정되며 태도가 개인의 행동을 결정한다.

② 사회적 성격: Reich(1994)에 의하면 개인의 성격구조는 개인의 속한 사회의 집단적 태도와 일치한다. 특정 사회 및 문화권에는 차별화된 사회 특성(social personality)이 존재하기 때문에 특정 사회 구성원의 성격과 태도 역시 그가 처한 사회환경의 지배를 받게 된다. 따라서 특정 사회의 구성원이 타인이나 다른 집단에 대해 가지는 태도는 자연스럽게 그가 속한 사회 집단의 태도에 영향을 받게 된다.

③ 학습: Skinner(1953)의 학습이론에 따르면 태도는 자극과 반응의 반복적 학습에 의해 형성되고 강화된다.

태도는 인지적 요소, 정서적 요소, 그리고 행동적 요소의 세 가지 요소로 구성된다. 인지적 요소는 자신의 경험을 통해 특정 대상에 대해 가지게 되는 개인의 다양한 측면의 정보(information), 신념(belief), 가치관 등을 의미한다. 정서적 요소는 감정적 요소라고도 하는데, 개인이 특정 대상에 대해 좋다 혹은 나쁘다고 느끼는 감정을 나타낸다. 마지막으로, 행동적 요소는 행위적 요소라고도 하는데, 개인이 의도적으로 특정 대상에 대해 특정한 방식으로 일관되게 행동하는 경향(tendency)을 의미한다. 정서적 요소와 인지적 요소는 눈에 보이지 않는 데 반해 행동적 요소는 눈에 보인다.

태도는 어느 정도의 지속성을 가지고 있으나 반영구적인 가치관에 비해 학습 또는 다른 사람들과의 상호작용에 의해 보다 쉽게 변하는 특성이 있다. 태도 변화에 관한 대표적 이론으로는 Lewin(1951)의 장이론(field theory)과 Festinger(1950)의 인지부조화이론(cognitive dissonance theory)이 있다. Lewin의 장이론에 따르면 개인의 태도는 고정적이거나 안정된 것이 아니라 상충되는 힘의 작용으로 인해 동적인 상태에서 균형을 유지하고 있을 뿐이다. 따라서 태도를 변화시키기 위해서는 이와 같은 균형 상태를 변화시켜야 하는데, 이를 위해서는 어느 한쪽의 힘을 강하게 혹은 약하게 조정하면 된다.

한편, Festinger의 인지부소화이론에 의하면 인산은 자신의 태도와 행동 사이에 일

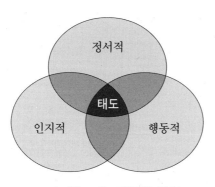

|그림 1-6| 태도의 구성

관성을 유지하고자 하기 때문에 만약 자신의 태도와 행동 간의 일관성이 결여되었다고 느낄 경우 이를 회피하고자 노력한다. 인지부조화는 인간의 태도와 행동 간의 불일치로 인해 발생하는 심리적 불안정 상태를 의미하는데, 인지부조화 상태의 개인은 심리적으로 불편함을 느끼고 이를 극소화시켜 안정된 상태를 만들려고 노력하고 이러한 노력이 태도의 변화를 가져온다는 것이다. 따라서 리더가 바람직한 방향으로 조직 구성원들의 태도를 변화시키기 위해서는 개인의 태도와 행동 간의 불일치를 효과적으로 유도할 것이 요구된다(예: 흡연과 암 발생에 대한 태도).

조직 구성원의 태도를 변화시키기 위한 효과적인 교육·훈련 방법은 다음과 같다.

① 자기분석: 스스로 자신의 내면에 있는 여러 가지 기억과 경험을 분석하여 바람직하지 못한 태도의 근본적인 원인을 밝혀냄으로써 보다 자신의 문제점을 인식하고 긍정적인 태도를 갖게 하는 방법이다.
② 역할연기(role playing): 역할연기를 통해 상대방의 입장에서 사물을 바라보게 하고 자신의 왜곡된 성격이나 태도를 스스로 교정하게 하는 방법이다.
③ 감수성 훈련(sensitivity training): 흔히 T그룹 훈련(T-group training)이라고 하는데 서로 알지 못하는 수십 명의 참가자를 자신들의 관계 집단에서 분리시키고 사회적 고립하에서 일정 기간 집단생활을 하게 함으로써 자신이 타인에게 어떻게 인지되고 있고, 타인으로부터 어떠한 영향을 받고 있는지를 인식하게 하는 훈련방법이다.

한편, Lewin(1951)은 태도의 변화를 해빙(unfreezing) → 변화(changing) → 재동결

(refreezing)의 3단계로 설명하였다. 첫 번째 단계인 해빙단계는 자신의 기존 태도, 신념, 행동 등에 대해 변화의 필요성을 느끼고 새로운 변화를 받아들일 마음의 준비를 하는 단계이다. 즉, 변화에 대한 필요성을 인식함으로써 변화에 대한 저항이나 거부의 수준을 낮추고 자연스럽게 변화를 준비하는 단계이다.

두 번째 단계인 변화단계는 순응(compliance), 동일화(identification) 그리고 내면화(internalization)의 과정을 통해 실제 태도의 변화가 일어나는 단계이다. 첫째, 순응은 주위로부터의 호의적인 반응을 기대하거나 부정적인 반응을 회피하기 위해서 자신이 속한 집단의 규범이나 관습, 또는 다른 사람의 반응에 자신의 의견이나 행동을 일치시키는 것이다. 둘째, 동일화는 개인이 타인 또는 집단과 만족스러운 관계를 유지하기 위해 타인 또는 집단의 목적이나 가치를 자신의 것으로 받아들여 마치 자신의 목적이나 가치인 것으로 생각하는 것이다. 셋째, 내면화는 사회적 영향에 의해 습득된 사고, 신념, 태도, 행동 등을 개인의 가치관과 일치시켜 자신의 내부로 흡수함으로써 자기 것으로 만들어 가는 것이다.

세 번째 단계는 재동결단계로서 개인이 새롭게 습득한 태도나 행동이 기존 성격이나 정서, 태도, 행동 등과 통합되어 하나의 새로운 태도나 행동으로 고정되는 단계이다.

최근 들어 조직행동론에서 많은 관심을 갖는 조직 구성원의 태도에는 직무만족(job satisfaction)과 조직 몰입(organizational commitment)이 있다. 직무만족은 직무에 대한 조직 구성원의 태도를 가리키는 말로서 자신의 담당 직무와 가치관의 일치 여부, 임금, 동료, 작업환경 등에 대한 만족의 정도를 나타내는 정서적 측면의 표현이다. 즉, 직무만족은 한 개인이 자신의 직무에 대해 가지는 태도(직무 태도)의 정서적 측면을 일컫는 말로서 조직 구성원이 자신의 직무, 직무 수행, 직무환경 등에 대하여 인지하는 만족과 불만족의 정도를 의미한다.

그동안 수많은 학자가 직무만족의 개념을 정의하였다. Locke(1976)는 직무만족을 "개인의 직무 및 직무 경험에 대한 평가를 통해 얻어지는 즐겁고 긍정적인 감정 상태"로 정의하고, Porter, Lawler와 Hackman(1987)은 "직무 수행을 통해 자신이 받아야 한다고 기

|그림 1-7| 태도 변화의 3단계

대하는 성과와 실제로 받은 성과의 비교로부터 오는 감정적인 반응"으로 정의했다. 그리고 Stanley(2001)는 직무만족을 "직무에 대한 사람들의 태도"라고 정의하였다.

직무만족은 크게 내재적 만족(internal satisfaction)과 외재적 만족(external satisfaction)으로 구분된다. 내재적 만족은 개인의 감정, 신념, 태도 등과 같은 심리적 상태로부터 비롯되고, 외재적 만족은 보상, 작업환경의 개선, 승진 등과 같은 직무 수행의 결과에 따라 얻어지는 보상 가치에 대한 구성원의 만족 여부에 따라 결정된다.

많은 연구결과에 따르면 조직 구성원의 직무만족이 높을수록 조직의 목표달성을 향한 구성원들의 동기유발이 높고, 적극적으로 직무 수행에 임하며, 질 높은 직무 수행이 이루어지고, 생산성이 증가하며, 이직률과 결근율이 감소한다.

직무만족에 영향을 미치는 주요 요인은 다음과 같다.

① 직무 자체: 기능의 다양성(skill variety), 뚜렷한 과업 정체성(task identity), 과업 중요성(task significance), 직무 수행의 자율성(autonomy), 효과적인 피드백(feedback)의 제공 등
② 승진: 현실적이고 구체적인 승진 기회의 가능성
③ 상사: 상사의 기술적·관리적 능력과 관심 및 배려의 정도
④ 동료 집단: 동료 작업자의 지원적 태도 및 상호 우호적인 관계 구축 등
⑤ 보상: 실질 임금, 보상체계, 지각된 임금 및 보상의 공정성 등
⑥ 조직 특성: 조직 규모, 관리체계, 공식화 정도, 의사결정 참여 정도, 작업 환경 등

한편, 조직 몰입은 특정 조직에 대한 개인의 동일시(identification)와 전념(involvement)의 정도로 정의된다. 조직 몰입은 자신이 속한 조직에 대한 충성심, 애착심 그리고 동일시와 유사한 정서적 반응으로서 직무만족과 유사한 성격을 지닌다. 직무만족의 경우와 같이 조직 몰입의 개념 역시 연구자에 따라 다양하게 정의된다.

조직 몰입은 크게 정서적 몰입(affective commitment), 계속적 몰입(continuance commitment) 그리고 규범적 몰입(normative commitment)으로 분류된다.

① 정서적 몰입: 조직 구성원의 조직에 대한 충성 의도, 감정적 애착, 일체감 그리고 조직에 대한 개입 정도를 의미한다.
② 계속적 몰입: 감정적이고 정서적인 측면보다는 계산적인 측면을 반영한 것으로

팀
토
의

다음의 설문을 주의 깊게 읽고 귀하와 귀하의 조직과의 관계를 개인적으로 가장 잘 나타내는 곳에 ✓ 표시를 하시오.

(1=매우 아니다, 2=아니다, 3=보통이다, 4=그렇다, 5=매우 그렇다)

구분		1	2	3	4	5
1	이 시점에서 나는 내가 원해서라기보다는 어쩔 수 없이 이 조직에 머물고 있다.					
2	나는 내가 이 조직에 속해 있음을 강하게 느끼고 있다.					
3	나는 일단 이 조직에 속해 있기 때문에 이곳을 떠나기가 꺼려진다.					
4	내 조직을 떠나면 매우 큰 개인적 희생이 따를 것이다.					
5	나는 내가 속해 있는 조직과 감정적으로 연관됨을 느끼고 있다.					
6	내가 조직을 떠난다면 나의 상사는 크게 실망할 것이다.					
7	나는 현재 조직에 머무르는 것 외에 다른 선택이 없다.					
8	나는 내가 일하는 조직에서 가족의 일원임을 느끼고 있다.					
9	나는 현재 조직에 머물러야 한다는 강한 의무감을 느끼고 있다.					
10	내가 현재 조직을 떠난다면 내 인생은 크게 무너질 것이다.					
11	나는 내 인생의 남은 기간을 이 조직을 위해 일할 수 있다면 매우 기쁠 것이다.					
12	나는 사람들이 현재 나의 조직을 떠나는 것을 나쁘게 보기 때문에 이 조직에 머물고 있다.					
설문지의 채점						
① 계속적 몰입 문항		1, 4, 7, 10				
② 정서적 몰입 문항		2, 5, 8, 11				
③ 규범적 몰입 문항		3, 6, 9, 12				

출처: 송계충, 정범구(2008), p. 118에서 수정·인용.

서 조직 구성원이 이직과 근속으로 인한 이해 득실을 비교한 뒤 현 조직에 남아 있는 것이 보다 바람직하다고 판단할 경우 이루어지는 조직 몰입을 의미한다.

③ 규범적 몰입: 조직 구성원이 자신의 재직 기간에 따른 지위 상승 또는 조직이 자신에게 주는 만족의 정도 등과 상관없이 그 조직에 계속 재직하는 것이 도덕적으로 옳다고 믿는 경우 이루어지는 조직 몰입을 의미한다.

3) 조직 구성원의 성격

'꿰뚫어 말함(to speak through)'을 의미하는 라틴어 'personare'에서 유래된 성격(personality)은 개인적인 특성(characteristics), 성향(tendencies), 기질(temperaments) 등을 의미한다. Maddi(1996)에 의하면 성격은 '유전과 환경요인의 결합에 의해 형성된 개인의 안정된 특성 및 성향 그리고 기질'이다.

성격은 개인의 감정, 가치관, 태도 및 적성 등을 포함하는 것으로서 타인과 차별화되는 독특하고 안정적인 개인적 특성이다. 또한 성격은 심리과정의 한 단면을 나타내는 것이 아니라 개인의 전체적인 심리체계의 성장과 발전을 의미하는 포괄적인 개념이다. 성격은 한 개인을 다른 사람과 구별해 주는 사고, 감정, 행동양식을 의미하며 표면상으로 관찰 및 측정이 가능하다.

성격 형성에 영향을 주는 중요 요인은 다음과 같다.

① 유전적 요인: 신체적 특성인 신장, 생김새, 피부색 등과 같이 개인의 성격도 부모의 영향을 받는다는 것이 일반적인 믿음이다.

② 문화적 요인: 문화는 특정 사회 및 조직의 구성원들이 공유하고 있는 가치관, 신념, 관습, 규범 등을 포함하는 개념으로서 문화적 요인은 생물학적 요인보다 성격 형성에 많은 영향을 미친다. 특히 가정문화는 아이의 초기 성격 형성에 가장 큰 영향을 미치는 중요 요소이다.

③ 상황적 요인: 개인의 성격은 매우 일관적이고 안정적이지만 상황 변화에 따라 본래의 특성과는 전혀 다른 방향으로 변화하는 경우가 있다.

성격을 측정하는 방법은 크게 기술적(descriptive) 측정방법과 유형적(categorical) 측정방법으로 나눌 수 있다. 기술적 측정방법은 성격을 나타내는 몇 개의 주요 특성요인에 대해 기술하는 것으로서 대부분의 성격검사는 15~20개의 성격요인을 측정하고 있다. 대표적인 기술적 측정방법으로는 빅 파이브 성격모형이 있다.

한편, 유형적 성격 측정방법은 개인의 성격에 따라 성격을 유형별로 분류하는 방법이다. 성격유형 이론 중 가장 널리 알려진 것은 정신분석학자인 Jung(1961)의 유형론이다. Jung은 개인의 성격을 다음과 같이 네 가지 차원에서 설명하고 있다.

① 개인 에너지의 방향 또는 주의집중에 따라 내향성과 외향성으로 구분
② 개인의 정보 습득방법에 따라 감각형과 직관형으로 구분
③ 개인의 의사 판단 및 의사결정 방법에 따라 사고형과 감정형으로 구분
④ 주위 상황을 계획하고 정리하는 방법에 따라 판단형과 인식형으로 구분

Jung은 특히 마음 에너지의 방향에 따라 개인의 성격을 내향성(introversion)과 외향성(extraversion)으로 구분하였다. 내향성은 '내성적 성격'을 의미하는 것으로서 마음의 에너지가 내부로 향하는 것을 의미하고, 외향성은 마음의 에너지가 외부로 향하는 것으로서 '외향적 성격'을 의미한다. 외향성은 흔히 '사교적'이라고도 표현된다. 대표적인 유형적 성격 측정방법으로는 MBTI(Myers-Briggs Type Indicator)가 있다.

1975년에 Rotter는 통제의 위치(locus of control)에 따라 개인의 성격을 크게 내재론자(internalizer)와 외재론자(externalizer)로 구분하였다. 통제 위치란 자신의 삶에서 얻어지는 결과에 대하여 자신이 어느 정도 영향을 미칠 수 있다고 믿는가를 측정하는 개념이다. 일반적으로 내재론자는 통제의 위치가 자신에게 있다고 생각하는 내적 통제요소(internal control)를 가지고 있기 때문에 자신의 운명과 삶의 결과는 자신의 행동에 의해 결정된다고 믿고, 개인의 능력이나 노력을 통해 자신의 목표를 성취하고자 노력하며, 외적 환경을 통제하기 위해 적극적으로 관련 정보와 지식을 탐색하고, 외재론자에 비해 좌절이나 스트레스 상황에서 보다 효과적으로 대처한다. 한편, 통제의 위치가 외부 요인에게 있다고 생각하는 외적 통제요소(external control)를 가지고 있는 외재론자는 자신의 운명과 삶의 결과는 자신을 둘러싼 외부환경에 의해 결정된다고 믿기 때문에 스스로 자신의 문제를 해결함에 있어 내재론자보다 소극적이고, 타인 의존적이며, 외부의 압력에 복종적이고 동조적인 경향을 지닌다.

미국 보스턴 대학교의 심장내과 의사인 Friedman과 Rosenman(1974)은 우연히 환자 대기실의 의자 뒷다리가 나란히 닳아 있는 것을 발견한 후 이를 이상하게 여겨 환자들

표 1-2 A형 성격과 B형 성격 비교

A형 성격	B형 성격
• 항상 움직인다. • 재빠르게 걷는다. • 식사를 빨리한다. • 말을 빨리한다. • 참을성이 없다. • 공격적이다. • 두 가지 일을 동시에 한다. • 여가 시간을 잘 활용하지 못한다. • 숫자에 신경을 많이 쓴다. • 경쟁심이 강하다. • 성공을 양적인 잣대로 측정한다. • 항상 시간에 쫓긴다.	• 시간에 대한 관심이 없다. • 참을성이 있다. • 행동이 부드럽다. • 자만하지 않는다. • 허풍을 떨지 않는다. • 이기기 위해서가 아니라 즐기기 위해서 놀이를 한다. • 죄의식 없이 푹 쉰다. • 압박받는 시간이 없다. • 절대로 서두르지 않는다. • 온순한 매너를 가진다.

의 행동을 꼼꼼하게 관찰하였다. 그 결과, 대부분의 대기 중인 환자는 급한 일이 없음에도 불구하고 급히 볼일을 보러 가야 하는 사람들처럼 의자 끝에 엉덩이를 살짝 걸치고 앉아 있음을 발견하였다. 이후 두 사람은 개인의 성격이 건강과 밀접한 상관관계가 있음을 가정하고 3,400명의 심장병 환자를 대상으로 개인의 성격을 분석하여 심장병 환자들의 성격은 A형 성격, 비환자의 성격은 B형 성격으로 명명하였다.

Friedman과 Rosenman(1974)에 따르면 A형 성격은 누구보다 열심히 일에 전념하고, 남에게 지기를 싫어하며, 보다 적은 시간 내에 많은 것을 성취하기 위해 끊임없이 노력하고, 자신이 하는 일이 방해를 받거나 지연될 경우 공격적으로 변하는 특징을 갖는다. 또한 A형 성격은 성미가 급하고, 말의 속도 및 식사 속도가 빠르며, 예상보다 느리게 일이 진행되면 초조함을 견디지 못하고, 휴식을 취하거나 아무 일도 하고 있지 않으면 죄책감을 느낀다. 반대로 B형 성격은 느긋하고, 수동적이며, 변화에 쉽게 순응하는 특징을 가진다.

그 외 대표적인 성격 측정방법은 다음과 같다.

① 성격목록법: 설문지를 통해 개인의 주도성, 정서적 안정성, 자기통제성 등을 측정하는 것으로서 대표적인 예로는 미네소타 다면적 퍼스낼리티 항목표(Minnesota Multiphasic Personality Inventory: MMPI)와 MBTI 등이 있다. 특히 MMPI는 노이로

|그림 1-8| 로르샤흐 잉크반점검사(Rorschach Inkblot Test)

제적인 불안감 및 피해망상증, 우울증, 공포증 등과 같은 병적인 증상이나 신경
학적 징후까지 측정 가능하기 때문에 이상성격 검사에 유용하게 활용되고 있다.

② 심리투사법: 모호한 하나의 그림이나 이야기, 잉크 얼룩 등을 제시하고 이에 대한
응답자의 반응을 조사하는 기법으로서 전문적인 해석이 필요하다. 성격목록법보
다 신뢰성이 높다.

③ 종합평가센터법(assessment center): 개인의 성격을 종합적으로 평가하고자 하는
측정방법으로 다수의 평가자가 3~4일 동안 시뮬레이션, 인터뷰, 심리검사 등의
다양한 방법을 활용하여 종합적 관점에서 개인의 성격을 평가하는 방법이다. 전
문가들의 평가결과를 종합하는 것으로서 신뢰성이 높고 최근 들어 특히 주목받
고 있다.

4) 조직 구성원의 학습

조직 구성원들의 행동은 고정된 것이 아니라 주위 환경에 따라 변하거나 각자의 경
험을 통해 변화된다. "강한 것이 살아남는 것이 아니라 살아남는 것이 강한 것이다."라
는 Charles Darwin의 말에서도 알 수 있듯이 21세기의 급변하는 시장환경 속에서 조
직이나 개인이 살아남기 위해서는 현실에 안주하지 않고 끊임없이 변화 · 적응하려는
노력이 필요하고, 그러기 위해서는 지속적인 학습이 무엇보다 요구된다.

Greenberg와 Baron(2003)이 "학습(learning)이란 경험을 통해서 얻어지는 비교적 영

구적인 행동의 변화"라고 정의했듯이, 학습은 인간의 직간접적인 경험 또는 반복적인
훈련 등으로 형성된 비교적 영구적인 행동의 변화로서 행동 잠재력의 변화까지 포함
한다. 인간은 학습과정을 통해 지식, 기술, 가치관, 성격, 신념, 동기, 태도 등의 변화를
이루지만 일시적인 행동 변화는 학습으로 보지 않는다. 학습이론은 크게 행동주의이
론(behaviorism), 인지주의이론(cognitivism), 인본주의(인간주의)이론(humanism) 그리고
사회학습이론(social learning theory)으로 나눌 수 있다.

(1) 행동주의이론

행동주의적 관점에서 학습은 경험의 결과로 발생하는 행동의 변화이다. 행동주의자
들은 경험과 행동이라는 용어보다 자극(Stimulus: S)과 반응(Response: R)이라는 용어를 사
용하여 학습을 'S-R의 연합'으로 표현한다. 따라서 행동주의 학습이론은 흔히 'S-R 이론'
이라고 불린다. 'S-R 이론'은 내적 사고과정보다는 관찰 가능한 외적 행동을 중시하고,
인간을 환경적 자극에 의해 통제되는 수동적 유기체(passive organism)로 가정하며, 인간
의 학습과 동물의 학습 간에는 양적인 차이만 있을 뿐 질적인 차이는 없다고 주장한다.

특히 행동주의자들은 학습자를 주어진 자극에 단순하게 반응하는 수동적 존재로서
간주하고, 교육자를 학습에 필요한 조건을 면밀하게 계획하는 행동적 기술자(behavior
engineer)로 가정함으로써 바람직한 방향으로 행동의 변화가 일어남에 있어서 교육자
의 역할을 강조한다. 행동주의적 학습이론은 크게 고전적 조건화와 조작적 조건화로
구분할 수 있다.

① 고전적 조건화

고전적 조건화(classical conditioning)는 러시아의 심리학자 Pavlov가 처음 발표한 이론
으로서 반응을 유발하지 않는 중립 자극(neutral stimulus)과 학습이 일어나지 않은 상태
에서 자연적으로 반응을 일으키는 무조건 자극(unconditioned stimulus)을 반복하여 짝지
어 줌으로써 중립 자극을 조건 자극(conditioned stimulus)으로 변화시키는 과정이다.

예를 들어, 유명한 Pavlov(1928)의 실험을 살펴보면, 음식(무조건 자극)을 주면 개는
무조건 반응(unconditioned response)으로 침을 흘리게 되는데 이때마다 중립 자극인 종
을 울린다. 처음에는 음식에 대한 반사적 행동으로 침을 흘리던 개가 나중에는 종소리
만 울려도 자동적으로 침(조건 반응)을 흘리게 되는데, 이때 개가 음식을 보고 침을 흘
리는 것은 무조건 자극에 대한 무조건 반응이라고 하고, 종소리에 의해 침을 흘리게 되

는 것은 조건 자극에 대한 조건 반응(conditioned response)이라고 한다. 조건 자극에 대한 조건 반응이 바로 학습된 반응이다.

② 조작적 조건화

조작적 조건화(operant conditioning)에 대한 연구는 행동주의의 대표적 학자인 Skinner(1953)가 처음 시도하였다. Skinner는 '개인의 반응 의지'에 전혀 관심을 두지 않았던 기존의 고전적 조건화와는 달리 조건에 대한 개인의 반응 여부를 매우 중요하게 생각했다.

Skinner는 조작적 조건화를 설명하기 위해서 작은 스키너 박스(skinner box)에 생쥐를 넣고 하나 이상의 전등, 지렛대(press bar), 먹이 그릇 등을 놓아두었는데 이때 지렛대를 건드리면 음식이 먹이 그릇에 떨어지도록 하였다.

실험결과를 살펴보면, 처음 스키너 박스의 생쥐들은 무작위(random)로 박스 안을 돌아다니며 다양한 행동을 하는데 시간이 지나감에 따라 지렛대를 건드리는 횟수가 많아지고 다른 행동의 횟수는 줄어드는 것을 발견하였다. 즉, 생쥐들은 지렛대를 건드리면 음식이 떨어진다는 사실을 발견하고 그 행동을 강화한 것이다.

Skinner는 조작적 조건화의 과정을 조작적 자극(Stimulus: S) → 조작적 반응(Response: R) → 조작적 결과(Consequence: C)로 설명하였다. 실험에 의하면 지렛대는 자극(S)이고, 생쥐가 지렛대를 건드리는 행위는 반응(R)이며, 지렛대를 건드릴 때마다 떨어지는 음식은 결과(C)에 해당한다.

Skinner의 조작적 조건화는 조직 구성원의 행동 변화를 위한 학습에도 적용될 수 있다. 조작적 조건화에 의하면 인간은 자신의 행동결과에 따른 보상이 바람직하다고 생각될 경우 그 보상을 받기 위해 지속적으로 그 행동을 반복한다. 따라서 목표달성을 위한 바람직한 행동의 함양을 위해서는 구성원들의 자발적 행위를 촉진시키는 합리적인 보상체계 또는 강화물(reinforcer)의 제공이 반드시 요구된다.

조작적 조건화는 Thorndike(1929)의 '효과의 법칙(law of effect)'에 그 근거를 두고 있다. 효과의 법칙이란 인간은 바람직한 결과가 따르는 행동은 반복하고 바람직하지 못한 결과가 초래되는 행동은 반복하지 않는다는 이론으로서 일종의 강화이론이다.

| 참고 | 강화이론과 약화이론 |

강화이론은 바람직한 행위를 보다 유발시키는 것에 초점을 둔 이론으로서 크게 정적 강화(positive reinforcement)와 부적 강화(negative reinforcement)로 나눌 수 있다. 정적 강화는 바람직한 행위에 대해 긍정적인 결과를 부여함으로써 그 행위를 반복하게 하는 것으로서, 생산성이 높은 종업원에게 보너스를 지급하는 것이 그 좋은 예이다. 부적 강화는 바람직한 행위에 대해서는 부정적인 결과를 철회해 줌으로써 바람직한 행위를 유도하는 것을 말하는데, 생산성 높은 종업원에게 그동안의 벌점을 제거하여 주는 것이 좋은 예이다.

강화이론과 함께 약화이론도 있는데, 약화이론은 기존의 바람직하지 못한 행동을 약화시키는 것으로서 처벌(punishment)과 소거(extinction)가 있다. 처벌은 바람직하지 못한 행위에 대해 부정적 결과를 제공함으로써 그 행위를 줄이도록 유도하는 것으로, 규칙을 위반한 경우 벌을 주는 것이 좋은 예이다. 소거는 바람직하지 못한 행위를 한 경우 기존에 있던 긍정적인 결과를 철회함으로써 그 행위를 줄어들게 하는 방법으로서, 나태한 종업원에게 특근 수당을 줄이는 방법 등이 있다.

많은 연구결과에 의하면 바람직한 행동을 함양하기 위해서는 처벌이나 소거보다는 정적 강화 또는 부적 강화가 보다 효과적이다. 그 이유는 인간은 처벌이나 소거의 상태에서 자신의 잘못된 행동을 반성하고 그만두기보다 처벌이나 소거를 회피하는 방향으로만 행동하기 때문에 잘못된 행동의 근본이 어디에 있는지, 그리고 그 행동을 수정하기 위해서 어떻게 행동해야 하는지를 모르는 경우가 많기 때문이다.

〈효과적인 처벌과 소거〉
① 조직 구성원들에게 조직에서 반드시 지켜야 할 규칙 및 기대사항을 설명해 주고, 규칙 위반이 초래하는 부정적인 결과를 충분히 이해시킨다.
② 규칙 위반에 대해서는 조금의 편애도 없이 즉각적이고 일관성 있게 대응함으로써 구성원들로 하여금 조직이 그들에게 기대하고 있는 것이 무엇인지를 확실하게 이해하고 충동적으로 행동하지 못하게 한다.
③ 견책이나 처벌을 하기 전에 충분히 진상을 파악함으로써 성급한 결론을 내리거나 경솔한 견책을 가하는 일이 없도록 한다.
④ 심각한 위반의 경우가 아닌 경우 처벌보다는 학습을 하게 하되 처벌은 반드시 정해진 기준에 따라 합법적이고 공정하게 실시한다.
⑤ 경고나 질책은 공개적으로 하지 않고 사적으로 하되, 침착성을 유지하고 적대감이나 반항심이 유발되지 않도록 주의한다.
⑥ 경고나 처벌은 일시적이 아니라 지속적으로 실시하고 경고나 질책을 한 후 구성원들에게 다시는 처벌을 받지 않기를 바라는 진지한 소망을 표현한다.
⑦ 경고나 처벌을 한 후 구성원과 함께 업무 수행상의 문제점을 분석하고 문제해결을 위한 구체적 방안을 함께 강구한다.

(2) 인지주의이론

인간의 모든 행동을 자극(S)과 반응(R)의 연결고리로 설명하는 행동주의이론에 반해, 인지주의이론(cognitivism)은 자극과 반응 사이에 인지(cognition)라는 매개변수가 존재한다고 보는 관점이다. 특히 인지주의는 ① 행동주의 학자들이 인간의 외적 행동을 연구 대상으로 삼는 것과 달리 인간의 내적 과정(인지과정)을 중시하고, ② 학습의 단위를 'S-R의 연합'으로 보는 것이 아니라 '주변 환경과 스키마타(schemata: 인간의 정신적 구조) 간의 관계'로 보며, ③ 인간의 학습과 동물의 학습 간에는 양적 차이뿐만 아니라 질적 차이가 있다고 가정하고, ④ 전체를 부분의 합으로 보는 행동주의와 달리 전체는 부분의 합 이상이라고 주장한다.

표 1-3 인지주의와 행동주의 비교

구분	행동주의	인지주의
인간관	단순히 자극에 반응하는 수동적 존재	기존의 정보를 재조직하여 새로운 정보를 창출하는 능동적 존재
학습관	자극과 반응의 결합으로 새로운 행동을 학습함.	인지구조의 변화를 통해 행동의 변화가 일어남.
학습방법	프로그램 학습법	발견학습법
교육관	통제교육(훈련과 습관 형성)	열린교육(개념습득과 사고활동)
연구 초점	인간 행동의 보편적 법칙을 찾는 것	정보를 기억하고, 이해하고, 활용하는 인간 사고의 과정을 파악하는 것

인지주의적 접근법을 처음으로 제시한 Tolman(1948)의 흰쥐 실험에 의하면, 오른쪽 방향으로만 돌아가도록 훈련되어 있는 흰쥐의 경우 음식이 다른 쪽에 있다는 사실을 인지하게 되면 더 이상 오른쪽으로 돌아가지 않고 실제 음식이 있는 쪽으로 이동한다. 이에 Tolman은 행동주의의 자극 → 반응의 조건화에서 탈피하여 인지가 자극과 반응 사이에서 주요한 중계 역할을 하는 것으로 가정하고(자극 → 인지 → 반응) 인간의 행동에 있어서 인지의 중요성을 강조하였다.

일반적으로 인지주의적 접근은 자극(S) → 인지(C) → 반응(R)의 과정으로 설명되는데, Stephen Coby가 자신의 저서 『성공하는 사람들의 7가지 습관(The Seven habits of Highly Effective People)』에서 '자극과 반응 사이에는 선택의 자유가 있다.'라고 강조한 것과 같이 인지수의적 접근법은 인간의 자유 의지를 강조한다.

|그림 1-9| Köhler의 침팬지 실험

Köhler(1925)는 높은 곳에 바나나를 매달고 직경이 다른 두 개의 파이프와 나무상자를 울타리 안에 놓아둔 후 울타리 안 침팬지의 반응을 살피는 실험을 하였다. 처음에는 멀리 있는 바나나를 가만히 바라보던 침팬지는 어느 순간 가는 파이프를 굵은 파이프에 끼워서 긴 파이프를 만들었는데, 그럼에도 파이프의 길이가 여전히 바나나에 미치지 못한다는 것을 깨닫자 이번에는 주위를 살핀 후 나무상자를 쌓고 그 위에 올라서서 바나나를 땄다. 이는 어떠한 모방도 없이 침팬지 스스로의 통합적 이해를 통해 학습이 일어난 경우로서 인지주의 학습을 설명하는 좋은 예이다.

인지주의적 관점에서 보면, 학습은 인간이 특정 자극에 수동적으로 반응하는 과정에서 일어나는 것이 아니라 감각기관과 인지과정이 통합되는 과정을 통해 일어난다. 특히 인간은 자신에게 주어진 상황을 스스로 이해하고 깨닫는 순간(A-ha phenomenon) 전체와 부분 사이의 맥락을 통합적으로 이해하게 되는데, 이를 통해 학습이 이루어진다.

따라서 인지주의적 관점에서 보면, 조직의 목표달성을 위해 리더는 조직 구성원들에게 변화의 필요성과 재학습의 중요성을 충분히 인식시키고, 다양한 경험의 기회를 제공하며, 다양한 방법을 통해 학습에 대한 흥미를 지속적으로 유발하는 것이 필요하다.

(3) 인본주의이론

인본주의(humanism)는 인간의 행동에 초점을 맞추는 행동주의와 인간의 정신적 정보 습득을 중시하는 인지주의와 달리 인간 개개인의 독특한 특성에 관심을 두고 그들의 성장을 중요시한다. 인본주의는 인간은 근본적으로 선하고 자기실현을 위한 성장 욕구가 있는 존재라고 믿기 때문에 필요에 따라 인간은 언제든지 자신의 태도 및 행동을 스스로 변화시킬 수 있다고 믿는다. 인본주의적 관점에서 보면, 학습은 '주위 환경과의 능동적인 상호작용을 통하여 자아성장과 자아실현을 이루어 가는 과정'이다. 인본주의 학습이론은 1970년대부터 시작된 인본주의 심리학(humanistic psychology)에 이론적 토대를 두고 있다. 인본주의 심리학에 의하면 인간은 무한한 잠재력을 가진 능동적인 주체이며 자기주도적, 자기통제적, 자기선택적 존재이다.

인본주의 학습이론에 있어서 가장 대표적인 학자인 Rogers(1969)는 그의 저서 『학습하는 자유(Freedom to Learn)』에서 학습을 '유의미학습(significant learning)'과 '무의미학습(meaningless learning)'으로 나누고 '유의미학습'의 중요성을 강조하였다.

Rogers에 따르면 '무의미학습'은 기존의 지식체제를 외워서 기억하도록 하는 학습방법으로서 학습자 스스로 학습의 참 의미를 찾지 못하는 학습이다. 반면, '유의미학습'은 인지적 측면과 정의적 측면이 통합된 전인적 교육을 강조하는 학습으로서 자기주도적인 학습을 의미한다.

Rogers에 의하면 '유의미학습'은 다음의 상황에서 보다 효과적이다.

① 인간의 자연적인 학습 욕구 또는 새로운 경험에 관한 호기심을 충족시켜 줄 경우
② 교육내용이 학습자와 관련성이 높은 경우
③ 외적 위협이나 지시가 감소할 경우
④ 학습자가 능동적이고, 자기주도적이며, 자기지도적일 경우
⑤ 학습자의 전인적 측면이 고려될 경우
⑥ 학습자의 자기책임이 강조되고 자기평가가 이루어질 경우

따라서 조직 구성원의 유의미학습을 촉진시키기 위해서 조직의 리더는 학습자의 자발성과 자율성을 존중하고, 그들에 대한 명령, 강요 그리고 통제를 지양하며, 구성원 개개인의 잠재력이 최대한 발휘될 수 있도록 조력자 내지는 촉진자의 역할을 충실히 수행하여야 한다.

(4) 사회학습이론

사회학습이론(social learning theory)은 행동주의적 접근법과 인지주의적 접근법을 통합하는 관점이다. 사회학습이론에 따르면 학습은 식접적인 경험뿐만 아니라 부모, 교

사, 동료, 영화 및 TV 스타 등의 다양한 사회적 역할 모델(role model)을 관찰함으로써
도 이루어질 수 있다. 대표적 학자로는 Bandura(1962)가 있으며 모델링(modeling) 또
는 관찰학습(observational learning)이라고도 불린다.

　일반적으로 관찰학습은 다음의 네 단계를 통해 이루어진다.

① 주의과정(attentional processes): 자신에게 중요한 의미를 갖는 역할 모델을 찾는
　단계로서 모방 대상에 주의를 기울이고 그들의 성격이나 행동, 성공, 명성, 기타
　특성 등에 관심을 표명하는 단계이다.

② 파지과정(retention processes): 모방 대상의 상징적인 행동을 기억하는 단계로
　모방 대상과 접할 기회가 적어지더라도 그들의 행동이 오랫동안 기억에 남는
　단계이다.

③ 운동재생과정(motor reproduction processes): 모방한 행동을 정확하게 재생하기
　위해서 역할 모델의 행동을 연습하고 그 역할을 수행하는 데 필요한 운동기능을
　갖추는 단계이다. 역할 모델에게서 관찰한 행동을 직접적으로 실행하는 단계이
　기도 하다.

④ 강화과정(reinforcement processes): 역할 모델의 행동을 모방하고 직접 실행한 결
　과, 주위의 반응이 좋거나 이로 인해 적절한 보상을 얻게 되었을 경우 그 모방 행
　동이 더욱 강화되는 단계이다. 관찰학습에서 학습자는 역할 모델의 행동에 관심
　을 가지고 관찰하고, 주의를 기울여서 인식하며, 인식한 행동을 기억하고 연습함
　으로써 관찰 행동을 모방하게 된다. 그런데 이때 모방에 따른 결과가 바람직하면
　모방한 행동을 더욱 강화하게 되지만 그렇지 않을 경우에는 모방한 행동은 소멸
　되어 더 이상 유지되지 않는다.

　Bandura(1986)는 '보보 인형 실험(Bobo doll experiment)'을 통해 4세 아동들로 하여금
커다란 오뚜기 인형(보보 인형)을 차고 때리는 공격적 모델이 등장하는 짧은 영화를 관
찰하게 한 뒤 아동을 A, B, C의 세 집단으로 분류하고 그 반응을 측정하였다. A집단 아
동들에게는 보보 인형에 대한 공격적 행동이 보상을 받은 모델을 제시했고, B집단 아
동들에게는 공격적 행동을 한 후 처벌을 받는 모델을 제시했으며, C집단 아동들에게는
공격적 행동으로 인해 어떠한 보상이나 처벌이 주어지지 않은 중립적 모델을 제시한
뒤 세 집단의 아동 전원에게 인형을 주고 공격성의 정도를 측정하였다. 그 결과, A집단

아동들의 경우 주어진 인형에 대해 가장 공격적이었고, B집단 아동들의 공격성이 가장 낮았으며, C집단 아동들의 공격성은 중간 정도로 나타났다.

이 실험을 통해 Bandura는 A, B, C집단의 아동들 모두 공격적인 반응을 학습했지만 제시된 모델이 공격적 행동에 대해 보상을 받는지 또는 처벌을 받는지에 따라 아동들의 모방 정도가 다르게 나타남을 발견하였다. 즉, 각 집단의 아동들은 자신의 행동에 대해서 직접적인 보상 또는 직접적인 처벌을 받지 않아도 다른 사람들이 보상 또는 처벌을 받는 모습을 관찰함으로써 간접적으로 보상과 처벌을 경험한다. 따라서 관찰학습을 대리학습이라고도 부른다.

일반적으로 관찰학습은 다음의 상황에서 보다 효과적이다.

① 관찰 모델의 특정 행동이 강화적 결과를 가져오는 것으로 보일 경우
② 관찰 모델이 호감이 가고 주위로부터 존경을 받는 것으로 지각될 경우
③ 관찰 모델과 자신의 특징이나 특질이 비슷한 것으로 지각될 경우
④ 관찰 모델의 행동이 다른 모델들 사이에서 뚜렷이 드러나 보일 경우
⑤ 관찰 모델의 행동이 자신이 모방할 수 있는 능력의 범위 내에 있을 경우

따라서 조직의 리더는 효과적인 관찰학습을 위해서 조직 구성원들에게 바람직한 조

|그림 1-10| 보보 인형 실험

> **참고** **학습과 지각(perception)**
>
> 지각은 인간이 외부세계로부터 정보를 수집하고, 조직화하며, 해석하는 과정이라고 정의된다. 인간은 객관적 정보보다는 지각이라는 창을 통해 들어온 주관적 정보에 의해 반응하기 때문에 인간의 행동은 주어진 정보를 어떻게 지각하는가에 따라 달라진다.
> 지각은 인간과 인간 또는 인간과 외부환경으로부터 주어지는 자극에 대하여 의미를 부여하고 해석하는 심리적 평가과정으로서, 지각의 개념에 관한 각 학자의 견해는 다음과 같다.
>
> • Schnake: "지각이란 인간이 환경에 대한 정보를 해석하는 과정이다."
> • Steers: "지각이란 인간이 주어진 자극에 대해 의미를 부여하기 위해 그것을 체득하고, 선택·조직화하여 해석하는 과정이다."
> • Ivansevich: "지각이란 인간이 환경(자극)에 대해 의미를 부여하는 과정이다."
> • Robbins: "지각이란 인간이 환경에 의미를 부여하기 위해 감각적인 인상을 조직화하고 해석하는 과정이다."

직 행동의 역할 모델을 제시하고 그들의 행동을 세심히 관찰할 수 있는 기회를 자주 제공하는 것이 필요하다.

5) 조직 구성원의 동기부여

'움직이다'라는 의미의 라틴어 'movere'에서 유래한 동기(motive)는 동기부여(motivation), 동기유발, 동기화라고도 불리는데 오늘날 기업 조직에서 가장 많이 사용하는 용어 중 하나이다. 일반적으로 동기는 인간 내부에 존재하는 욕구(needs), 욕망(wants), 동인(drives)을 포함한 내면적 추진력으로서 인간 행동을 유발하는 내적인 심리 상태를 말한다. 동기란 용어는 1920년대부터 사용되기 시작했다. Robbins(2003)는 동기를 "개인의 욕구 만족을 전제로 조직의 목적달성을 향해 보다 높은 수준의 노력을 경주하려는 의지"로 정의하였다.

일반적으로 동기는 '행동을 위한 동인과 자발적 의욕을 제공하고, 단순한 행동이 아닌 목표지향적인 행동을 일으키는 내적인 힘이며, 인간의 행동을 유발하고, 행동의 방향을 설정하며, 행동을 유지하게 하는 심리적 힘을 제공한다. 조직에서 조직 구성원에 대한 동기부여가 중요시되는 이유는 조직의 성과는 조직 구성원들의 성과에 의해 좌우되고, 조직 구성원의 성과는 개인의 능력과 동기유발에 의해 결정되기 때문이다. 일반적으로 이는 'P=f(M*A)'로 설명되는데, 여기서 P는 조직 구성원의 직무성과(performance)를, M은 동기부여(motivation)를, A는 직무수행 능력(ability)을 나타낸다. 이것은 조직 구성원의 직무성과는 동기부여와 직무수행 능력과의 함수로서 결정된다는 의미로서, 조직에 아무리 유능한 구성원이 있다고 해도 그들을 효과적으로 동기부여하지 않으면 높은 조직성과를 기대할 수 없다는 것이다.

동기부여에 관한 주요 이론으로는 Maslow의 욕구단계이론(need hierarchy theory), Herzberg의 2요인이론(two-factor theory), Alderfer의 ERG 이론, McClelland의 성취동기이론(achievement motivation theory 또는 three needs theory), Vroom의 기대이론(expectancy theory), Adams의 공정성이론(equity theory), Locke의 목표설정이론(goal setting theory) 등이 있다(송계충, 정범구, 2008).

(1) Maslow의 욕구단계이론

미국의 심리학자인 Maslow(1954)는 인간의 욕구를 생리적 욕구(physiological needs), 안전의 욕구(safety needs), 사회적 욕구(social needs), 존경의 욕구(esteem needs), 자아실현의 욕구(self-actualization needs)의 다섯 가지 욕구로 구분하고 이를 계층별로 배열한 '욕구의 단계별 위계구조'를 제시하였다. Maslow에 따르면 인간은 충족하고자 하는 욕구가 있을 경우 동기유발이 되고, 이미 욕구가 충족되었을 경우에는 더 이상 동기유발이 일어나지 않는다. 또한 Maslow는 생리적 욕구와 같은 저차원적 욕구가 충족되지 않고는 고차원적 욕구에 대한 동기가 유발되지 않는다고 주장한다.

Maslow의 '욕구의 단계별 위계구조'는 다음과 같다.

① 1단계(생리적 욕구): 인간이 삶을 유지하기 위해 가장 기본이 되는 의식주에 관련된 욕구로서 욕구단계의 최하위에 위치한다. 일반적으로 식욕, 성욕, 배설, 의복 등에 관한 원초적 욕구로서 가장 강력하고 욕구 충족의 우선순위가 가장 높은 욕구이다.

② 2단계(안전의 욕구): 생리적 욕구가 어느 정도 충족된 경우 다음 단계에서 추구하는 욕구로서 외부환경으로부터 개인의 생명 및 재산을 지키고, 신체적 및 경제적 위험, 고용불안, 생존의 위협 등 보호받고자 하는 욕구를 의미한다.

③ 3단계(사회적 욕구): 특정 조직이나 집단에 소속되기를 원하고 그 구성원들과 교

|그림 1-11| Maslow의 욕구단계이론

제하고 애정을 나누려는 욕구로서 애정(love)의 욕구 또는 소속(belongingness)의 욕구라고도 불린다. 사랑과 우정, 소속감, 동료애 등이 이에 해당된다.

④ 4단계(존경의 욕구): 타인으로부터 관심을 받고 존경을 받고자 하는 사회적 존경 (social esteem)에 대한 욕구와 스스로에 대한 믿음과 존경의 감정을 나타내는 자존(self-esteem)의 욕구로서 위신, 권력, 지위, 명예, 인정 등에 관한 욕구가 포함된다.

⑤ 5단계(자아실현의 욕구): 욕구단계에서 최상위의 욕구로서 자신의 잠재능력을 최대로 발휘하여 자신의 뜻을 실현하고, 궁극적으로 바람직한 인간이 되고자 하는 욕구이다. 이 단계에서 인간은 보다 나은 자신의 모습을 찾고 자기가 바라는 바를 실현하고자 한다. 성장, 성취, 자기발현의 욕구 등이 이에 해당된다.

Maslow의 욕구단계이론은 오늘날 가장 많이 언급되는 이론 중 하나이지만 몇 가지 한계점을 가지고 있다. 왜냐하면 인간의 욕구는 반드시 단계별로 진행되는 것이 아니며 인간은 경우에 따라 단계에 상관없이 동시에, 중첩적으로, 혹은 좀 더 높은 욕구부터 충족시키려고 하는 경우가 있는데 이에 대한 설명이 부족하다는 것이다.

(2) Herzberg의 2요인이론

Herzberg(1966)의 2요인이론은 동기-위생요인이론(motivation-hygiene theory)이라고도 불린다. Herzberg에 따르면 인간에게는 성장하고자 하는 욕구와 고통을 회피하고자 하는 욕구가 있는데 전자를 동기요인 또는 아담(Adam)적 욕구, 후자는 위생요인 또는 아브라함(Abraham)적 욕구라 한다.

Herzberg는 200명의 엔지니어와 회계사를 대상으로 직무만족도에 관한 조사를 실시하고 인간은 기본적으로 만족에 영향을 주는 욕구와 불만족을 예방하는 욕구 등 상호 독립적인 두 개의 욕구를 가지고 있다는 흥미로운 사실을 발견하였다. Herzberg는 이와 같은 조사결과를 바탕으로 만족과 관련된 요인은 동기요인(motivation factor) 또는 만족요인(satisfiers)으로, 불만족을 예방하는 것과 관련된 요인은 위생요인(hygiene factor) 또는 불만족요인(dissatisfiers)이라고 명명하였다.

동기요인은 성취, 인정, 책임감 등과 같이 직무와 관련된 요인들로서 충족되었을 경우 구성원들로 하여금 직무만족을 느끼게 하는 요인이다. 반면, 위생요인은 급여, 작업조건, 대인관계, 회사 방침, 절차 등과 같이 직무환경과 관련된 요인들로서 욕구가 충족되었을 경우 직무에 대한 불만족만 해소해 줄 뿐 적극적으로 구성원들을 동기화시키지 못하는 요인이다. Herzberg는 위생요인만으로는 구성원들에게 적극적으로 동기유발을 할 수 없기 때문에 동기요인의 충족을 통해 구성원들의 만족을 유도해야 한다고 주장한다. 또한 동기요인을 간과한 채 위생요인에만 관심을 갖는다면 직무불만족으로 인해 야기되는 수많은 문제를 근본적으로 해결하지 못하기 때문에 조직의 리더들은 구성원들이 불만을 가지지 않을 수준으로 위생요인을 관리하고 나머지 노력은

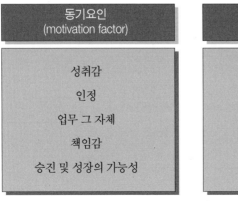
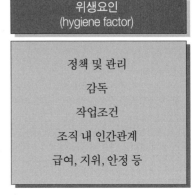

|그림 1-12| Herzberg의 동기요인과 위생요인

동기요인의 관리에 집중해야 한다고 강조한다.

Herzberg의 2요인이론은 구성원의 만족과 동기부여의 원천으로 내재적인 요인에 관심을 갖게 하는 계기를 제공하였다. 하지만 사람에 따라 만족요인에 의해 동기화되기도 하고 불만족요인에 의해 동기화되기도 하는데, 이런 다양한 상황에 대한 설명이 부족하고, 만족과 동기의 개념을 동일시하는 등의 몇 가지 논리적 오류가 그 한계점으로 지적된다.

(3) Alderfer의 ERG 이론

Alderfer(1966)는 Maslow의 욕구단계이론을 3단계로 단순화하여 존재 욕구(Existence needs: E), 관계 욕구(Relatedness needs: R), 성장 욕구(Growth needs: G)로 나누고 그 첫 글자를 따서 ERG 이론이라고 명명하였다.

① 존재 욕구(E): Maslow의 생리적 욕구와 안전의 욕구 중에서 물질적 측면의 요소가 이 범주에 해당된다. 삶을 영위하기 위해 요구되는 모든 형태의 물질적 · 생리적 욕구가 포함되며 조직의 경우에는 임금과 복리후생, 안전한 작업조건 등이 포함된다.

② 관계 욕구(R): Maslow의 안전의 욕구 중 인간적 측면의 욕구, 사회적 욕구 그리고 존경의 욕구 일부가 포함된다. 조직 내에서는 구성원들 간의 만족스러운 인간관계에 대한 욕구가 이에 해당한다.

③ 성장 욕구(G): Maslow의 존경의 욕구 일부와 자아실현의 욕구가 이 범주에 속하는데 개인의 잠재력 개발과 능력 발휘, 지속적인 성장에 관한 욕구 등이 포함된다.

Alderfer는 Maslow의 욕구단계이론과는 달리 인간의 욕구는 저차원적 욕구에서 고차원적 욕구로 상승하지만 상황에 따라서는 저차원적인 욕구가 충족되지 못하더라도 고차원적인 욕구를 추구할 수 있다고 주장함으로써 욕구의 단계별 우선순위를 부정한다. 또한 인간은 한 시점에서 한 단계의 욕구만을 추구한다고 주장한 Maslow와 달리 Alderfer는 한 시점에서 둘 이상의 욕구를 동시에 추구할 수 있으며 만일 상위 단계의 욕구를 추구하다 실패하면 보다 낮은 단계의 욕구로 회귀한다고 설명하였다. 현재 ERG 이론은 현존하는 동기부여이론 중 가장 타당성 있는 이론이라는 평가를 받고 있다.

(4) McClelland의 성취동기이론

심리학자인 McClelland(1985)는 주제통각검사(Tematic Apperception Test: TAT)를 사용하여 인간의 욕구를 측정하였다. 주제통각검사는 전 세계적으로 가장 많이 사용되고 있는 투사적 검사 중 하나로 '특정 대상의 모호한 행동을 지각하는 과정에서 개인 특유의 심리적인 과정이 노출되기 때문에 그 해석을 통해 개인의 성격을 파악할 수 있다.'고 가정한다.

일반적으로 TAT는 응답자에게 다양한 인물이 등장하는 그림(20~30매)을 보여 주고 응답자의 연상을 통해 그림에 대한 이야기를 구성하도록 하는데, 이 연상과정에서 응답자의 과거 경험, 상상, 욕구, 갈등 등이 투사되면서 성격상 특징, 성장 배경, 환경과의 상호관계 방식 등에 대한 정보가 노출된다. TAT 연구결과를 바탕으로, McClelland는 "모든 인간은 유사한 형태의 욕구단계를 가지고 있다."라는 Maslow의 주장을 비판하고 '인간의 욕구는 개인에 따라 상이하되 생존 욕구 이외의 모든 욕구는 선천적이라기보다는 후천적인 경험을 통하여 획득된다."라고 강조하였다.

McClelland에 따르면 동기에 관련된 개인의 욕구는 사회문화적으로 습득된 욕구로서 성취 욕구(need for Achievement: n-Ach), 권력 욕구(need for Power: n-Pow), 친교 욕구(need for Affiliation: n-Aff) 등이 있다. 이 중 특히 성취 욕구가 높은 구성원들로 조직된 집단은 높은 성장을 하는 반면, 성취 욕구가 낮은 구성원들로 조직된 집단은 낮은 성장을 보인다.

McClelland가 제시한 인간의 동기에 영향을 미치는 세 가지 욕구는 다음과 같다.

① 성취 욕구: 위험을 무릅쓰고 자신이 바라는 것을 성취하고자 하는 욕구로서 목표 달성을 위해 남보다 앞서고자 하는 욕구이다. 일반적으로 남들이 이루지 못한 것에 도전하고, 보다 효과적·효율적으로 직무를 수행하고자 하며, 보다 복잡한 과업을 완수하고자 노력하는 조직 구성원들의 경우 성취 욕구가 높은 경향이 있다. 또한 성취 욕구가 강한 사람들은 업무 지향적이고, 목표설정을 중요시하며, 모험심이 강하고 도전적이다. 그리고 자신의 직무 수행과정과 결과에 대한 피드백을 중요시하며, 자신과 유사한 성과 지향적인 동료와 일하기를 선호한다.

② 권력 욕구: 자신이 속한 조직에서 지배적인 위치를 차지하고 영향력을 행사하려는 욕구로서 다른 사람을 통제하고 다른 사람의 행동에 영향력을 미치려는 욕구이다.

③ 친교 욕구: 다른 사람들과 우호적이고 친밀한 관계를 형성하고 이를 유지하려는 욕구로서 소속 욕구라고도 한다. 친교 욕구는 학습을 통하여 습득되고 경험의 영향을 받는다. 일반적으로 친교 욕구가 강한 사람은 타인에게 인정받는 것을 중요하게 생각하고, 타인의 욕구와 감정에 관심을 가지며, 타인의 영향을 쉽게 받는 경향이 있다.

McClelland는 생존의 욕구를 제외한 나머지 욕구는 후천적 경험에 의해 습득되는 것이고 개인별로 상이하다고 주장한다. 하지만 욕구체계의 대부분이 유년기 때 결정되고 성인이 되어서는 쉽게 변하지 않는 현실을 생각할 때 그의 주장이 설득력 있게 다가오지 않는 것도 사실이다.

(5) Vroom의 기대이론

Vroom(1964)은 기대이론을 통해 인간의 행동이 어떠한 심리적 과정을 통해 촉진되는지를 설명하고자 했다. 그에 의하면 인간은 특정 행동을 하고자 할 경우 그 행동에서 얻어질 수 있는 결과를 기대하고 그 기대에 따라 행동의 실행 여부를 결정한다. 즉, 인간의 행동은 본능적으로 일어나는 것이 아니라 행동의 결과에 대한 기대에 의해 일어난다는 것이다.

Vroom의 기대이론은 수단성이론 또는 기대-유의성이론이라고도 불리는데 이를 수식으로 표현하면 다음과 같다.

$$동기부여(M) = 기대(E) * 수단성(I) * 유의성(V)$$

① 기대(Expectancy): 일정한 노력을 기울이면 특정 결과를 달성하리라고 믿는 정도
② 수단성(Instrumentality): 특정 수준의 성과를 달성하면 바람직한 보상이 주어지리라 믿는 정도
③ 유의성(Valence): 달성한 성과에 대해 주어지는 보상이 얼마나 매력적인가를 나타내는 것으로서 개인이 가지는 주관적인 선호의 강도

Vroom의 공식에 따르면 성공적인 동기부여를 위해서는 기대, 수단성, 유의성 중 어느 하나라도 0의 값을 가져서는 안 되고 세 가지 요소가 모두 적절히 조합되어야 한다.

|그림 1-13| Vroom의 기대이론

오늘날 기대이론은 구성원들에게 효율적으로 동기부여하기 위해서는 구성원들의 자기효능감을 제고시키고 구성원 개개인의 욕구 수준에 적합한 보상체계를 구축하는 것이 무엇보다 중요함을 강조함으로써 효과적인 조직 운영에 많은 시사점을 주고 있다.

(6) Adams의 공정성이론

Adams의 공정성이론은 조직 구성원들은 직무 수행에 투입한 자신의 노력에 부합하는 공정한 보상에 관심을 갖고, 자신의 투입 대비 산출의 비율을 타인과 비교하여 만일 자신이 불공정하게 대우받는다고 느끼면 이를 해소하고 공정성을 유지하는 방향으로 동기부여된다는 이론으로서 형평성이론이라고도 불린다. 공정성이론에 따르면 조직 구성원들은 동일한 직무상에 있는 다른 사람의 투입(input) 대비 산출(output)을 자신의 그것과 비교하여 공정하다고 느낄 경우에 만족하지만 그렇지 않을 경우에는 불만족을 느끼고 이를 수정하려고 노력한다. 또한 자신의 노력에 따른 보상뿐만 아니라 다른 사람에게 주어지는 보상의 정도에도 관심을 갖고 상호 비교하는데, 일반적으로 공정하게 대우받고 있다고 느끼면 현재 상태를 유지하려고 하고, 불공정하게 대우받고 있다고 느끼면 불공정 상태를 감소시키고자 다음과 같은 해결방안을 강구한다.

① 투입의 변경: 작업의 질을 증가시키거나 감소시키는 방법을 통해 불평등을 해소하고자 한다. 자신의 노력에 비해 급여가 많다고 생각하면 노력을 늘리고 그렇지 않다고 생각하면 노력을 줄이는 것 등이 좋은 예이다.
② 산출의 변경: 임금 인상이나 작업조건의 개선 등을 통해 개인의 산출을 증대시키고자 한다.
③ 투입 또는 산출에 대한 지각의 변경: 투입과 산출을 변화시키기보다는 투입이나 산출에 내한 사신의 인지 자체를 번화시킴으로써 불평등을 해소한다. 예를 들어,

자신이 다른 사람에 비해 급여를 적게 받고 있다면 남들보다 적은 시간을 일했다고 인정하고, 반대로 자신의 노력에 비해 과도한 보상을 받았다면 자신이 남들에 비해 훨씬 효율적으로 일했다는 것을 강조하는 것 등이다.

④ 비교 대상에 대한 지각의 변경: 비교 대상의 투입이나 산출에 대한 인지를 변화시킴으로써 불평등을 해소한다. 예를 들어, 비교 대상이 자신에 비해 많은 급여를 받고 있다면 그들이 자신보다 많은 시간을 일했다고 인정하는 것이다.

⑤ 비교 대상의 변경: 비교 대상을 바꿈으로써 불공정을 감소시키고 공정 상태로 돌아가고자 한다.

⑥ 현장으로부터의 이동(직장 이동): 주어진 상황에서 도저히 불공정을 해소할 수 없다고 생각할 경우 다른 부서로의 이동 또는 이직을 통해 불공정을 해소한다.

공정성이론에 따르면 리더는 이와 같은 불공정성을 해소하고 성공적인 조직 운영을 위해서 조직이 제공하는 보상의 기준을 명확하게 하며, 구성원들이 지각하는 보상이 공정하게 제공되었다고 지각할 수 있는 합리적이고 투명한 보상체계를 구축하여야 한다.

(7) Locke의 목표설정이론

1976년에 Locke가 목표설정이론을 처음 제시한 이후 현재까지 이 이론은 다양한 동기이론 중 가장 타당성 있는 이론으로 인정받고 있다. 목표설정이론의 가장 기본적인 가정은 인간의 행동은 의식적인 목표(conscious goal)와 성취 의도(intentions)에 의해 결정되고 개인의 성과는 목표의 난이도(difficulty)와 구체성(specificity)에 의해 좌우된다는 것이다. 목표설정이론에 기반을 둔 현대적 관리기법 중 오늘날 가장 많이 알려진 것은 Drucker(2006)의 'MBO((Management by Objectives: 목표에 의한 관리)'이다. MBO는 조직의 구성원들이 직무목표 설정에 직접 참여하고, 리더가 직무 권한을 위양함으로써 자율적으로 직무를 수행하며, 직무성과에 대한 자기평가를 통해 효과적으로 목표를 달성하도록 하는 관리기법이다. MBO의 근본목적은 리더와 구성원이 함께 공동의 목표를 설정함으로써 서로간의 일체감을 높이고 조직 목표와 개인의 목적을 동시에 달성하도록 하는 것이다.

목표설정이론에 의하면 막연하고 추상적인 목표보다는 구체적이고 명확한 목표, 달성하기 쉬운 목표보다는 도전할 만한 목표(stretched goal), 그리고 목표달성에 대한 적절한 피드백이 주어질 때 조직의 성과가 높다.

MBO가 오늘날의 조직관리에 주는 시사점은 효과적인 목표달성을 위해서 리더는 구성원들의 직무 수행능력을 정확하게 파악하고, 구성원 개개인이 스스로 자신의 직무수행 능력에 맞는 목표를 설정할 수 있도록 지원하며, 목표 수행에 대해 적절한 보상을 제공함으로써 조직 구성원의 목적 지향적 동기 행동을 유도하여야 한다는 것이다.

> **팀 토 의**
>
> 1. 지금까지 살아오면서 '바람직한 삶을 위해 나는 반드시 이렇게 하겠다.' 라고 결심한 것은 무엇인가?
> 2. 조직의 가치와 개인의 가치가 다를 경우 어떻게 할 것인가?
> 3. 삶을 살아오면서 자신에게 가장 힘이 되는 혹은 동기부여가 되는 한마디는 무엇인가?

 참고문헌

강정애, 태정원, 양혜현, 김현아, 조은영(2010). 리더십론. 서울: 시그마프레스.

김남현 역(2013). 리더십 이론과 실제[*Leadership: Theory and practice*]. Peter G. Northouse 저. 서울: 경문사. (원저는 2007년에 출판).

김병섭, 박광국, 조경호(2009). 휴먼 조직론. 서울: 대영문화사.

김준식, 박민생, 차대운, 김정수(2007). 핵심 조직행동론. 대구: 도서출판대명.

박보식(2017). 리더십: 이론과 실제. 서울: 대영문화사.

박유진(2009). 현대사회의 조직과 리더십. 서울: 양서각.

백기복, 신제구, 김정훈(2009). 리더십의 이해. 서울: 창민사.

손주영(2013). 조직과 리더십. 서울: 도서출판 두남.

송계충, 정범구(2008). 조직 행위론. 서울: 경문사.

이민규(2002). 네 꿈과 행복은 10대에 결정된다. 서울: 더난출판사.

이상호(2015). 조직과 리더십. 서울: 북넷.

이영민(2006). 리더십 대탐험. 서울: 다만북스.

정우일, 박선경, 양승범(2009). 리더와 리더십. 서울: 박영사.

Alderfer, C. (1967). Convergent and discriminant validation of satisfaction and desire measures by interviews and questionnaires. *Journal of Applied Psychology, 51*, 509-520.

Allport, G. W., & Odbert, H. S. (1936). *Trait-names: A psycho-lexical study*. Albany, NY: Psychological Review Company.

Allport, G. W., & Vernon, P. E. (1931). *A study of values*. Boston: Houghton Miffin Company.

Altman, S., Valenzi, E., & Hodgetts, R. M. (1985). *Organizational behavior: Theory and practice*. Cambridge, MA: Academic Press.

Barnard, C. I. (1968). *The functions of executive*. Boston, Massachusetts: Harvard University Press.

Bass, B. (1990). From transformational leadership to transformational leadership: learning to share the vision. *Organizational Dynamics, 18*, 19-31.

Bandura, A. (1962). *Social learning through imitation*. Lincoln, NE: University of Nebraska Press.

Barnard, C. I. (1968). *The functions of the executive*. Boston, MA: Harvard University Press.

Bandura, A. (1986). *Social foundations of thought and action: A social cognitive theory*. Englewood Cliffs, NJ: Prentice-Hall.

Costa, P. T., & McCrae, R. R. (1985). *The NEO personality inventory manual*. Odessa, FL: Psychological Assessment Resources.

Daft, R. L. (2001). *Organization theory and design*. Cincinnati: South-Western.

Drucker, P. E. (1954). *The practice of management*. New York: Harper & Row.

Duncan, W. J. (1988). *Organizational behavior*. NJ: Houghton Mifflin Company.

Etzioni, A. (1961). *A comparative analysis of complex organizations*. New York: Free Press.

Festinger, L. (1950). Informal social communication. *Psychological Review, 57*(5), 271-282.

Freud, S. (1933). *New introductory lectures on psycho-analysis* (Standard Edn, Vol. XXII). London: Hogarth.

Friedman, M., & Rosenman, R. H. (1974). *Type A behavior and your heart*. New York: Fawcett Crest.

Greenberg, J., & Barton, R. A. (2003). *Behavior in organizations* (8th ed.). Upper Saddle River, NJ: Pearson Education Inc.

Herzberg, G. (1966). *Work and the nature of man*. Cleveland: World Publishing.

Hicks, H. G., & Gullett, C. R. (1976). *The management of organizations*. New York: McGraw-Hill.

Jung, C. G. (1961). *Memories, dreams, and reflections*. New York: Vintage Books.

Kahn, R., & Katz, D. (1960). Leadership practices in relation to productivity and morale. In D. Cartwright & A. Zander (Eds.), *Group dynamics research and theory*. Elmsford, NJ:

Row, Peterson.

Kelly, J. (1980). *Organizational behavior: Its data, first principles, and applications.* Homewood, IL: Irwin.

Köhler, W. (1925). *The mentality of apes* (trans. from the 2nd German edition by Ella Winter). London: Kegan.

Lewin, K. (1951). *Field theory in social science.* New York: Harper & Row.

Litterer, J. A. (1974). Conflict in organization: a reexamination. In L. Henry & W. C. Hammer (Eds.), *Organization behavior and management: A contingency approach* (pp. 32–326). Houston: St. Clair Press.

Locke, E. A. (1976). The nature and causes of job satisfaction. In M. D. Dynnetter (Ed.), *Handbook of industrial and organizational psychology.* Chicago: Rand Mcnally.

Maddi, S. R. (1996). *Personality theories: A comparative analysis* (6th ed.). New York: Books.

Maslow, A. (1954). *Motivation and personality.* New York: Harper.

McClelland, D. C. (1985). *Human motivation.* Glenview, IL: Scott Foresman.

McDavid, J. W., & Harari, H. (1968). *Social psychology: Individuals, groups, societies.* New York: Harper & Row.

March, J. G., & Simon, H. A. (1960). *Organizations.* New York: John Wiley & Sons.

Pavlov, I. P. (1928). *Lectures on conditioned reflexes* (Trans. by W. H. Gantt). London: Allen & Unwin.

Porter, L. W., Lawler, E. E., III, & Hackman, J. R. (1987). *Behavior in organization.* New York: McGraw-Hill.

Presthus, R. V. (1978). *The organization society.* NY: St. Martin's Press.

Reich, W. (1994). *Beyond psychology.* Farrar Straus and Giroux.

Robbins, S. P. (2003). *Organization behavior: Concepts, controversies, and applications.* Englewood Cliffs, NJ: Prentice Hall.

Rockeach, M. (1968). *Belief, attitudes, and values.* San Francisco, CA: Jossy-Bass, INC.

Rogers, C. (1969). *Freedom to learn: A view of what education might become.* Columbus, Ohio: Charles Merill.

Rotter, J. B. (1975). Some problems and misconceptions related to the construct of internal versus external control of reinforcement. *Journal of Consulting and Clinical Psychology, 43,* 56–57.

Skinner, B. F. (1953). *Science and human behavior.* Simon and Schuster com.

Stanley, T. L. (2001). The joy of working: A new look at job satisfaction. *Supervision, 62*(9), 3–6.

Steers, R. M., & Black, J. S. (1994). *Organization behavior* (5th ed.). New York: Harper

Collins College Publishes.

Thorndike, E. L. (1929). *Human learning.* New York, NY: Johnson Reprint Corporation.

Tolman, E. C. (1948). Cognitive maps in rats and men. *Psychological Review, 55,* 189−208.

Toffler, A. (1990). *Power shift: knowledge, wealth and violence at the Edge of the 21st Century.* New York: Bantam Books.

Vroom, V. (1964). *Work and motivation.* New York: John Wiley & Sons.

Weber, M. (1948). Type theory of social and economic organization. In A. Henderson & T. Parsons (trans.), *Max Weber: The theory of social and economic organization.* New York: Free Press.

제2장 리더십의 개념

1. 리더십의 정의

리더십(leadership)은 '조직 속의 개인'이라면 누구나 한 번쯤은 관심을 갖게 되는 중요 이슈이다. 리더십은 인류가 사회생활을 시작한 이후 끊임없이 논의의 대상이 되어 왔지만 과학적 연구가 시작된 것은 비교적 최근인 20세기 이후이다. 리더십(leadership)에서 '리드(lead)'는 '안내하다(to guide)'를 의미하는 고대 영어 leden 또는 loedan에서 유래된 말로서 'ducere(끌다, to draw)'라는 라틴어에서 연유되었다. 'ducere'는 서기 800년경부터 기독교 관련 서적에서 자주 사용되었지만 서기 1300년부터 영어의 '리더(leader)'로 통용되고 있다.

리더십이란 용어가 처음 등장한 것은 1800년대이다. 당시의 리더십 개념과 오늘날의 리더십 개념이 동일한지는 알 수 없지만(백기복, 신제구, 김정훈, 2009), 오늘날 리더십이란 용어는 리더의 통솔력, 지도력, 영향력 등과 유사한 개념으로 통용되거나 권력, 관리, 통제 등의 용어와 명확하게 구분되지 않는 채 학술적 전문용어로 자리 잡고 있다. 리더십의 정의에 대한 명확한 학술적 합의가 이루어지지 않는 이유는 리더십 개념의 모호성과 복잡성에 기인한 바가 크다(Bennis & Nanus, 1985). 또한 "리더십에 대한 정의는 리더십을 공부하는 학자의 수만큼 많다."라는 Stogdill(1974)의 지적과 같이 학자들의 관점에 따라 다양한 정의가 가능한 것도 리더십 정의에 대한 학술적 합의를 어렵게 하는 가장 큰 이유 중 하나이다.

일반적으로 리더십은 '조직의 비전 및 공동의 목표를 달성하기 위해 리더가 조직 구성원에게 영향을 미치는 과정 또는 영향을 미치는 능력 및 기술' 등을 의미한다. Stogdill(1974)에 의하면 리더십은 '조직 구성원들로 하여금 특정 목표를 지향하게 하고, 그 목표의 달성을 위해 행동하도록 영향력을 행사하는 것'이다. Bennis와 Nanus(1985)는 리더십을 "구성원에게 비전을 제시하고, 구성원의 능력 발휘를 통해 그 비전을 실현하게 하는 리더의 기술"로 정의했고, Bass(1990)는 "구성원의 변화를 도모하고, 구성원들이 조직의 목표를 달성하도록 비전을 창출하고 선포하는 것"으로 리더십을 정의하였다.

또한 Tannenbaum, Weschler와 Massarik(1961)은 리더십을 "커뮤니케이션 과정을 통해 이루어지는 것으로서 주어진 상황에서 구체적 목표들의 달성을 통해 이루어지는 대인적인 영향력"으로 정의했고, Greenberg와 Barton(2003)은 "한 개인이 조직 또는

Stogdill

집단의 구성원들로 하여금 특정 목표를 지양하게 하고, 그 목표를 달성하기 위해 실제 행동을 하도록 영향력을 행사하는 것

Bennis와 Nanus

구성원에게 비전을 제시하고, 구성원들의 능력 발휘를 통해 그 비전을 실현하게 하는 리더의 기술

Bass

구성원들의 변화를 도모하고, 구성원들이 조직의 목표를 달성하도록 비전을 창출하고 선포하는 것

Tannenbaum 등

커뮤니케이션 과정을 통하여 행사되는 것으로서 주어진 상황에서 구체적인 목표의 달성을 통해서 행사되는 대인적 영향력

Greenberg와 Barton

한 개인이 조직 또는 집단의 목표를 달성하기 위해 다른 구성원에게 영향을 미치는 과정

|그림 2-1| 리더십의 정의

집단의 목표를 달성하기 위해 다른 구성원에게 영향을 미치는 과정"으로 정의했다(I그림 2-1| 참조).

하지만 리더십에 대한 학자들의 다양한 정의에도 불구하고 다수의 연구에서 발견되는 공통점은 다음과 같다.

① 리더십은 과정이다: 리더와 구성원 간의 관계가 위에서 아래로 향하는(top-down) 일방적 관계가 아닌 상호작용적인 관계라는 의미이다. 즉, 리더가 구성원에게 영향을 미치기도 하고 그들에 의해 영향을 받기도 한다는 의미이다.

② 리더십은 영향력과 관계가 있다: 영향력이 리더십의 필수 전제조건이며 영향력이 미칠 수 없는 상황에서 리더십은 존재하지 않는다는 것을 의미한다.

③ 리더십은 집단 상황에서 발생한다: 리더십이 공동의 목표를 가진 구성원들로 이루어진 집단에 영향을 미치는 과정이기 때문에 리더십이 발생하는 현장은 집단이라는 의미이다.

④ 리더십은 목표달성을 위한 과정이다: 리더십의 효과성은 조직의 목표달성에 달

려 있다는 의미이다. 다시 말하면, 효과적인 리더십은 공동의 목표를 달성하고자 노력하는 구성원들에게 절대적인 영향을 미친다는 것이다.

따라서 이와 같은 리더십 정의에 대한 공통점을 중심으로 리더십의 개념을 재정리하면 '리더십은 공동의 목표를 달성하기 위하여 리더가 집단의 구성원들에게 영향을 미치는 과정'이라고 정의할 수 있을 것이다(김남현 역, 2013).

1) 리더십의 구성요소

전통적 관점의 리더십 연구들은 리더십의 효과성을 좌우하는 핵심 요소는 팔로워가 아닌 리더라고 규정하고 집단의 목표달성을 위한 리더의 역할을 보다 강조하였다. 특히 전통적 관점의 리더십 연구들은 리더를 리더십의 효과성을 가늠하는 가장 중요한 요소로 전제하고 리더와 구성원 간의 수직적 관계를 리더십의 기반으로 보고 있다. 하지만 현대적 관점의 리더십 연구들을 살펴보면 리더십은 리더와 팔로워 그리고 상황 변수들이 모두 반영된 통합적 개념이다. Forsyth(2006)는 "리더십이란 조직 및 집단의 목표달성을 위하여 각 구성원들이 다른 구성원들에게 영향을 미치고 상호 동기부여를 하는 교환적 과정"이라고 설명하고 있다. 따라서 현대적 관점에서 리더십의 기반은 리더와 팔로워 그리고 상황 간의 상호작용 관계에 있는데, 이때 리더는 구성원에게 영향을 주는 집단 구성원을 의미하고, 팔로워는 리더의 영향을 받는 집단 구성원을, 그리고 상황은 리더와 팔로워 간의 영향과정을 포함한 환경적 요소를 의미한다.

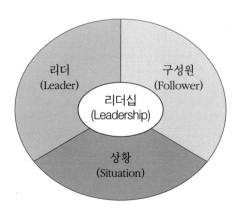

|그림 2-2| 리더십의 구성요소

　　박유진(2009)은 효과적인 리더십을 위해서는 ① 리더의 성격, 행동, 영향력, 지식, 기술 등을 포함하는 리더의 자질, ② 구성원의 직무동기, 조직 행동, 성숙도 등을 포함하는 구성원의 특성, ③ 직무 특성, 조직 특성, 환경 특성 등을 포함하는 조직 상황의 세 가지 구성요소가 적절한 조합을 이루어야 한다고 강조한다.

　　Hersey와 Blanchard(1993)는 리더십(Leadership: L)을 리더(Leader: L), 구성원(Follower: F), 그리고 상황변수들(Situational variables: S)의 함수관계(Function: F)로 나타내었는데 이를 수식으로 표기하면 L=F(L, F, S)이다.

2) 리더십 특성론과 리더십 과정론

　　지난 60년 동안 리더십에 관한 수많은 연구에도 불구하고 아직까지 리더십이 선천적으로 타고나는 것인지, 아니면 후천적으로 학습되는 것인지에 대한 명확한 답은 제시되지 않고 있다. 1982년에 Jago는 리더십을 바라보는 관점을 크게 특성론적 시각과 과정론적 시각으로 분류하고 두 관점의 차이를 설명하였다. 그는 특성론적 시각은 '리더는 타고난다(he/she is born to be a leader).'는 가정을 전제로 리더십을 상이한 사람들이 소유하고 있는 상이한 특성으로 개념화하고 있다. 특성론적 시각에 의하면 빼어난 리더는 리더로서의 자질 또는 특성을 선천적으로 타고나기 때문에 리더와 비리더의 구분은 천부적인 자질 또는 특성의 차이를 통해 가능하다는 것이다. 일반적으로 리더와 비리더를 구분 짓는 천부적 자질 또는 특성에는 신체적 특성, 능력, 성격 등이 있는데 이는 3장(특성이론)에서 자세히 설명하도록 한다.

리더십 특성론	리더십 과정론
• 리더는 타고난다. • 특정 사람들은 리더가 될 수 있는 빼어난 선천적 특성이나 자질을 가지고 있다는 시각을 갖고 있다.	• 리더십은 상황 속에 존재하는 현상이며 리더십 발휘는 누구나 가능하다. • 리더십은 후천적인 학습에 의해 습득될 수 있다는 시각을 갖고 있다.

|그림 2-3| 리더십에 대한 관점

한편, 과정론적 시각에 의하면 '리더십은 상황 속에서 나타나는 현상'이고, 리더십의 발휘는 후천적 학습에 의해 누구나 가능하며, 효과적인 리더십은 리더와 구성원의 원활한 상호작용을 통해 발휘된다. 과정론적 시각은 오늘날 학자들의 리더십 정의에 많은 영향을 미치고 있다.

3) 임명적 리더십과 자생적 리더십

일반적으로 조직에서 상사는 '공식적으로 임명된 리더'를 일컫는 말로서 '공식적 리더(formal leader)' 또는 '임명적 리더(assigned leader)'라고 하고 팀장, 부서장, 공장장 등의 직책자를 의미한다. 공식적 리더는 조직의 목표달성을 위하여 조직에서 부여된 권한과 책임을 바탕으로 구성원에게 영향력을 발휘하는 사람이다. 조직에서 개인은 공식적인 직위가 주어지는 경우에 한하여 리더로서의 역할을 수행한다. 하지만 공식적인 직위가 주어지지 않아도 조직의 구성원들로부터 가장 영향력 있는 사람으로 지각되는 경우 직책(title)에 상관없이 리더십을 발휘하는 경우가 있는데 이를 '비공식적 리더(informal leader)' 또는 '자생적 리더(emergent leader)라고 부른다.

많은 조직의 경우 때로는 '자생적 리더십'이 '임명적 리더십'에 비해 보다 효과적인 경우가 있는데, Fisher(1974)에 의하면 긍정적인 의사소통(positive communication behaviors)이 자생적 리더십의 효과성 발휘에 중요한 역할을 담당한다. 긍정적인 의사소통은 리더와 구성원 상호 간에 긍정적인 말을 주고받는 것과 중요한 정보를 알려 주는 것, 다른 사람의 의견을 묻고 수용하는 것, 새로운 아이디어 창출을 독려하는 것, 굳은 신념을 보이지만 경직되지 않는 것 등을 포함한다.

성격(personality) 또한 자생적 리더십의 효과성 발휘에 매우 중요한 역할을 차지한다. Smith와 Foti(1998)에 의하면 보다 지배적인 성격(dominant), 보다 높은 지능, 그리고 업무 수행에 대한 보다 높은 자기유능감(general self-efficacy)을 가진 개인이 자생적 리더로 부상될 가능성이 높다. 또한 Hogg(2001)의 '사회정체성이론(social identity theory)'에 따르면 개인의 정체성과 조직의 정체성이 합치되는 정도가 높을수록 자생적 리더로 부상할 가능성이 높다. 즉, 조직 구성원들이 특정 개인의 행동을 자신들이 속한 집단의 본보기(group prototype)라고 느끼게 될 경우 그 개인이 자생적 리더로 부상할 확률이 높아진다는 것이다.

팀원 각자가 생각하는 대한민국에서 가장 존경받는 리더는 누구이며 그 선정
이유와 그(또는 그녀)가 자신의 삶에 미친 영향 등을 팀원들과 공유하라.

가장 존경받는 리더	설정 이유	자신의 삶에 미친 영향

2. 리더십과 영향력

리더십은 조직의 목적달성을 위하여 집단 구성원의 활동에 영향을 주는 과정이며
이를 통해 성과를 창출하게 만드는 리더의 능력 또는 영향력이다. 영향력(influence)은
한 개인 또는 집단이 특정 개인 또는 집단을 움직이게 하는 힘의 총량을 의미하는 것
으로서 리더십의 가장 핵심 요소이고 필수 전제조건이다. 따라서 효과적인 리더십 발
휘를 위해서는 영향력에 대한 정확한 이해가 무엇보다 필요하다.

영향력은 권력과 상당히 유사한 개념이지만 권력이 다른 사람의 행동을 변화시킬
수 있는 잠재적 능력을 포함하는 데 반해 영향력은 실제로 권력이 행사되었을 때의 상
태를 의미한다. 조직에서 상사가 부하 직원에게 영향력을 발휘하는 가장 기본적인 방
법은 지위 권력에 근거한 강제일 것이다. 강제는 조직에서 주어지는 지위 권력을 기반
으로 상사가 처벌 또는 부정적인 보상 등을 위협적으로 활용하여 부하 직원들로 하여
금 자신이 원하는 행동을 하도록 만드는 것을 의미한다. 강제는 상사-부하 직원 등의
공식적이고 수직적인 관계에서는 어느 정도의 영향력이 있지만 비공식적 관계이거나
수평적 관계에서는 그 영향력이 미비하다. 따라서 강제에 의한 영향력은 리더십의 영
향력과 뚜렷이 구별될 수 있다.

리더십의 영향력은 비강제적 방법에 의한 사회적 영향력 행사의 과정으로서 합리
적이고 인지적인 측면에 호소하는 방법과 감성적이고 가치 지향적인 측면에 호소하

는 방법으로 구분된다. 합리적이고 인지적인 측면에 호소하는 방법은 리더가 이성과 논리에 기초하여 조직의 목표달성이 구성원 자신에게도 최선의 이익이 됨을 설득하는 것이다. 반면, 최근 들어 그 중요성이 더욱 강조되고 있는 감성적이고 가치 지향적인 측면에 호소하는 방법은 리더가 구성원들로 하여금 보다 높은 대의명분을 위해서 자신들의 이기적인 이해관계를 기꺼이 희생하고 조직의 목표달성을 위해 보다 높은 수준의 영감과 열정을 갖도록 고무하는 것이다.

Popper(1996)는 리더십의 영향력을 크게 ① 공식적 권한(formal authority)에 의한 명령과 지시, ② 긍정적 강화 및 부정적 강화(positive or negative reinforcement) 등을 통한 보상, 그리고 ③ 감성적 영향력(emotional influence)의 세 가지로 구분하고 각각에 대한 구성원의 반응을 관찰하였다.

연구 결과, 공식적 권한의 경우는 어느 정도 구성원의 복종을 이끌어 내었는데, 그들은 복종을 하지 않을 경우 주어질 불이익에 대한 두려움으로 처벌을 피할 정도의 업무 활동을 하는 것으로 나타났다. 하지만 그렇다고 해서 복종이 반드시 부정적인 것만은 아니다. 조직성과 및 효율성의 제고, 그리고 목표달성에 있어서 구성원의 복종이 반드시 필요하다는 HR 전문가들의 주장도 일리가 있다. 다만 밀그램(milgram) 실험에서 나

> 백성들이 지도자가 있는지조차
> 의식하지 못할 때
> 그는 가장 훌륭한 지도자이며
>
> 백성들이 복종하고 환호할 때
> 그는 그다지 훌륭한 지도자가 못되며
>
> 백성들이 경멸할 때
> 그는 나쁜 지도자이다.
>
> 무릇 훌륭한 지도자는 말을 삼가며
> 지도자가 할 일을 다하여 모든 일이 잘 이루어지면
> 그들은 말하리라.
> 우리들의 힘으로 이루었노라고…….
>
> 노자(老子)

|그림 2-4| 존경받는 리더의 조건

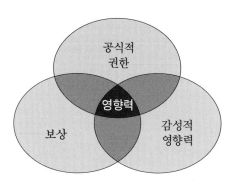

|그림 2-5| 리더십 영향력의 유형

타났듯이 맹목적인 경우를 효과적으로 경계한다면 말이다.

긍정적 강화 또는 부정적 강화 등을 통한 보상의 사용은 그 정도에 따라 다양한 수준의 성과를 이끌어 내는 것으로 나타났다. 보상의 대가로서 구성원들이 보이는 성과창출은 리더와 구성원 간의 교환관계에 기반을 두고 있는데 구성원들의 경우 리더의 보상에 대해 보답해야 한다는 의무감이 성과를 창출하는 원동력이 된다는 것이다.

마지막으로, 감성적 영향력은 기대 이상의 성과를 올리려는 의욕, 즉 몰입을 창출하는 것으로 나타났다. 조직의 구성원들은 조직의 목표달성에 대해 납득할 만한 타당성이 부여되면 자신의 가치체계를 조직의 가치관과 일치시키고자 노력하고 목표를 달성하고자 더욱 몰입하게 되는데, 이 단계에서 구성원들은 자신의 희생까지도 기꺼이 감수하도록 동기부여가 된다.

3. 리더십과 권력

리더십은 영향력과 밀접한 연관관계가 있으며 영향력의 근원은 권력(power)에 있기 때문에 리더십과 권력은 상당히 밀접한 상관관계가 있다. 근대적 개념으로서의 권력에 대한 연구는 15세기에 Machiavelli와 Hume의 연구로부터 시작되었고, Weber에 의해 19세기에서 20세기에 그 틀이 완성되었다고 보는 것이 많은 학자의 중론이다. Weber(1947)는 권력을 "사회적 관계 속에서 한 개인이 사회적 저항에도 불구하고 자기의 의지를 타인에게 강요할 가능성"으로 정의했다. 즉, 권력은 한 개인이 상대방의 반대에도 불구하고 자신의 의시와 요구에 따라 상대방이 원치 않는 행동을 하게 만드

3. 리더십과 권력 67

는 능력을 의미한다.

Pfeffer(1981)는 "타인의 행동에 영향을 주고, 행동 방향을 변화시키며, 업무 수행에 영향을 미칠 수 있는 잠재적 능력"으로 권력을 정의하였으며, Nord(1985)는 "우선순위가 주어지지 않은 여러 목표 중 특정 목표의 달성을 위하여 보다 많은 가용 자원을 분배하도록 영향력을 행사할 수 있는 능력"이라고 권력의 개념을 설명하였다. Dahl(1957)에 따르면 사회적 관계에 있는 한 개인이 다른 개인으로 하여금 특정 행동을 강요할 수 있을 때 두 사람 사이에는 권력관계가 형성된다.

권력의 개념은 학자들의 관점에 따라 다양하게 정의되는데, 때로는 권력의 원천이 되는 자원 또는 서비스를 제공할 수 있는 잠재력을 권력으로 보기도 하고, 때로는 그러한 잠재력이 실제적으로 행사되어 효과가 발휘되는 경우를 권력으로 보기도 한다. 권력의 개념은 영향력(influence), 힘(force), 권한(authority) 등의 개념과 혼동되어 사용하기도 하는데, 이들 개념과 권력은 기능적인 측면 또는 본질적인 측면에서 상당히 유사하지만 미미한 차이가 있다. 앞에서 설명한 것과 같이 권력(power)이 다른 사람의 행동을 변화시킬 수 있는 능력 또는 잠재적 능력을 의미한다면, 영향력(influence)은 실제로 권력이 행사되었을 때의 상태를 의미한다. 즉, 권력이 영향력을 행사할 수 있는 능력 또는 잠재력을 의미하는 것에 반해 영향력은 그 능력 또는 잠재력을 실제 행동으로 옮기는 것을 의미한다.

또한 주로 물리적인 '능력'을 나타내는 힘(force)에 비해 권력은 보다 광범위한 의미로서 신체적 및 정신적 능력, 에너지 등을 나타낸다. 따라서 "권력은 총구에서 나온다."는 마오쩌둥(毛澤東)의 말은 권력과 힘의 개념을 혼동한 것일 수도 있다.

한편, 권한은 권력의 한 부분으로서 한 개인이 자신의 업무에 대해 스스로 의사결정을 하고, 자율적으로 업무를 수행하며, 다른 구성원에게 조직의 목표달성을 위한 업무 수행을 명령(command)할 수 있는 권리(rights) 또는 합법적 권력(legitimate power)을 의미한다. Weber(1947)에 의하면 권한은 '합법적인 방법으로서 지시나 명령 등을 통해 상대방을 복종시킬 수 있는 확률'인 반면, 권력은 '한 개인이 상대방의 저항에도 불구하고 자신의 의지를 관철시킬 수 있는 지위를 획득할 확률'이다. 즉, 권한은 '의사결정에 참여하는 모든 주체와의 협상과 타협 등을 통해서 행사되는 한 개인의 지시적 능력'을 의미하지만, 권력은 '상대방의 저항이나 복종 의지와는 상관없이 한 개인의 의지나 목적이 실현되게 하는 능력'을 의미한다.

Weber는 인간은 경제적인 혜택이나 사회적인 명예, 법적 우위성(advantage) 등을

Weber
한 개인이 사회적 관계 속에 있는 다른 개인이나 집단의 저항에도 불구하고 자신의 의지를 관철시킬 수 있는 능력

Pfeffer
타인의 행동에 영향을 주고, 행동 방향을 변화시키며, 업무 수행에 영향을 미칠 수 있는 잠재적 능력

Nord
우선순위가 주어지지 않은 여러 목표 중 특정 목표의 달성을 위하여 가용 자원을 분배하도록 영향력을 행사하는 능력

|그림 2-6| 권력의 정의

획득하기 위해서 권력을 추구한다고 주장한다. 그의 주장에 따르면 인간은 다양한 사회적 혜택을 누릴 수 있을 것이라는 기대 때문에 권력을 추구하게 된다. 이는 "권력에의 의지는 인간의 본성"이라는 니체와 말과 일맥상통한다. 일반적으로 권력은 타인의 신념, 태도, 행동 등에 영향을 미칠 수 있는 능력이나 잠재능력(capacity or potential to influence)을 의미하는데 '개인이 자신이 가진 힘이나 자원, 지식, 정보 등을 이용하여 타인의 행위에 영향력을 행사할 수 있는 능력 또는 잠재능력'을 일컫는다. 리더십의 개념 정의와 마찬가지로 권력에 대한 정의도 권력에 대해 언급하는 학자의 수만큼 많은 것이 사실이다.

권력의 원천에 관한 연구 중 가장 대표적인 것은 French와 Raven(1959)의 연구로서 그들은 권력의 유형을 다음과 같이 다섯 가지로 분류하였다.

① 보상적 권력(reward power): 조직의 리더가 구성원들이 원하는 보상을 제공할 결정권을 가지고 있는 경우에 한하여 발생하는 권력으로서 구성원들이 리더가 제공할 수 있는 보상을 원하고 있다는 전제하에서 효과 발휘가 가능하다. 보상적 권력을 사용하는 가장 보편적인 방법은 구성원에게 상황적 보상(contingent reward)을 제공하여 목적 지향적인 행동을 유발시키는 것이다. 일반적으로 리더가 임금 인상, 승진, 상여금 지급 등을 구성원들에게 제공할 수 있는 지위를 부여받았을 경우 보상적 권력을 갖게 된다.

② 강제적 권력(coercive power): 리더가 조직으로부터 구성원에 대해 처벌, 감봉, 좌천

등의 벌칙 또는 부정적 보상을 적용할 수 있는 결정권을 부여받았을 경우 발생하는 권력으로서 벌칙과 부정적 보상 등에 무심한 구성원에게는 비효과적인 권력이다. 강제적 권력은 구성원들의 분노 유발과 준거 권력의 손상 가능성이 높기 때문에 효과적 리더의 경우 좀처럼 강제적 권력을 사용하지 않는다. 다만 조직에 극히 해가 되는 행동을 억제할 필요가 있는 경우에 한하여 제한적으로 사용하기도 한다.

③ 합법적 권력(legitimate power): 구성원들 간의 약속에 의해 한 개인이 특정 범위의 권력을 부여받았을 경우 발생하는 권력으로서 구성원들에게 업무를 지휘하고 명령할 수 있는 결정권이 주어진다. 군대 또는 회사에서 주어지는 지위 권한이 대표적인 합법적 권력이고, 법, 제도, 규정 등이 종종 권력의 도구로서 사용된다. 일반적으로 합법적 권력은 권한(authority)이라고 하는데 보상적 권력이나 강제적 권력을 동반하기도 한다.

④ 전문적 권력(expert power): 한 개인이 특정 영역에 대해 전문적 지식이나 기술, 또는 능력이 다른 사람에 비해 월등할 때 또는 구성원들이 월등하다고 지각할 때 발생하는 권력으로서 특정 분야에 정통한 하급자가 상급자에게 보다 많은 영향력을 미칠 수도 있는 권력이다. 때로는 리더의 전문성 그 자체보다 리더의 전문성에 대한 구성원의 지각이 더 중요하게 작용하기도 한다.

⑤ 준거적 권력(referent power): 존경심, 호감, 카리스마적 기질 등 리더의 개인적 특성에 기반을 둔 권력으로서 구성원들이 한 개인의 행동 또는 행위를 존경하거나 동일시되고자 노력할 때 발생하는 권력이다. 준거적 권력을 행사하는 가장 보편적인 방법으로는 '개인적 호소'와 '역할 모델링(role modeling)'이 있다. '개인적 호소'는 리더가 구성원들에게 "나는 여러분을 믿고 있으며, 조직의 목표달성을 위해 여러분의 협조와 지원이 절실히 필요합니다."라고 호소하는 것으로서, 리더의 특정 요구가 조직을 위해 매우 중요한 것임을 강조하고 구성원들의 적극적인 참여를 유도하는 것이다. 하지만 '개인적 호소'는 리더에 대한 구성원들의 호의와 충성심의 정도가 불균형을 이룰 경우 효과적이지 않으며, 자주 사용하면 준거 권력을 저하시키게 된다. 또한 '역할 모델링'을 통해 준거적 권력을 획득하고자 하는 경우 조직 구성원들은 리더의 행동을 모방하고 동일시하려는 경향이 있기 때문에 '역할 모델'의 경우 의도적으로 구성원들에게 적절한 역할 행동의 모범을 보이고, 헌신적이고 성실한 태도로 책임과 의무를 다하며, 항상 긍정적인 태도를 가지고 솔선수범과 언행일치를 실천하여야만 한다.

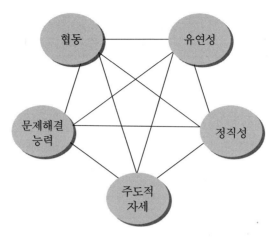

|그림 2-7| 권력의 다섯 가지 유형

Yukl(1994)은 권력의 원천을 조직에서 부여한 직책을 기반으로 하는 지위 권력(position power)과 개인적 특성 및 전문성을 기반으로 하는 개인 권력(personal power)으로 분류 하였는데, French와 Raven의 연구 및 Yukl의 연구를 종합하여 정리하면 〈표 2-1〉과 같다.

표 2-1 권력의 원천

구분	지위 권력	개인 권력
원천	공식적인 조직 시스템 내에서 개인이 부여 받은 직책이나 직위에 근거하여 갖게 되는 권력으로서 공식적 권한에 의한 것	조직 내 직책보다는 개인적 매력 또는 카리스마 등을 기반으로 한 권력으로서 한 개인의 특성에 대해 조직 구성원들이 호감을 가지고 매력을 느끼는 경우 얻게 되는 권력
유형	• 보상적 권력 • 강제적 권력 • 합법적 권력	• 전문적 권력 • 준거적 권력
특징	일반적으로 대부분의 조직은 지위권력에 대한 공식적 규정을 가지고 있는데 자원 사용, 구성원에 대한 처벌, 정보 등에 대한 통제권 등을 포함한다.	개인 권력은 특정인의 능력에 따른 권력이기 때문에 조직 구성원에게 미치는 영향에 있어서는 지위 권력 이상의 효과성을 가진다.

다음은 2014년 미국 경제전문지 『포춘(Fortune)』이 선정한 세계에서 가장 영향력 있는 지도자 10인이다. 팀별로 이들 중 한 명을 정하여 그 영향력의 원천을 분석한 뒤 발표하시오.

	지도자	영향력의 원천
1	천주교 교회 수장 교황 프란치스코	
2	앙겔라 메르켈 독일 총리	
3	포드 CEO 앨런 멀러리	
4	버크셔 해서웨이 CEO 워렌 버핏	
5	빌 클린턴 전 미국 대통령	
6	미얀마 야당 대표 아웅산 수지 여사	
7	존 던포드 미 아프가니스탄 주둔군 사령관	
8	록 그룹 U2의 보컬 보노	
9	티베트의 정신적 지도자 달라이 라마	
10	아마존닷컴 CEO 제프 베조스	

4. 리더십과 관리

1) 리더와 관리자

　관리(management)는 조직의 효과적인 목표달성을 지향하고 그 과정에서 영향력을 행사한다는 관점에서 리더십과 매우 유사하지만, 구체적으로 살펴보면 많은 차이점이 있다. 특히 리더십에 대한 연구가 아리스토텔레스의 『정치학』에서 시작되었다고 본다면, 관리는 20세기 초 산업사회의 출현과 함께 새롭게 부상한 개념으로서 급변하는 경영환경 속에서 보다 효과적이고 효율적으로 조직을 운영하기 위해 창안된 일종의 경영기법이다(천병희 역, 2009). 따라서 관리는 조직화된 집단에서 특정 역할이 주어지는 경우에만 가능한 반면 리더십은 조직화되어 있지 않은 집단에서도 가능하다.

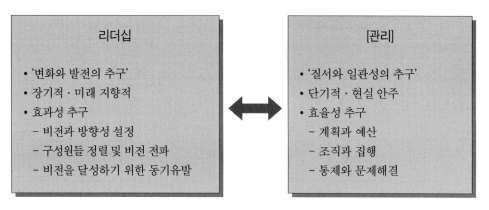

|그림 2-8| 리더십과 관리의 차이

　　Fayol(1916)에 의하면 관리의 목적은 조직의 질서와 안정성의 추구에 있으며 주요 관리기능으로는 계획(planning), 조직(organizing), 지휘(commendation), 조정(cordianting), 통제(controlling) 등이 있다. 따라서 관리자의 주요 역할은 조직의 목표설정에 따른 행동계획을 수립하고, 자원과 예산을 할당하며, 조직화와 충원을 통해 효과적인 조직구조를 수립하고, 구성원에게 업무를 할당하며, 업무 수행결과를 모니터하고 문제를 해결하는 것이다. 이에 반해, 리더십의 목적은 조직의 변화와 발전에 있다. 따라서 리더의 주요 역할은 변화하는 환경에 적응하고, 조직의 나아갈 방향을 설정하며, 미래를 위한 비전을 창조하고, 조직의 비전을 달성하기 위한 변화 전략을 수립하며, 구성원에게 비전을 전달·설명하고, 조직의 목표달성을 위해 구성원들을 동기부여하며 고무시키는 것이다. 이처럼 리더십과 관리는 개념상의 유사성에도 불구하고 추구하는 목적의 이질성으로 인하여 오랫동안 상호 배타적인 개념으로 인식되어 왔다.

　　한편, 관리자(manager)란 효과적인 조직목표의 달성을 위해 간접 지원 업무를 수행하는 사람들을 일컫는다. Drucker(1974)는 "관리자는 모든 조직에 활력을 불어넣는 조직 생명력의 원천이며 만일 관리자가 없다면 모든 생산요소는 결코 생산물이 되지 못하고 단지 그 자체에 머무를 수밖에 없다."라고 관리자의 역할을 강조하였다. 최근 들어 많은 학자와 HR 전문가는 자유경쟁경제(competitive economy)사회에서는 기업성과에 영향을 미치는 주요 의사결정의 대부분을 관리자가 하고 있기 때문에 조직의 지속 가능한 성장(sustainable development)을 위해서는 관리자의 자질과 능력이 무엇보다 중요함을 강조하고 있다.

　　Zaleznik(1977), Bennis와 Nanus(1985) 등의 학자들은 리더와 관리자는 서로 양립할

수 없는 가치와 성향을 가지고 있는 존재이기 때문에 같은 시점에 한 개인이 리더의 역할과 관리자의 역할을 동시에 수행할 수 없다고 주장한다. 즉, 리더와 관리자는 기본적으로 상이한 유형의 사람들이기 때문에 관리자이면서 동시에 리더가 되기 어렵다는 것이다.

특히 Zaleznik은 관리자는 문제를 해결함에 있어서 안전성이 확보된 기존의 방법을 선호하고, 경우의 수를 제한하려고 노력하며, 정서적 몰입 없이 객관적으로 사물을 보고, 기존의 질서와 안정을 유지하려고 노력하는 반면, 리더는 전향적인(proactive) 특성을 가지고 새로운 아이디어를 창출하고자 노력하고, 장기적인 안목에서 활용 가능한 선택의 폭을 확대하고자 하며, 정서적으로 깊이 몰입하고, 위험을 무릅쓰고 변화의 기회를 모색하는 특성이 있기 때문에 리더와 관리자는 절대 양립할 수 없는 존재라고 주장한다.

Bennis와 Nanus도 리더와 관리자를 양극의 성격을 가진 이질적인 존재로 규정하고, 관리자는 효율성, 절차, 안정, 질서, 통제 등을 중시하고 업무 수행방식에 관심을 갖는 존재인 반면, 리더는 변화, 도전, 비전, 창의를 중시하고 조직 구성원에게 업무가 의미하는 바에 관심을 갖고 업무의 중요성에 대해 구성원들의 동의를 이끌어 내려고 노력하는 존재이기 때문에 리더와 관리자는 차별화된다고 강조하였다.

Bennis와 Nanus가 제시한 리더와 관리자의 차이는 다음과 같다.

① 관리자는 관리를 하지만 리더는 혁신을 한다.
② 관리자는 모방하지만 리더는 창조한다.
③ 관리자는 현상을 유지하지만 리더는 이에 도전한다.
④ 관리자는 시스템과 구조에 초점을 맞추지만 리더는 사람들에게 초점을 맞춘다.
⑤ 관리자는 통제에 의존하지만 리더는 신뢰를 고취시킨다.
⑥ 관리자는 단기적인 관점을 가지고 있지만 리더는 장기적인 관점을 가지고 있다.
⑦ 관리자는 '언제, 어떻게'를 강조하지만 리더는 '무엇을, 왜'를 강조한다.
⑧ 관리자는 수직적이지만 리더는 수평적이다.
⑨ 관리자는 자신에게 주어진 일을 모범적으로 수행하는 훌륭한 병사지만 리더는 주체성을 가지고 몸소 행동한다.
⑩ 관리자는 일을 올바르게 하지만 리더는 올바른 일을 하는 사람이다(Managers are people who do things right and leaders are people who do the right things).

Zaleznik 및 Bennis와 Nanus가 리더와 관리자를 상호 배타적인 관점에서 바라본 것과는 달리, Kotter(1990)는 통합적 관점에서 리더와 관리자를 바라보고 효과적인 리더는 동시에 효율적인 관리자가 될 수 있음을 주장하였다. Kotter에 의하면 관리는 예측 가능성과 질서를 중시하는 반면 리더십은 조직 변화를 중시하기 때문에 역할 수행상의 차이가 있을 뿐이지 리더십이 관리보다 우수한 기능도 아니고 관리의 기능을 대체하는 것도 아니라고 주장한다.

Kotter가 제시한 관리자와 리더의 역할상 차이점은 다음과 같다.

① 관리자는 기존의 질서를 유지하고 기대하는 결과를 안정적으로 산출하는 것에 초점을 맞추는 반면 리더는 성공적인 변화의 산출에 초점을 맞춘다.
② 관리자는 복잡한 상황에 효율적으로 대처하지만 리더는 효과적으로 변화에 대처한다. 즉, 조직의 복잡한 기능을 체계적으로 운영하는 것이 관리자의 주된 활동이라면, 리더의 주된 활동은 조직이 나아갈 방향을 설정하고 건설적인 변화를 시도하는 것이다.
③ 관리자의 초점이 통제와 문제해결을 통한 조직의 목표달성에 있는 반면 리더의 초점은 구성원들의 동기유발을 통한 조직의 비전 실현에 있다.

또한 Kotter는 리더와 관리자는 역할상의 차이점에도 불구하고 상호 배타적 관계가 아닌 상호 보완적 관계라고 주장한다. 즉, 리더십 없는 관리는 도전과 혁신을 방해하고 관리 없는 리더십은 조직의 질서와 효율성을 와해시킬 수 있기 때문에, 효과적인 리더십의 발휘를 위해서는 조직의 상황에 맞춰 리더십과 관리를 조화롭게 통합해야 한다는 것이다.

2) Quinn의 관리자 역할 모델

Quinn(1988)의 관리자 역할 모델은 전통적 관리자의 역할에 대한 대표적 연구이다. Quinn은 관리의 영역을 '자율(flexibility)-통제(control)의 축'과 '내부지향(internal orientation)-외부지향(external orientation)의 축'의 두 축을 중심으로 총 4개의 영역으로 분류하고 각 영역마다 2개의 역할 모델을 제시함으로써 총 8개의 관리자 역할 모델을 제시하였다. '자율-통제의 축'은 '조직구조의 유연성을 의미하는 자율'에서 '조식구

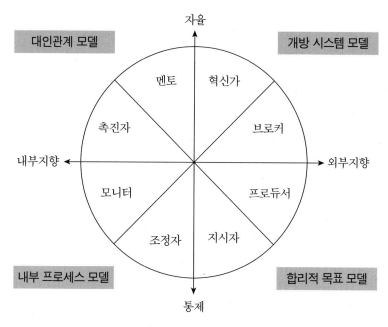

|그림 2-9| Quinn의 관리자 역할 모델

조의 경직성을 의미하는 통제'까지 수직으로 이어지는 축이고, '내부지향–외부지향의 축'은 '개인의 발전을 추구하는 내부 지향점'에서 '조직의 발전을 추구하는 외부 지향점'까지 수평으로 이어지는 축이다.

따라서 그림에서 제시된 '대인관계 모델'은 조직구조의 유연성과 개인의 발전을 추구하는 영역으로서 촉진자 역할과 멘토 역할이 포함되고, '개방 시스템 모델'은 조직구조의 유연성과 조직의 발전을 추구하는 영역으로서 혁신가 역할과 브로커 역할이 포함된다. 한편, '내부 프로세스 모델'은 조직구조의 경직성과 개인의 발전을 추구하는 영역으로서 모니터 역할과 조정자 역할로 구성되어 있고, 마지막 '합리적 목표 모델'은 조직구조의 경직성과 조직의 발전을 추구하는 영역으로서 지시자 역할과 프로듀서 역할로 구성되어 있다.

(1) 대인관계 모델(human relations model)

① 촉진자(facilitator): 조직 구성원들 간의 마찰에 개입하여 갈등을 감소시키고, 조직 응집력과 사기를 높임으로써 조직의 목표달성을 향한 구성원들의 적극적 참여를 이끌어 내며, 정보 및 의견 등의 교환을 통해 집단 문제해결을 장려함으로써 효과적인 팀워크를 구축하는 역할이다. 부적절한 촉진자로서의 역할 수행은 부적

절한 참여와 과도한 토의 등으로 인해 조직의 신속성을 저해시키는 결과를 낳게 된다.

② 멘토(mentor): 구성원들의 적극적인 의견 제시를 격려하고, 효과적인 커뮤니케이션을 통해 신뢰관계를 구축하며, 구성원들의 요구에 귀를 기울여 지원하고, 구성원들의 노력과 성과를 칭찬하고 인정해 주는 등의 행동 특성을 가진다. 다시 말해, 멘토는 구성원들의 요구에 관심을 갖고 배려하고 그들의 성장을 장려하고 개발시키는 역할이다. 부적절한 멘토로서의 역할 수행은 지나치게 구성원들을 관대하게 대함으로써 개인주의를 통제할 수 없거나 과도한 감정이입으로 우유부단한 태도를 보임으로써 리더로서의 권한을 포기하는 결과를 낳게 된다.

(2) 개방 시스템 모델(open system model)

① 혁신가(innovator): 변화하는 환경에 귀를 기울이고, 시장의 변화 추세를 정확하게 인식하며, 조직의 지속적인 성장을 위해 필요한 변화를 개념화하는 역할이다. 급변하는 시장환경에 따른 경영환경의 불확실성과 위험을 견뎌 내고, 변화에 적응하며, 새로운 도전을 촉진하고, 미래의 비전을 구체화하며 이를 구성원에게 확신시키는 역할이다. 또한 창의적이고 새로운 아이디어를 중시하고, 창조적 사고를 통해 변화를 촉진하는 역할이다. 부적절한 혁신가로서의 역할 수행은 지나친 실험정신과 비현실적 또는 비실천적인 비전설정으로 에너지를 낭비하는 결과를 초래한다.

② 브로커(broker): 일반적으로 브로커 역할의 관리자는 정치적으로 기민하고 강한 설득력을 가지고 있기 때문에 협상을 통해 외부 자원을 획득하는 것에 능하다. 권력에 관심이 많고, 이를 효과적으로 이용할 수 있으며, 강력한 영향력을 통해 구성원들의 몰입을 유도하는 역할이다. 브로커로서의 부적절한 역할 수행의 결과로는 지나친 열정으로 인해 정치적인 편법을 시도하는 부도덕한 기회주의자로 비춰질 수도 있다는 것이다.

(3) 내부 프로세스 모델(internal process model)

① 모니터(monitor): 자료를 다루고 정보를 검토하는 일을 선호하고, 조직 각 부문의 업무 진행 상황을 살피며, 구성원들의 규칙 준수를 모니터링하고, 구성원들이 자신의 맡은 바 업무를 성실히 수행하는지 등을 살피는 역할이다. 문서화 작업, 사

료 분석, 정보관리 등의 업무를 능숙하게 수행한다. 부적절한 역할 수행의 결과로는 사소한 일에 지나치게 엄격하고 상상력의 부족으로 지루함을 느끼게 하는 경향이 있다는 것이다.

② 조정자(coordinator): 조직의 위기를 수습하고, 조직 시스템의 안정성을 유지하며, 구성원들의 업무를 조직화하고 조정하는 역할을 한다. 부적절한 역할 수행의 결과로는 조직 변화에 대해 지나치게 회의적이거나 냉소적인 모습을 보이고 엄격하게 조직의 관례를 강조하기도 한다는 것이다.

(4) 합리적 목표 모델(rational goal model)

① 지시자(director): 조직의 비전을 설정하고, 비전을 달성하기 위한 계획을 수립하며, 목표달성에 장애가 되는 문제를 정의하고, 문제해결을 위한 다양한 대안을 제시하며, 조직의 단기 및 장기 목적을 설정하고, 조직구조를 설계하는 등의 역할을 수행한다. 특히 조직의 목표달성을 위한 과업을 정의하고, 규칙과 정책을 수립하며, 조직이 나아갈 방향을 분명하게 지시하는 역할이다. 부적절한 역할 수행의 결과로는 무분별한 규정의 남발, 맹목적이고 독단적인 태도 등이 있다.

② 프로듀서(producer): 과업 지향적인 특성을 가지고, 책임감을 갖고 주어진 일에 집중하며, 높은 생산성을 유지하고, 구성원들의 스트레스를 관리하고, 목표달성을 위해 그들에게 동기부여를 함으로써 조직의 생산성을 제고하는 역할이다. 부적절한 역할 수행의 결과로 과도한 성취욕으로 인해 인간적인 배려가 부족하거나 조직의 응집력을 저해시키기도 한다.

한편, 최근 들어 관리자의 역할은 기존의 감독자(supervisor) 또는 부서장(department head) 등의 역할에서 벗어나 팀 리더(team leader)와 코치(coach) 등의 역할로 확대되고 있다. 즉, 기존의 단순 지시나 통제 등의 전통적 역할에서 벗어나 조직 구성원들에게 지지와 지원을 제공하는 새로운 역할이 부여된 것이다. 따라서 최근의 연구들을 살펴보면 리더와 관리자의 역할은 따로 분리되는 것이 아니며 관리자의 역할을 확대한 것이 리더의 역할이라는 주장이 설득력을 얻고 있다. Crane(2002)은 전통적인 관리자의 역할인 계획, 조직, 동기부여, 통제에 비전 제시, 봉사, 코치, 촉진자 등의 새로운 역할을 추가한 뒤 이를 리더의 역할이라고 정의하였다.

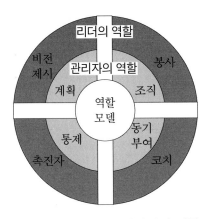

|그림 2-10| 리더와 관리자의 역할

출처: 이상호(2015).

5. 리더십과 조직문화

'문화'는 상당히 추상적인 개념이기 때문에 쉽게 정의 내리기 어렵지만 일반적으로 특정 사회의 구성원들이 공유하고 있는 후천적으로 학습된 신념, 가치관, 규칙, 규범, 상징, 전통 등을 의미한다. 따라서 '조직문화(organizational culture)'란 특정 조직의 구성원들이 공유하고 있는 신념, 가치관, 규칙과 규범, 전통과 관습 등을 총칭하는 개념이다.

오늘날 조직문화는 조직 풍토, 조직 분위기, 사풍 등의 용어와 유사한 의미로 사용되고 있지만 이들에 비해 보다 포괄적인 개념이다. 조직문화는 공동체를 결속시켜 주는 공유 가치이자 구성원들의 행동방식에 절대적인 영향을 미치는 중요 영향요인이고, 조직의 전략 수행이나 집단 간의 갈등해결, 구성원들의 의사소통과 결속력 강화, 그리고 조직의 생산성 제고에 중요한 영향을 미치는 기본 요소이다. 또한 조직문화는 조직 구성원의 의식 속에 내재되어 있어서 겉으로는 드러나지 않지만 구성원의 조직 행위를 통해 표출되며 조직의 경쟁 우위를 제고하는 중요 원천 중 하나이다.

리더십과 조직문화의 상관관계에 대한 연구들은 크게 리더십이 조직문화 형성에 영향을 미친다고 보는 관점과 조직문화가 리더십 형성에 영향을 미친다고 보는 관점으로 나눌 수 있다. 최근 연구결과에 의하면 리더십과 조직문화는 어느 한쪽이 다른 쪽에 영향을 미치는 일방적인 관계가 아니라 끊임없이 상호작용을 하는 관계이다. 즉,

조직문화의 틀 안에서 리더십이 개발되는 한편 조직문화의 형성 및 유지 그리고 관리 및 변화에 있어서 리더십이 주체적인 역할을 한다는 것이다(Schein, 1992; Yukl, 1994).

조직문화라는 용어는 Pettigrew(1979)가 처음 사용한 용어이다. Pettigrew에 의하면 조직문화는 조직 및 조직 구성원의 방향행동에 직접적이고 지속적인 영향을 주는 기본 요소로서 조직 구성원에 의해 형성되고 공유·계승되는 가치관과 신념, 이데올로기와 관습, 지식과 기술 등이 결합된 행동 준거의 틀이다. 또한 Pettigrew는 조직문화를 상징과 언어, 이념과 신념, 의식과 전통 등 조직의 총체적 개념의 원천으로 설명하고 있다.

Schein(1992)에 의하면 조직문화는 표면에 드러나는 인공물과 창조물(artifacts and creators), 인식 수준인 가치관(values) 그리고 기본 가정(basic assumption)의 세 가지 수준으로 구성되어 있는데, 조직은 이 구성요소들 간의 상호작용으로 인해 변화·발전한다. 인공물과 창조물은 가치관이 표출되어 창출된 기술이나 예술 또는 행동양식 등의 인공물들을 일컫는데, 이러한 가시적인 인공물들은 조직의 이미지 구축과 조직의 문화적 특징을 형성하는 중요한 역할을 한다. '가치관'은 기본적인 믿음이 표출되어 인식의 수준으로 나타난 것으로서 조직에서 공유된 구성원들의 행동을 판단하는 평가의 기준이다. '기본 가정'은 같은 문화권에 속한 사람들이 당연하다고 믿고 있는 기본적인 믿음을 의미한다. 기본 가정은 모든 가시적 문화의 핵심적 부분으로서 외부에서 관찰이 불가능하고 구성원들의 태도와 행동에 무의식적인 영향을 미친다.

Pascale과 Athos(1981)의 연구에 기초하여 맥킨지(Mckinsey) 컨설팅은 조직문화의 구성요소를 공유 가치(shared value), 전략(strategy), 구조(structure), 시스템(system), 구성원(staff), 리더십 스타일(style) 그리고 기술(skill)의 일곱 가지로 분류하고 이를 7S라고 명명하였다. Mckinsey에 의하면 '공유 가치'는 7S의 가장 핵심적 요소로서 조직의 구성원들이 오랜 시간에 걸쳐 습득한 조직의 기본 목적, 가치관, 신념, 전통과 관습 등을 포함한다.

'전략'은 '연구개발, 생산, 마케팅, 판매, 유통 등 기업이 수행하는 다양한 활동을 통해서 시장에서 독특하고 가치 있는 위치를 만들어 내는 것'이다. 전략은 조직의 목표달성을 위하여 환경 변화에 효과적으로 대응하기 위한 장기적인 계획이다.

한편, '구조'는 조직의 전략을 수행함에 있어서 필요한 조직구조와 직무설계, 권한관계의 규정 등을 포함하는 것으로서 전략 수행을 위해 업무를 어떻게 나누고 어떻게 조화시킬 것인가를 규정하는 것이다.

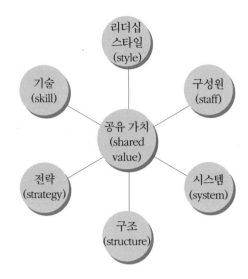

|그림 2-11| 조직문화의 구성요소

　'시스템'은 조직 목표와 전략을 달성하기 위한 제반 경영 활동에 필요한 모든 제도와 시스템을 의미하는 것으로서 의사소통 체계, 의사결정 시스템, 보상제도, 인사관리 시스템과 경영정보 시스템 등을 포함한다.

　'구성원'은 조직의 인적자원 요소로서 인력 풀(pool)의 구성과 능력, 가치관과 신념, 동기와 욕구, 태도와 행동 등을 포함한다.

　'리더십 스타일'은 조직 구성원 간의 상호관계, 집단 간의 관계, 리더와 구성원 간의 관계 등에 영향을 미치는 구성원들의 행동 경향과 행동방식을 의미한다.

　'리더십 스타일'은 조직 분위기와 조직문화에 직접적인 영향을 주는 요소이며 '기술'은 조직 운영에 반드시 필요한 경영관리 능력으로서 동기부여, 통제와 조정, 갈등관리, 변화관리 등과 같이 효과적인 과업 수행을 위해 요구되는 구체적 기술과 과업 수행 노하우 등을 포함한다.

　따라서 바람직한 조직문화의 형성을 위해서는 이들 일곱 가지 요소가 상호 밀접하게 연관되고 일관성 있게 적합관계를 유지하는 것이 무엇보다 중요하다. 바람직한 조직문화의 형성은 조직 내의 다양한 이해집단 또는 구성원들 간의 갈등과 충돌을 예방하고, 구성원들의 단합과 상호작용을 도우며, 외부환경에 대응하여 내부 응집력을 증가시키고, 조직체계의 안정성을 제고하기 때문에 조직의 HR 담당자는 바람직한 조직문화의 구축을 위해 체계적이고 구체적인 실천 전략과 계획을 수립하고 장기간에 걸쳐서 조직의 변화와 개발을 도모하여야 한다.

팀 토 의

난파선 게임

침몰하는 난파선에 다음과 같은 10명의 승객이 있다. 이들을 구할 수 있는 구명조끼가 3개뿐일 경우 누구를 구할 것인가? 개인별 우선순위를 결정하고, 팀 토의를 통해 팀별 순위를 결정한 후 개인 순위와 팀별 순위를 비교하라.

구분	개인 순위	팀 순위	개인 순위-팀 순위
1. 우리나라 대통령			
2. 최고 인기(이성) 연예인			
3. 임신 8개월의 신혼주부			
4. 최근에 실직한 내 친구			
5. 수학 올림피아드 금상 수상 중학생			
6. 유능한 정치인			
7. 솔선수범하는 사회운동가			
8. 존경받는 선생님			
9. 영향력 있는 종교 지도자			
10. 대기업 CEO			

6. 리더십의 효과성

1900년대 초 리더십 특성이론(leadership trait theory)을 시작으로 리더십과 조직 효과성의 상관관계를 규명하고자 다양한 연구가 본격적으로 실시되었다. 리더십 특성이론은 '리더십의 본질은 리더의 자질 또는 특성에 있으며 이는 선천적으로 타고나는 것이지 후천적인 학습을 통해 만들어지는 것이 아니다.'라는 가정하에 리더십 자질 목록을 도출하고, LTQ(Leadership Trait Questionnaire)라는 리더십 측정도구를 통해 타인과 차별화되는 리더의 자질 또는 특성을 측정하고자 노력하였다. 하지만 리더십 특성이론은 오랜 기간의 연구에도 불구하고 모든 상황에서 공통적으로 적용되는 리더의 자질 목록을 도출하지 못하였으며 리더십과 조직 효과성의 상관관계 역시 규명하지 못하였다.

1950~1960년대에는 리더십 특성이론의 한계점을 극복하고 조직의 효과성에 직접적인 영향을 미치는 리더의 행동 유형을 규명하고자 리더십 행동이론(leadership behavior theory)이 제기되었다. 리더십 행동이론은 '리더십의 효과성은 리더의 행동 유형에 의해 결정된다.'는 가정하에 LBDQ(Leadership Behavior Description Questionnaire)라는 리더십 측정도구를 통해 모든 조직 상황에서 보편타당하게 적용될 수 있는 효과적인 리더십 유형을 찾아내고자 노력하였다. 하지만 특성 연구와 마찬가지로 리더십과 조직 효과성의 상관관계를 실증적으로 검증하지 못하였다.

한편, 1970년대와 1980년대의 리더십 연구는 '효과적인 리더십은 조직의 상황에 따라 달라져야 한다.'는 리더십 상황이론에 초점을 맞추게 되는데, 리더십 상황이론에 의하면 조직의 효과성은 크게 리더의 자질(trait), 조직 구성원(follower) 그리고 상황변수(situation) 등에 좌우된다. 대표적 상황이론으로 Fiedler(1967)의 상황이론(contingency theory)이 있는데, 특히 Fiedler는 LPC(Least Preferred Coworker)를 통해 리더십과 조직 효과성 간의 상관관계를 검증하고자 하였지만 성공적이지 못하였다.

1980년대 이후에도 리더십의 효과성에 관한 연구는 활발하게 진행되었는데, 대표적 연구로는 변혁적 리더십(transformational leadership) 이론이 있다. 처음 변혁적 리더십의 개념을 제시한 Burns(1978)에 의하면 전통적 리더에 비해 변혁적 리더는 구성원들로부터 보다 높은 믿음, 신뢰, 칭찬, 충성을 이끌어 내고 이를 통해 구성원들의 성과 창출, 직무만족, 집단 효과성, 리더십 효과성 제고 등에 긍정적인 영향을 미친다. 하지만 Burns가 제시한 리더십 효과성의 측정도구인 MLQ(Multifactor Leadership Questionnaire)의 경우 각 측정요인들 간의 높은 상관성으로 인해 측정도구로서의 신뢰성에 많은 의문이 제기되고 있는 상황이다.

일반적으로 조직의 효과성은 '과업성과의 달성'과 '구성원들의 만족'을 통해 평가되는데, 이는 조직의 핵심 기능인 '과업기능'과 '유지기능'의 분류와 매우 유사한 개념이다. 즉, 효과적인 조직이 되기 위해서는 과업성과를 창출하는 기능뿐만 아니라 구성원들을 지속적으로 유지하고 발전시키는 기능도 함께 가지고 있어야 한다는 의미이다. 또한 조직의 '과업기능'과 '유지기능'은 상호 긴밀하게 연결되어 있는데, 조직의 과업성과 달성이 높으면 구성원의 유지가 보다 용이해지고 조직이 지속적으로 유지되면 과업성과 달성이 보다 용이해진다. 따라서 조직의 효과성 제고를 위해서 리더는 구성원들의 과업 완수를 통한 높은 성과 창출과 함께 높은 조직만족을 병행하여 도모하여야 한다는 것이 학사들의 공동된 주장이나.

조직 효과성에 대한 연구와는 달리 '리더십이 조직 효과성에 미치는 영향'에 대한 연구는 오랫동안 학계의 논란이 되어 왔다. 왜냐하면 '리더십은 조직 효과성에 영향을 미치지 못하기 때문에 군이 돈과 시간을 투자하면서 리더십을 개발할 필요가 없다.'는 주장과 '리더십은 조직 내 다양한 차이를 만들기 때문에 조직성과와 긴밀하게 연결된다.'는 주장이 팽배하게 맞서고 있기 때문이다. 리더십의 효과성에 대한 찬반 의견을 정리하면 〈표 2-2〉와 같다.

표 2-2 리더십의 효과

리더십은 효과가 없다	리더십은 효과가 있다
리더십보다 외적 환경요인이 조직에 더 큰 영향을 미친다.	리더십은 조직에 영향을 미치는 주요 영향요인들 중 하나이다.
조직의 비전이나 나아갈 방향은 조직 구조나 전략이 결정한다.	리더십은 조직의 비전과 나아갈 방향을 제공하는 데 있어 핵심적인 역할을 한다.
리더십은 조직의 재무성과의 7~15%만을 설명한다.	리더십은 기업 수익성의 44% 정도를 설명할 수 있다.
조직 변화에 실제적 영향을 미치는 데 있어 리더들의 재량권은 얼마 되지 않는다.	리더십은 변화를 조율하고 주도하는 데 있어 결정적 기여를 한다.
리더십은 조직의 실제 현상이라기보다는 낭만적 신뢰와 같은 허상이다.	리더십의 효과는 상황요인들에 따라 달라질 수 있다.

출처: 백기복, 신제구, 김정훈(2009)에서 재인용.

최근의 연구들을 살펴보면 리더십은 조직의 효과성을 측정하는 객관적 지표 및 주관적 지표에 긍정적인 영향을 미친다는 주장이 설득력을 얻고 있다. 이들 연구에 의하면 리더십의 효과는 객관적 기준, 주관적 기준 그리고 기타 기준을 통해 측정할 수 있다. 객관적 기준의 측정변수로는 조직의 순이익, 매출액, 시장점유율, 투자수익률, 주가, 생산성 등이 있으며, 주관적 측정변수는 조직 구성원의 직무만족도, 조직몰입도, 조직 시민 행동, 리더에 대한 만족도 등이 있다. 또한 기타 측정변수로는 환경에 대한 적응력이 있는데, 이는 조직 및 개인의 혁신을 통해 측정된다(강정애, 태정원, 양혜현, 김현아, 조은영, 2010).

① 직무만족도: 직무만족(job satisfaction)은 조직 구성원들이 자신의 직무나 직무 경험에 대해서 긍정적인 감정을 갖는 것이다. 많은 연구결과에 의하면 효과적인 리

더십은 구성원들의 직무만족에 긍정적인 영향을 미친다. 또한 직무만족은 조직 구성원의 이직률과 결근율을 감소시키는 효과가 있고 조직구성원의 낮은 이직률과 결근율은 조직 생산성에 긍정적 영향을 주기 때문에 궁극적으로 리더십은 조직성과를 제고한다고 볼 수 있다. 특히 직무만족이 높은 조직 구성원의 경우 근속에 대한 기대수명이 길어져 보다 효과적으로 업무를 수행하게 되고 이를 통해 조직의 산출과 경제적 이익의 증대에 긍정적 영향을 미치는 반면, 직무에 만족하지 않는 조직구성원들은 쉽게 이직하는 경향이 있기 때문에 직무불만족은 궁극적으로 조직성과에 부정적인 영향을 미친다.

② 조직몰입도: 일반적으로 조직몰입은 특정 조직에 대한 개인의 동일시(identification)와 전념(involvement)의 정도로 정의되는데(Mowday et al., 1979), Tett 등(1993)에 의하면 조직몰입은 자신의 속한 조직에 대한 충성심, 애착심, 동일시와 같은 정서적 반응으로서 직무만족과 정서적으로 유사한 성격을 가진다. 많은 연구결과에 의하면 효과적인 리더십은 구성원들의 정서적 몰입, 규범적 몰입 그리고 지속적 몰입에 긍정적인 영향을 미친다.

③ 조직 시민 행동: Baterman과 Organ(1983)에 의하면 조직 시민 행동은 '조직의 공식적 보상시스템에 의해 인정받지 못하지만 누가 시키지 않아도 구성원 스스로가 하는 자발적인 행동이나 헌신으로서 조직의 효과성에 깊이 공헌하는 개인의 행동'이다. 많은 연구결과에 의하면 효과적 리더는 구성원들로 하여금 자신의 성과보다는 조직 전체의 성과 창출에 관심을 가지게 함으로써 궁극적으로는 조직 전체의 성과를 향상시키는 선순환 효과를 가지고 온다.

④ 리더에 대한 만족도: 리더에 대한 만족도는 '조직 구성원들이 자신의 리더들에 대해 만족하는 정도'를 의미하는데, 리더에 대한 구성원들의 만족도는 조직 효과성의 지표로서 중요한 의미를 지닌다.

1. 각자가 생각하는 가장 바람직한 리더상은 누구이며, 자신과의 공통점 또는 차이점은 무엇인가?

2. 만일 자신이 절대 권력을 가졌다고 가정할 경우 반드시 해 보고 싶은 일은 무엇인가?

3. 자신이 리더로서의 잠재력 또는 능력을 가지고 있다고 느꼈던 순간은 언제 인가?

참고문헌

강정애, 태정원, 양혜현, 김현아, 조은영(2010). 리더십론. 서울: 시그마프레스.

김남현 역(2013). 리더십 이론과 실제[*Leadership: Theroy and practice*]. Peter G. Northouse 저. 서울: 경문사. (원저는 2007년에 출판).

김병섭, 박광국, 조경호(2009). 휴먼 조직론. 서울: 대영문화사.

김준식, 박민생, 차대운, 김정수(2007). 핵심 조직행동론. 대구: 도서출판대명.

박보식(2017). 리더십: 이론과 실제. 서울: 대영문화사.

박유진(2009). 현대사회의 조직과 리더십. 서울: 양서각.

백기복, 신제구, 김정훈(2009). 리더십의 이해. 서울: 창민사.

손주영(2013). 조직과 리더십. 서울: 도서출판 두남.

송계충, 정범구(2008). 조직 행위론. 서울: 경문사.

이민규(2002). 네 꿈과 행복은 10대에 결정된다. 서울: 더난출판사.

이상호(2015). 조직과 리더십. 서울: 북넷.

이영민(2006). 리더십 대탐험. 서울: 다만북스.

정우일, 박선경, 양승범(2009). 리더와 리더십. 서울: 박영사.

천병희 역(2009). 정치학[*Aristoteles politika*]. 아리스토텔레스 저. 서울: 숲

Bass, B. M., & Stogdill, R. M. (1990). *Bass Stogdill's handbook of leadership: Theory, research, and managerial applications* (3rd ed.). New York: Free Press.

Batermanm, T. S., & Organ, D. W. (1983). Job satisfaction and the good soldier: The relationship between affect and employee citizenship. *Academy of Management*

Journal, 26, 587-595.

Bennis, W., & Nanus, B. (1985). *Leaders: The strategies for taking changes.* NY: Haper & Row.

Burns, J. (1978). *Leadership.* New York: Harper & Row.

Crane, T. G. (2002). *The heart of coaching: Using transformational coaching to create a high-performance culture.* FTA Press.

Dahl, R. A. (1957). *The concept of power. Behavioral Science, 2,* 201-215.

Drucker, P. E. (1974). *Management: Tasks, responsibilities, practices.* New York: Harper & Row.

Fayol, H. (1916). *General and industrial management.* London: Pitman.

Fiedler, F. (1967). *A theory of leadership effectiveness.* New York: McGraw-Hill.

Fisher, B. A. (1974). *Small group decision making: Communication and the group process.* New York: McGraw-Hill.

Forsyth, D. R. (2006). *Group dynamics* (4th ed.). Pacific Grove, CA: Brooks/Cole.

French, J. R. P., & Raven, B. (1959). The Bases of social power. In D. Cartwright (Ed.), *Studies of social power* (pp. 150-167). An Arbor: University of Michigan Press.

Greenberg, J., & Barton, R. A. (2003). *Behavior in organizations* (8th ed.). Upper Saddle River, NJ: Pearson Education Inc.

Hersey, P., & Blanchard, K. (1993). *Management of organizational behavior.* New York: Prentice Hall.

Hogg, M. A. (2001). A social identity theory of leadership. *Personality and Social Psychology Review, 5,* 184-200.

Jago, A. G. (1982). Leadership: perspectives in theory and research. *Management Science, 28*(3), 315-336.

Kotter, J. P. (1990). *A Force for change: How leadership differs from management.* New York: Free Press.

Nord, W. G. (1985). Can organizational culture be managed? In P. J. Frost, L. F. Moore, M. R. Louis, C. C. Lundberg, & J. Martin (Eds.), *Organizational culture* (pp. 187-196). Beverly Hills, CA: Sage.

Mowday, R., Steers, R., & Porter, L. (1979). The measurement of organizational commitment. *Journal of Occupational Behavior, 14,* 224-247.

Pascale, R. T., & Athos, A. G. (1981). *The Art of Japanese Management.* NT: Penguin.

Pettigrew, A. M. (1979). *On studying organizational culture. Administrative Science Quarterly, 24*(4), 570-581.

Pfeffer, J. (1981). *Power in organizations.* Marshfield, MA: Pittman.

Popper, K. (1996). *A world of propensities.* Thoemmes: Bristol.

Quinn, R. E. (1988). *Beyond rational management: Mastering the paradoxes and competing demands of high performance.* San Francisco: Jossey-Bass.

Schein, E. H. (1992). *Organizational culture and leadership.* San Francisco, CA: Jossey-Bass.

Smith, J. A., & Foti, R. J. (1998). A pattern approach to the study of leader emergency. *Leadership Quarterly, 9*(2), 147-160.

Stogdill, R. (1974). *Handbook of leadership: A survey of theory and research.* New York: Free Press.

Tannenbaum, R., Weschler, I. R., & Massarik, F. (1961, 2012 Paperback). *Leadership and organization: A behavioral science approach.* New York: McGraw-Hill Book Company.

Tett, R. P., & Meyer, J. P. (1993). Job satisfaction, organizational commitment, turnover intention: path analyses based on meta-analytic findings. *Personnel Psychology, 46,* 259-293.

Weber, M. (1947). Type theory of social and economic organization. In A. Henderson & T. Parsons (trans.), *Max Weber: The theory of social and economic organization.* New York: Free Press.

Yukl, G. (1994). *Leadership and organizations* (3rd ed.). Englewood Cliffs: prentice-Hall.

Zaleznik, A. (1977). Managers and leaders: are they different? *Harvard Business Review, 55,* 67-78.

제3장 리더십 특성이론

1. 리더십 특성이론의 개요

리더십에 대한 관심은 이미 오래전부터 시작되었으나 본격적으로 학문적인 연구가 이루어진 것은 20세기 이후이다. 20세기에 접어들면서 리더십은 경영학, 심리학, 역사학, 정치학 등의 영역에서 많은 학자에 의해 체계적이고 과학적인 연구가 이루어졌다.

1990년에 발간된 Bass와 Stogdill(1990)의 『리더십 핸드북(Handbook of Leadership)』을 살펴보면 리더십에 관한 논문의 건수와 인용 저서가 7,500여 편에 이를 정도로 리더십에 대한 연구는 다양하고 방대한 연구결과를 자랑한다.

Rost(1991)는 20세기 전반에 걸쳐 가장 대중적이었던 리더십 유형을 다음과 같이 분류하였다.

① 1900년대 초반: 가장 주목받았던 리더십 이론은 '위인이론(great man theory)'이다. 위인이론은 용어 그대로 인류 역사상 가장 큰 영향을 미친 위대한 인물이나 영웅들의 삶에서 리더십의 원리를 도출하고자 시도된 이론으로서, 문화적 또는 역사적 특성 등을 초월하여 전 세계 어느 누구에게나 보편타당하게 적용될 수 있는 리더십의 핵심 요소를 찾아내고자 하였다. 위인이론은 문화적 특성 또는 역사적 특성 등의 차이에 의해 발생하는 다양한 변수를 고려하지 않았다는 단점이 있지만, 누구에게나 쉽게 이해되는 설득력 있는 리더십 이론이라는 장점을 가지고 있다.

② 1930~1940년대: 주목받았던 리더십 이론은 '집단이론(group theory)'으로서 제국주의 또는 집단주의가 주도하던 상황에서 각 개인의 특성과 재능의 중요성, 리더의 역할, 그리고 집단의 과업을 달성하기 위한 동기부여에 초점을 맞춘 리더십 이론이다. 집단이론은 개인의 특성과 재능은 전체 집단의 성공과 발전을 위한 기능(function)으로 설명하고 집단을 성공의 방향으로 이끄는 것을 리더의 역할로 규정하였다.

③ 1940~1950년대: '위인이론'을 보다 체계적이고 과학적으로 발전시킨 리더십 '특성이론(trait theory)'이 리더십 연구의 대세를 이루었다. 리더십 특성이론은 사회 각 영역에서 성공한 리더들에게 공통적으로 발견되는 특성들을 도출하고 이를 과학적인 분석과 통계를 통해 검증하고자 노력한 이론이다. 위인이론과 집단이

론이 리더십에 대한 감성적 차원에서의 접근이라고 보면 특성이론은 리더십에 학문적 차원에서 접근한 최초의 리더십 이론으로 인정받는 이론이다.

④ 1950~1960년대: 행동주의 심리학에 바탕을 둔 리더십 '행동이론(behavior theory)'이 제기되었다. 리더십 행동이론은 행동주의 심리학이 표방하는 '인간 내면의 심리 변화는 외부환경의 영향을 받는다.'는 것을 전제로 과학적 체계를 갖추기 위해서는 리더십 이론이 인간의 동기에 집중하기보다는 특정 외부환경(조건, 상황)에 의해 유발되는 특정 행동에 초점을 맞추어야 한다는 것을 강조하였다. 행동이론은 리더십은 선천적인 것이 아니라 학습될 수 있는 것이기 때문에 좋은 리더가 가지고 있는 특별한 행동양식을 습득하게 되면 누구나 좋은 리더가 될 수 있다고 주장하였다. '리더의 역량 연구(skill approach)' 또는 '리더십 유형 연구(style approach)' 등이 대표적인 리더십 행동이론에 포함된다.

⑤ 1960~1970년대: 후기구조주의(post-structuralism)와 포스트모더니즘이 본격적으로 등장한 1960~1970년대에 제기된 대표적인 리더십 이론은 '상황이론(situational theory)'과 '상황적합이론'(contingency theory)으로서 기존의 리더십 이론에 비하여 다양성과 상대주의적 특성이 보다 강화된 리더십 이론이다. 상황이론과 상황적합이론은 그동안 리더 개인의 특성이나 행동에 초점을 맞춘 리더십 연구에서 벗어나 리더가 처한 상황의 중요성을 강조한 리더십 이론이다.

⑥ 1980년대: 가장 대중적이었던 리더십 이론은 '우수이론(excellence theory)'이다. 우수이론은 공적인 영역에서 특정 집단이 가지고 있는 여러 사회적 상호관계가 리더십을 규정하는 전제조건이고, 거대 조직들의 사회적 상호관계와 역동성을 파악하는 리더의 안목과 능력이 성공 리더십의 핵심 요인임을 강조한다. 그리고 1980년대 이후에는 변혁적 리더십 이론이 리더십 연구의 주류를 이루고 있다.

하지만 이와 같이 Rost를 비롯한 많은 학자가 리더십 이론을 연대별로 분류하고자 많은 노력을 기울여 왔지만 이와 같은 시도는 리더십 학자들 사이에서 오랫동안 많은 논란거리가 되어 왔다. 왜냐하면 같은 시기에 몇 개의 리더십 이론이 동시에 제기되기도 하고, 하나의 리더십 이론이 오랜 시간에 걸쳐 영향력 있는 이론으로 인정받기도 하였기 때문에 리더십 이론을 연도별로 명확하게 구분한다는 것은 결코 쉬운 일이 아니기 때문이다. 따라서 이 책에서는 국내의 다양한 리더십 교재를 종합하여 연도별로 가장 주목받았던 리더십 이론을 [그림 3-1]과 같이 정리하였다.

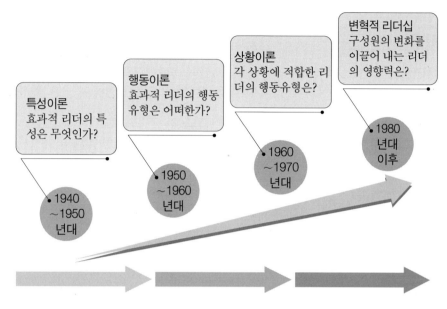

|그림 3-1| 리더십 연구의 변천사

리더십 이론의 연도별 분류에 대한 많은 논쟁에도 불구하고 다수의 학자가 공통적으로 수긍하는 것은 리더십에 관한 최초의 학문적 연구는 1900년대 초반에 제기된 '리더십 특성이론(leadership trait theory)'에서 비롯되었다는 것이다.

'리더십은 선천적으로 타고난다.'는 가정을 전제로 개인의 특성이나 성격을 통해 성공적인 리더와 비리더를 구별하고자 했던 특성이론은 1900년대 전반에 걸쳐 학자들로부터 가장 주목받았던 리더십 이론이다.

일반적으로 특성(trait)이라는 용어는 개인의 가치, 성격, 기질, 욕구, 동기 등 다양한 특징을 포함한다. 19세기 초에 시작되어 19세기 말까지 리더십 연구의 중심이 되었던 '리더십 특성이론'은 학문적 접근을 통한 최초의 리더십 연구로서 '위대한 리더는 선천적으로 우수한 자질 또는 특성을 소유한다.'는 가정하에 사회적·정치적·군사적으로 뛰어난 리더들과 비리더들의 차별화되는 자질 또는 특성에 초점을 맞춘 '위인이론'에 그 기반을 두고 있다.

리더십 특성이론의 초기 연구는 리더십의 원천은 리더의 자질과 특성에 있으며, 이는 선천적으로 타고나는 것이기 때문에 후천적인 노력에 의해서 습득되는 것이 아니라는 '리더십 특성론(제2장의 '리더십 특성론과 리더십 과정론' 참조)에 기반을 두고 유능한 리더의 자질과 특성을 파악하고자 노력하였다.

초기의 리더십 특성 연구에서 성공 리더의 중요 특성들을 도출하는 연구방법은 다음과 같다.

① 관찰법: 두 사람 이상의 관찰자가 성공 리더의 모습을 관찰하여 중요 특성을 기록한 다음 이를 분석하는 방법
② 동료들에 의한 기술: 특정 집단이나 조직의 구성원에게 성공 리더의 특성에 관해 구체적으로 기술하게 한 뒤 그 내용을 분석하는 방법
③ 리더의 자기평가: 성공 리더에게 자신의 특성에 대해 구체적으로 기술하게 한 뒤 그 내용을 분석하는 방법
④ 리더의 인생역정 분석: 성공 리더의 성장 배경과 경력 등을 분석하여 특성을 도출하는 방법
⑤ 리더의 주요 특성 기술: 조직 구성원으로 하여금 성공 리더에게 요구되는 자질과 특성을 기술하게 한 뒤 그 내용을 분석하는 방법 등

하지만 위인이론에 기반을 두었던 초기 특성이론에 대해서는 1900년대 중반에 접어들면서 다양한 실증 연구로 인하여 많은 반론이 제기되었다. 초기 리더십 특성이론에 대해 가장 강력한 반론을 제기한 대표적 학자로 Stogdill(1974)이 있다.

1948년 Stogdill은 1차적으로 1904년부터 1947년 사이에 이루어졌던 총 124편의 리더십 특성 연구들을 분석함으로써 리더십 특성이론의 유효성을 검증하였다. 연구결과에 의하면 총 124편의 리더십 특성 연구 중 3편 이상의 연구에서 공통적으로 제시된 리더십 특성요인들을 분류하면 크게 신체적 특성, 사회적 배경, 지능과 능력, 성격, 과업 관련 특성 그리고 사회적 특성의 총 6개 영역으로 나뉜다.

1) Stogdill 1차 연구의 리더십 특성요인 분류

(1) 신체적 특성

Stogdill은 총 124편의 리더십 연구에서 가장 빈번하게 제시된 신체적 특성인 활동성 및 에너지, 연령, 외모, 신장 그리고 체중의 5개 특성을 '신체적 특성' 영역으로 분류하고 각 영역에서 '긍정적 결과'를 나타낸 연구와 '부정적 또는 관련 없는 결과'를 나타낸 연구들을 분류하였다. 그 결과, 총 5개의 신체적 특성 중 '활동성 및 에너지'만이 모든

연구에서 긍정적 결과만을 나타낸 유일한 특성으로 나타났고, 나머지 특성은 각 연구에 따라 긍정적 결과와 부정적 또는 관련 없는 결과가 혼재하여 나타나는 것을 발견하였다. Stogdill은 이와 같은 방법을 통해 성공 리더의 '활동성 및 에너지' 특성의 유효성을 검증함으로써 우수한 리더가 비리더에 비해 활동성과 에너지 수준이 높은 것을 확인하였다.

(2) 사회적 배경

'사회적 배경' 영역에는 교육 수준, 사회적 지위 그리고 이동성의 3개 특성이 포함되었다. 각 특성에 관하여 '긍정적 결과'를 나타낸 연구와 '부정적 또는 관련 없는 결과'를 나타낸 연구를 분류·분석한 결과, 이동성을 제외한 나머지 특성들은 긍정적 결과를 나타낸 연구와 부정적 또는 관련 없는 결과를 나타낸 연구가 혼재해 그 유효성이 검증되지 않았다. 연구결과에 의하면 모든 연구에서 긍정적인 결과를 나타내어 그 유효성이 검증된 '이동성'의 경우 '우수한 리더는 비리더에 비해 사회 활동에 보다 많이 참여하고, 사회적 이동을 보다 많이 하는 성향이 있다.'는 사실을 확인시켜 준다. 하지만 총 124편의 연구 중 리더십 특성으로 이동성을 제시한 연구의 수가 5편에 불과해 이를 일반화하기 어렵다는 한계점이 있다.

(3) 지능과 능력

총 124편의 리더십 연구에서 '지능과 능력' 영역에는 지능, 판단력 및 결단력, 지식 그리고 언변의, 4개 특성이 포함되었다. 각 특성에 관하여 '긍정적 결과'와 '부정적 또는 관련 없는 결과'를 나타낸 연구를 분류·분석한 결과, 지능을 제외한 판단력 및 결단력, 지식 그리고 언변의 3개 특성은 긍정적 결과만을 나타내 리더의 중요한 리더십 특성으로 검증되었다. 연구결과에 의하면 성공 리더는 비리더에 비해 올바른 판단력 및 결단력, 높은 지식 수준 그리고 원활한 커뮤니케이션 능력을 가지고 있는 것이 확인되었다.

(4) 성격

Stogdill의 1차 연구에서 '성격' 영역에는 수용성, 기민성, 우월감 및 지배력, 정서적 균형 및 통제력, 독립성, 독창성 및 창의성, 성실성 및 윤리성, 자신감, 신념의 강도의 9개 리더십 특성이 포함되었다. 각 특성에 관하여 '긍정적 결과'를 나타낸 연구와 '부정적 또는 관련 없는 결과'를 나타낸 연구를 분류·분석한 결과, 총 9개의 리더십 특성 중 수용성, 기민성, 독창성 및 창의성, 성실성 및 윤리성, 자신감, 신념의 강도의 총 6개 요인만이 중요한 리더십 특성으로 검증되었다. 최근 들어 리더의 성격적 특성에 관한 다수의 연구에 의하면 성격 특성은 조직의 상위 계층으로 올라갈수록 리더십의 유효성에 있어 매우 중요한 요인으로 작용한다. 리더의 감성지수에 대한 관심이 증가하고 있는 이유도 이러한 결과와 상통하는 것으로 보인다.

(5) 과업 관련 특성

Stogdill의 1차 연구에는 성취 욕구, 책임 욕구, 끈기 및 지속성, 목표에 대한 책임감, 과업지향성의 5개 특성이 '과업 관련 특성'에 포함되었다. 각 특성에 관하여 총 124편의 연구결과를 비교·검토한 결과, 5개 특성 모두가 중요한 리더십 특성요인으로 검증되었다. 연구결과에 의하면 성공 리더는 비리더에 비해 보다 높은 성취 욕구와 책임감을 가지고 있고, 과업 지향적이며, 위기의 상황에도 좌절하지 않고 지속적으로 목표를 추구하는 끈기가 있다.

(6) 사회적 특성

협력을 구하는 능력, 협력성, 인기와 명성, 사교성 및 대인관계 능력, 사회적 참여, 재치 및 외교술의 6개 특성이 '사회적 특성' 영역에 포함되었다. 연구결과에 의하면 이들 6개의 특성 모두는 리더가 가져야 할 중요한 리더십 특성으로 검증되었다. 즉, 훌륭한 리더는 비리더에 비해 보다 높은 대인관계 기술을 보유하고 있다는 것이다.

Stogdill은 1차 연구결과를 종합하여 성공 리더가 가지고 있는 다양한 리더십 특성 중 가장 중요한 특성으로 ① 지능(intelligence), ② 민감성(alertness), ③ 통찰력(insight), ④ 책임감(responsibility), ⑤ 솔선 및 주도성(initiation), ⑥ 지속성(persisitence), ⑦ 자신감(self-confidence), ⑧ 사교성(sociability)을 제시하였다. 한편, Stogdill은 리더십 특성 연구에 관한 그의 첫 번째 연구를 통해 비록 한 개인이 선천적으로 뛰어난 리더십 자질과 특성을 가졌다고 해도 모든 상황에서 효과적인 리더가 되는 것은 아니라고 주장한다. 그에 따르면 리더십은 한 개인이 선천적으로 보유한 자질이라기보다는 사회적 상황 속에서 사람들과의 상호작용을 통해 발생하는 것이기 때문에 특정한 자질과 특성을 가지고 있다고 해서 반드시 효과적인 리더가 되는 것이 아니고 리더의 개인적 특성과 조직 상황, 부하들의 특성, 조직의 목표 등이 적절하게 연계되어야만 효과적인 성공 리더가 된

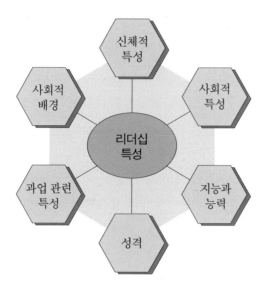

|그림 3-2| Stogdill의 리더십 특성 분류

다는 것이다.

Stogdill은 그의 첫 번째 연구를 통해 기존의 '위인이론'을 부정하고 리더와 비리더를 구별하는 일관된 특성은 존재하지 않음을 강조하였는데, 이와 같은 그의 주장은 향후 리더십 연구들이 리더의 행동과 리더가 처한 상황(leadership behavior and leadership situations)에 초점을 맞추게 되는 중요 계기를 제공한다.

Stogdill은 1948년에 실시한 첫 번째 연구에 이어 1974년에 1948년부터 1970년까지 실시된 총 163건의 리더십 특성 연구를 종합하여 분석한 뒤 두 번째 연구결과를 발표하였다. '긍정적 결과'와 '부정적 혹은 관련 없는 결과' 모두 포함한 첫 번째 연구와 달리, Stogdill은 두 번째 연구에서 총 163건의 특성 연구 중 '긍정적 결과'를 도출한 연구만을 대상으로 리더십 특성요인을 분석하였다. 그 결과는 다음과 같다.

2) Stogdill 2차 연구의 리더십 특성요인 분류

(1) 신체적 특성

Stogdill의 2차 연구에 의하면 리더십 특성 연구는 1948년 이후부터는 신장과 체중에 관한 연구를 거의 수행하지 않았다. Stogdill은 1948년 이후 발표된 총 163건의 리더십 특성 연구 중 3편 이상의 연구에서 긍정적 결과를 나타낸 연구들을 분석하여 활동성 및 에너지, 연령, 외모의 3개 특성을 성공 리더의 '신체적 특성'으로 확인하였다.

(2) 사회적 배경

1차 연구와 같이 2차 연구의 '사회적 배경' 영역에는 교육 수준, 사회적 지위 그리고 이동성이 연구되었는데, 분석 결과 이들 특성 모두가 총 3편 이상의 연구에서 긍정적인 결과를 나타냄으로써 리더의 중요 특성으로 확인되었다.

(3) 지능과 능력

2차 연구에도 '지능과 능력' 영역은 지능, 판단력 및 결단력, 지식, 언변의 4개 특성으로 분류되었다. 분석 결과, 이들 4개의 특성 모두가 3편 이상의 연구에서 긍정적인 결과를 나타냄으로써 중요 리더십 특성으로 확인되었다. 최근의 많은 연구결과에 의하면 리더의 지적 능력은 효과적인 리더십의 발휘와 긴밀한 상관관계가 있다. 하지만 리더의 지식이나 기능이 구성원들보다 월등하게 높을 경우 리더와 구성원 간의 기대 수준의 차이로 인해 상호 이해의 폭이 좁아지는 경우가 있다는 연구결과도 있다.

(4) 성격

수용성, 기민성, 우월감 및 지배력, 정서적 균형 및 통제력, 독립성, 독창성 및 창의성, 성실성 및 윤리성, 자신감, 신념의 강도의 9개 리더십 특성이 '성격' 영역에 포함된 1차 연구와는 달리, 2차 연구에서는 신념의 강도가 거의 연구되지 않았고 적응성, 독단성, 열의, 독립성, 객관성 및 현실성, 수완성, 스트레스 내구성의 7개 요인이 추가되었다. 분석 결과, 총 163편의 특성 연구 중 3편 이상에서 긍정적인 결과를 나타낸 주요 리더십 특성은 적응성, 공격성 및 독단성, 기민성, 우월감과 지배력, 정서적 균형 및 통제력, 열의, 독립성, 객관성 및 현실성, 독창성 및 창의성, 성실성 및 윤리성, 수완성, 자신감 그리고 스트레스 내성의 13개 리더십 특성으로 분석되었다.

(5) 과업 관련 특성

성취 욕구, 책임 욕구, 끈기 및 지속성, 목표에 대한 책임감 그리고 과업지향성의 5개 특성이 포함된 1차 연구와는 달리, 끈기 및 지속성은 1948년 이후 거의 연구되지 않은 관계로 2차 연구에는 포함되지 않았다. 2차 연구에는 진취성 및 주도성이 추가되었는데, 분석 결과 총 164편의 리더십 특성 연구 중 3편 이상의 연구에서 긍정적인 결과를 나타낸 '과업 관련 특성'은 성취 욕구, 책임 욕구, 진취성 및 주도성, 목표에 대한 책임감 그리고 과업지향성의 5개 특성으로 나타났다. 일반적으로 효과적인 리더는 높은 성취감과 책임감을 가지고 직무에 임하고, 과업 지향적이며, 목표달성을 위해 진취적이고 주도적으로 행동하는 경향이 있다. 또한 강한 업무 추진력과 목표달성에 대한 강한 욕구, 직무 완수에 대한 책임감 등이 성공 리더의 특성으로 알려져 있다.

(6) 사회적 특성

협력을 구하는 능력, 협력성, 인기와 명성, 사교성 및 대인관계 능력, 사회적 참여, 재치 및 외교술의 6개 특성이 '사회적 특성' 영역에 포함된 1차 연구와는 달리, 2차 연구에서는 관리능력, 매력, 돌봄(nurturance) 등이 추가되었다. 분석 결과, 3편 이상의 연구에서 성공 리더의 중요한 사회적 특성으로 제시된 것은 협력을 구하는 능력, 관리능력, 매력, 협력성, 돌봄, 사회적 참여, 재치 및 외교술의 7개 특성이다. 일반적으로 리더는 다양한 사회적 활동에 적극적으로 참여하고, 다른 사람들에게 쉽게 호감을 사는 특성을 가지고 있으며, 상대방으로부터 협동심을 불러일으키는 능력이 있고, 효과적인 관리능력과 외교적인 처신으로 인해 상대방으로부터 충성심을 불러일으키며 이를 통해 집단 응집력을 높이는 경향이 있다.

Stogdill은 2차 연구를 통해 몇 가지 중요한 리더십 특성을 확인하였는데 이는 다음과 같다.

① 과업 완성을 위한 책임감 및 추진력
② 목표 추구를 위한 활력 및 지속성
③ 문제해결을 위한 모험성 및 독창성
④ 사회적 상황에서 솔선 및 주도성의 발휘
⑤ 자신감 및 자기정체감
⑥ 의사결정 및 활동의 결과를 수용하려는 자발성
⑦ 대인 간의 스트레스 완화를 위한 준비성
⑧ 좌절 및 지연을 참아 내는 수용성
⑨ 다른 사람의 행동에 영향을 미치는 능력
⑩ 목표를 위해 사회적 상호작용 시스템을 구조화하는 역량

Stogdill의 1차 연구와 2차 연구의 결과를 종합하여 분석한 결과 두 연구에서 공통적

표 3-1 Stogdill의 리더십 특성

분류	주요 특성	개수
1. 신체적 특성	활동성 및 에너지	1개
2. 사회적 배경	이동성(충분한 연구가 이루어지지 않았음)	1개
3. 지능과 능력	판단력 및 결단력, 지식, 언변	3개
4. 성격	기민성, 독창성 및 창의성, 성실성 및 윤리성, 자신감	4개
5. 과업 관련 특성	성취 욕구, 책임 욕구, 목표에 대한 책임감, 과업지향성	4개
6. 사회적 특성	협력을 구하는 능력, 협력성, 사회적 참여, 재치 및 외교술	4개

으로 검증된 주요 리더십 특성은 〈표 3-1〉과 같다.

Stogdill은 1차 연구를 통해 "특정한 리더십 자질 또는 특성들은 효과적인 리더가 되는 필요충분조건은 아니다."라고 결론짓고 "리더십의 효과성은 개인의 성격 특성에 의한 것이 아니라 상황요인들에 의해 결정된다."라고 주장함으로써 리더십 연구의 패러다임이 행동이론으로 넘어가는 계기를 마련하였다. 하지만 그는 2차 연구를 통해 "리더가 보유한 특정한 자질 또는 특성들은 리더십의 유효성을 증진시킬 수 있으며, 이러한 특성의 중요성은 상황에 따라 많이 달라질 수 있다."라고 주장하고 "성격 특성과 상황요인 모두가 리더십의 주요 결정요인이다."라고 강조하였다.

한편, 리더십 특성 연구의 대표적 학자 중 한 명인 Mann(1959)은 1959년에 성격 특성과 리더십에 관한 총 1,400건의 연구를 검토하여 리더와 비리더의 차이점을 분석하였다. 연구결과에 따르면 개인의 성격 특성은 리더와 비리더를 구분하는 중요한 기준으로 작용하는데, 리더는 비리더에 비해 지능(intelligence), 남성적 기질(masculinity), 적응성(adjustment), 지배성(dominance), 외향성(extroversion), 보수기질(conservatism) 등이 보다 강하다. Mann은 Stogdill과 달리 상황적 요인이 리더십에 미치는 영향에 관해서는 크게 강조하지 않았다.

또한 Lord, Devader와 Alliger(1986)는 메타분석을 사용하여 Mann의 연구를 재평가하였는데, 그들은 Mann이 제시한 리더십 특성 중 지능, 남성적 기질, 지배성 등은 '조직 구성원들의 리더에 대한 지각'과 통계적으로 유의한 관계가 있는 것으로 나타났다. Mann의 연구와 Lord 등의 연구결과에 의하면 지능, 남성적 기질, 지배성 등의 특성들은 리더와 비리더를 구분하는 중요한 리더십 특성요인으로 간주될 수 있다.

Kirkpatrick과 Locke(1991)는 리더십 특성에 관한 선행 연구들을 대상으로 정성적 종합분석(qualitative synthesis)을 실시하였다. Kirkpatrick과 Locke에 의하면 비록 몇 가지 특성을 통해 리더십의 모든 것을 설명할 수는 없지만 효과적인 리더십 발휘에 있어서 리더의 특성은 중요한 전제조건이다. 그들의 연구결과에서 리더와 비리더를 구분하는 특성은 다음과 같다.

① 추진력(drive)
② 지도 욕구(desire to lead)
③ 정직성과 성실성(honesty and integrity)
④ 자신감(self-confidence)
⑤ 인지적 능력(cognitive ability)
⑥ 사업지식(knowledge of business)

Kirkpatrick과 Locke는 이와 같은 특성은 선천적으로 가지고 태어날 수도 있고, 후천적으로 학습될 수도 있으며, 선천적인 면과 후천적인 면 두 가지 모두가 작용할 수도 있다고 강조하였다.

1900년대 전·후반을 걸쳐서 가장 주목받았던 리더십 특성 연구에서 수많은 학자가 다양한 리더십 특성 목록을 제시하였지만, 각각의 연구에서 공통적으로 제시되는 리

표 3-2 리더십 특성 연구와 주요 리더십 특성

Stogdill(1948)	Mann(1959)	Stogdill(1974)	Lord 등(1986)	Kirkpatrick과 Locke(1991)
지능 민감성 통찰력 책임감 진취성 지속성 자신감 사교성	지능 남성적 기질 적응성 지배성 외향성 보수적 기질	성취욕 지속성 통찰력 진취성 자신감 책임감 협동성 참을성 영향력 사교성	지능 남성적 기질 지배성	추진력 동기유발 성실성 자신감 인지적 능력 사업지식

출처: 김남현 역(2013)에서 수정·인용.

더십 특성 목록은 존재하지 않는 것이 가장 큰 한계점으로 지적되고 있다.

하지만 다음의 5개 특성은 리더십 특성 연구에서 가장 빈번하게 제시되는 주요 리더십 특성들이다.

① 지적 능력(intelligence): 일반적으로 유능한 리더의 지적 능력은 강력한 언어능력, 지각능력, 추리력 등을 포함한다. 리더십 특성이론에 관한 많은 연구결과를 종합하면, 효과적인 리더는 비리더에 비해 보다 높은 지적 능력을 가지고 있다. 하지만 지적 능력이 빼어나다고 해서 반드시 효과적인 리더가 되는 것은 아니다. 앞에서 설명한 것과 같이 리더의 지적 능력과 부하들의 지적 능력이 현저한 차이를 나타내는 경우 리더십의 효과성은 감소한다는 많은 연구결과가 있기 때문이다. 또한 리더의 지적 능력은 '복잡한 문제해결 역량'과 '사회적 판단력' 등 리더의 개인 역량에 긍정적인 영향을 미치는 것으로 확인되고 있다.

② 자신감(self-confidence): 자신감은 자신의 유능성이나 역량과 기술(competencies and skill) 등을 스스로 확신하는 것으로서 자신에 대한 자긍심, 자존감(self-esteem), 자기효능감(self-efficacy), 자기확신(self-assurance), 자기신뢰 등을 포함한다. 특성 연구에 관한 많은 연구결과에 의하면 리더는 비리더에 비해 보다 높은 자신감을 가지고 있으며 이와 같이 높은 자신감은 리더로 하여금 강한 영향력에 대한 자신의 욕구가 정당하다는 것을 확신하게 만든다.

③ 결단력(determination): 결단력은 주어진 일을 끝까지 추진하여 반드시 완성하겠다는 욕망과 의지를 의미하는 말이다. 리더에게 있어서 결단력은 스스로 결정적인 판단을 내리거나 단정을 할 수 있는 능력을 의미한다. 특성 연구에 관한 많은 연구결과에 의하면 결단력은 진취성, 지속성, 지배성, 추진력 등과 같은 특성을 포함하는데, 효과적인 리더는 비리더에 비해 보다 높은 결단력을 가지고 있다. 일반적으로 결단력이 높은 사람은 자기주장이 강하고, 전향적(proactive)이며, 장애에 직면하여서도 굽힐 줄 모르고 이를 극복하는 능력을 가지고 있다.

④ 성실성(integrity): 성실성은 일관된 원칙을 가지고 개인의 행동에 책임을 지는 자세로서 정직성과 신뢰성을 포함한다. 일반적으로 성실성이 높은 사람은 충성스럽고, 신뢰할 만하며(dependable), 속임수가 없기 때문에 다른 사람들의 신뢰를 얻는다. 리더십 특성 연구에 관한 많은 연구결과에 의하면 효과적인 리더는 비리더에 비해 보다 높은 성실성을 가지고 있다. 또한 리너의 높은 성실성은 구성원

들로부터 신용과 신뢰를 받을 수 있게 하는 중요 리더십 특성이다.

⑤ 사교성(sociability): 사교성은 원활한 인간관계를 구축하는 것을 의미하는데, 특성 연구에 관한 많은 연구결과에 의하면 효과적인 리더는 비리더에 비해 보다 사교적이다. 사교적인 사람은 타인과 쉽게 어울리고 친밀한 인간관계를 형성하는 성향을 가지고 개방적이며, 친절하고, 재치 있으며, 예의 바르고, 외교적이다. 사교성이 높은 리더는 조직 구성원들의 복지에 높은 관심을 보이고 그들의 욕구에 민감하게 반응한다. 그리고 좋은 대인관계 기술(interpersonal skill)을 가지고 있고 구성원들과 협동적인 관계를 구축해 나간다.

한편, 최근의 리더십 특성 연구는 성격이 리더십의 효과성에 중요한 영향요인임을 강조하고 그 둘의 상관관계를 규명하기 위해 리더십과 성격을 연계한 연구를 활발하게 진행하고 있다. 오늘날 리더십과 성격 연구에서 가장 많은 신뢰를 받고 있는 성격 특성 모델은 빅 파이브 성격 특성(Big Five personality traits)이다.

지능(intelligence)	자신감(self-confidence)
강력한 언어 능력 지각 능력 추리력	유능성이나 기량에 대한 확신 자존감 해낼 수 있다는 믿음

결단력(determination)
일을 완성해 보이겠다는 욕망 진취성, 지속성, 지배성, 추진력, 전향성

성실성(integrity)	사교성(sociability)
정직성 신뢰성	즐거운 사회적 관계를 추구하는 리더의 성향

|그림 3-3| 주요 리더십 특성

3) 빅 파이브 성격 특성과 리더십

인간의 성격을 구성하는 다섯 가지 주요 요소로 분류한 성격 5요인에 관한 연구는 Allport와 Odbert(1936)가 처음 시작하였고 Costa와 McCrae(1985)가 이론적으로 집대성하였다. 1900년대 초 Allport와 Odbert는 웹스터 영어사전을 참조하여 인간의 성격을 기술하는 1만 8,000개의 술어를 찾아내고 이를 몇 개의 범주로 요약하였다. 이후 많은 학자는 Allport와 Odbert의 연구결과를 기초로 인간의 성격 특성을 몇 가지의 변인으로 단순화시키는 작업에 집중하였는데, 특히 Goldberg(1990)는 이들 연구에서 공통적으로 발견되는 다섯 가지 요인을 찾아내고 이를 '빅 파이브(Big Five)'라고 명명하였다. 빅 파이브의 구성요소에 관해서는 학자들 간에 다소의 의견 차이가 존재하지만 일반적으로 경험 개방성(Openness to experience: O), 성실성(Conscientiousness: C), 외향성(Extraversion: E), 친화성(Agreeableness: A), 정서 불안정성(Neuroticism: N)이 포함된다.

① 경험 개방성은 외부세계에 대한 관심의 정도를 나타내는 척도이다. 경험 개방성이 높을수록 상상력과 호기심, 모험심과 미적 감각이 높고, 창의적 사고력이 높으며, 고정관념을 타파하고 기존 관습에서 벗어나고자 하는 성향이 강하다. 또한 새로운 방법으로 문제를 해결하고자 하는 경향도 높다.

② 성실성은 사회적 규칙 및 원칙을 지키려는 의지의 정도를 나타내는 척도이자 조직성과에 가장 긍정적인 영향을 미치는 성격변수이다. 성실성이 높을수록 목표 달성을 위해 노력하고, 신중하며, 철저하고, 책임감이 높으며, 조직화 및 체계화되어 있고, 자신이 속한 사회적 행동기준에 따라 엄격하게 자신의 행동을 통제하려는 경향이 높다(Costa & McCrae, 1985; John et al., 2008).

③ 외향성은 사회성과 활동성 그리고 적극성과 능동성을 나타내는 척도이다. 외향성이 높을수록 타인과 어울리고 대화하기를 좋아하고, 사교적이며, 의욕적이고, 새로운 일에 대한 자신감이 높은 경향이 있다.

④ 친화성은 타인에 대한 호감도와 대인관계 성향을 나타내는 척도이다. 친화성이 높을수록 타인과의 관계에서 이타적이고, 협조적이며, 배려심이 높고, 관대하며, 겸손하고 예의 바른 경향이 있다.

⑤ 한편, 정서 불안정성은 주어진 환경에 대한 심리적 부적응의 정도를 나타내는 척도로서 리더의 바람직하지 못한 행동과 높은 상관관계가 있다. 정서 불안정성이

| 표 3-3 | 빅 파이브 성격 특성 |

높은 점수	요인	낮은 점수
호기심 많은, 창의적인, 광범위한 흥미영역, 독창적이고 창의적인, 상상력이 풍부한 등	**경험 개방성(O)** 지적 자극이나 변화, 다양성에 대한 관심, 낯선 것에 대한 인내와 탐색 정도	보수적인, 관습적인, 현실적인, 흥미영역이 제한적인, 예술에 대한 낮은 관심 등
믿음직한, 정돈된, 철저함, 계획적이고 체계적인, 시간을 잘 지키는, 근면함 등	**성실성(C)** 사회적 규칙, 규범, 원칙 등의 준수, 목표지향적인 행동 및 동기의 정도	목적이 없는, 믿을 수 없는, 게으른, 부주의한, 의지가 약한 등
사교적인, 적극적인, 상냥한, 말하기를 좋아하는, 낙관적인, 즐거움을 추구하는, 사람중심적인 등	**외향성(E)** 타인과의 교제 및 상호작용, 능동성과 활동수준, 자극 및 즐거움에 대한 욕구 정도	말수가 적은, 냉정한, 조용한, 활기가 없는, 과업중심적인, 좁은 인간관계 등
이타적인, 배려심이 많은, 부드러운, 겸손한, 솔직한, 신뢰받는, 관대한 등	**친화성(A)** 타인과의 조화롭고 평안한 대인관계 지향성	냉소적인, 무례한, 의심이 많은, 비협조적인, 자기중심적인, 질투심이 많은 등
걱정하는, 초조한, 불안정한, 변덕스러운, 감정의 변화가 심한, 부적절한 감정 등	**정서 불안정성(N)** 스트레스와 과도한 열망, 충동과 부적응적인 상황에 대한 대처반응의 수준	침착한, 이완된, 안정적인, 강건한, 자기충족적인 등

출처: 김주호, 손주영(2013)에서 수정 · 보완.

높을수록 세상을 부정적으로 보고, 쉽게 분노하고, 우울감을 갖게 되며, 초조하고 걱정이 많으며, 변덕스럽고, 타인의 말과 행동에 쉽게 상처받는 경향이 있다.

빅 파이브 성격 특성 모델은 경험 개방성(O), 성실성(C), 외향성(E), 친화성(A) 그리고 정서 불안정성(N)의 영어 첫 스펠링을 따서 OCEAN 모델이라고도 불린다(〈표 3-3〉 참조).

Judge, Bono, Lies와 Gerhardt(2002)는 빅 파이브 성격 특성과 리더십의 상관관계를 검증하기 위하여 '성격과 리더십'을 주제로 1967년부터 1998년 사이에 발표된 총 78건의 연구물에 대하여 메타분석을 실시하였다. 그 결과, 빅 파이브 성격 특성과 리더십 간에는 강한 상관관계가 존재함을 확인하였다. Judge 등에 따르면 개인의 성격 특성은 효과적인 리더가 되는 매우 중요한 영향요인으로서 외향성(0.31)이 가장 강한 상관관계를 가지고 있고, 그다음이 성실성(0.28)이며, 경험 개방성(0.24), 친화성(0.08) 등의 순이었다. 하지만 정서 불안정성(-0.24)의 경우 리더십과 부적인 상관관계(negative effect)를 가지고 있었다.

최근 리더십 특성 연구의 또 다른 추세 중 하나는 성공한 리더의 특성과 실패한 리더의 특성을 도출하여 비교 · 분석하는 것이다. Bennis(1989)에 의하면 성공한 리더는 다음과 같은 특성을 가지고 있다.

① 성공한 리더는 뚜렷한 비전(vision)을 가지고 있다: 성공한 리더는 자신이 어디로 가고 있고, 어디로 가야 하는지를 명확하게 인식하고 있다. 리더의 뚜렷한 비전은 명확한 목표의식을 가지게 하고, 자신의 욕구에 대한 확신을 가지게 하며, 난관과 실패에도 좌절하지 않고 이겨 내는 힘을 가지게 한다.

② 성공한 리더는 열정(passion)을 가지고 있다: 성공한 리더에게 있어 열정은 목표달성을 위해 혼신의 노력을 기울이게 하는 원동력이다. 리더의 열정은 인생에 대한 열정, 직업과 일에 대한 열정, 목표달성에 대한 열정 등이 포함된다. 특히 성공한 리더는 자신의 일에 대해 깊은 애정을 가지는데, 이는 열정으로 표출되고 이러한 열정의 전달을 통해 리더는 구성원들의 동기를 불러일으킨다.

③ 성공한 리더는 성실성(integrity)을 가지고 있다: 성실성에는 정직함과 솔직함 그리고 성숙함이 포함되어 있다. 성공한 리더는 결코 자신과 타인을 속이지 않고, 자신의 장점과 약점을 정확하게 알며, 자신의 장점은 더욱 개발하고 단점은 최소화할 수 있도록 노력한다.

④ 성공한 리더는 신뢰성(trust)을 가지고 있다: 성공한 리더의 신뢰성은 성실성의 기초를 이루는 것으로서 구성원들에게 믿음을 준다. 신뢰성은 리더 혼자의 노력이 아닌 구성원들과의 상호작용적인 관계에서 얻어지는 것이기 때문에 신뢰성이 없는 리더는 효과적으로 리더십을 발휘할 수 없다.

⑤ 성공한 리더는 용기(daring)를 가지고 있다: 용기는 리더로 하여금 새로운 도전을 가능하게 하고, 앞으로 다가올지 모르는 위험을 기꺼이 부담하겠다는 각오를 다지게 하며, 불가능한 상황에서도 쉽게 좌절하거나 포기하지 않고, 이를 극복하게 한다. 성공한 리더들은 실패할 것이 두려워 새로운 도전을 회피하지 않으며, 실

패를 통해 새로운 배움의 가능성을 발견하고, 끝없는 도전을 통해 조직의 목표를 달성한다.

한편, 미국의 유명한 리더십 연구개발 기관인 창의적 리더십 센터(Center for Creative Leadership: CCL)는 조직에서 해고, 전보 발령, 조기퇴직 권유, 승진 탈락 등의 실패를 경험한 리더들을 대상으로 실패한 리더의 특성을 분석하였다. 연구 결과, 실패한 리더들은 다음과 같은 특성을 지니고 있는 것으로 나타났다.

① 실패한 리더는 감정적 안정력과 자제력이 부족하다: 일반적으로 실패한 리더들은 정신적 압박감을 견디는 힘이 부족하고, 감정 조절이 힘들며, 우울증에 빠지거나 자주 화를 내고, 행동에 일관성이 없는 경향이 있기 때문에 효과적인 대인관계 구축이 어렵다.

② 실패한 리더는 방어적인 태도를 가진다: 일반적으로 성공한 리더들은 자신의 잘못을 시인하고 이에 따른 책임을 감수하며 문제해결 방안을 모색하는 반면, 실패한 리더는 자신의 잘못을 감추거나 자신의 실패에 대해 방어적인 태도를 취하고 이를 다른 사람의 탓으로 돌리는 경향이 높다.

③ 실패한 리더는 대인관계가 미숙하다: 성공한 리더가 타인의 욕구에 민감하고, 이를 충족시키기 위해 노력하며, 재치 있고, 사려 깊은 특성이 있다면, 실패한 리더는 보다 자기중심적이고, 타인의 욕구에 무관심하며, 조작적인 성향을 보인다. 실패한 리더의 이와 같은 성향은 조직의 상위 계층으로 올라갈수록 보다 치명적인 단점으로 작용하게 된다.

④ 실패한 리더는 기술적 능력과 인지능력이 한쪽으로 편협되어 있다: 하위 관리자일 경우에는 특정 영역에 한하여 뛰어난 기술적 능력을 소유하는 것이 유리할 수도 있지만, 상위 계층으로 올라갈수록 특정 분야에 편협한 기술적 능력과 인지능력은 오히려 제약조건으로 작용할 수 있다. 왜냐하면 일반적으로 한 분야에 국한된 전문지식만 소유할 경우, 조직을 전체적으로 조망할 수 있는 능력이 떨어지는 경우가 많기 때문이다.

팀
토
의 다음은 강력한 카리스마의 소유자였던 애플사의 전 CEO이자 공동창립자 스티브 잡스(1955~2011)의 스탠퍼드 대학교 졸업 축사이다. 이 연설을 듣고 팀별로 가장 인상에 남는 구절과 스티브 잡  스를 다른 사람들과 차별화시키는 리더십 특성은 무엇인지 논의하라.

This is the text of the Commence-ment address by Steve Jobs, CEO of Apple Computer and of Pixar Animation Studios, delivered on June 12, 2005.

(https://www.youtube.com/watch?v=7aA17H-3Vig)

2. 리더십 특성이론의 시사점

1900년대 전반에 걸쳐 다수의 학자가 절대적으로 지지해 온 리더십 특성이론은 Stogdill의 연구결과에 힘입어 '리더십의 유효성은 리더의 행동에 따라 차별화된다.'는 리더십 행동이론과, '리더십의 유효성은 리더와 구성원들의 특성, 과업 특성, 집단구조 등의 환경적 상황에 따라 달라진다.'는 리더십 상황이론 등이 등장하고, 1980년대 이후로는 변혁적 리더십이 강세를 보이면서 그 설득력을 점차 잃어 갔다. 하지만 최근 들어 '비전적 리더십과 카리스마적 리더십(visionary and charismatic leadership)' 등이 등장하면서 리더십 특성이론에 대한 관심이 되살아나고 있다. 특히 카리스마적 리더십의 경우, 버락 오바마가 2008년에 미국 대통령으로 선출되면서 더욱 부각되기 시작하였는데, 그 이유는 미국 최초의 흑인 대통령으로 당선된 오바마의 강력한 카리스마적 특성이 '성공하는 리더의 조건'으로 주목받았기 때문이다. 따라서 리더십 특성 연구는 1900년대 한시적으로 주목받던 지나간 리더십 이론이 아니라 현재까지도 여전히 건재한 설득력 있는 리더십 이론이다.

1900년대의 리더십 특성 연구와 최근의 리더십 특성 연구는 여러 가지 측면에서 상당한 차이점이 있다. 대표적인 것을 살펴보면 1900년대의 리더십 특성 연구는 인물 중심의 리더십 연구였던 데 반해 최근 연구는 다양한 심리적 측정도구를 활용하여 리더의 특성을 도출하고, 리더의 특성과 리더십 효과성의 상관관계 규명에 보다 초점을 맞추고 있다는 점이다.

1) 리더십 특성이론의 강점

리더십 특성이론은 복잡한 리더십 과정을 설명함에 있어서 오로지 리더의 특성과 자질에만 연구의 초점을 맞추고 다른 상황변인에는 관심을 두지 않았기 때문에 다른 이론들에 비해 비교적 이론의 구성이 단순한 편이다.

또한 19세기 전반에 걸쳐 리더십 연구의 중심축으로 진행된 연구였기 때문에 방대한 실증 자료가 있다. 구체적으로 살펴보면 리더십 특성이론은 다음과 같은 중요한 의미를 갖는다.

첫째, 리더십 특성이론은 오직 리더에게만 초점을 맞추고 있기 때문에 다른 리더십 이론들과 달리 유능한 리더의 성격 특성에 관한 보다 깊이 있는 이해를 가능하게 한다.

둘째, 리더십 특성이론은 '유능한 리더는 그렇지 않은 리더들과 쉽게 차별화되며, 그 이유는 선천적으로 타고난 리더십 자질과 특성 때문일 것'이라는 일반의 믿음에 부응하기 때문에 직관적으로 상당한 흥미를 불러일으키는 리더십 이론이라는 강점이 있다.

셋째, 리더십 특성이론은 '리더가 되기 위해 반드시 갖추어야 할 중요한 리더십 특성'을 알려 준다. 리더십 특성이론은 효과적인 리더가 되기 위해서 요구되는 다양한 리더십 특성을 제시함으로써 우리가 반드시 가져야 할 리더십 특성의 상대적 수준을 확인시켜 준다.

넷째, 리더십 특성이론은 한 세기에 걸쳐 가장 주목받았던 리더십 이론으로서 방대한 연구의 넓이와 깊이를 자랑하는 리더십 이론이다. 특히 오랜 시간에 걸쳐 구축된 연구결과들을 통해 '다양한 성격 특성이 리더십 과정에서 중요한 역할을 한다.'는 사실을 도출한 매우 높은 학술적 가치를 가지는 리더십 이론이다.

2) 리더십 특성이론의 한계점

리더십 특성이론이 오랜 기간에 걸쳐 진행된 깊이 있는 연구결과들을 통해 효과적인 리더에게 요구되는 다양한 리더십 특성을 파악하게 해 주었다는 장점에도 불구하고 다음과 같은 측면에서 학문적 이론으로서의 한계점을 내포하고 있다.

첫째, 리더십 특성이론은 오랜 시간에 걸쳐 연구가 진행되었음에도 불구하고 모든 연구 결과에서 공통적으로 제시된 특성요인이 없는 것이 가장 큰 한계점이다. 리더십 특성이론은 리더십 특성에 관한 수많은 연구에도 불구하고 유능한 리더가 되기 위해 요구되는 '결정적 리더십 특성 목록'을 제시하지 못하고 있다. 바꾸어 말하면, 과거 한 세기 동안 수많은 리더십 특성 연구가 이루어졌지만 각 연구들의 결과는 불명확하거나 모호한 리더십 특성 목록을 제시한 것에 불과하다는 것이다. 리더십 특성이론이 '결정적인 리더십 특성 목록'을 제시하지 못하는 가장 큰 이유는 각 연구자가 연구의 전제가 되는 리더십 특성을 결정함에 있어서 매우 주관적인 선택을 하였기 때문이다.

둘째, 리더십 특성이론은 리더가 처한 상황적 변인을 전혀 고려하지 않았기 때문에 '특정 상황에서 유능한 리더가 다른 상황에서 무능해지는 이유'를 명확하게 설명하지 못한다.

셋째, 리더십 특성이론은 유능한 리더가 가지고 있는 리더십 특성들을 확인하였을 뿐 그러한 특성들과 조직의 성과 또는 조직 효과성 간의 상관관계를 규명하려는 노력을 기울이지 않았다는 것이다. 즉, 조직 구성원의 업무성과, 직무만족과 직무몰입, 조직몰입 등과 같이 조직의 효과성에 영향을 미치는 요소들과 리더십 특성의 상관관계를 규명하는 것을 상대적으로 등한시하였다.

넷째, 리더십 특성이론은 오랜 시간에 걸쳐 깊이 있는 연구가 진행되었음에도 불구하고 리더십 훈련이나 개발을 위해 유용하게 적용되기 어렵다는 단점이 있다. HRD(Human Resource Development) 전문가에 의하면 만약 리더십 특성 연구를 통해 '결정적 리더십 특성 목록'이 제시되었다 하더라도 개인의 성격 특성은 비교적 고정된 심리구조이기 때문에 교육이나 훈련을 통해 쉽게 변화되지 않는다. 따라서 효과적인 리더로 육성하기 위해 기존의 특성을 버리고 새로운 특성을 습득하도록 교육시키는 것은 매우 어렵다고 강조한다.

3. 리더십 진단

리더십 특성이론에서는 개인의 리더십 특성을 측정하기 위해서 리더십 진단 설문지 (Leadership Traits Questionnaire: LTQ)를 개발하여 제시하고 있다. LTQ는 각 리더십 특성 항목에 대한 리더 자신의 지각과 주위 관찰자들의 지각을 비교·분석하여 이를 계량화한 것으로서 자신의 성격 특성과 리더십의 강점 및 약점을 파악할 수 있게 한다.

1) 리더십 진단 설문지

LTQ는 주어진 각 문항에 대한 리더 자신의 지각과 함께 리더에 대한 주위 관찰자들의 지각을 비교하여 계량화한 것으로서, 리더 자신 또는 리더를 친숙하게 알고 있는 주위 관찰자(R1, R2, R3 등)들이 작성한다. 측정은 다음과 같은 Likert 5점 척도를 사용한다.

①: 전혀 그렇지 않다
②: 그렇지 않다
③: 보통이다
④: 그렇다
⑤: 매우 그렇다

〈리더십 진단 설문지: LTQ〉

다음에 제시된 각 형용사와 문장이 리더(작성자가 리더인 경우 자신)의 특성을 얼마나 정확하게 설명하고 있는지 Likert 5점 척도를 참조하여 해당하는 숫자 위에 ○ 표시를 하시오.	
1. 설명이 명확한(다른 사람들과 효과적으로 의사소통을 한다)	1 2 3 4 5
2. 지각력이 날카로운(식별력이 있고 통찰력이 있다)	1 2 3 4 5
3. 자신감 있는(자기 자신이나 자신의 능력을 믿고 있다)	1 2 3 4 5
4. 침착한(의심이 없고 확신에 차 있다)	1 2 3 4 5
5. 지속적이고 끈질긴(방해에도 불구하고 목표에 집착한다)	1 2 3 4 5
6. 결심이 굳고 단호한(확고한 입장으로 확실하게 행동한다)	1 2 3 4 5

7. 신뢰할 수 있는(믿음직스럽게 행동한다)	1 2 3 4 5
8. 믿을 만한(일관성이 있고 신뢰할 만하다)	1 2 3 4 5
9. 친절한(친절과 온화함을 보이고 있다)	1 2 3 4 5
10. 사교적인(스스럼없이 대화하고 다른 사람들과 잘 지낸다)	1 2 3 4 5

2) 진단결과의 해석

진단결과로 리더의 자기평가 점수와 주위 관찰자들(R1, R2, R3 등)의 평균점수를 비교한 다음 자신의 리더십에 대한 리더의 지각과 주위 관찰자들의 지각의 차이를 분석한다. 예를 들어, 만일 첫 번째 문항(설명이 명확한)에 대한 주위 관찰자의 평균점수가 3점인 데 반해 리더의 자기평가 점수는 3.8점으로 나타났다면, '리더는 자신의 설명력에 대해 주위 관찰자들보다 높게 평가하고 있다.'고 해석할 수 있다.

만일 세 번째 문항(자신감 있는)에 대해 주위 관찰자들의 평균점수는 4.2점인 데 반해 리더의 자기평가 점수는 4점으로 나타났다면, 리더 스스로가 자신의 자신감을 주위 관찰자들에 비해 낮게 평가하고 있다는 것이다.

〈LTQ 결과 분석표〉

	R1	R2	R3	R4	R5	관찰자 평균	자기 평가	차이
1. 설명이 명확한								
2. 지각력이 날카로운								
3. 자신감 있는								
4. 침착한								
5. 지속적이고 끈질긴								
6. 결심이 굳고 단호한								
7. 신뢰할 수 있는								
8. 믿을 만한								
9. 친절한								
10. 사교적인								

팀 토 의

다음의 기사를 읽고 팀별로 한국인들이 가장 존경하는 리더를 3명씩 선정하고 그 이유를 설명하시오.

내가 가장 존경하는 리더는

2014년 여론조사 기관 유고브는 영국 더타임스의 의뢰로 13개국 1만 3,895명을 대상으로 '가장 존경하는 생존 인물'을 조사한 결과 마이크로소프트 창업자이자 '빌 앤드 멜린다 게이츠 재단 이사장인 빌 게이츠'가 세계에서 가장 존경받는 인물로 선정되었다. 빌 게이츠는 10.10%로 버락 오바마 미국 대통령(9.27%)을 제치고 가장 많은 지지를 받았으며, 블라디미르 푸틴 러시아 대통령(3.84%)과 프란치스코 교황(3.43%)이 그 뒤를 이었다.

지난해 5월 727억 달러(77조 원)의 보유 자산으로 다시 세계 최고 부자 자리에 오른 게이츠는 그동안 재단을 통해 30조 원 상당의 금액을 기부해 저개발국의 질병 퇴치 등의 사업에 힘썼다.

유고브는 설문에 '생존 인물'이라는 단서를 달았지만 많은 이는 지난해 타계한 넬슨 만델라 전 남아프리카공화국 대통령을 꼽았다며, 조사가 만델라 생전에 이뤄졌다면 그가 최고로 존경받는 인물로 선정됐을 것이라고 밝혔다.

영국, 프랑스, 독일, 러시아, 미국, 호주, 파키스탄, 인도네시아, 인도, 중국, 이집트, 나이지리아, 브라질에서 이뤄진 이번 조사에서 가장 존경하는 인물은 나라마다 편차를 보였다.

프란치스코 교황은 미국, 브라질, 독일에서 1위에 올랐고 오바마 대통령은 자국에서는 2위를 기록했지만 프랑스, 호주, 나이지리아에서 1위에 올랐다. 러시아에서는 푸틴 대통령이 24.62%의 지지를 보여 6.62%로 2위에 오른 게이츠를 큰 폭으로 제치고 1위를 기록했다.

하지만 중국에서는 시진핑 국가주석이 9.06%로 나타나 18.88%의 지지를 받은 게이츠에게 1위 자리를 내줬다. 중국에서는 많은 이가 마오쩌둥, 저우언라이, 덩샤오핑 등 생존 인물이 아닌 이미 타계한 지도자를 가장 존경한다고 답해 결과에 영향을 미쳤다고 유고브는 설명했다.

인도에서는 크리켓 선수 출신인 사친 텐둘카르(41)가 1위에 올랐고 인도네시아에서는 축구선수인 크리스티아누 호날두(29, 레알 마드리드)와 리오넬 메시(27, 바르셀로나)가 각각 2, 3위에 올랐다.

또 중국 등 여러 나라에서 많은 이는 자신의 부모님을 가장 존경한다고 답했다.

출처: 서울신문(2014. 1. 13.).

참고문헌

강정애, 태정원, 양혜현, 김현아, 조은영(2010). 리더십론. 서울: 시그마프레스.

김남현 역(2013). 리더십 이론과 실제[*Leadership: Theroy and practice*]. Peter G. Northouse 저. 서울: 경문사. (원저는 2007년에 출판).

김병섭, 박광국, 조경호(2009). 휴먼 조직론. 서울: 대영문화사.

김주호, 손주영(2013). 개인 개성이 브랜드 개성(BPS) 및 소비자 구매행동에 미치는 영향: Big 5 성격특성을 중심으로. 광고학 연구, 24(1), 31-55.

김준식, 박민생, 차대운, 김정수(2007). 핵심 조직행동론. 대구: 도서출판대명.

박보식(2017). 리더십: 이론과 실제. 서울: 대영문화사.

박유진(2009). 현대사회의 조직과 리더십. 서울: 양서각.

백기복, 신제구, 김정훈(2009). 리더십의 이해. 서울: 창민사.

서울신문(2014. 1. 13.). "세계서 가장 존경받는 인물, 빌 게이츠".

손주영(2013). 조직과 리더십. 서울: 도서출판 두남.

송계충, 정범구(2008). 조직 행위론. 서울: 경문사.

이민규(2002). 네 꿈과 행복은 10대에 결정된다. 서울: 더난출판사.

이상호(2015). 조직과 리더십. 서울: 북넷.

이영민(2006). 리더십 대탐험. 서울: 다만북스.

정우일, 박선경, 양승범(2009). 리더와 리더십. 서울: 박영사.

Allport, G. W., & Odbert, H. S. (1936). Trait-names: A psycho-lexical study. *Psychological Monographs, 47*(1), 171-220.

Bass, B. M., & Stogdill, R. M. (1990). *Bass Stogdill's Handbook of Leadership: Theory, research, and managerial applications* (3rd ed.). New York: Free Press.

Bennis, W. (1985). *On becoming a leader.* New York: Addison-Wesley.

Costa, P. T., & McCrae, R. R. (1985). *The NEO personality inventory manual.* Odessa, FL: Psychological Assessment Resources.

Goldberg, L. R. (1990). An alternative "description of personality": The big-five factor structure. *Journal of Personality and Social Psychology, 59*, 1216-1229.

Lord, R. G., DeVader, C. L., & Alliger, G. M. (1986). A meta-analysis of the relation between personality traits and leadership perceptions: an application of validity generalization procedures. *Journal of Applied Psychology, 71*, 402-410.

Judge, T. A., Bono, J. E., Lies, R., & Gerhardt, M. W. (2002). Personality and leadership: a qualitative and quantitative review. *Journal of Applied Psychology, 87*, 765-780.

Kirkpatrick, S. A., & Locke, E. A. (1991). Leadership: Do traits matters? *The Executive, 5*,

48-60.

Mann, R. D. (1959). A review of the relationship between personality and performance in small group. *Psychological Bulletin, 56,* 241-270.

Rost, J. C. (1991). *Leadership for the twenty-first century.* Westport, CT: Greenwood.

Stogdill, R. (1948). Personal factors associated with leadership: A survey of the literature. *Journal of Psychology, 25,* 35-71.

Stogdill, R. (1974). *Handbook of leadership: A survey of theory and research.* New York: Free Press.

제4장 행동이론

1950년대 들어서 리더의 특성에 관한 연구에서 벗어나 리더의 구체적 행동에 초점을 둔 연구들이 등장하기 시작했다. 이 분야의 대표적 연구를 살펴보면 다음과 같다.

1. 오하이오 주립대학교 연구

이 분야의 가장 대표적 연구는 오하이오 주립대학교 교수들이 주축이 되어 시작한 리더십 행동 연구라고 볼 수 있다. 이 연구는 효율적인 리더 행동을 파악하기 위하여 시작된 것으로 부하들로 하여금 자신들의 리더 행동을 기술하는 것으로부터 시작했다. 이를 통해 1800여 개의 행동 예를 모은 후, 연구자들은 내용이 중복되는 행동들을 한데 묶고 또 자신들이 중요하다고 생각되는 행동 예들을 선정하여 150개의 문항을 만들었다. 이 문항들로 구성된 설문지를 일반인과 군인들로 이루어진 대상자들에게 실시하였고, 조사 대상자들은 각 문항이 자신의 상사의 행동을 얼마나 잘 나타내는지에 대해 Likert 척도를 이용해 응답하였다(Fleishman, 1953; Halpin & Winer, 1957). 이들이 응답한 점수를 요인분석을 통해 분석한 결과, 크게 배려 행동(consideration)과 과업주도 행동(initiating structure)의 두 가지 행동요인이 나타났다.

1) 각 행동 유형의 정의

배려 행동 유형은 부하들을 친근하고 따뜻하게 대하고, 관심을 표명하며, 부하들의 복지에 신경을 쓰는 행동을 의미한다. 구체적인 문항들로는 '부하들의 문제에 귀를 기울인다.' '부하들의 제안을 수용하려 한다.' '중요한 문제가 있으면 실시 전에 부하와 상의한다.' '부하들의 개인적인 부탁을 들어준다.' 등이 있다.

과업주도 행동 유형은 리더가 집단의 목표를 달성하기 위해서 자신의 역할과 부하들의 역할을 명확히 하고 구조화하는 정도를 말한다. 구체적인 문항으로는 '일을 잘못하면 꾸짖는다.' '일을 언제까지 해야 한다고 강조한다.' '문제해결을 위한 새로운 방법을 제시한다.' '구체적인 수행기준을 제시한다.' '부하들의 업무를 조정한다.' 등이 있다.

과업주도 행동을 이해할 때 한 가지 주의해야 할 점은 이 행동이 부하들에게 일만 시키려 하고 일을 잘 못했을 때 야단만 치는 부정적인 것을 의미하는 것이 아니라는 점이다. 앞의 문항에서도 볼 수 있듯이 일부 리더의 과업주도 행동의 경우 부하가 일을 잘 못할 때 야단을 치거나 일을 언제까지 끝내야 한다고 강조하는 것과 같은 다소 부하를 억누르려고 하는 행동을 포함한다. 하지만 부하들이 업무 수행과정에서 일을 제대로 해 나가지 못할 경우 일을 처리하는 방법을 알려 주거나 부하들의 업무가 중복되는 경우 이를 조정해 주는 것과 같은 부하에게 실질적인 도움을 주는 긍정적인 리더 행동도 포함되어 있다. 실제로 Judge, Piccolo와 Ilies(2004)의 메타연구 결과에 따르면 과업주도 행동은 다양한 준거(부하 만족, 리더 수행 또는 효율성 등)와 정적으로 관련(전체 상관=.29)된 것으로 나타났다.

이 두 가지 행동 유형은 서로 독립적인 것으로 알려져 있다. 두 행동이 독립적이란 것은 평소에 배려 행동을 많이 보이는 리더가 반드시 과업주도 행동을 하지 않는 것은 아니며, 반대로 배려 행동을 별로 하지 않는 리더라고 해서 반드시 과업주도 행동을 많이 보이는 것은 아님을 의미한다. 즉, 어떤 리더는 부하에게 많은 관심을 두고 동시에 부하들의 할 일을 철저히 진행시켜 나가기도 하지만, 어떤 리더는 양쪽 다 관심 없이 자신의 일만 해 나가기도 한다. 또한 일부 리더는 부하들의 문제에는 깊은 관심을 보이지만 부하들에게 할 일을 철저히 시키지 못할 수도 있으며, 또 다른 리더는 부하들의 문제는 별로 고려하지 않고 과업목표 달성에만 관심을 둘 수도 있다. 즉, 한 가지 행동을 보이는 것은 다른 행동을 보이는 것과 관련이 없다는 의미이다.

이러한 두 가지 행동 유형을 측정하기 위해서 몇 가지 척도가 개발되었는데, 대표적으로는 리더 행동기술 질문지(Leader Behavior Description Questionnaire: LBDQ)와 감독행동 질문지(Supervisory Behavior Description: SBDQ) 등이 있다. 나중에 이 두 가지 행동 유형 외에 열 가지 다른 차원을 포함한 질문지인, 리더 행동기술 질문지형 XII(Leader Behavior Description, Form XII)가 개발되었다(Stogdill, Goode, & Day, 1962).

2) 리더 행동의 효과

Fleishman과 Harris(1962)는 트럭 제조공장에서 일하는 57명의 생산 라인 감독자들의 리더십 행동 유형과 부하들의 불만 및 이직 간의 관계를 연구하였다. 먼저, 각 감독자의 부하들로 하여금 자신들의 상사의 행동을 감독행동 질문지(SBDQ)를 사용해 평가하게 했다. 부하들의 불만은 이들이 감독자의 차상위 상사에게 문서로 보고한 불만 횟수로 측정했고, 이직은 11개월 동안의 자발적 이식률로 계산했다. [그림 4-1]과 [그림 4-2]는 감독자들의 배려 행동 점수 및 과업주도 행동 점수와 부하들의 이직률 사이의 관계를 각각 보여 준다. 그림에서 알 수 있듯이 감독자들이 배려 행동을 많이 보일수록 부하들의 이직률은 낮아지며([그림 4-1] 참조), 과업주도 행동을 많이 보일수록 이직률은 높아진다([그림 4-2] 참조). 감독자들의 행동 유형과 부하들의 불만율 간의 관계도 이와 동일했다.

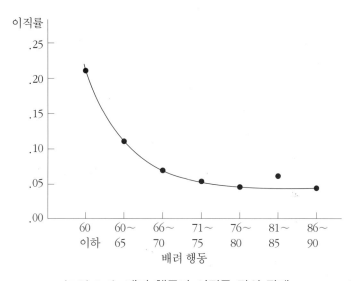

|그림 4-1| 배려 행동과 이직률 간의 관계

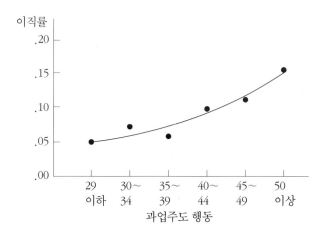

|그림 4-2| 과업주도 행동과 이직률 간의 관계

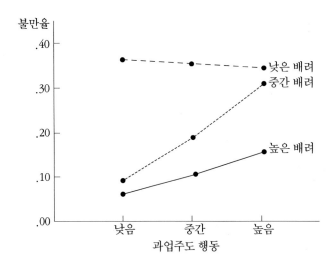

|그림 4-3| 배려 행동과 과업주도 행동이 불만율에 미치는 영향

　[그림 4-3]은 두 행동 유형이 상호작용하여 부하들의 불만율에 미치는 영향을 보여 준다. 그림에서 볼 수 있듯이, 감독자가 과업주도 행동을 많이 보인다고 해서 반드시 부하들의 불만이 높아지는 것은 아니다. 동시에 감독자가 배려 행동을 별로 보이지 않으면(낮거나 중간인 배려조건) 불만이 높지만, 배려 행동을 많이 보이면(높은 배려조건) 부하들의 불만은 낮아진다. 따라서 감독자의 과업주도 행동보다는 배려 행동이 부하들의 불만을 낮추는 데 더 큰 영향을 미친다고 하겠다. 이직률과의 관계에서도 이와 유사한 결과가 나타났다.

　그러나 이와 관련해 실시된 많은 연구는 실망스럽게도 일관성 있는 결과를 보여 주지 못했다(Bass, 1990; Yukl, 1971). 일부 연구에서는 부하들이 과업주도 중심의 리더에게 더 만족하였고 수행도 높았으나, 다른 연구들에서는 그 반대의 결과가 나타났다. 리더의 배려 행동과 부하들의 수행 간의 관계에서도 유사한 결과가 나타났다. 비교적 일관성 있게 나타난 것은 리더의 배려 행동과 부하들의 리더에 대한 만족도였다. 대부분의 부하는 배려 행동을 많이 보이는 리더에 만족하였다.

　두 가지 행동의 효과에 관한 과거 연구들을 종합한 최근의 메타분석 연구(Judge et al., 2004)에 따르면 배려 및 과업주도 행동과 다양한 준거 간의 평균 상관은 각각 .48과 .29로서 모두 통계적으로 유의하였으며, 배려 행동과 준거 간의 상관이 더 높게 나타났다. 하지만 좀 더 세부적으로 분석해 보면 배려는 부하 만족과, 과업주도는 리더 수행과 더 높게 관련되있다.

3) 문제점

오하이오 주립대학교 연구는 신뢰도 및 타당도 검증을 거친 질문지를 이용해서 본격적으로 리더 행동을 연구하였다는 데 그 의의가 있다. 이 연구 이후로 많은 연구에서 질문지를 사용해 리더 행동을 분석하기 시작했다. 그러나 지나치게 질문지에만 의존함으로써 여러 오류를 범할 수 있다는 문제점이 지적되고 있다(Uleman, 1991). 먼저, 부하들에게 과거 몇 개월 혹은 몇 년 동안의 리더 행동을 생각해 보고 리더가 각 문항의 행동을 얼마나 자주 또는 많이 보였는지를 평가할 것을 요구하기 때문에, 이들의 반응이 정확하지 않을 수도 있다(기억이 잘 나지 않거나 미처 관찰하지 못한 행동도 있을 수 있다).

또한 부하들이 리더를 좋아하거나 싫어하는 경우 실제 리더가 취한 행동과 다르게 평가할 수 있다. 예를 들어, 리더를 좋아하는 경우 리더가 부하들에게 깊은 관심을 보이지 않음에도 불구하고 그러한 내용을 묻는 문항에 '그렇다'고 반응할 가능성이 있다(Rush, Thomas, & Lord, 1977).

행동 유형이 배려와 과업주도로 구분되어 단순하다는 측면도 있다. 1950년대에 나온 이론이다 보니 최근 들어 조직에서 중요한 임파워먼트나 비전 제시 등과 같은 행동이 포함되지 않았다. 앞서 언급한 메타분석 결과(Judge et al., 2004)에 따르면 여전히 배려와 과업주도의 두 행동 유형의 효과가 큰 것으로 나타나고 있다. 하지만 21세기에 들어서서는 이 두 행동 유형 이외에 다른 중요한 행동 유형이 있을 수 있기 때문에 향후 현대 조직에서 리더가 발휘해야 할 중요 행동 유형은 무엇인지에 관한 연구가 진행될 필요가 있다.

4) 추후 연구

배려와 과업주도 행동의 효과가 큼에도 불구하고 1980년 이후 이 분야의 연구는 매우 드문 실정이다. 리더십 연구는 다른 어떤 분야보다도 지속적으로 새로운 이론이 등장한다. 이 책에서도 이러한 수많은 이론을 다루기는 어렵기 때문에 필자가 중요하다고 판단되는 연구 및 이론들을 소개하고자 한다. 배려와 과업주도 행동에 대한 연구는 리더십 연구에서 초창기에 실행되었던 연구이고 어떤 리더십 연구보다도 간단한 연구이다. 또한 메타분석 결과에서도 타당도가 높게 나타났기 때문에 오래된 연구라고 해서 무시할 것이 아니라 좀 더 관심을 가지고 새로운 관점에서 이 분야를 연구하는 자세가 필요할 것으로 생각된다.

Judge 등(2004)은 이 두 리더십 행동에 관한 메타분석 연구에서 미래 연구에 대한 의견을 제시한 바 있다. 먼저, 배려 행동과 과업주도 행동의 효과와 관련된 매개변인에 관한 연구이다. 지금까지 두 행동이 직무만족이나 수행 등의 종속변인에 미치는 효과에 관한 연구는 많이 진행되었지만 이 과정에서 매개변인에 관한 연구는 많지 않은 실정이다.

이들은 조직 공정성을 매개변인으로 고려해 보는 의견을 제시한 바 있으며 특히 절차 공정성이 매개변인으로 작용할 수 있음을 가정하였다. 두 행동이 효과가 있는 이유는 배려 행동의 경우 리더는 부하의 의견을 듣고 중요한 문제는 부하의 수용을 얻으려하기 때문이고, 또한 과업주도 행동은 리더가 자신이 기대하는 바를 부하에게 분명하게 전달하고 명확한 기준을 세우기 때문에 이 과정에서 부하는 절차 공정성이 있다고 인식할 수 있으며 이로 인해 직무만족과 수행이 높아질 수 있다는 것이다.

변혁적 리더십을 구성하고 있는 여러 요인 가운데 개인적 배려요인과의 구분에 관한 연구도 필요하다. 변혁적 리더십에서 개인적 배려요인이 중요한 요인 가운데 하나이면서도 이 요인이 기존의 배려 행동과 동일한 개념인지, 아니면 구분되는 구성 개념인지에 관해 논의되지 않고 있는 실정이다. 두 가지 척도를 동시에 사용하여 이 두 배려 행동이 서로 구분되는 것인지에 관한 연구가 필요하다.

Judge 등(2004)의 메타연구에서 다양한 리더 행동 측정도구(예: SBDQ, LBDQ, LOQ 등)에 따라 리더 행동이 성과에 미치는 영향이 다르게 나타난 바 있다. 초창기 이러한 척도가 개발된 이후 그에 대한 타당도 검증이 충분히 이루어지지 않고 사용되어 왔으며, 따라서 이러한 측정도구에 대한 타당도 검증이 추가적으로 이루어질 필요가 있다.

지금까지 대부분의 리더 행동에 관한 연구는 행동의 결과에 관한 연구가 대부분이어서 이 두 행동의 원인에 관한 연구도 필요하다. 어떤 성격 특성이 리더 행동과 관련이 있는지에 관한 연구도 필요한데, 예를 들어 빅 파이브 성격요인 가운데 외향성과 원만성은 배려 행동과, 성실성은 과업주도 행동과 상관이 높을 가능성이 있다.

마지막으로, 두 리더 행동과 성과 간의 관계에 있어서 직선적 관계가 아닌 선형적 관계에 관한 분석도 필요하다. 리더가 배려 및 과업주도 행동을 많이 보이는 것이 바람직할 수 있으나 이러한 행동을 지나치게 많이 보일 경우에도 과연 바람직한 성과가 나타나는지는 의문일 수 있다. 지나친 배려 행동은 부하들 사이에서 긴장감을 떨어뜨려 대충 해도 된다는 인식을 줄 수 있고 지나친 과업주도 행동은 부하들의 스트레스를 높여 성과에 부정적 영향을 줄 수 있기 때문이다.

2. 미시간 대학교 연구

리더 행동에 관한 또 하나의 중요한 연구인 미시간 대학교 행동 연구는 오하이오 주립대학교 연구와 비슷한 시기에 미시간 대학교 교수들이 실시하였으며, 리더 행동과 집단 수행 간의 관계 파악에 중점을 두었다(Katz & Kahn, 1952; Katz, Maccoby, & Morse, 1950). 후에 Likert(1961)는 이들의 연구를 요약하여 발표하였다. 이들의 연구에서는 리더 행동을 세 가지 유형으로 구분하고 유능한 리더와 그렇지 못한 리더가 이 세 가지 행동 유형에서 어떠한 차이가 있는지를 조사하였다.

① 과제중심 행동(task-oriented behavior): 이 행동은 오하이오 주립대학교 연구에서의 과업주도 행동과 유사하다. 유능한 리더는 부하가 하는 일과 동일한 일에 매달리지 않는다. 그 대신 업무계획 및 일정 수립, 부하들의 업무 조정, 필요한 장비 및 물품 제공 등의 일을 하며, 높지만 현실적으로 가능한 수행목표를 세우고 부하들을 이끈다.

② 관계중심 행동(relationship-oriented behavior): 이 행동 유형 또한 앞에서 언급한 배려 행동 유형과 유사하다. 유능한 리더는 부하들을 신뢰하고, 사려 깊게 행동하고, 부하의 문제를 이해하려 하며, 부하들의 업적을 인정해 주는 등의 관계중심 행동을 많이 보인다.

③ 참여 행동(participative behavior): 유능한 리더는 일일이 부하를 감독하지 않고 집단 회의를 통해 부하들을 의사결정 과정에 참여시켜 문제를 해결해 나간다. 이러한 모임에서 리더의 역할은 집단 토의를 유도하고, 구조화시켜 문제해결 방향으로 나아가도록 하는 것이다. 그러나 모든 책임을 부하들이 떠맡는 것은 아니며 최종 의사결정과 그 결과에 대한 책임은 리더가 진다.

3. 일반이론

1950년대부터 리더 행동에 관한 많은 연구가 진행되면서 상황에 상관없이 항상 효율적인 리더 행동이 무엇인지를 밝히는 일반이론(universal theory)에 관한 연구에도 초점을 두게 되었다. 이와 관련된 대표적 이론으로는 Blake와 Mouton(1964)이 개발한 관리격자(managerial grid)이론이 있다. 이들은 가장 효율적인 리더는 과업 지향적이면서 동시에 인간 중심적인 사람이라고 주장하였다. 즉, 효율적인 리더는 과업목표와 인간관계를 동시에 고려해서 행동하는데, 예를 들면 생산의 질을 높이기 위해서 부하와 상의한다거나 과업 지시를 부드럽게 한다거나 하는 등의 행동을 한다.

Misumi와 Peterson(1985)은 일본 관리자들을 대상으로 한 연구에서 위와 동일한 두 요인 이론인 수행-유지(Performance & Maintenance: PM) 리더십 이론을 발표하면서 수행 행동(performance behavior)과 유지 행동(maintenance behavior)을 많이 보이는 리더가 항상 효율적인 리더라고 주장하였다.

4. 리더의 지원 행동

Howell과 Costley(2001)는 효과적인 리더 행동으로 지원(supportive) 행동을 기술하고 있다. 이 행동은 오하이오 주립대학교 연구에서의 배려 행동 및 미시간 대학교 연구에서의 관계중심 행동과 유사하다. Howell과 Costley는 그들의 책에서 지원 행동에 대해 좀 더 자세하게 기술하고 있기 때문에 여기서는 그들이 기술한 리더의 지원 행동에 대해 좀 더 자세히 알아보고자 한다.

이들은 리더의 지원 행동은 부하의 지위, 복지, 욕구에 관심을 가지고 부하의 문제에 관해 친절하고, 사려 깊고, 이해하는 태도를 보이며, 부하의 능력 개발을 지원하는 행동을 포함한다고 했다. 또한 호의적이고, 개방적이고, 양방향 의사소통을 취하며, 부하를 신뢰하고 존중하는 행동도 포함한다.

구체적인 예를 들어 보면, 팀원이 상사인 팀장에게 와서 급한 집안일 때문에 내일 팀 회의에 참석하지 못하기 때문에 회의를 연기할 수 있는지 물어볼 경우 지원 행동이 강한 팀장이라면 그 팀원의 상황을 이해하고 다른 팀원들과 상의해서 다른 날로 회의를 재조정할 수 있는지 물어보겠다고 대답할 것이다. 또한 부하가 최근 들어 얼굴 표정이 좋지 않은 경우 개인적으로 불러서 요즘에 어떤 개인적인 어려움이 있는지 물어보고 기꺼이 도움을 주려는 것도 대표적인 지원 행동으로 볼 수 있을 것이다.

이러한 리더의 지원 행동이 효과적인 이유는 사람들은 남들이 자신을 좋아하기를 바라고, 능력 있고 가치 있는 사람으로 인정받고 싶어 하며 계속 발전하고 싶은 욕구가 있는데, 지원 행동은 이러한 욕구를 충족시킬 수 있기 때문이다.

1) 지원 행동 기법

그렇다면 리더가 부하에게 지원 행동을 좀 더 사용하기 위해서는 구체적으로 어떠한 기법을 배우면 좋을지 기술해 보기로 하자. 먼저, 가장 중요한 것은 의사소통 기술이다. 의사소통 기술에서 무엇보다 남의 이야기를 잘 들어 주는 경청기술이 중요하다. 사람들은 누구나 자신이 이야기할 때 상대방이 내 이야기를 잘 들어 주고 있다는 느낌을 받으면 더 신이 나서 이야기하게 된다. 내가 열심히 이야기하고 있는데, 상대방은 내 이야기에 귀를 기울이지 않고 있는 것 같다는 느낌을 받으면 더 이야기하고 싶은 마음이 사라지게 된다.

경청을 잘하기 위해서는 상대방이 말을 할 때 언어적 또는 비언어적 표현을 잘할 필요가 있다. 비언어적 표현으로는 상대방이 말할 때 상대방의 눈을 마주보는 것과 상대방의 말에 동의하거나 이해한다는 뜻으로 고개를 끄덕이는 제스처 등이 포함된다. 언어적 표현으로는 "아 그러시군요."와 같이 상대방의 말에 동의하거나 이해한다는 간단한 표현에서부터 "이러이러한 말씀이신가요?" "이러이러한 말씀으로 이해해도 될까요?"와 같이 상대방의 말을 요약 또는 정리해서 이야기하는 경우도 있다. 이를 반영적 경청이라고 한다.

또한 부하에게 질책이나 칭찬을 할 경우에도 주의할 필요가 있다. 특히 부하가 일을 제대로 처리하지 못해 질책을 할 경우 부하의 잘못된 행동에 초점을 두고 이를 지적하고 개선할 방법을 찾는 선에서 끝나는 것이 바람직하다. 부하의 행동이 아닌 부하 개인 자체에 대해 비난하는 것은 바람직하지 못하다. 예를 들어, 부하가 늦게 보고서를 제출하는 경우 상사는 늦어진 행동을 지적하고 향후 어떻게 하면 보고서를 제때에 제출할 것인지를 물어보는 건설적 피드백을 하는 것이 바람직하다. 그렇지 않고 "너는 도대체 왜 그 모양이니?" "너는 모든 게 다 늦어."와 같이 잘못된 행동이 아닌 개인에 대한 비난으로 이어지는 경우 부하에게 모멸감을 주고 상황을 더 악화시키게 된다.

　부하를 칭찬할 경우에는 이와는 반대로 특정 행동과 개인 특성을 연계시키는 것이 더 효과가 있다. 예를 들어, 부하가 보고서를 잘 쓴 경우 이 행동에 대한 칭찬 이외에 추가로 "네가 보고서를 이렇게 잘 쓰다니 너는 참 똑똑한 사람임에 틀림없어." 등과 같이 특정 행동만이 아니라 개인 자체에 대한 칭찬이 포함될 경우 상대방을 더 기분 좋게 만들기 때문에 칭찬의 효과가 더 크게 된다.

　상사가 이러한 지원 행동을 평소에 많이 보이기 위해서는 상사의 리더십에 대한 철학도 변화할 필요가 있다. 조직에서 사람이 매우 중요한 자원임을 깨닫고 그들의 역량을 개발하고 향상시키는 데 도움이 되는 행동을 하는 것이 리더로서 매우 중요한 역할임을 인식하게 되면 이러한 지원 행동을 좀 더 많이 보일 가능성이 높다.

논쟁점　지원 행동에서 남녀 간에 어떤 차이가 있을까

일반적으로 생각하면 여성 리더가 지원 행동을 더 많이 보일 것으로 생각할 수 있는데, 실제 연구결과에서는 남녀 간에 별다른 차이가 없는 것으로 나타났다. 아마도 중요한 이유로는 조직에서 리더로 승진한 여성의 경우 전형적인 남성 리더 유형과 비슷할 가능성이 높기 때문인 것으로 보인다.

---

2) 지원 행동의 효과

　많은 연구에서 지원 행동은 부하 및 조직에 긍정적 영향을 미치는 것으로 나타나고 있다(Howell & Costley, 2001). 먼저, 부하에게 미치는 긍정적 효과를 정리해 보면, 직무 및 상사에 대한 만족이 증대하고, 조직에 대한 몰입이 높아지고, 스트레스가 감소하고, 자신감이 증대하며, 수행도 증대한다. 조직 차원에서도 구성원들 간의 응집력이 증대하고, 구성원들의 이직, 결근, 태만 및 불만이 감소하고, 협력이 증가하며, 생산성도 증가한다.

3) 지원 행동의 문제점

그렇다면 리더의 지원 행동은 항상 바람직한 것일까? 부하를 존중하고 배려하는 입장에 서서 그들의 상황을 이해하고 도움을 주려는 행동이 때에 따라서는 비효율적인 결과를 초래할 수도 있다. 예를 들어, 회사 일이 바빠서 며칠 동안 부서원 모두가 야근을 해야 하는 상황에서 어떤 팀원이 개인적인 어려움을 이야기하면서 야근하기가 어렵다고 이야기할 때 강한 지원 행동을 보이는 리더는 개인 상황을 이해하고 이를 허락할 수 있을 것이다. 하지만 이러한 행동이 다른 구성원들의 입장에서 보면 공정하지 못하다는 생각을 하도록 만들 수 있을 것이다. 나도 집안에 어려움이 있는데도 회사를 위해 말하지 않고 묵묵히 야근에 참여하고 있는데 누구는 별것 아닌 것 가지고 상사에게 이야기해서 야근에 빠진다고 생각하면, 그 상사의 행동을 칭찬하는 것이 아니라 상사가 누구는 봐 준다며 공정하지 못한 행동으로 인식할 가능성이 있다. 따라서 리더는 지원 행동을 보일 경우 이러한 행동이 다른 구성원들의 눈에 공정하지 않게 보일 가능성은 없는지를 충분히 생각해 볼 필요가 있다.

4) 지원 행동의 효과에 영향을 미치는 요인

앞에서도 기술하였듯이 많은 연구에서 리더의 지원 행동이 긍정적 결과를 가져오는 것으로 나타난 바 있다. 다음에서는 리더의 지원 행동이 어떤 상황에서 긍정적 효과가 더 크게 나타나고 어떤 환경에서 효과가 적게 나타나는지에 대해 알아보기로 한다.

(1) 지원 행동의 효과를 증대시키는 상황요인

먼저, 부하가 맡고 있는 업무 특성에 따라 지원 행동의 효과가 증대할 수 있다. 부하가 자신이 맡고 있는 업무에 대해 불만족스럽거나 스트레스가 심한 경우 상사의 지원 행동은 더 큰 효과를 발휘할 수 있다. 업무가 반복적이거나 지루한 경우에도 상사의 지원 행동은 효과가 클 수 있다. 이러한 상황에서 부하의 불만스럽고 어려운 상황을 이해하고 공감해 주며 배려해 주려고 하는 리더의 행동에 대해 부하는 감사하게 생각하며 리더에 대해 긍정적 태도를 갖게 되고 수행도 증가하게 된다(Downey, Sheridan, & Slocum, 1976).

창의력이 요구되거나 새로운 과제를 수행해야 하는 경우에도 리더의 지원 행동의 효과가 크게 나타날 가능성이 있다. 사람들은 복잡하고 새로운 일을 접하게 되면 누구나 다소 불안해하는 경향이 있는데, 리더의 지원 행동은 이러한 걱정을 완화시키고 자신감을 불어넣어 줄 수 있기 때문이다.

부하의 특성 측면에서 보면 부하의 자신감이 낮거나 자긍심이 낮을 때도 리더의 지원 행동의 효과가 클 수 있다. 부하 입장에서 보면 자신이 부족함에도 불구하고 자신을 이해해 주고 배려해 주며 용기를 북돋아 주는 리더의 지원 행동에 대해 감사하게 생각하고 더 열심히 해야겠다는 생각을 하게 된다.

조직의 특성 측면에서 보면 사람들을 많이 대하는 서비스 조직이나 부서에서 리더의 지원 행동의 효과가 더 크게 나타난다(Schneider, 1973). 지원적 리더의 공감 및 배려 행동이 사람들과 자주 접해야 하는 부하들에게 역할 모델이 될 수 있기 때문이라고 해석할 수 있다.

(2) 지원 행동의 효과를 감소시키는 요인

반면, 리더의 지원 행동의 효과를 감소시키거나 큰 효과를 발휘하지 못하는 상황도 있을 수 있다. 예를 들어, 부하 특성과 관련해 부하가 매우 독단적이고 자기주장이 강한 성격인 경우 지원 행동은 효과적이지 못할 수 있다. 이러한 부하에게 지원 행동을 많이 보이는 리더는 약한 모습으로 보일 가능성이 높기 때문이다.

업무 특성과 관련해 부하가 현재 하고 있는 업무에 대한 내적 만족도가 높은 경우 일을 통해 심리적 지원을 많이 얻을 수 있기 때문에 리더의 지원 행동의 효과가 크지

사례 | 사우스웨스트 항공사의 CEO 허버트 켈러

미국에서 독특한 기업문화로 유명한 사우스웨스트 항공사의 CEO인 허버트 켈러는 평소에 지원 행동을 많이 보이는 리더로 평가할 수 있다. 이 회사는 다른 회사와는 달리 고객보다는 직원을 우선시하는 기업문화를 유지하고 있는데, 이는 켈러가 먼저 직원들을 왕처럼 모셔야 직원들이 고객에게 최상의 서비스를 제공할 수 있다는 생각을 가지고 있기 때문이다. 켈러가 보이는 지원 행동의 예를 살펴보면, 직원들의 이름을 기억하고 생일에 카드를 보내며 또한 직원들과 자주 만나 그들이 원하는 것을 경청하고 자신이 할 수 있는 범위 내에서 우선적으로 행하고 있다. 회사 내에서 유머를 강조하여 스스로도 비행기 승무원과도 농담을 주고받으며 직원들이 회사에서 어떤 즐거움을 느낄 수 있을지를 고민하고 있다. 이로 인해 이 항공사의 이직률은 동종 업체 가운데 가장 낮은 것으로 나타나고 있다.

않을 수 있다.

또한 지원 행동은 부하들과 일대일로 접촉할 때 효과가 있는데, 부하의 수가 너무 많은 경우 일대일로 만나서 이야기하기가 힘들기 때문에 효과가 작을 수 있다.

5. 리더의 지시 행동

리더의 지시(directive) 행동은 오하이오 주립대학교 리더 행동 연구에서 나타난 과업 주도 행동과 유사한 것으로서, 부하들이 과업을 효율적이고 효과적으로 처리하도록 돕는 행동을 의미한다. 구체적으로 리더의 지시 행동은 다음과 같은 행동을 포함한다 (Howell & Costley, 2001).

- 리더가 부서에서 각 구성원의 역할을 정하고 수행목표를 달성하기 위해 무엇을 해야 하는지를 이야기한다.
- 구성원이 해야 할 업무를 계획하고 진행 일정을 잡는다.
- 구성원에게 과제, 규칙, 제도 등을 설명해 주기 위해 의사소통을 하며, 부하의 업무 방법을 향상시키고 장애물을 제거할 수 있도록 도움을 준다.
- 원하는 결과를 얻기 위하여 과제와 업무 방법을 감독하고 지속적으로 체크한다.
- 또한 구성원의 수행에서의 변화 또는 향상을 가져오도록 이들을 동기부여하고, 부하의 과제능력을 점검하며, 새로운 기법과 절차에 관해 훈련을 시킨다.

이와 반대로 지시적이지 못한 리더는 구성원들에게 누가, 무엇을, 어떻게 처리해야 하는지에 관해 분명히 말하는 것을 망설이고, 부하가 업무 처리에 관해 물어 올 경우에만 답해 주며, 스스로 최선의 방법이라고 생각하는 대로 일하도록 놔두는 행동을 많이 보인다. 물론 이러한 방법도 부하의 동기 수준이 매우 높을 경우에는 효과적일 수 있지만 동기 수준이 그렇게 높은 부하들은 많지 않기 때문에 효과적이지 못한 경우가 많다.

리더의 지시 행동에 대해 많은 사람이 잘못 이해하고 있는 점은 지시 행동을 많이 보이는 리더는 권위적이거나 독재적이라는 생각이다. 이는 리더의 지시 행동을 잘못 이해하고 있기 때문에 나타나는 현상이다. 구성원에게 권위를 발휘하여 지속적으로 압력을 가하거나 잘못했을 때 처벌을 가한다고 위협하는 행동은 지시 행동이 아니다.

앞서 기술하였듯이 리더의 지시 행동은 구성원들이 업무 수행을 잘하고 싶은 욕구가 있다는 것을 파악하고 그에 도움이 되는 행동을 의미하는 것이다. 따라서 지시적 리더라고 해서 반드시 권위적이거나 독재적인 것은 아니다. 구성원들에게 얼마든지 개방적이고 구성원들의 의견을 경청하는 양방향 의사소통 체제를 유지하면서도 지시 행동을 할 수 있기 때문이다. 또한 이러한 스타일을 유지하면서 지시 행동을 하는 것이 더 효과적일 것이다.

1) 지시 행동 기법

리더가 구성원에게 지시 행동을 잘하기 위해서는 무엇보다 의사소통 기술이 중요하다. 각 구성원이 해야 할 과업 또는 과제, 업무 실행과정에서 고려해야 할 사항 및 규칙 등에 대해 분명히 이야기해 주어야 한다. 이 과정에서 지나치게 명령조로 전달이 되어 구성원이 기분 나쁘지 않도록 해야 한다.

지원 행동 의존 정도가 높은 일부 리더의 경우 구성원에게 해야 할 업무를 분명하게 말하지 못하는 경우가 발생할 수 있다. 상사로서 당연히 이야기해야 할 내용임에도 불구하고 내가 잘못 말해서 구성원이 마음 상하지 않을까 하는 염려 때문에 명확한 업무 지시를 내리는 것을 꺼리는 경우가 발생하는 것이다. 따라서 구성원에게 지시하거나 전달해야 할 내용이 다소 부담스러운 경우에도 이를 명확히 이야기할 수 있는 의사소통 기술을 키울 필요가 있다.

또한 리더는 부하의 업무 수행에 대해 피드백을 줘야 할 기회가 많은데 지시 행동과 관련하여 효과적인 피드백 제시방법은 다음과 같다(Howell & Costley, 2001).

① 효율적이고 비효율적인 구체적 행동 예를 든다.
② 상황을 이해하고 문제를 해결하는 피드백을 제공한다.
③ 한 번에 너무 많은 피드백을 제공하지 않는다.
④ 피드백을 제공할 때 미래에 초점을 두고 수행을 어떻게 향상시킬 수 있을 것인지에 중점을 둔다.
⑤ 구성원이 원하는 것이 무엇인지 파악하고 어떻게 하는 것이 도움이 될 수 있을지에 초점을 둔다.

2) 지시 행동의 효과

리더의 지시 행동의 긍정적 효과는 많은 연구에서 입증된 바 있다. 특히 부하에게 무엇을 해야 할지 말해 줌으로써 자신이 해야 할 일에 대한 역할 명료성에 긍정적 영향을 미치는 것으로 나타났다. 또한 심리적 변인인 직무만족(예: Schriesheim & Murphy, 1976), 스트레스(예: Seltzer & Numeroff, 1988)뿐 아니라 행동으로 나타나는 수행(예: Cummins, 1971)에도 긍정적 영향을 미치는 것으로 나타났다. 또한 이러한 지시적 행동의 긍정적 효과는 미국과 같은 서구 국가뿐 아니라 우리나라 및 대만과 같은 아시아 국가에서도 동일하게 나타났다(Dorfman et al., 1997).

다음은 지원 행동에서와 같이 리더의 지시 행동의 효과가 어떤 상황에서 크게 나타나고 어떤 상황에서 적게 나타나는지를 알아보기로 하자.

(1) 지시 행동의 효과를 증대시키는 상황요인

먼저, 과업 특성으로서 부하들 간의 업무 연계성이 높아서 각자가 어디서 어디까지 해야 하는지 분명하지 않은 경우 리더는 지시 행동을 통해 각자의 업무를 명확하게 정해 줄 필요가 있다.

집단 특성으로서는 집단의 구성원 수가 많을 경우 서로가 중복되는 일이 있을 수 있고 이로 인해서 각자가 해야 할 일이 명확하지 않은 경우가 있을 수 있기 때문에 각자가 해야 할 일을 명확히 정해서 알려 주는 리더의 지시 행동이 더 효과적이다.

부하 특성으로서는 부하의 성취 욕구가 높아서 목표를 달성하려는 동기가 강한 경우 목표달성에 도움을 주는 리더의 지시 행동에 대해 더 고마워하게 된다.

(2) 지시 행동의 효과를 감소시키는 요인

먼저, 부하 특성으로서 부하가 경험이 많고 능력이 높을 때 리더의 지시 행동은 그들에게 불필요할 수 있다. 스스로 잘해 나갈 수 있는데 리더가 이런저런 일들을 하라고 시킬 때, 부하 입장에서는 나를 못 믿어서 그런가 하는 불편함을 느낄 수 있을 것이다.

조직의 공식화(formalization)도 영향을 줄 수 있다. 공식화가 잘 되어 있는 조직에서는 각 구성원이 담당해야 할 업무가 무엇인지 잘 정리되어 있고, 업무 처리에 대한 매뉴얼이 잘 준비되어 있다. 구성원들은 이러한 매뉴얼에 따라 자기가 해야 할 일을 처리하면 되기 때문에 리더의 지시 행동은 큰 효과를 발휘하지 못할 수 있다.

업무 특성 측면에서 보면 업무가 단순하고 반복적인 경우 구성원은 자신의 업무를 어떻게 처리하면 되는지 충분히 알고 있기 때문에 리더의 지시 행동의 효과가 크지 않을 수 있다. 오히려 업무 처리과정에 대해 지시하는 것을 귀찮아할 수 있다. 예를 들어, 생산직 근로자와 같이 해야 할 업무가 단순하고 반복적이며 자신이 해야 할 일을 명확하게 잘 알고 있는 경우 업무 처리와 관련된 리더의 지시 행동은 효과적이지 못할 수 있다. 이런 상황에서는 앞의 지원 행동 부분에서도 기술하였듯이 리더의 지원 행동이 더 효과적이다.

사례 | **지시 행동이 효과적인 상황**

게리 글래드스톤은 전에 있던 회사를 떠나서 얼라이드 머시너리(Allied Machinery)사의 사장직을 맡았는데, 1년 뒤 동종 업계는 점차적으로 수익이 올라가고 있었음에도 불구하고 얼라이드사의 수익은 계속해서 내려가고 있었다. 게리는 전에 있던 회사에서 능력이 우수한 직원들과 조직의 지원 시스템에 크게 의존하는 편이었다. 주문을 처리하고 재고를 관리하는 절차 및 컴퓨터 정보 시스템이 매우 잘 되어 있어서 게리는 주로 참여리더십을 발휘하여 부하들에게 위임을 많이 하였다. 이를 통해 지시보다는 이러한 방법이 훨씬 더 효과적이라고 믿게 되었다.

하지만 지금의 얼라이드사는 완전히 다른 회사였다. 밑에 있는 부하들은 전에 있던 회사에 비해 능력과 주도성이 많이 부족한 편이었다. 이들은 명확한 지시와 점검을 받는 데 익숙해져 있었다. 또한 절차나 정보처리 시스템도 제대로 갖추고 있지 못했다. 게리가 명확한 지시를 하지 않을 경우 관리자들은 오류를 범하거나 기한을 지키지 못하였다. 게리는 이런 상황에서 지시적인 리더 행동이 필요하다는 것을 뒤늦게야 깨닫게 되었다. 이 회사의 수익은 악화되어 갔고 1년 뒤 결국 게리는 해고를 당하고 말았다.

출처: Muczyk & Reimann (1987).

---

6. 리더의 참여 행동

1) 정의

리더의 참여 행동이란 다양한 형태의 의사결정 과정에 부하를 참여시키는 행동을 의미한다. 참여하는 대상에 있어서는 개인이나 집단 모두 포함되며, 참여방법에 있어서는 참여시켜서 단순히 이야기만 하게 하는 경우 또는 함께 논의하면서 결론을 도출하는 경우 등 모든 경우의 참여 행동을 포함한다.

참여 행동의 장점은 무엇보다 부하들이 참여하여 자신의 의견을 개진할 기회를 가질 수 있기 때문에 부하들의 결정과정에 대한 만족도가 높고 또한 최종 결정된 내용을 잘 따르게 된다는 점이다.

또한 사회가 점점 복잡해지고 조직의 경쟁이 치열해지며 정보의 중요성이 강조되고 있다. 중요한 정보를 얼마나 빨리 얻고 이해하고 활용하는지가 매우 중요해지고 있는 것이다. 이러한 상황에서 아무리 정보를 많이 알고 있는 리더라 하더라도 모든 정보를 파악하고 있을 수는 없다. 자신은 모르고 있으나 구성원들이 알고 있는 중요한 정보가 있기 때문에 이러한 정보를 얻기 위해서라도 리더의 참여 행동은 더욱 중요해질 수밖에 없다.

구성원들의 수준이 높아지고 있다는 점도 리더의 참여 행동의 필요성을 증대시키고 있다. 국내의 경우도 마찬가지이지만 대부분의 국가에서 조직 구성원들의 교육 수준이 높아지고 있으며, 이에 따라 자아실현 욕구 및 성장 욕구가 높아지고 있다. 이들은 의사결정 과정에 참여하여 자신의 의견을 개진하려는 성향이 강하기 때문에 참여할 기회를 주는 리더의 행동에 만족해할 것이다.

2) 참여 행동 유형

리더가 부하를 참여시키는 행동 유형은 크게 네 가지로 구분할 수 있다. 첫 번째는 개별적으로 부하를 만나 논의할 주제에 관해 설명하고 의견을 구하는 방법이다. 두 번째는 부하들과 집단으로 모여서 상의하고, 여러 대안에 대한 의견을 구하며, 이를 토대로 최종적으로는 리더가 결정하는 방법이다. 세 번째는 집단으로 만나서 상의해 가며 부하와 같이 공동으로 결정하는 방법이다. 마지막은 완전히 부하에게 결정을 위임하는 방법이다. 그러나 이 방법에서 최종 결정에 대해 리더가 거부권을 행사할 수 있는 경우도 있다.

3) 참여 행동과 지시 행동

참여 행동과 지시 행동은 얼핏 보면 상반되는 행동으로 볼 수도 있다. 지시를 많이 하는 리더는 참여 행동을 덜 하는 것으로 생각할 수 있다. 하지만 참여 행동은 의사결정 과정과 관련 있는 행동이고, 지시 행동은 의사결정을 통해 결정된 내용을 실행하는 과정과 관련 있는 행동이다. 따라서 참여 행동을 많이 보이는 리더는 결정된 내용에 대해 부하들에게 지시하는 지시 행동을 많이 보일 수 있으며 그렇지 않을 수도 있다. 즉, 참여 행동을 많이 보이는 리더라고 해서 지시 행동을 보이지 않거나 또는 반대로 참여 행동을 보이지 않는 리더는 지시 행동을 많이 한다고 말할 수는 없다.

4) 참여적 리더가 되기 위한 방법

참여 행동을 많이 보이는 리더가 되기 위해서는 먼저 부하들의 의견을 잘 들어 주는 경청기술이 중요하다. 말로는 부하들에게 의견을 제시하라고 하지만 부하가 조금만 이야기해도 자신이 더 많은 말을 하는 리더가 많이 있다. 이 경우 부하는 더 이상 적극적으로 자신의 의견을 개진하기 힘들 것이다. 부하의 말을 잘 들어 주고 공감을 해 줄 때 부하는 적극적으로 자신의 의견을 제시하게 된다.

부하가 제시하는 의견이 리더의 생각과 다른 경우도 많이 있을 수 있다. 이 경우 리더는 상충되는 의견을 잘 조정할 수 있어야 한다. 부하의 의견이 자신의 생각과 다르다고 무조건 무시한다면 부하는 다음부터 참여 기회가 있어도 자신의 의견을 개진하려고 하지 않을 것이다. 그렇다고 리더가 무조건 부하의 의견을 수용하는 것도 어려운 일이다. 부하가 상처받지 않도록 상충되는 의견을 잘 조정하는 리더의 능력이 필요하다.

현재의 상황에서 의사결정 과정에 부하를 참여시켜 의견을 들어 보는 것이 좋을지, 아니면 리더 혼자서 결정을 내려 진행해도 좋을지 판단하는 능력 또한 중요하다. Vroom과 Yetton(1973)은 규범적 의사결정 모형을 제시하면서 리더가 현 상황을 판단해서 그에 따른 적절한 의사결정 방안을 선택하는 방법을 제시한 바 있다(이 책의 다른 장에서 자세히 설명함). 평소에 자기관찰(self-monitoring)을 통해 주변의 상황을 점검하는 활동을 자주 하게 되면 자신이 처한 상황을 잘 진단하고 그에 적절한 리더십 행동을 할 수 있을 것이다.

리더의 성직성 또한 중요하나. 평소에 부하들에게 정직하게 내해서 신뢰를 쌓아 놓는 것이 중요하다. 리더가 부하들의 의견을 듣고 이를 정책에 반영한다고 하면서 부하들의 적극적인 참여를 요구하는 경우, 평소 부하들이 리더의 정직함을 신뢰한다고 한다면 많이 참여하려고 할 것이다. 하지만 평소 리더의 정직함에 대해 신뢰감이 부족한 경우 리더의 말을 신뢰하지 않을 것이고, 결과적으로 참여하지 않거나 참여하더라도 제대로 의사 개진을 하지 않을 가능성이 높다.

의사결정 과정에서 리더는 자신의 의견을 전혀 제시하지 않고 부하들의 의견만 들을 수는 없다. 부하들의 의견 가운데 바람직한 것은 받아들이고 적절하지 않은 것은 수용하지 않는 적절한 취사선택이 필요하다. 이 과정에서 리더는 논의하는 주제에 관해 적절한 의견을 제시할 수 있어야 하며, 이를 위해 평소에 업무와 관련된 전문성을 기를 필요가 있다.

논쟁점 | **국가의 문화에 따라 참여 정도에 따른 만족 정도가 달라지나**

의사결정 과정에 참여해서 자신의 의견을 개진할 경우 자신의 의견이 정책 결정에 항상 반영되는 것은 아니다. 관련 연구에 따르면 의견이 반영되지 않는다 해도 자신의 의견을 개진할 수 있는 기회를 가진 것에 대해 만족해하는 사람이 있는 반면에, 어떤 사람들은 자신의 의견이 정책 결정에 반영되어야만 만족해한다. 이러한 개인적인 차이가 국가별로도 차이가 있는 것일까? 자신의 의견을 제시하는 것만으로도 만족해하는 국가(예: 일본)가 있을 수 있으며, 자신의 의견이 반영되어야만 진정한 참여가 이루어진 것으로 간주하고 만족해하는 국가(예: 미국)가 있을 수 있다.

---

5) 참여적 리더십의 효과

리더의 참여 행동도 지원 및 지시 행동과 같이 전반적으로 부하들의 상사에 대한 만족, 직무만족, 조직에 대한 만족과 같은 직무 관련 태도변인뿐 아니라 수행과 같은 행동변인에도 긍정적인 영향을 주는 것으로 나타나고 있다.

6) 참여 행동에 영향을 미치는 요인

(1) 참여 행동의 효율성을 증진시키는 요인

리더의 참여 행동에서도 참여 행동의 긍정적 효과를 중대시키거나 감소시키는 요인이 있다. 효과를 중대시키는 요인 가운데 먼저 부하 특성으로서 부하가 업무능력이 우수할 때 긍정적 효과가 클 수 있다. 이러한 부하는 자신의 우수한 능력을 발휘하여 정책과정에 기여하고 싶은 욕구가 강하기 때문이다. 부하의 성장 욕구가 강한 경우에도 의사결정 과정에 참여하여 자신의 의견을 개진하는 것을 자신을 성장시킬 수 있는 기회로 인식하기 때문에 참여 행동의 효과가 클 수 있다. 통제 위치가 내적인 부하들의 경우에도 자신의 운명을 스스로 개척해 나가려는 성향이 강하기 때문에 의사결정 과정에 참여하여 정책 결정에 영향을 미치는 것을 좋아한다.

과제 특성 측면에서는 업무가 복잡하고 불확실하여 리더 혼자서 판단하거나 결정 내리기 힘든 경우 구성원들의 다양한 의견을 들어 본 후 결정을 내리는 것이 도움이 될 수 있다. 또한 내려진 결정을 집행할 때 부하의 수용이 매우 중요한 경우, 리더 혼자 결정을 내리는 것보다 부하들을 참여시켜 결정을 내리는 것이 효과적이다. 예를 들어, 해외 오지에 파견 갈 직원을 선발해야 하는데 모든 직원이 가는 것을 원하지 않는 경우, 리더 혼자서 결정을 내리게 되면 선정된 직원은 반발할 가능성이 크다. 쉽지는 않겠지만 해당되는 구성원들이 모두 모여 서로가 공유할 수 있는 선정기준을 수립하고 이를 통해 최종 결정을 내려야만 선정된 구성원이 그것을 수용하고 따를 가능성이 높다.

마지막으로, 리더 특성 측면에서 보면 무엇보다 리더가 구성원에게 신뢰받고 있는지가 중요하다. 리더가 구성원에게 신뢰받고 있어야만 구성원들은 리더가 자신들을 의사결정 과정에 참여시키는 의도를 순수하게 받아들이고 적극적으로 의사 개진을 하게 된다. 평소 리더가 구성원에게 충분히 신뢰받지 못하는 경우, 구성원들은 리더의 참여 요구에 대해 색안경을 쓰고 바라보게 되며(예: 정책 결정에 반영할 것도 아니면서 나중에 구성원을 참여시켜 결정했다는 생색을 내기 위한 것이라는 의심을 할 수 있음), 의사결정과정에서 소극적인 태도를 취하게 될 가능성이 높다.

또한 의사결정 과정에서 참여한 부하들이 서로 다른 의견을 제시하고 서로 팽팽하게 맞설 경우, 이를 제대로 조정하지 못하면 오히려 역효과가 날 수도 있다. 따라서 리더가 평소 구성원들 간의 갈등을 조정할 수 있는 능력이 있는 경우 참여 행동의 효과가 크다.

(2) 참여 행동의 효율성을 감소시키는 요인

반대로 리더의 참여 행동의 효과를 감소시키는 요인이 있을 수 있다. 먼저, 과업 특성 측면에서 보면 지시 행동에서와 동일하게 업무가 반복적이고 단순한 경우 구성원들이 업무를 어떻게 처리해야 할지 충분히 알고 있기 때문에 업무 처리와 관련해 구성원들을 참여시켜 의견을 개진하게 할 필요성이 작아진다.

부하 특성 측면에서는 부하의 성격이 수동적인 경우 참여 행동의 효과가 작게 된다. 이러한 사람들은 지시를 받는 것에 익숙하고 편하게 생각하기 때문에 의사결정 과정에 참여시켜 의견을 개진하라고 해도 별다른 의견을 제시하지 않으며 오히려 이러한 자리를 불편해할 수 있다.

집단 특성 측면에서 보면 무엇보다 집단의 구성원 수가 많은 경우 모두가 다 참여해서 의견을 공유하는 것이 어려울 수 있다. 이 경우 몇 개의 하위 집단으로 구분하여 의견 개진을 하도록 하는 것이 좀 더 효과적일 것이다. 또한 의사결정 시간이 촉박한 경우에도 구성원 모두가 다 만나서 결정해야 한다고 하면 오히려 기한을 놓치고 마는 우를 범할 수 있다.

사례　미국 주방용품 전문업체 옥소의 CEO 알렉스 리

미국의 주방용품 전문업체 CEO인 알렉스 리는 평소 참여 행동을 많이 보이고 있다. 이 회사에서 일하는 방식은 완전히 열린 대화에 초점을 둔다. 즉, 누구나 회의 석상에서 자신이 원하는 말을 충분히 할 수 있다.

알렉스 리는 "완전히 열린 대화가 가능한 회사가 성공한다고 믿는다. 신입사원이 처음 우리 회사에 와서 놀라는 게 회의 풍경이다. 직급을 완전히 무시한 직설적인 대화들이 오가니까 '이래도 되나' 당황할 수밖에 없다. 제품이든 개인이든 싫은 소리를 들어야 개선점을 찾을 수 있다. 내 경영철학 때문에 피해를 가장 많이 보는 사람은 나 자신이다. 진짜 밀고 싶은 아이디어가 있어도 '나 사장이야'라고 고집부릴 수가 없다."라고 말한다.

출처: 중앙선데이(2012. 4. 28.).

부록 리더행동 설문지: 배려와 과업주도 행동 .... O

아래 문항은 당신의 상사가 평소에 당신에게 보일 수 있는 행동을 나타낸다. 당신이 각 문항에 대해 얼마나 동의하는지 다음 응답양식에 따라 적합한 번호에 체크하시오.

1=전혀, 2=드물게, 3=때때로, 4=종종, 5=항상

1. 내게 기대되는 바를 알도록 해 준다.	1 2 3 4 5
2. 내게 친절하며 그를 가까이하기 쉽다.	1 2 3 4 5
3. 내게 통일된 절차를 사용하도록 고무한다.	1 2 3 4 5
4. 이 부서의 구성원이라는 것에 대해 내가 기분 좋게 느끼도록 노력한다.	1 2 3 4 5
5. 나와 함께 아이디어를 시험해 본다.	1 2 3 4 5
6. 내가 제안한 내용을 시행한다.	1 2 3 4 5
7. 자신의 태도를 내게 명확하게 나타낸다.	1 2 3 4 5
8. 나를 동등하게 대해 준다.	1 2 3 4 5
9. 내가 할 일의 내용과 수행방식을 결정해 준다.	1 2 3 4 5
10. 변화 내용을 사전에 내게 알려 준다.	1 2 3 4 5
11. 특정한 과제를 내게 할당한다.	1 2 3 4 5
12. 나와는 거리를 두며 나를 무시한다.	1 2 3 4 5
13. 내가 부서에서 역할을 이해하고 있는지를 확인한다.	1 2 3 4 5
14. 나의 개인적 복지에 신경을 쓴다.	1 2 3 4 5
15. 내가 해야 할 업무의 일정을 세워 준다.	1 2 3 4 5
16. 내가 제안하는 변화 조치를 기꺼이 추진한다.	1 2 3 4 5
17. 나를 위해 명확한 수행기준을 세운다.	1 2 3 4 5
18. 자신이 취한 실행 조치를 내게 설명해 주지 않는다.	1 2 3 4 5
19. 내게 표준 규칙과 규제를 준수할 것을 요구한다.	1 2 3 4 5
20. 나와 아무런 협의 없이 조치를 취한다.	1 2 3 4 5

• 배려 행동 문항: 2, 4, 6, 8, 10, 12(역), 14, 16, 18(역), 20(역)

• 과업주도 행동 문항: 1, 3, 5, 7, 9, 11, 13, 15, 17, 19,

출처: Stogdill, Goode, & Day (1962).

> 1. 배려 또는 지원 행동의 예를 생각해 보고 장점과 단점에 대해 논의해 보시오.
> 2. 과업주도 또는 지시 행동의 예를 생각해 보고 그것의 장점과 단점에 대해 논의해 보시오.
> 3. 리더의 참여 행동의 예를 생각해 보고 그것의 효과를 증진 또는 감소시키는 요인에 대해 논의해 보시오.

참고문헌

중앙선데이(2012. 4. 28.). "싫은 소리를 들어야 개선점을 찾을 수 있다".

Bass, B. M. (1990). *Bass and Stogdill's handbook of leadership* (3rd ed.). New York: Free Press.

Blake, R. R., & Mouton, J. S. (1964). *The managerial grid*. Houston: Gulf Publishing.

Cummins, R. C. (1971). Relationship of initiating structure and job performance as moderated by consideration. *Journal of Applied Psychology, 55*, 489-490.

Dorfman, P. W., Howell, J. P., Hibino, S., Lee, J. K., Tate, U., & Bautista, A. (1997). Leadership in Western and Asian countries: Commonalities and differences in effective leadership processes across cultures. *The Leadership Quarterly, 8*(3), 233-274.

Downey, H. K., Sheridan, J. E., & Slocum, J. W. Jr. (1976). The path-goal theory of leadership: A longitudinal analysis. *Organizational Behavior and Human Performance, 16*, 156-176.

Fleishman, E. A. (1953). The description of supervisory behavior. *Personnel Psychology, 37*, 1-6.

Fleishman, E. A., & Harris, E. F. (1962). Patterns of leadership behavior related to employee grievances and turnover. *Personnel Psychology, 15*, 43-56.

Halpin, A. W., & Winer, B. J. (1957). A factorial study of the leader behavior descriptions. In R. M. Stogdill & A. E. Coons (Eds.), *Leader behavior: Its description and measurement* (pp. 39-51). Columbus, OH: Bureau of Business Research, Ohio State University.

Howell, J. P., & Costley, D. L. (2001). *Understanding behaviors for effective leadership*. Upper Saddle River, NJ: Prentice Hall.

Judge, T. A., Piccolo, R. F., & Ilies, R. (2004). The forgotten ones? the validity of consideration and initiating structure in leadership research. *Journal of Applied Psychology, 89*, 36-51.

Katz, D., & Kahn, R. L. (1952). Some recent findings in human relations research. In E. Swanson, T. Newcomb, & E. Hartley (Eds.), *Readings in social psychology*. New York: Holt, Rinehart & Winston.

Katz, D., Maccoby, N., & Morse, N. (1950). *Productivity, supervision, and morale in an office situation*. Ann Arbor, MI: Institute for Social Research.

Likert, R. (1961). *New patterns of management*. New York: McGraw-Hill.

Misumi, J., & Peterson, M. (1985). The performance-maintenance (PM) theory of leadership: Review of a Japanese research program. *Administrative Science Quarterly, 30*, 198-223.

Muczyk, J. P., & Reimann, B. C. (1987). The case for directive leadership. *Academy of Management Executive, 1*, 301-311.

Rush, M. C., Thomas, J. C., & Lord, R. G. (1977). Implicit leadership theory: A potential threat to the internal validity of leader behavior questionnaire. *Organizational Behavior and Human Performance, 20*, 93-110.

Schneider, B. (1973). The perception of organizational climate: The customer's view. *Journal of Applied Psychology, 57*, 248-256.

Schriesheim, C. A., & Murphy, C. J. (1976). Relationship between leader behavior and subordinate satisfaction and performance: A test of some situational moderators. *Journal of Applied Psychology, 61*, 634-641.

Seltzer, J., & Numeroff, R. E. (1988). Supervisory leadership and subordinate burnout. *Academy of Management Journal, 31*, 439-446.

Stogdill, R. M., Goode, O. S., & Day, D. R. (1962). New leader behavior description subscales. *Journal of Psychology, 54*, 259-269.

Uleman, J. S. (1991). Leadership ratings: Toward focusing more on specific behaviors. *Leadership Quarterly, 2*, 175-187.

Vroom, V. H., & Yetton, P. W. (1973). *Leadership and decision making*. Pittsburgh: University of Pittsburgh Press.

Yukl, G. A. (1971). Toward a behavioral theory of leadership. *Organizational Behavior and Human Performance, 6*, 414-440.

제5장 상황이론

 지금까지 효율적인 리더가 되기 위해서 어떠한 방법으로 영향력을 행사해야 하고, 어떠한 특성을 가지고 있어야 하며, 어떠한 행동을 자주 보여야 하는지에 관한 연구들을 살펴보았다. 리더의 특성이나 행동 연구의 중요한 관점은 효율적인 리더는 특정 특성을 갖추고 있거나 특정 행동을 보여야 한다는 것이다. 하지만 연구자들이 언급한 특정 특성이나 행동을 보이는 리더라고 하더라도 긍정적인 성과(예: 부하들의 상사에 대한 만족이나 수행)가 나타나지 않는 연구결과들이 등장하기 시작했다. 상황리더십은 이러한 일관되지 않은 리더십 연구결과에 대한 답을 제공하기 위해 등장하였다.

 리더를 둘러싸고 있는 환경이 복잡하기 때문에 과거의 특성 또는 행동 연구에서 주장한 것과 같이 단순히 특정 특성이나 행동만 보이면 효율적인 리더가 되기는 힘들다는 것이 상황리더십의 관점이다. 즉, 상황리더십에서는 일반적으로 효율적인 어떤 특정 특성이나 행동이라 하더라도 리더가 처한 상황에 따라 긍정적인 성과를 가져올 수도 있고 그렇지 못할 수도 있다는 것이다. 중요한 것은 리더십의 효율성은 리더가 처한 상황이 어떤 상황인지에 따라 달라진다는 것이다.

 따라서 대부분의 상황리더십은 먼저 리더가 처한 상황을 분석하는 데 중점을 두고 있다. 각 상황리더십 이론마다 각기 다른 방법으로 상황을 분석하고 있다. 어떤 이론은 상황을 단순하게 분석하는 반면에 상황을 복잡한 방법으로 분석하는 이론도 있다. 상황리더십 이론마다 각기 다른 방법으로 상황을 분석하여 상황을 여러 가지 경우로 구분한 후 각 상황에서 어떤 특성을 갖춘 리더 또는 어떤 행동을 보이는 리더가 효율적이라는 이론을 제시하고 있다.

1. 상황적합성이론

 Fiedler(1964, 1967)의 상황적합성이론(contingency theory)은 다양한 상황리더십 이론 가운데 가장 최초로 등장한 이론이며, 따라서 가장 널리 알려진 이론이다. Fiedler는 1953년 미국 일리노이 대학교 교수로 있으면서 다양한 집단의 리더를 대상으로 어떠한 사람이 효율적 리더인지를 밝히려고 하였다. 처음에 그는 가장 싫어하는 동료 작업자(least preferred coworker: LPC)를 평가하는 척도를 개발하여 이 척도에서의 점수를 통하여 리더의 성격 특성을 측정한 후, 어떠한 특성을 가진 리더가 효율적인지를 연구하였다. 그러나 연구 대상인 리더에 따라 효율성이 다르게 나타나는 것을 파악하고 왜 이러한 결과가 나오는지를 연구하게 되었다. 그는 이러한 결과가 나타나는 중요 이유 는 각 리더가 처한 상황이 다르기 때문이라고 생각하고 상황을 분석하는 방법과 각 상 황에 적합한 리더 특성을 제시하였다.

1) 리더의 특성 측정

Fiedler는 먼저 리더의 특성을 측정하기 위하여 앞서 언급한 LPC 척도를 개발하였다. 이 척도에서 리더는 지금까지 함께 일한 경험이 있는 사람들 중 가장 일하기 힘들었던 사람(즉, 자신이 가장 싫어했던 사람)을 생각해 낸 후, 그 사람을 〈표 5-1〉에서와 같이 형 용사로 이루어진 문항을 토대로 평가하게 된다. 각 문항에서의 점수를 더한 총점이 그 리더의 LPC 점수가 된다. 가장 일하기 힘들었던 동료를 관대하게 또는 긍정적으로 평 가하는 리더는 LPC 척도에서 높은 점수를 얻게 되고, 가장 일하기 힘들었던 동료를 비 판적으로 또는 부정적으로 평가하는 리더는 LPC 척도에서 낮은 점수를 얻게 된다.

LPC 점수에 대한 해석은 몇 차례 변화가 있었는데 최종적으로 Fiedler(1978)는 LPC 점수를 리더의 동기 위계(motivation hierarchy)와 관련지어 해석하고 있다. 이 해석에 따르면, LPC 점수가 높은 리더는 우선적으로 부하를 포함한 다른 사람들과 친밀한 관 계를 유지하려 한다. 즉, 이들은 사람들(특히 부하들)과 원만한 관계를 유지함으로써 무 엇보다 큰 만족을 얻게 된다. 만약 이러한 리더가 주변 사람들과 원만한 관계를 유지하 게 되면 그때서야 비로소 과업목표 달성에 관심을 기울이게 된다. 즉, 과업목표 달성은 2차적 동기로 작용한다. 과업성취 과정에서도 부하와의 관계가 나빠지게 되면 LPC 점 수가 높은 리더는 과업목표 달성에 대한 관심에서 벗어나 다시 부하와의 원만한 관계 유지에 중점을 두게 된다.

반대로, LPC 점수가 낮은 리더는 1차적으로 과업목표 달성에 중점을 둔다. 즉, 이들 은 과업목표가 달성될 때 무엇보다도 큰 만족을 얻게 된다. 만약 과업성취가 만족할

표 5-1 LPC 척도의 일부 문항

쾌활하다	8	7	6	5	4	3	2	1	불쾌하다
친절하다	8	7	6	5	4	3	2	1	냉담하다
냉담하다	1	2	3	4	5	6	7	8	다정하다
성실하시 않나	1	2	3	4	5	6	7	8	성실하다

만한 수준으로 진행된다면, 그때서야 이러한 리더는 부하들과의 원만한 관계 유지에 신경을 쓰게 된다. 즉, 부하와의 원만한 관계 유지는 이들에게 2차적 동기로 작용한다. 그러나 조금이라도 과업목표 달성에 차질이 온다고 생각되면, 언제든지 다시 과업성취에 중점을 두게 된다.

2) 상황변수의 측정

상황적합성이론에서 또 하나의 중요한 변수는 어떻게 상황을 측정하느냐이다. Fiedler는 상황변수를 상황 선호(situation favorability) 또는 상황 통제(situation control)라고 부르며 이를 세 가지 측면에서 정리했다. 상황 선호 또는 상황 통제라고 부른 이유는 Fiedler는 상황변수를 리더가 부하들에 대해서 갖는 통제권(영향력)의 정도로 측정하려 했기 때문이다. 리더의 관점에서 보면 리더가 부하들에 대한 통제력을 많이 가질수록 자신이 원하는 대로 이끌어 가는 것이 쉽기 때문에 상황이 유리하다고 할 수 있다.

① 리더와 부하의 관계: 리더와 부하 간의 관계가 친근하고 협력적인지 혹은 서로 적대적인지의 정도를 의미한다. 이는 세 가지 차원 가운데 가장 중요하다. 부하와의 관계가 좋다고 평가하는 리더는 그만큼 부하의 지원을 받고 있고 그들로부터 충성심을 얻을 수 있다고 생각하기 때문에 부하에 대해 상당한 영향력을 행사할 수 있다.

② 과업구조: 최종 제품 생산에 관한 상세한 기술, 표준 작업 절차 및 과업 수행을 평가하기 위한 객관적 기준 등이 명확할 때 과업 구조화 정도가 높다고 말한다. 과업구조가 높은 업무는 일반 생산직 근로자의 업무로 볼 수 있다. 예를 들어, 냉장고를 만드는 공장에서 일하는 생산직 근로자의 업무는 특정 부품을 끼우거나 조립하는 것이다. 이 공장에서 한 대의 냉장고를 만들기 위해 20명의 근로자가 있다고 한다면 각자가 해야 할 업무가 명확하고 어떤 과정을 거쳐 냉장고가 만들어지는지도 분명하다. 또한 각자가 제대로 부품을 끼웠는지 아닌지도 추후 점검과정에서 명확하게 나타나게 된다. 이와 같이 과업 구조화가 높은 경우 리더는 부하가 제대로 일을 하고 있는지 아닌지를 감독하기가 쉬워진다. 반면, 과업 구조화가 낮은 예로 광고회사에서 근무하는 카피라이터의 업무를 들 수 있다. 광고 문구를 만

들어 내는 과정은 냉장고 제조과정처럼 일괄적으로 정해져 있는 것이 아니라 각자의 경험과 능력에 따라 다를 수밖에 없다. 또한 일을 하는 과정에서도 반드시 회사 책상에 앉아 있어야 좋은 문구가 나오는 것도 아니다. 각자의 습관에 따라 조용한 공원을 산보하면서 불현듯 좋은 문구가 생각날 수도 있다. 따라서 리더 입장에서는 카피라이터가 밖에 나가서 머리를 식히며 문구를 생각해 보겠다고 할 경우 그에 따를 수밖에 없다. 이 경우 리더는 카피라이터가 밖에 나가 제대로 일을 하는지 아닌지를 감독하기가 어려워진다. 과업 구조화 정도가 높을 때 리더는 부하의 과업 행동을 감독하기가 쉬워지고 따라서 그만큼 부하에게 영향력을 행사할 수 있게 된다. 이 차원은 두 번째로 중요하다.

③ 지위 세력: 지위 세력은 리더가 부하들의 업적을 평가해서 업적 정도에 따라 보상이나 벌을 줄 수 있는 권한을 말하며 세 차원 중 중요도에서 가장 낮은 차원이다. 지위 세력이 높은 리더는 그만큼 부하에 대한 영향력이 크다.

이러한 세 가지 상황 차원은 각기 두 수준으로 나뉜다. 따라서 이 세 차원이 서로 조합될 수 있는 경우는 [그림 5-1]에서 볼 수 있듯이 전체 여덟 가지 상황이다. 이 가운데 옥탄트(octant) 1의 상황은 리더와 부하 간의 관계가 좋고 과업이 구조화되어 있으며 리더의 지위 세력이 높은 상황으로서, 세 가지 차원이 모두 리더에게 유리하기 때문에 리더가 영향력을 발휘하기 가장 좋은 상황이다. 반면에, 리더에게 가장 불리한 상황은 옥탄트 8로서, 리더와 부하 간의 관계가 나쁘고 과업이 구조화되어 있지 않으며 리더의 지위 세력이 낮은 상황이다. 따라서 1이 가장 좋은 상황이고 8로 갈수록 리더에게 불리한 상황이다.

앞에서도 기술하였듯이, 세 가지 상황 차원 가운데 리더와 부하 간의 관계가 가장

리더와 부하 간의 관계	좋음				나쁨			
과업구조	구조화		비구조화		구조화		비구조화	
지위 세력	높음	낮음	높음	낮음	높음	낮음	높음	낮음
옥탄트	1	2	3	4	5	6	7	8

좋음 ◄──── 상황 선호도 ────► 나쁨

|그림 5-1| 상황 선호도를 결정하는 모형

중요하다고 했는데, [그림 5-1]을 자세히 보면 이 중요도 순서를 파악할 수 있다. 이 그림에서 보면, 리더와 부하 간의 관계가 좋은 경우 과업구조 및 리더의 지위 세력과 상관없이 가장 나쁜 상황은 옥탄트 4이다. 반면에, 리더와 부하 간의 관계가 나쁘면 가장 좋은 상황이라고 해도 옥탄트 5를 넘지 못한다.

3) 리더 특성과 상황의 조합

Fiedler는 이러한 다양한 상황에서 어떤 리더가 가장 효율적인지를 알아보기 위해서 많은 연구를 수행했으며, 그 연구결과는 [그림 5-2]에 제시되어 있다. 이 그림에서 보면 상황이 아주 좋거나(예: 옥탄트 1, 2) 나쁠 경우에(예: 옥탄트 7, 8)는 LPC 점수가 낮은 리더(즉, 과업 지향적 리더)가 집단을 효율적으로 이끌고 나갈 수 있다. 또한 상황 선호도가 중간일 경우(예: 옥탄트 4, 5, 6)에는 LPC 점수가 높은 리더(즉, 사람들과의 관계 지향적 리더)가 집단의 효율성을 높일 수 있다.

이러한 가정에 대한 논리를 설명하면 다음과 같다. 상황 선호도가 아주 좋거나 나쁜 경우는 세 가지 모든 상황 차원이 전부 좋거나 나쁜 상황이므로 비교적 단순한 상황이라고 할 수 있다. LPC 점수가 낮은 리더는 자신이 싫어하는 사람을 좋지 않게 평가하는 사람이기 때문에 비교적 인지구조가 단순하다고 할 수 있으며, 따라서 이러한 단순한 상황에 적합하다고 할 수 있다.

반면에, 상황 선호도가 중간인 경우, 어떤 요인은 좋고 다른 요인은 나쁘기 때문에

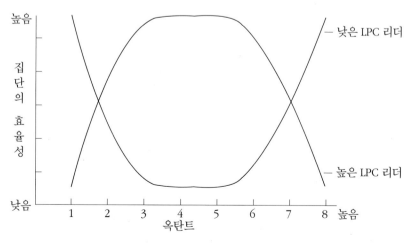

|그림 5-2| 상황에 따른 리더의 효율성

좀 더 복잡한 상황이라고 할 수 있다. LPC 점수가 높은 리더는 싫어하는 사람임에도 불구하고 나쁘게 평가하지 않는 사람으로서 그 사람이 전체적으로 싫기는 하지만 그래도 나름대로 가지고 있는 좋은 모습을 보려는 노력을 기울이게 된다. 즉, 단순히 모든 것이 싫다고 생각하는 것이 아니라서 사람을 판단할 때의 인지구조가 단순하지 않은 사람이라고 할 수 있다. 따라서 이러한 리더는 상황 선호도가 중간인 경우와 같이 단순하지 않은 상황에 더 적합하다고 할 수 있다.

4) 상황적합성이론의 평가

Fiedler는 상황적합성이론을 제시하면서 개인의 특성을 나타내는 동기 위계는 잘 변화하지 않는다고 하였다. Fiedler는 개인의 특성은 오랜 경험에 의해서 점차 변화할 뿐이라고 주장하면서, 리더가 집단을 잘 이끌지 못하는 경우 단기간에 리더의 특성을 변화시키려는 데 초점을 둔 교육은 별다른 효과를 거두지 못한다고 주장하였다. 오히려 리더로 하여금 상황을 정확히 인식하고 이를 변화시킬 수 있도록 만드는 훈련이 필요하다고 하였다. 만약 그것이 힘들다면 현재 문제시되는 집단의 리더를 그 리더에 적합한 다른 집단으로 배치하고 현재의 상황에 적합한 다른 리더를 데리고 오는 것이 올바른 대처방법이라고 하였다. 다시 말하면, Fiedler의 기본 개념은 리더를 변화시켜서 상황에 맞추는 것이 아니라 상황을 변화시켜서 리더에 맞추는 것이 더 효율적인 방법이라는 주장이다.

Fiedler 등은 실험실 연구에서 이론의 타당성을 입증하였으나(Fiedler, 1978; Fiedler & Chemers, 1982; Peters, Hartke, & Pohlmann, 1985; Strube & Garcia, 1981), 현장 연구에서는 부분적으로만 지지되었다(Peters et al., 1985). 이 외에도 연구자들이 비판하고 있는 점들을 몇 가지 살펴보면, 먼저 LPC 점수가 일관성이 없다는 지적이 있다. 즉, 이 점수는 리더가 함께 일하기 싫어한 동료에 대한 평가를 토대로 얻어지기 때문에 일정한 기간을 두고 다시 측정했을 때 선택하는 대상이 달라질 수 있으며 그로 인해 리더 자신의 점수가 변화할 소지가 있다(Yukl, 1989). 둘째, 세 가지 상황 차원 가운데 어떠한 근거로 리더와 부하 간의 관계가 가장 중요하고 리더의 지위 세력이 가장 덜 중요한지가 명확하지 않다는 점이다. 셋째, LPC 점수가 높거나 낮은 리더만을 중점적으로 다루고 중간점수를 얻은 리더에 대해서는 특별한 언급이 없다는 점이다. 마지막으로, 리더와 부하 간의 관계는 상황변수가 아닌 결과변수로 볼 수 있다는 점이다. 즉, 리더와 부하 간의 관계는 일정 기간 서로의 상호작용을 통해서 나타난 결과라고 볼 수 있다. 따라서 새로운 리더를 배치할 때 처음부터 그 리더에 적합한 상황을 찾는 것은 어렵게 된다.

 Schriesheim, Tepper와 Tetrault(1994)이 상황 적합성 연구결과를 종합하여 1,282집 단으로부터 얻은 자료를 분석한 메타연구에서는 상황적합성이론이 대체적으로 지지되었다. LPC 점수가 높은 리더는 옥탄트 4, 5, 6, 7에서의 집단 수행점수가 비슷하게 높고 2, 3, 8에서의 점수는 상대적으로 낮게 나타났다. 반면, LPC 점수가 낮은 리더는 옥탄트 1, 2, 3, 8에서 집단 수행점수가 높고 옥탄트 4, 5, 6, 7에서는 낮게 나타났다. 하지만 LPC 점수가 높은 리더의 경우 옥탄트 1에서 집단 수행이 평균보다 높게 나타났기 때문에 옥탄트 8에서와 같이 성과가 낮을 것이라는 이론에서 제시한 가정과 일치하지 않았다.

 최근 들어 Fiedler의 상황적합성이론에 관한 연구는 별로 이루어지지 않고 있다. LPC 척도에 대한 비판도 있지만 무엇보다 상황을 구분하는 기준이 애매하고 또한 상황이 여덟 가지가 되며 이론을 이해하기가 복잡하기 때문에 현장에서 적용하기가 쉽지 않기 때문이다.

부록 LPC 척도

1. 쾌활한 사람	8 7 6 5 4 3 2 1	쾌활하지 못한 사람
2. 친절하고 다정한 사람	8 7 6 5 4 3 2 1	불친절하고 다정하지 못한 사람
3. 거부적인 사람	1 2 3 4 5 6 7 8	수용적인 사람
4. 긴장하고 있는 사람	1 2 3 4 5 6 7 8	긴장을 풀고 여유 있는 사람
5. 거리를 두는 사람	1 2 3 4 5 6 7 8	친근한 사람
6. 냉담한 사람	1 2 3 4 5 6 7 8	다정한 사람
7. 지원적인 사람	8 7 6 5 4 3 2 1	적대적인 사람
8. 따분해하는 사람	1 2 3 4 5 6 7 8	흥미 있어 하는 사람
9. 싸우기 좋아하는 사람	1 2 3 4 5 6 7 8	화목하고 잘 조화하는 사람
10. 우울한 사람	1 2 3 4 5 6 7 8	늘 즐거워하는 사람
11. 서슴지 않고 개방적인 사람	8 7 6 5 4 3 2 1	주저하고 폐쇄적인 사람
12. 험담을 잘하는 사람	1 2 3 4 5 6 7 8	너그럽고 관대한 사람
13. 신뢰할 수 없는 사람	1 2 3 4 5 6 7 8	신뢰할 만한 사람
14. 사려 깊은 사람	8 7 6 5 4 3 2 1	사려 깊지 못한 사람
15. 심술궂고 비열한 사람	1 2 3 4 5 6 7 8	점잖고 신사적인 사람

16. 마음에 맞는 사람	8 7 6 5 4 3 2 1	마음에 맞지 않는 사람
17. 성실하지 않은 사람	1 2 3 4 5 6 7 8	성실한 사람
18. 친절한 사람	8 7 6 5 4 3 2 1	불친절한 사람

• 56점 이하 낮은 LPC 리더
• 63점 이상 높은 LPC 리더

2. 상황적 리더십이론

리더는 부하들의 특성과 상관없이 항상 동일한 방법으로 리더십을 발휘하는 것이 효과적일까, 아니면 부하들의 특성에 따라 리더십을 다르게 발휘하는 것이 효과적일까? Hersey와 Blanchard(1969, 1982)의 상황적 리더십이론(Situational Leadership Theory: SLT)에서는 부하의 특성에 따라 리더가 다른 행동을 보이는 것이 효과적이라고 주장하고 있다. 이 이론에서의 상황은 부하의 특성이 되며 부하의 성숙 수준을 특성으로 보고 있다. 그럼 이 이론에서 리더의 행동과 상황인 부하의 특성은 어떻게 구분되고 있으며 리더의 행동과 부하의 특성은 어떻게 연계되고 있는지 살펴보기로 하자.

1) 리더의 행동 유형

Hersey와 Blanchard의 이론에서 리더의 행동은 오하이오 주립대학교의 리더십 행동 연구에 그 뿌리를 두고 있다. 오하이오 주립대학교 연구에서 두 가지 리더 행동 유형(배려 행동과 과업주도 행동)이 밝혀졌는데, 이들의 연구에서는 배려와 과업주도 행동을 각각 관계 행동(relationship behavior)과 과업 행동(task behaviors)으로 명명하였다. 이들은 관계 행동을 리더가 부하와의 관계에서 양방적 의사소통에 참여하는 정도로 정의하였다. 구체적으로는 부하의 의견에 귀를 기울이고 격려하며 사회정서적으로 지원하는 행동을 포함한다. 과업 행동은 리더가 개인이나 집단의 책임을 명확히 하는 정도로 정의하였으며, 구체적으로는 구성원들에게 무엇을 하고, 어떻게 하고, 언제, 누가 하는지를 말하는 행동을 포함한다.

이 두 행동 차원은 각기 높고 낮은 두 수준으로 나뉜 후 서로 조합되는데, [그림 5-3]에서 볼 수 있듯이 전체적으로 네 가지 행동 유형이 가능하다. 관계 행동 및 과업 행동이 낮은 리더는 대부분의 일 처리를 부하에게 위임하는 위임형(delegating)이라 할 수 있으며, 과업 행동 수준은 낮으나 관계 행동 수준이 높은 리더는 대부분의 일 처리에서 부하들을 의사결정 과정에 참여시키는 참여형(participating)이라 할 수 있다. 또한 과업 행동 수준은 높으나 관계 행동 수준이 낮은 리더는 대부분의 일 처리를 일일이 지시해 가면서 처리하는 지시형(telling)이라 할 수 있다. 과업 및 관계 행동이 모두 높은 리더는 설득형(selling)으로서, 부하들의 참여를 독려하면서 동시에 업무달성을 강조하는 유형이다. 이 가운데 어떠한 리더 행동 유형이 더 효과적인지는 아래에서 기술하는 상황변수에 해당하는 부하 특성인 부하의 성숙 수준에 따라 다르다.

|그림 5-3| 리더 행동 유형 구분

2) 상황 측정

Hersey와 Blanchard는 효과적인 리더 행동은 상황변수인 부하 특성에 따라 다르다고 주장하면서 부하의 성숙 수준을 통해서 부하 특성을 측정하였다. 이들은 부하의 성숙은 직무 성숙(job maturity)과 심리적 성숙(psychological maturity)의 두 가지 차원으로 구성된다고 하였다. 직무 성숙이란 부하가 가지고 있는 일과 관련된 지식, 경험 및 능력 등의 정도를 의미하며, 심리적 성숙이란 부하가 일과 관련해서 갖고 있는 자신감, 몰입, 동기 및 자기존중감 등의 정도를 뜻한다. 직무 성숙과 심리적 성숙은 연관성이 높아서, 자신이 하고 있는 일에 대한 지식과 경험 등이 많을 경우 일에 대한 자신감도 높은 것이 일반적이다. 반대로 자신이 담당하는 업무에 대한 지식과 경험이 별로 없다고 한다면 업무에 대한 자신감도 낮게 된다.

여기서 부하의 성숙 수준은 특정 과업과만 관련되어 있다는 점을 기억할 필요가 있다. 예를 들면, 어느 자동차 정비공이 정비 업무에 관해서는 직무 및 심리적 성숙 수준이 높지만, 다른 과업(예: 환자 수술, 건축설계 업무 등)에서는 성숙 수준이 낮게 된다. 즉, 개인의 성숙 수준이 낮거나 높은 것은 특정 과업에만 적용되는 것이지 그 사람의 일상 생활이나 다른 모든 업무에서도 동일하게 적용되는 것은 아니다.

3) 리더의 행동과 부하의 성숙 수준의 조합

Hersey와 Blanchard는 리더가 먼저 부하의 성숙 수준이 어떠한지를 판단한 후에 리더 자신의 행동을 주어진 상황에 적합하도록 변화시키는 것이 중요하다고 주장했다. 이는 Fiedler의 상황적합성이론에서 리더 자신의 특성을 변화시키기는 힘들기 때문에 상황을 변화시키는 것이 더 중요하다고 한 점과 상반되는 견해이다. [그림 5-4]에서 볼 수 있듯이 부하의 성숙 수준은 네 단계로 나뉘는데, 그림의 오른쪽에서 왼쪽으로 갈수록 성숙 수준이 높아짐을 의미한다. 따라서 직무 및 심리적 성숙 수준이 아주 낮은 부하는 M1에 속하며, 반대로 직무 및 심리적 성숙 수준이 가장 높은 부하는 M4에 속한다. 중간 정도의 성숙 수준인 부하는 M2나 M3에 속하게 되는데, 이 두 단계를 구분하

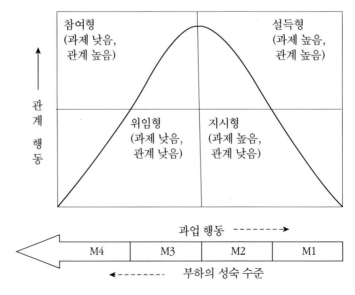

|그림 5-4| 부하의 성숙 수준에 따라 적합한 리더 행동을 나타내는 상황석 리더십 노형

는 기준은 명확하지 않다.

주어진 상황에서 어떠한 리더 행동이 더 효과적인지를 알아보기 위해서는 [그림 5-4]에서처럼, 각 성숙 수준 단계의 중앙에서 위로 선을 그어서 곡선과 만나는 지점이 바로 이상적인 리더 행동 유형이 된다. 예를 들면, M4 단계의 중앙에서 선을 위로 그었을 때, 곡선과 만나는 지점은 관계 행동과 과업 행동 모두 낮은 위임형의 리더 유형이다. 반면에, 부하가 M1 단계에 있을 때는 과업 행동을 많이 보이고 관계 행동은 적게 보이는 지시형이 더 효과적이다. 성숙 수준이 중간 정도인 부하들에게는 참여형 또는 설득형의 리더가 더 효과적이다.

예를 들어, 당신이 자동차 정비공장의 감독자라고 하자. 당신 밑에 있는 정비공들이 모두 오랜 경험과 지식을 갖추었다고 할 때, 어떠한 방식으로 그들을 관리하는 것이 효과적이겠는가? 이들은 모두 직무 및 심리적 성숙 수준이 높은 M4 단계에 속하기 때문에 자율적으로 알아서 하도록 대부분의 일을 위임하는 것이 가장 효과적일 것이다. 자신이 해야 할 일을 잘 알고 있고 자신감도 있는 정비공들에게 이것은 이렇게 하고 저것은 저렇게 하라고 지시를 내리는 것은 바람직하지 않다. 또한 필요 이상으로 관심을 보이는 것도 그들에게는 오히려 귀찮을 수도 있다.

반대로, 정비공들이 공장에 바로 들어와서 어떻게 일 처리를 해야 할지 잘 모른다면 (즉, 직무 및 심리적 성숙 수준이 낮은 M1 단계에 속함), 감독자로서 당신은 배려적인 행동을 보이는 것도 필요할 수 있겠지만 정비공 입장에서는 자신이 해야 할 업무를 어떻게 처리하면 되는지를 알려 주는 과업 지향적 리더 행동에 더 고마워하게 된다. 따라서 이 상황에서는 관계 행동보다는 과업 행동을 더 많이 보이는 지시형의 리더가 더 효과적이다.

Hersey와 Blanchard는 리더가 부하의 성숙 수준에 맞게 적합한 행동을 취하는 방법을 제시하는 데 그치지 않고 더 나아가 부하의 성숙 수준을 높이기 위한 방법도 기술하고 있다. 이 방법은 부하의 성숙 수준이 높을수록 더 바람직한 상황이라는 주장을 전제로 한다. 구체적으로 살펴보면, 부하의 성숙 수준에 적합한 리더 행동이 있을 경우 그보다 한 단계 더 높은 리더 행동을 보임으로써 부하의 성숙 수준을 끌어올린다는 것이다. 예를 들어, [그림 5-4]에서 부하의 성숙 수준이 MI 단계에 적합한 리더 행동은 지시형인데, 지시적인 행동보다 부하의 성숙 수준이 M2 단계에 적합한 설득형 행동에 초점을 두는 것이다. 해당 시점에서는 큰 효과가 없을 수 있으나 시간을 두고 장기적으로 보게 되면 이러한 리더의 행동에 따라 부하의 성숙도가 향상되는 결과가 가능할 수도 있다는 것이다.

4) 상황적 리더십이론의 평가

상황적 리더십이론은 다른 상황이론에 비해서 먼저 고려해야 할 상황요인이 간단하고, 그에 따르는 리더 행동도 단순하며, 누구나 이해하기 쉽다는 장점이 있다. 이러한 장점 때문에 다른 이론보다도 현장에서 많이 실용화되고 있다. 하지만 이 이론의 타당성을 입증하는 현장 연구는 매우 부족한 실정이다(Vecchio, 1987; Yukl & Van Fleet, 1992). 또한 부하의 성숙 수준에 대한 정의가 명확하지 않으며(Graeff, 1983), 왜 부하의 각 성숙 수준에 따라 특정 리더 행동 유형이 적합한지에 대한 이론적 설명이 부족하다는 점도 이 이론의 단점이라고 할 수 있다(Yukl, 1989). 더욱이 Hersey와 Blanchard 자신들 또한 단순히 부하의 성숙 수준에 따라 특정 리더 행동이 더 효과적이라고 주장했을 뿐 자신들의 주장을 뒷받침할 만한, 실제적으로 부하의 수행이나 만족이 증가했다는 경험적 연구를 제시하지 못했다는 단점이 있다(Vecchio, 1987).

3. 규범적 결정모형

의사결정 시 리더는 소속 부서의 부하들을 참여시켜서 결정하는 편이 집단의 수행을 향상시킬 수 있을지, 아니면 혼자 결정해서 부하들에게 통보하는 편이 더 효과적일지 고심하는 경우가 많이 있을 수 있다. Vroom과 Yetton(1973)은 이러한 상황에서 리더가 어떠한 방법으로 의사결정을 하는 것이 바람직한지에 대한 대답을 제공하고 있다. 리더가 항상 부하들과 상의하거나 또는 상의하지 않고 혼자 결정을 내리는 특정 의사결정 방법이 항상 효과적인 것이 아니라 주어진 상황에 따라 다르다는 것이 이들의 주장이며, 이러한 이유로 이들의 모형을 상황 리더십 이론에 포함시킬 수 있다. 그러나 이들의 모형은 의사결정 상황에만 국한되기 때문에 다른 리더십 이론과 같이 폭 넓게 적용되지는 못한다. 이 모형을 규범적(normative)이라고 부르는 이유는 의사결정 과정에서 부하들이 어느 정도나 참여해야 하는지를 결정하는 데 목적이 있기 때문이다.

1) 리더의 행동

규범적 결정모형에서 리더 행동은 부하들을 어느 정도나 의사결정 과정에 참여시켜서 진행하는지에 관한 행동을 의미한다. 이 모형에서는 크게 다섯 가지 의사결정 진행과정을 기술하였는데, 완전히 혼자서 결정을 내리는 독재적인 방식부터 점차적으로 부하들과 같이 의논하여 결정을 내리는 민주적인 방식까지 다양하다. 이 다섯 가지 의사결정 과정을 살펴보면 다음과 같다.

(1) 독재과정(Authorative)

① AI: 리더가 주어진 시점에서 활용 가능한 정보를 이용해 혼자 결정을 내린다.

② AII: 리더가 부하로부터 필요한 정보를 얻어서 혼자 결정을 내린다. 리더는 부하에게 정보를 얻으려 한 목적이나 어떤 문제를 해결하려는지를 이야기해 줄 수도 있고 그렇지 않을 수도 있다.

(2) 자문과정(Consulting)

③ CI: 리더는 해결하려는 문제가 무엇인지 부하들과 개인적으로 상의하고 그들의 생각이나 견해를 얻은 후에 리더 자신이 결정을 내린다. 이 최종 결정은 부하의 영향을 받을 수도 있고 받지 않을 수도 있다.

④ CII: 리더는 해결하려는 문제가 무엇인지 부하들과 집단으로 모여서 상의하고 그들의 생각이나 견해를 얻는다. 그 후에 자신이 결정을 내리는데, 최종 결정은 부하의 영향을 받을 수도 있고 그렇지 않을 수도 있다.

(3) 집단과정(Group-based)

⑤ GII: 리더는 해결하려는 문제가 무엇인지 부하들과 집단으로 모여서 상의하고, 함께 여러 대안을 평가하고, 합의점에 이르려는 노력을 한다. 리더의 역할은 단지 토의를 조정하고, 문제점이 무엇인지를 명료화하는 데 있다. 물론 리더 자신이 가지고 있는 생각을 제시할 수도 있으나 이 생각을 최적 해결방안으로 결정하도록 압력을 가해서는 안 된다. 또한 리더는 집단 전체가 지지하는 해결방안을 기꺼이 받아들여야 한다.

2) 의사결정 상황

Vroom과 Yetton은 리더가 직면한 의사결정 상황을 파악하기 위하여 [그림 5-5]에서와 같이 리더가 의사결정 과정에서 고려해야 하는 일곱 가지 질문을 제시하였다. 리더는 그림의 가장 왼쪽(A)에서 시작해서 오른쪽으로 가면서 각 질문에 대해 자신이 처한 의사결정 상황을 생각해 보며 '예' 또는 '아니요'로 답하면 된다. 마지막 질문에 '예' 또는 '아니요'로 답하게 되면 각각의 답변 바로 옆에 앞서 기술한 다섯 가지 의사결정 방법(A1, AII, CI, CII, GII) 가운데 바람직한 대안이 제시되어 있다.

그림에서 볼 수 있듯이 어떤 경우에는 대안이 하나만 제시되어 있지만 다른 경우에는 여러 대안이 제시되어 있기도 하다. 가능한 의사결정 과정이 여럿 있는 경우(예: 1과 같이 다섯 가지 모두가 가능한 경우), 어떤 방법을 선택할지를 결정하는 첫 번째 중요 기준은 결정과정에 걸리는 시간이다. 이 기준을 적용한다면 1과 같은 경우 리더는 의사

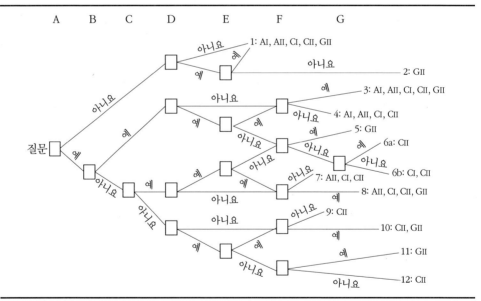

주: A: 문제가 질을 요구하는가?
  B: 질 높은 결정을 내리기 위한 정보가 충분한가?
  C: 문제가 구조화되어 있는가?
  D: 부하의 수용이 효율적 실행에 중요한가?
  E: 혼자 결정을 내릴 경우, 그 결정을 수용이 부하들이 수용할 것으로 확신하는가?
  F: 부하가 문제해결을 통해서 얻어지는 조직 목표에 동의하는가?
  G: 부하 사이에 해결 방안에 대한 갈등이 있는가?

|그림 5-5| Vroom과 Yetton의 의사결정 과정

결정 시간이 가장 짧게 걸리는 A1 방법을 통해서 의사결정을 진행하면 된다.

또 다른 기준은 부하의 발달이다. 만약 시간이 크게 고려할 중요 요인이 아니라면, 리더는 부하가 자신의 의사결정 능력을 향상시킬 수 있도록 가능한 민주적 결정방법을 택하는 것이 바람직하다. 즉, 1과 같은 경우 GII 방법을 사용해 의사결정을 하는 것이 부하들의 의사결정 역량을 향상시키는 데 가장 도움이 되기 때문에 이 방법을 사용하는 것이 바람직할 것이다.

최종적으로, 시간도 부하의 발달도 그다지 고려할 중요한 관심사가 아니고, 가능한 대안이 여럿 있는 경우 리더가 자신에게 익숙한 의사결정 방법을 선택하면 된다.

3) 의사결정 과정의 기준

Vroom과 Yetton은 여러 상황에서 어떠한 의사결정 과정이 가장 효과적인지를 결

표 5-2 의사결정 시 상황 속성과 질문 정보

관련성	상황 속성	질문 형식(나=리더)	응답 형식
의사결정의 질과 관련된 속성	속성 A: 의사결정질의 중요성	의사결정의 질이 중요한 사안인가?	예 또는 아니요
	속성 B: 문제와 관련된 리더의 정보수준	내가 혼자 의사결정을 내리기에 충분한 정보나 지식을 갖고 있는가?	예 또는 아니요
	속성 C: 문제의 구조화 여부	문제가 구조화되어 있는가?	예 또는 아니요
의사결정의 수용도와 관련된 속성	속성 D: 하급자 수용의 필요성	결정사항의 효과적 실천을 위해서 하급자들의 결정사항 수용이 필요한가?	예 또는 아니요
	속성 E: 리더의 독단적 결정의 수용가능성	나의 독단적 결정을 하급자들이 수용할 가능성이 있는가?	예 또는 아니요
	속성 F: 하급자들의 조직목표 공유 여부	하급자들이 조직의 목표를 공유하는가	예 또는 아니요
	속성 G: 하급자들간의 갈등 존재 여부	제시된 대안들에 대하여 하급자들 간에 갈등이나 의견의 불일치가 존재하는가?	예 또는 아니요

정하기 위하여 고려해야 할 일곱 가지 질문 가운데 좀 더 중요한 두 가지 질문(즉, 판단기준)을 선정하였다. 이들은 결정의 질(decision quality)과 결정의 수용(decision acceptance) 두 가지가 가장 중요하다고 생각했다(〈표 5-2〉 참조).

결정의 질은 최종 결정이 여러 가지 대안을 가지고 있다면 리더는 최선의 대안을 선택해야 함을 의미한다. 예를 들어, 어떠한 결정이 비용을 가장 줄일 수 있는지 또는 어떠한 결정이 고객에 대한 서비스를 가장 향상시킬 수 있는지 등이다.

결정의 수용은 부하들이 최종 결정을 단순히 따르는 것이 아니라 자신들의 결정으로 기꺼이 받아들이는 것을 의미한다. 특히 부하들이 최종 결정사항을 집행할 주요 책임을 져야 한다면, 부하들이 최종 결정을 기꺼이 받아들이는지의 여부가 중요할 수 있다. 그러나 결정의 수용이 그 결정을 실행하는 데 있어서 언제나 중요한 것은 아니다. 예를 들어, 회사의 경리 부장이 회사 직원들의 출장비 신청 서류를 새로운 양식으로 바꾸려 할 경우, 이 부장은 회사 직원들이 이 결정을 수용할지에 관해서 크게 신경 쓰지 않고 집행해도 커다란 문제점은 없게 된다.

4) 의사결정 모형의 평가

다른 리더십 이론에 비해서 이들의 이론을 지지하는 경험적 연구는 많은 편이다 (Field, 1982; Vroom & Jago, 1974, 1988). 이러한 연구들은 모형이 제시하는 대로 의사결정을 했을 경우, 그렇지 않은 경우보다 더 효과적임을 보여 주었다. 예를 들어, Vroom과 Jago(1988)는 리더가 내린 결정 가운데 어느 정도가 성공적인지를 조사하였다. 모형에서 제시한 대로 의사결정을 한 경우의 성공률은 62%였으나 모형을 무시하고 의사결정을 한 경우의 성공률은 37%에 불과했다.

이 모형의 문제점은 앞에서도 언급했듯이 그 적용 폭이 의사결정 과정에만 국한된다는 점이다. 따라서 어떠한 리더가 이 모형을 활용해서 효율적인 의사결정을 한다고 하여도 그가 전반적으로 더 효율적인 리더임을 입증하지는 못한다(Miner, 1975). 다른 문제점은 모든 리더가 다섯 가지 의사결정 과정을 사용할 수 있는 능력이 동일하다고 가정하는 점이다(Yukl & Van Fleet, 1992). 마지막으로, 이 모형은 의사결정이 연속적으로 일어나는 것이 아니라 주어진 한 시점에서 동시에 모든 상황을 고려해서 일어난다고 가정한다는 점이다(Yukl, 1989). 이러한 문제점에도 불구하고 이 모형은 상황이론 가운데 가장 지지를 받는 이론 중의 하나라고 결론지을 수 있다(Yukl, 1989).

추후 Vroom과 Jago(1988)는 처음의 모형을 일부 수정하여 의사결정 상황 질문을 보강하고 7개의 상황 질문에 5개(하급자의 정보 수준, 시간 제약, 지리적 분산, 시간절약 동기, 개별 동기)를 더하여 모두 12개의 의사결정 상황을 판단하는 질문으로 구성하였다. 또한 12개의 질문에 답하면서 최종적으로 나타나는 상황에 대해 전과는 달리 하나의 의사결정 방안만을 제시하였다. 판단해야 하는 상황이 많고 복잡해짐에 따라 수학의 함수 개념을 도입하여 컴퓨터로 프로그램을 만들었으며, 이를 통해 리더가 자신이 처한 상황을 고려하여 각 질문에 답하면서 최종 바람직한 의사결정 대안을 얻을 수 있도록 하였다.

팀 토 의

외국 지사로의 파견

당신은 건설회사의 감독자로서 20명의 건설직 근로자를 감독하고 있다. 이들은 모두 해당 분야의 근로 경험이 풍부해서 일을 누구에게 맡겨도 잘 해낼 수 있는 역량을 갖추고 있다. 어제 회사에서 외국의 협력 업체로부터 6개월 동안 5명의 근로자를 보내 달라는 요청을 받았다고 하면서 당신에게 이 5명을 차출해 줄 것을 부탁하였다. 전체 20명의 근로자는 경험이 많아서 누가 파견되어 나간다 해도 충분히 일을 제대로 해낼 수 있는 상황이다. 그런데 문제는 파견을 요청한 국가가 반정부군의 폭력 시위로 인한 폭탄사고 등으로 인명 피해가 심각하여 한국 정부에서도 여행 제한구역으로 지정하였기 때문에 모두 파견되는 것을 꺼리고 있는 상황이다. 당신은 이 상황에서 어떠한 방법으로 의사결정을 진행할 것인가?

4. 경로-목표이론

부하들을 잘 이끌어 나갈 수 있는 리더가 되기 위해서는 무엇보다도 부하들이 원하는 것이 무엇인지 알아내어 그것을 보상으로 제시하고 어떻게 하면 그 보상을 얻을 수 있는지를 명확히 하는 것이 중요하다. 경로-목표이론(path-goal theory)은 바로 이러한 점을 기초로 해서 개발되었다. 이 이론은 처음에 Evans(1970)가 주창하였으나 나중에

House와 Dessler 등(House, 1971; House & Dessler, 1974)이 상황변수를 추가하여 보다 정교한 이론으로 발전시켰다.

경로-목표이론의 뿌리는 동기론에서 나오는 기대이론(expectancy theory: Georgopolous, Mahoney, & Jones, 1957; Vroom, 1964)이라고 할 수 있다. 이 기대이론의 요점은, 개인은 자신의 노력을 통해서 원하는 것을 얻을 가능성이 높다고 생각하면 더 많은 노력을 기울인다는 것이다. 예를 들어, 회사에서 열심히 일하면 승진될 가능성이 높다고 판단할 경우 더욱 열심히 일을 하게 된다. 하지만 어떤 회사에서 승진 시 개인의 역량보다는 다른 외적인 요인(예: 상사와의 네트워크 형성)에 의해 결정되는 경우가 많다고 한다면, 이 회사에서 승진하기를 원하는 종업원들은 열심히 일하기보다는 상사와의 네트워크를 형성하는 데 더 많은 노력을 기울일 가능성이 많다. 이를 통해 자신이 원하는 승진을 얻을 수 있기 때문이다.

경로-목표이론은 이러한 기대이론을 바탕으로 효율적인 리더가 되기 위해서는 부하들에게 그들이 원하는 보상(즉, 목표)을 제시하고, 그것을 어떤 방법으로 얻을 수 있는지를 제시(즉, 경로를 제시)해야 한다는 것이다. 이 이론에서 경로를 제시한다는 것은 리더가 어떠한 방식으로 행동하는지를 의미하는데, 구체적인 리더의 행동양식은 상황에 따라서 달라진다. 이 이론을 좀 더 자세히 살펴보기로 한다.

1) 리더 행동 유형

이 이론은 리더의 행동에 초점을 두고, 이를 다음과 같이 네 가지 범주로 구분하였다.

① 지시적 리더십(directive leadership): 상황적 리더십이론에서의 과제 행동과 유사하다. 부하들의 작업을 계획하고 조정하며, 그들에게 기대하는 바가 무엇인지 알려주고, 구체적 작업 지시를 하며, 규칙과 절차를 따르도록 요구하는 행동을 포함한다.

② 지원적 리더십(supportive leadership): 상황적 리더십이론에서의 관계 행동과 유사하며, 부하들의 욕구, 복지 및 안녕에 관심을 기울이고, 우애 있는 분위기를 조성하는 행동을 포함한다.

③ 참여적 리더십(participative leadership): 부하들과 상의하고 그들의 의견을 의사결정에 반영하는 행농을 의미한다.

④ 성취 지향적 리더십(achievement-oriented leadership): 도전적 목표를 설정하고, 높은 수준의 수행을 강조하며, 부하들이 그러한 목표를 달성할 수 있다는 자신감을 보이는 행동을 포함한다.

이 네 가지 행동 유형 가운데 리더가 어떠한 행동 유형을 보이는 것이 좋은지는 상황에 달려 있다. 상황요인으로는 어떠한 것들이 있는지 알아보자.

2) 상황요인

경로-목표이론에서 상황요인은 부하 특성과 작업환경 특성으로 구분된다.

(1) 부하 특성

부하 특성에는 두 가지가 있다. 첫째는 부하의 능력이다. 자신들이 일을 수행할 만한 충분한 능력을 갖추고 있다고 지각하는 부하들은 구체적인 작업 지시를 하는 리더의 지시 행동을 좋아하지 않을 가능성이 크다. 반대로, 자신의 능력이 부족하다고 생각하는 부하는 어떻게 업무 수행을 하면 좋을지 망설이게 되고, 이런 상황에서 구체적으로 어떻게 하라고 제시해 주는 지시적인 리더 행동을 더 선호하게 된다.

둘째는 부하의 통제 위치(locus of control)이다. 어떠한 결과가 자신 때문에 일어났다고 간주하는 내적 통제 성향이 강한 부하들은 자신이 직접 의사결정 과정에 참여하여 자신의 의견을 제시하고 최종 결정에 자신의 의견이 반영되는 것을 선호하기 때문에 참여적 리더 행동을 더 선호하게 된다. 반대로, 어떠한 결과가 자신과는 무관한 외부요인 때문에 일어난 것으로 간주하는 외적 통제 성향이 강한 부하들은 자신이 직접적으로 나서서 행동하기보다는 다른 사람이 시키는 대로 행동하려는 성향이 강하기 때문에 지시적 리더 행동을 더 선호하게 된다.

(2) 작업환경 특성

작업환경 특성으로는 과업 특성, 공식적 권위체계 그리고 집단규범의 세 가지가 있다. 만약 부하의 업무가 구조화되어 있거나 단순하다면 부하는 자신이 해야 할 일을 충분히 알고 있기 때문에 이러한 상황에서 지시적인 리더 행동은 부하에게 불필요한 것으로 지각될 가능성이 크다.

조직의 권위체제가 잘 잡혀 있거나 수행을 강조하는 집단의 명확한 규범이 자리 잡고 있다면 부하는 어느 정도 수행에 대한 압력을 느끼면서 일하게 된다. 이러한 상황에서 리더의 지시적 행동이나 성취 지향적 행동은 부하들에게 리더가 필요 이상으로 통제하려 한다는 생각을 심어 줄 가능성이 크기 때문에 효과적이지 못하다.

3) 경로-목표이론의 평가

경로-목표이론을 입증하기 위해서 시도된 많은 연구결과는 이 이론을 부분적으로 지지하고 있다(Schriesheim & DeNisi, 1981; Schriesheim & Kerr, 1977; Yukl, 1989). Yukl(1989)은 경로-목표이론의 타당성을 검증하기 위해서 시행된 연구들의 대부분이 방법론상의 문제점을 갖고 있다고 주장하였다. 그는 거의 모든 연구에서 리더 행동을 부하들이 평가하도록 하였고, 한 시점에서만 측정하였으며, 이론의 일부만을 검증하였고, 기대감과 유인가 등의 매개변인들을 포함시키지 않았다는 점을 지적하였다.

Schriesheim과 Kerr(1977)는 경로-목표이론이 기대이론에 그 기초를 두고 있기 때문에 인간 행동을 지나치게 복잡하게 기술했다는 기대이론의 문제점을 그대로 포함하고 있다고 하였다. 또한 어떤 가설은 명확하지 않은 이론을 바탕으로 하고 있다는 점도 지적되고 있다(Stinson & Johnson, 1975). 예를 들어, 역할 모호성이 부하들에게 불유쾌하게 지각된다고 가정하고 있으나 사람에 따라서는 과업의 내용이나 절차가 자세하게 기술되지 않아 나름대로 자신의 역할을 스스로 재정의할 수 있는 기회를 갖는 것을 선호할 수도 있다.

마지막으로, 이 이론은 리더가 부하들의 동기 수준을 높여야만 수행을 향상시킬 수 있다고 가정한다. 그러나 이 외에도 리더가 훈련을 통해 부하의 능력을 증가시킨다거나 직무 재설계를 통해 부하의 수행을 증가시킬 수 있다는 점을 무시하고 있다(Yukl, 1989).

그럼에도 불구하고 경로-목표이론은 관련되는 상황변인들을 파악하는 데 필요한 개념적 틀을 제공했다는 점에서 리더십 연구에 이바지한 바가 크다고 하겠다(Yukl, 1989).

5. 인지자원이론

과거 리더의 특성에 관한 연구에서 연구되었던 많은 주제 가운데 하나는 리더의 지능이었다. Stogdill의 연구에 따르면 리더의 지위와 지적 능력 간의 상관계수는 .28이었다. 그러나 과연 지적 능력이 높은 리더가 상황에 상관없이 항상 효과적일까? 인지자원이론(cognitive resource theory)은 이 물음에 대한 해답을 제공해 준다.

Fiedler와 Garcia(1987)는 리더의 지능 및 경험과 같은 인지자원이 집단의 수행과 깊게 관련되어 있다고 주장하였다. 그러나 이러한 인지자원 가운데 어떠한 자원이 더 중요한지는 주어진 상황에 따라 다르다고 하였다. 즉, 어떠한 상황에서는 지적 능력이 우수한 리더가 더 효과적이나, 다른 상황에서는 경험이 풍부한 리더가 더 효과적일 수 있다. 이 이론은 이에 대한 해답을 제공한다.

1) 리더의 인지자원

이 이론에서는 리더의 특성으로서 지능과 경험의 두 가지 인지자원을 들고 있다. 지능은 일반적으로 사람들이 알고 있는 지적 능력을 뜻하며, 표준화된 지능검사로 측정한다. 경험은 일을 효율적으로 처리하기 위해서 요구되는 습관적 행동, 지식 및 능력 등을 나타내며, 대부분의 연구에서 주어진 직무나 소속 조직에 얼마나 오랫동안 종사했는지로 측정한다.

2) 인지자원과 상황의 결합

Fiedler와 Garcia는 주어진 상황이 얼마나 스트레스를 주는지에 따라 어떠한 인지자원을 풍부하게 갖춘 리더가 더 효과적인지가 달라진다고 주장하였다. 이들은 먼저 스트레스를 많이 받는 상황에서는 지능은 낮으나 경험이 풍부한 리더가 더 집단 수행을 높일 수 있으리라고 가정하였다. 스트레스가 심할 경우에는 리더가 충분히 생각할 만한 시간적 또는 정신적 여유가 없기 때문에 과거에 해 왔던 방식을 토대로 집단을 이끌어 나가는 것이 더 효과적이라고 생각할 수 있기 때문이다.

반대로, 스트레스가 별로 없는 상황에서는 지능은 높으나 경험이 낮은 리더가 더 효과적이라고 가정하였다. 경험이 많은 리더는 주어진 상황에서 충분히 생각하지 않고 과거에 정형화된 방식으로 문제를 해결해 나가려 하기 때문에 오히려 불리한 결과를 초래할 수 있기 때문이다. 이러한 상황에서는 리더가 주어진 문제에 대해서 충분히 생각할 수 있는 시간적·정신적 여유가 있기 때문에 자신의 지적 능력을 이용하면 보다 창의력 있는 문제해결 방법을 제시할 수 있을 것이다.

예를 들어, 위기에 처한 조직을 단기간 내에 제대로 이끌고 나가기 위해 새롭게 CEO를 선발하는 경우에 인지자원이론을 적용한다면, 스트레스가 매우 높은 상황이기 때문에 지적 능력이 뛰어난 사람보다는 경험이 풍부한 리더가 더 효과적일 수 있다.

3) 이론의 평가

전투 군인, 소방수, 학생 등을 대상으로 한 연구에서 인지자원이론을 지지하는 결과가 나타났다(Fiedler, 1992; Fiedler & Garcia, 1987; Gibson, 1992). 한 가지 문제점은 결과적으로 연속적 변인인 지능과 경험을 높고 낮은 두 수준으로 나누었다는 점이며(Hughes, Ginnett, & Curphy, 1993), 또 다른 문제점은 두 인지자원 가운데 하나는 높고 다른 하나는 낮은 리더 특성에 대해서만 언급하고 있을 뿐 지능이 높고 경험이 많은 리더에 관해서는 언급이 없다는 점이다.

6. 리더십 대체이론

앞에서 기술한 다양한 상황이론은 리더의 특정 특성이나 행동이 항상 효과적인 것이 아니라 주어진 상황에 따라서 효과적일 수도 있고 그렇지 않을 수도 있다는 점을 강조하고 있다. 즉, 특정 상황에 적합한 리더의 특성이나 행동이 무엇인지를 밝히고, 그러한 상황에 맞도록 리더가 자신의 행동을 변화시킴으로써 효과적인 리더가 될 수 있다는 것이다. 그러나 다른 시각에서 본다면 앞의 경로-목표이론에서 잠시 기술하였듯이 상황에 따라서 오히려 특정 리더의 행동이 불필요하거나 그 효율성이 떨어지는 경우도 가능할 수 있다.

Kerr와 Jermier(1978)는 이러한 관점에 초점을 두고 리더십의 중요성을 약화시키는 다양한 상황 측면이 무엇인지를 밝히려고 하였다. 이들은 리더의 행동(지원적 행동과 도구적 행동)과 부하의 수행 및 만족 사이의 관계를 조사하면서, 동시에 부하, 과업, 조직 등의 다양한 상황 특성(〈표 5-3〉 참조)과 부하의 수행 및 만족 사이의 관계도 조사하였다. 그 결과, 리더 행동과 부하의 수행 및 만족 간의 상관보다는 상황 특성과 부하의 수행 및 만족 간의 관계가 더 크게 나타났다.

이 연구결과를 토대로 이들은 부하의 만족과 수행을 증가시키기 위하여 리더의 행동보다는 상황 특성에 초점을 두는 것이 바람직하다고 주장하였다. 또한 이러한 상황 특성이 리더십 행동을 대신할 수 있으며, 이러한 이유로 리더의 특정 행동은 불필요하거나 오히려 효율성을 낮추는 것으로 지각될 수 있다고 주장하였다. 구체적으로 이들은 리더 행동을 불필요하거나 중복되게 만드는 상황 특성을 리더십 행동을 대체한다고 해서 대체물(substitutes)로 명명하였고, 리더 행동의 효율성을 감소시키거나 제한하는 상황 특성을 대체할 정도는 아니지만 효율성을 중화한다는 차원에서 중화물(neutralizers)로 명명하였다.

따라서 리더십 대체이론(leadership substitutes theory)은 상황에 따라서 특정 리더의 행동이 불필요하거나 효과가 작다는 주장을 하고 있기 때문에 상황이론에 포함시킬 수 있다. Kerr와 Jermier는 리더의 행동을 지원적 행동과 도구적 행동으로 나누었으며, 상황 특성은 〈표 5-3〉에서 보듯이 부하 특성, 과업 특성 및 조직 특성으로 나누었다. 리더의 지원적 행동은 오하이오 주립대학교 연구에서의 배려 행동과 유사하며, 도구적 행동은 과업주도 행동과 유사하다.

표 5-3 리더 행동의 대체물 또는 중화물

대체물 또는 중화물	지원적 리더십	도구적 리더십
부하의 특성		
경험, 능력, 훈련		대체물
전문적 성향	대체물	대체물
보상에 대한 무관심	중화물	중화물
과업 특성		
구조화되고, 일상적이며, 명확한 과업		대체물
과업에 대한 피드백		대체물
내적으로 만족하는 과업	대체물	
조직 특성		
응집력 높은 집단	대체물	대체물
낮은 지위 세력	중화물	중화물
공식화		대체물
경직성(엄격한 규칙 및 절차)		중화물
의사소통의 단절	중화물	중화물

1) 상황 특성

상황 특성이 리더 행동을 대체하거나 중화한다는 주장에 대해 좀 더 자세히 설명해 보기로 한다.

(1) 부하 특성

사전 경험과 충분한 훈련을 받은 부하는 무엇을 해야 하고, 그것을 어떻게 해야 하는지를 알기 때문에 리더의 지시나 감독이 불필요하다. 즉, 부하의 경험과 훈련은 도구적 리더십의 대체물이 된다. 예를 들어, 의사, 조종사, 회계사 등의 전문직에 종사하는 사람들은 엄격한 감독을 필요로 하지 않으며 또 원하지도 않는 경우가 많다. 또한 가치관, 욕구 및 윤리관 등에 의해서 내적으로 동기화된 전문가들에게는 리더가 작업의 질을 높이도록 격려하거나 일일이 지시할 필요가 없다. 어느 정도까지는 알아서 하도록 놔두는 것이 바람직하다. 즉, 이 경우 부하의 전문적 성향은 지원적 및 도구적 리더십의 대체물이 된다. 부하가 보상에 대해서 무관심한 경우(예: 자신의 가족과 많은 시간을 보내려 함)에 조직에서 보상을 주기 위해 노력하는 리더의 행동도 부하의 큰 관심을 끌지 못할 것이다.

(2) 과업 특성

과업이 단순하고 반복적이라면, 리더의 감독이나 지시 없이도 부하는 과업을 수행하기 위해서 필요한 기술을 쉽게 배울 수 있다. 부하가 일을 하면서 자신이 일을 잘하고 있는지 아닌지를 쉽게 알 수 있다면, 리더가 그 부하에게 일을 얼마나 잘하고 있는지 말해 줄 필요가 없을 것이다. 또한 과업이 재미있고 즐겁다면, 리더는 군이 지원적 행동을 보일 필요가 없을 것이다. 이러한 상황에서 과업 특성은 리더의 지원 또는 도구적 행동의 대체물이 된다.

(3) 조직 특성

집단의 응집력이 높다면 부하들은 동료로부터 심리적 지원을 충분히 받고 있기 때문에 리더의 지원적 행동은 불필요하게 된다. 또한 서로들 알아서 일을 잘 처리해 나가기 때문에 리더의 도구적 행동도 불필요하게 된다. 즉, 집단 응집력은 지원적 및 도구적 리더십의 대체물이 된다. 리더의 지위 세력이 낮은 경우, 부하들이 원하는 보상을 주기 어렵기 때문에 리더십을 효과적으로 발휘하기가 어렵다. 따라서 리더의 낮은 지위 세력은 지원적 및 도구적 리더십의 중화물 역할을 한다. 조직이 잘 공식화되어 있고 경직되어 있는 경우에도 리더의 지시적 행동은 불필요하거나 무의미할 것이다. 리더가 부하들과 의사소통할 기회가 거의 없는 경우에도 리더의 지원적 또는 도구적 행동은 큰 효과를 거두지 못할 가능성이 높다.

2) 이론의 평가

지금까지 이 이론의 타당성을 입증하기 위해서 시도된 연구는 많지 않다. 시도된 몇몇 연구는 이 이론의 주장을 어느 정도 뒷받침하고 있다(Farh, Podsakoff, & Cheng, 1987; Jermier & Berkes, 1979; Podsakoff, Niehoff, MacKenzie, & Williams, 1993). 그러나 소수의 연구결과만을 가지고 이 이론의 타당성을 평가하기는 이르다고 할 수 있다(Yukl, 1994).

리더십 대체이론이 맞다고 해서 리더십이 필요 없다는 의미는 아니다. 조직에서 리더와 부하 간의 상호작용은 반드시 필요하기 때문이다. 또한 리더는 지원적 또는 도구적 행동만 보이는 것이 아니라 비전을 제시한다거나 부하들의 자율성을 확대한다거나 하는 다른 행동도 보여야 한다. 단지 이 이론에서 기술하고 있는 상황 특성이 존재할 경우 리더는 일상적인 지원적 또는 도구적 리더 행동에서 벗어나 리더가 해야 할 다른 행동에 더 많은 시간을 보낼 필요가 있다는 점을 시사한다는 데 리더십 대체이론의 의미가 있다.

팀 토 의

1. 다양한 상황이론을 배우고 어떤 점을 느꼈는지 토의해 보시오.

2. 상황이론이 기존의 특성이론이나 행동이론에 비하여 갖는 장점과 단점은 무엇인지 토의해 보시오.

3. 이 장에서 기술한 다양한 상황이론 가운데 어떤 이론이 가장 자신의 마음에 들며 그 이유는 무엇인지 토의해 보시오.

참고문헌

Avolio, B. J., & Bass, B. M. (1988). Transformational leadership, charisma, and beyond. In J. G. Hunt, B. R. Baliga, & C. A. Schriesheim (Eds.), *Emerging leadership vista.* Lexington, MA: D.C. Health.

Avolio, B. J., & Howell, J. M. (1992). The impact of leadership behavior and leader-follower personality match on satisfaction and unit performance. In K. Clark, M. B. Clark, & D. P. Campbell (Eds.), *Impact of leadership* (pp. 225-235). Greensboro, NC: Center for Creative Leadership.

Avolio, B. J., Waldman, D. A., & Einstein, W. O. (1988). Transformational leadership in a management game simulation. *Group and Organizational Studies, 13,* 59-80.

Bass, B. M. (1985). *Leadership and performance beyond expectations.* New York: Free Press.

Bass, B. M. (1990). *Bass and Stogdill's handbook of leadership* (3rd ed.). New York: Free Press.

Bass, B. M., Avolio, B. J., & Goodheim, L. (1987). Biography and the assessment of transformational leadership at the world class level. *Journal of Management, 13,* 7-20.

Bass, B. M., & Yammarino, F. J. (1991). Congruence of self and others' leadership ratings of naval officers for understanding successful performance. *Applied Psychology: An International Review, 40,* 437-454.

Bentz, V. J. (1985). *A view from the top: A thirty year perspective of research devoted to discovery, description, and prediction of executive behavior.* Los Angeles: Paper presented at the 93rd Annual Convention of the American Psychological Association.

Blake, R. R., & Mouton, J. S. (1964). *The managerial grid.* Houston: Gulf Publishing.

Boyatzis, R. E. (1982). *The competent manager.* New York: John Wiley.

Bradley, R. T. (1987). *Charisma and social power: A study of love and power, wholeness and transformation.* New York: Paragon.

Bray, D. W., & Howard, A. (1983). The AT & T longitudinal studies of managers. In K. W. Schaiel (Ed.), *Longitudinal studies of adult psychological development* (pp. 112-146). New York: Guilford.

Burns, J. M. (1978). *Leadership.* New York: Harper & Row.

Campbell, J. P. (1977). The cutting edge of leadership: An overview. In J. G. Hunt & L. L. Larson (Eds.), *Leadership: The cutting edge.* Carbondale, Ill: Southern Illinois University Press.

Conger, J. A., & Kanungo, R. N. (1988). *Charismatic leadership: The elusive factor in organizational effectiveness.* San Francisco: Jossey-Bass.

Dansereau, F., Jr., Graen, G., & Haga, W. J. (1975). A vertical dyad linkage approach to leadership within formal organizations: A longitudinal investigation of the role making process. *Organizational Behavior and Human Performance, 13*, 46-78.

DeVries, D. L. (1992). Executive selection: Advances but no progress. *Issues & Observations, 12*, 1-5.

Ellis, R. J. (1988). Self-monitoring and leadership emergence in groups. *Personality and Social Psychology Bulletin, 14*, 681-693.

Evans, M. G. (1970). The effects of supervisory behavior on the path-goal relationship. *Organizational Behavior and Human Performance, 5*, 277-298.

Farh, J. L., Podsakoff, P. M., & Cheng, B. S. (1987). Culture-free leadership effectiveness versus moderators of leadership behavior: An extension and test of Kerr and Jermier's substitute for leadership model in Taiwan. *Journal of International Business Studies, 18*, 43-60.

Fiedler, F. E. (1964). A contingency model of leadership effectiveness. In L. Berkowitz (Ed.), *Advances in experimental social psychology.* New York: Academic Press.

Fielder, F. E. (1967). *A theory of leadership effectiveness.* New York: McGraw-Hill.

Fiedler, F. E. (1978). The contingency model and the dynamics of the leadership process. In L. Berkowitz (Ed.), *Advances in experimental social psychology.* New York: Academic Press.

Fiedler, F. E. (1992). Time based measures of leadership experience and organizational performance: A review of research and a preliminary model. *Leadership Quarterly, 3*, 5-23.

Fiedler, F. E., & Chemers, M. M. (1982). *Improving leadership effectiveness: The leader match concept.* New York: Wiley.

Fiedler, F. E., & Garcia, J. E. (1987). *New approaches to leadership: Cognitive resources and organizational performance.* New York: Wiley.

Fiedler, F. E., & House, R. J. (1988). Leadership theory and research: A report of progress. In C. L. Cooper & I. T. Robertson (Eds.), *International review of industrial and organizational psychology* (pp. 73-94). London: Wiley.

Field, R. H. G. (1982). A test of the Vroom-Yetton normative model of leadership. *Journal of Applied Psychology, 67*, 523-532.

Fleishman, E. A. (1953). The description of supervisory behavior. *Personnel Psychology, 37*, 1-6.

Fleishman, E. A., & Harris, E. F. (1962). Patterns of leadership behavior related to employee grievances and turnover. *Personnel Psychology, 15*, 43-56.

French, J., & Raven, B. H. (1959). The bases of social power. In D. Cartwright (Ed.), *Studies of social power*. Ann Arbor, MI: Institute for Social Research.

Georgopoulos, B. S., Mahoney, G. M., & Jones, N. W., Jr. (1957). A path-goal approach to productivity. *Journal of Applied Psychology, 41*, 345-353.

Gibson, F. W. (1992). Leader abilities and group performance as a function of stress. In K. Clark, M. B. Clark, & D. P. Campbell (Eds.), *Impact of leadership* (pp. 333-343). Greensboro, NC: Center for Creative Leadership.

Goldberg, L. R. (1993). The structure of phenotypic personality traits. *American Psychologists, 48*, 26-34.

Graef, C. L. (1983). The situational judgement theory: A critical review. *Academy of Management Journal, 8*, 285-296.

Graen, G. B., & Cashman, J. F. (1975). A role-making model of leadership in formal organizations: A developmental approach. In J. G. Hunt & L. L. Larson (Eds.), *Leadership frontiers*. Kent, Ohio: Kent State University Press.

Halpin, A. W., & Winer, B. J. (1957). A factorial study of the leader behavior descriptions. In R. M. Stogdill & A. E. Coons (Eds.), *Leader behavior: Its description and measurement* (pp. 39-51). Columbus, OH: Bureau of Business Research, Ohio State University.

Hater, J. J., & Bass, B. M. (1988). Superiors' evaluations and subordinates' perceptions of transformational and transactional leadership. *Journal of Applied Psychology, 73*, 695-702.

Hemphill, J. K., & Coons, A. E. (1957). Development of the leader behavior description questionnaire. In R. M. Stogdill & A. E. Coons (Eds.), *Leader behavior: Its description and measurement*. Columbus, OH: Bureau of Business Research, Ohio State University.

Hersey, P., & Blanchard, K. H. (1969). Life cycle theory of leadership. *Training and Development Journal, 23*, 26-34.

Hersey, P., & Blanchard, K. H. (1982). *Management of organizational behavior: Utilizing human resources*. Englewood Cliffs, NJ: Prentice Hall.

Hinkin, T. R., & Schriesheim, C. A. (1989). Development and application of new scales to measure the French and Raven (1959) bases of social power. *Journal of Applied Psychology, 74*, 561-567.

Hogan, R., Curphy, G. J., & Hogan, J.(1994). What we know about leadership: Effectiveness and personality. *American Psychologist, 49*, 493-504.

Hogan, R., & Hogan, J. (1992). *Hogan personality inventory manual*. Tulsa, OK: Hogan Assessment Systems.

Hogan, R., Raskin, R., & Fazzini, D. (1990). The dark side of charisma. In K. E. Clark & M.

B. Clark (Eds.), *Measures of leadership* (pp. 343-354). West Orange, NJ: Leadership Library of America.

House, R. J. (1971). A path-goal theory of leader effectiveness. *Administrative Science Quarterly, 16,* 321-339.

House, R. J. (1977). A 1976 theory of charismatic leadership. In J. G. Hunt & L. L. Larson (Eds.), *Leadership: The cutting edge* (pp. 189-207). Carbondale: Southern Illinois University Press.

House, R. J., & Dessler, G. (1974). A path-goal theory of leadership: Some post hoc and a priori tests. In J. Hunt & L. Larson (Eds.), *Contingency approaches to leadership.* Carbondale, IL: Southern Illinois Press.

Hughes, R. L., Ginnett, R. C., & Curphy, G. J. (1993). *Leadership: Enhancing the lessons of experience.* Homewood, IL: IRWIN.

Jermier, J. M., & Berkes, L. J. (1979). Leader behavior in a police command bureaucracy: A closer look at the quasi-military model. *Administrative Science Quarterly, 24,* 1-23.

Katz, D., & Kahn, R. L. (1952). Some recent findings in human relations research. In E. Swanson, T. Newcomb, & E. Hartley (Eds.), *Readings in social psychology.* New York: Holt, Rinehart & Winston.

Katz, D., Maccoby, N., & Morse, N. (1950). *Productivity, supervision, and morale in an office situation.* Ann Arbor, MI: Institute for Social Research.

Kerr, S., & Jermier, J. M. (1978). Substitutes for leadership: Their meaning and measurement. *Organizational Behavior and Human Performance, 22,* 375-403.

Kipnis, D., Schmidt, S. M., & Wilkinson, I. (1980). Intra-organizational influence tactics: Explorations in getting one's way. *Journal of Applied Psychology, 17,* 280-286.

Likert, R. (1961). *New patterns of management.* New York: McGraw-Hill.

Lord, R. G., DeVader, C. L., & Allinger, G. M. (1986). A meta-analysis of the relationship between personality traits and leadership perceptions: An application of validity generalization procedures. *Journal of Applied Psychology, 71,* 402-410.

McCall, M. W., Jr., & Lombardo, M. M. (1983). What makes a top executive? *Psychology Today, February,* 26-31.

McClelland, D. C. (1965). N-achievement and entrepreneurship: A longitudinal study. *Journal of Personality and Social Psychology, 1,* 389-392.

McClelland, D. C. (1985). *Human motivation.* Glenview, IL: Scott Foresman.

McClelland, D. C., & Boyatzis, R. E. (1982). Leadership motive pattern and long term success in management. *Journal of Applied Psychology, 67,* 737-743.

McClelland, D. C., & Burnham, D. H. (1976). Power is the great motivator. *Harvard Business Review, March-April,* 100-110.

McClelland, D. C., & Winter, D. G. (1969). *Motivating economic achievement*. New York: Free Press.

Miner, J. B. (1965). *Studies in management education*. Atlanta: Organizational Measurement Systems Press.

Miner, J. B. (1975). The uncertain future of the leadership concept: An overview. In J. G. Hunt & L. L. Larson (Eds.), *Leadership frontiers*. Kent, Ohio: Kent State University.

Miner, J. B. (1985). Sentence completion measures in personnel research: The development and validation of the Miner Sentence Completion Scales. In H. J. Bernardin & D. A. Bownas (Eds.), *Personality assessment in organizations* (pp. 145-176). New York: Praeger.

Misumi, J., & Peterson, M. (1985). The performance-maintenance(PM) theory of leadership: Review of a Japanese research program. *Administrative Science Quarterly, 30*, 198-223.

Peters, L. H., Hartke, D. D., & Pohlmann, J. T. (1985). Fielder's contingency theory of leadership: An application of the meta-analytic procedures of Schmidt and Hunter. *Psychological Bulletin, 97*, 274-285.

Pettigrew, A. (1972). Information control as a power resource. *Sociology, 6*, 187-204.

Podsakoff, P. M., & Schriesheim, C. A. (1985). Field studies of French and Raven's bases of power: Critique, reanalysis, and suggestions for future research. *Psychological Bulletin, 97*, 387-411.

Podsakoff, P. M., Niehoff, B. P., MacKenzie, S. B., & Williams, M. L. (1993). Do substitutes for leadership really substitute for leadership? An examination of Kerr and Jermier's situational leadership model. *Organizational Behavior and Human Decision Processes, 54*, 1-44.

Rauch, C. F., & Behling, O. (1984). Functionalism: Basis for an alternate approach to the study of leadership. In J. G. Hunt, D. M. Hosking, C. A. Schriesheim, & R. Stewart (Eds.), *Leaders and managers: International perspectives on managerial behavior and leadership* (pp. 45-62). Elmsford, NY: Pergamon Press.

Roberts, N. C., & Bradley, R. T. (1988). Limits of charisma. In J. A. Conger & R. N. Kanungo (Eds.), *Charismatic leadership: The elusive factor in organizational effectiveness*. San Francisco: Jossey Bass.

Rush, M. C., Thomas, J. C., & Lord, R. G. (1977). Implicit leadership theory: A potential threat to the internal validity of leader behavior questionnaire. *Organizational Behavior and Human Performance, 20*, 93-110.

Scandura, T. A., Graen, G. B., & Novak, M. A. (1986). When managers decide not to decide autocratically: An investigation of leader-member exchange and decision influence. *Journal of Applied Psychology, 71*, 579-584.

Schriesheim, C. A., & DeNisi, A. S. (1981). Task dimensions as moderators of the effects of instrumental leadership: A two sample replicated test of path-goal leadership theory. *Journal of Applied Psychology, 66*, 589-597.

Schriesheim, C. A., & Kerr, S. (1977). Theories and measures of leadership: A critical appraisal. In J. G. Hunt & L. L. Larson (Eds.), *Leadership: The cutting edge* (pp. 9-45). Carbondale, IL: Southern Illinois University Press.

Schriesheim, C. A., Tepper, B. J., & Tetrault, L. A. (1994). Least preferred co-worker score, situational control, and leadership effectiveness: a meta-analysis of contingency model performance predictions. *Journal of Applied Psychology, 79(4)*, 561-573.

Simonton, D. (1988). Presidential style: Personality, biography, and performance. *Journal of Personality and Social Psychology, 55*, 928-936.

Stinson, J. E., & Johnson, T. W. (1975). The path goal theory of leadership: A partial test and suggested refinement. *Academy of Management Journal, 18*, 242-252.

Stogdill, R. M. (1948). Personal factors associated with leadership: A survey of the literature. *Journal of Psychology, 25*, 35-71.

Stogdill, R. M. (1974). *Handbook of leadership: A survey of the literature*. New York: Free Press.

Stogdill, R. M., Goode, O. S., & Day, D. R. (1962). New leader behavior description subscales. *Journal of Psychology, 54*, 259-269.

Strube, M. J., & Garcia, J. E. (1981). A meta-analytic investigation of Fiedler's contingency model of leadership effectiveness. *Psychological Bulletin, 90*, 307-321.

Tannenbaum, R., Weschler, I. R., & Massarik, F. (1961). *Leadership and organization*. New York: McGraw-Hill.

Thambain, H. J., & Gemmill, G. R. (1974). Influence styles of project managers: Some project performance correlates. *Academy of Management Journal, 17*, 216-224.

Uleman, J. S. (1991). Leadership ratings: Toward focusing more on specific behaviors. *Leadership Quarterly, 2*, 175-187.

Vecchio, R. P. (1987). Situational leadership theory: An examination of a prescriptive theory. *Journal of Applied Psychology, 72*, 444-451.

Vroom, V. H. (1964). *Work and motivation*. New York: John Wiley.

Vroom, V. H., & Jago, A. G. (1974). *Leadership and decision making: A revised normative model*. Boston: Paper presented at the Academy of Management Convention.

Vroom, V. H., & Jago, A. G. (1988). *The new theory of leadership: Managing participation in organizations*. Englewood Cliffs, NJ: Prentice Hall.

Vroom, V. H., & Yetton, P. W. (1973). *Leadership and decision making*. Pittsburgh:

University of Pittsburgh Press.

Warren, D. I. (1968). Power, visibility, and conformity in formal organizations. *American Sociological Review, 6*, 951-970.

Yukl, G. A. (1971). Toward a behavioral theory of leadership. *Organizational Behavior and Human Performance, 6*, 414-440.

Yukl, G. A. (1989). *Leadership in organizations* (2nd ed.). Englewood Cliffs, NJ: Prentice Hall.

Yukl, G. A. (1994). *Leadership in organizations* (3rd ed.). Englewood Cliffs, NJ: Prentice Hall.

Yukl, G. A., & Van Fleet, D. D. (1992). Theory and research on leadership in organizations. In M. D. Dunnette & L. M. Hough (Eds.), *Handbook of industrial and organizational psychology* (vol. 3, pp. 147-197). Palo Alto, CA: Consulting Psychologists Press.

Zaccaro, S. J., Foti, R. J., & Kenny, D. A. (1991). Self-monitoring and trait-based variance in leadership: An investigation of leader flexibility across multiple group situations. *Journal of Applied Psychology, 76*, 308-315.

제6장 리더-구성원 교환이론과 팔로워십

1. 리더-구성원 교환이론의 개요

리더-구성원 교환이론(leader-member exchange theory: LMX theory)은 기존의 리더십 이론이 리더-구성원의 관계를 한 집단의 리더와 구성원 전체의 집단적 관계로 인식하는 것과 달리 한 집단의 리더와 상이하고 다양한 특성을 가진 구성원 개개인과의 개별적 관계로 인식하는 리더십 이론이다.

또한 기존의 리더십 연구들이 리더가 조직 구성원에 미치는 일방적인 영향력을 중심으로 리더십의 과정을 설명하였다면, 리더-구성원 교환이론은 리더와 구성원 두 사람 간의 '짝관계'를 중심으로 리더십 과정을 설명하고 있다. 따라서 리더-구성원 교환이론은 '리더는 조직 구성원 전체를 하나의 집단으로 보고 동일한 영향력을 행사하기 때문에 모든 구성원에 대한 리더십의 효과성도 동일하다.'는 기존 리더십 연구들의 가정을 부정하고 있다.

초기의 리더-구성원 교환이론은 리더와 구성원 간의 상호작용을 중심으로 리더십의 과정을 설명한 이론으로서 한 집단의 리더와 구성원 개개인이 형성하고 있는 수직적 관계에 초점을 맞춘 Dansereau, Graen과 Haga(1975)의 '수직쌍 연계이론(vertical dyadic linkage theory: VDL theory)'에 기초하고 있다. 현재는 리더-구성원 교환관계이론, 리더-멤버 교환이론, 상사-부하 교환이론, LMX 이론 등의 다양한 용어로 명명되고 있다. 리더-구성원 교환이론은 리더십의 과정을 리더의 관점이나 하위자 또는 상황의 관점이 아닌 리더와 하위자 간 상호작용의 관점에서 개념화한 최초의 리더십 이론으로서 높은 학술적 가치를 가진다.

리더-구성원 교환이론의 기초가 되는 VDL 이론의 가장 큰 특징은 집단 구성원을 내집단(in-group 또는 within-group)과 외집단(out-group 또는 between-group)으로 구분하고, 리더가 두 집단에 대해 각기 다른 영향력을 행사한다는 것을 가정한다는 것이다. 즉, 한 집단의 리더는 조직의 모든 구성원에게 동일한 리더십 유형을 제공하는 것이 아니라 리더와 구성원 간의 다양한 수직짝 관계 형성에 따라 각기 다른 형태의 리더십을 제공한다는 것이다. 특히 '외집단'의 경우 리더와 구성원이 각각 공식적인 직무기술서상의 역할 책임에만 기반을 두고 관계를 형성함으로써 리더와 구성원이 각자 직무기술서에 명시된 역할 행동만을 교환하고, 직무 수행을 위한 최소한의 공식적인 관계만을 유지하는 형태이다. 외집단 관계에서 리더는 구성원에게 최소한의 관심과 배려만 보이고 일방적인 영향력을 행사한다. 리더는 구성원에게 최소한의 관심과 배려, 지원을 제공하고 구성원들은 정해진 기준의 성과를 내는 것 이외에는 관심을 두지 않기 때문에 리더는 지시, 관리, 감독 등의 업무만을 수행하게 된다. 따라서 리더와 구성원은 서로 일정한 거리를 두고 정해진 일들만 수행함으로써 긴밀한 상호작용 없는 일상을 반복하게 된다.

한편, '내집단'의 경우는 리더와 구성원 각자가 공식적인 직무기술서상의 역할 책임의 범위를 넘어서 적극적인 역할 확대(expanded role)와 역할 협의(negotiated role) 등을 통해 보다 친밀한 상호 간의 관계를 구축하게 된다. 내집단의 특징은 리더가 구성원에 대하여 일방적인 영향력을 행사하는 것이 아니라 리더와 구성원이 상호 간에 영향력을 행사하고, 직무기술서에 명시된 역할 이상의 추가적인 행동을 교환하며, 상호 신뢰하고 존중하고, 공동체적 책임감을 갖는 파트너십을 형성한다.

또한 효과적인 내집단을 형성한 리더는 구성원들의 요구와 필요에 높은 관심을 기울이고, 구성원들의 능력을 인정하며, 업무 수행에 대해 자신감을 갖도록 동기부여를 하고, 도전적이고 흥미로운 직무 기회를 제공한다. 내집단의 구성원들은 이러한 리더의 지원에 대한 교환 행동으로 만족할 만한 업무성과를 창출하고, 적극적으로 자신의 역할을 확대하며, 리더로부터 보다 많은 정보와 신임 그리고 관심을 받게 되고, 리더와 보다 원활하게 의사소통을 하며, 더욱 업무에 열중하게 됨으로써 궁극적으로 조직 성과를 제고한다.

많은 연구결과에 의하면 구성원 스스로가 자신의 역할 책임을 보다 확대하거나(역할 확대) 자신이 수행해야 할 역할에 대해 리더와 보다 적극적으로 협의(역할 협의)하는

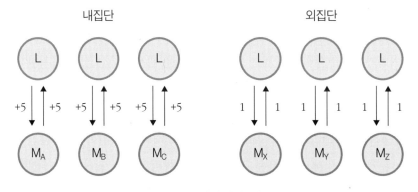

|그림 6-1| 내집단과 외집단

주: L=리더, M=구성원

경우 내집단의 일원이 될 가능성이 높아진다. 양질의 리더-구성원 교환관계를 가지고 있는 내집단 구성원의 경우 외집단 구성원들에 비해 보다 높은 성과, 직무만족도, 조직 몰입도, 조직 시민 행동, 경력 상승 등을 나타내고 보다 낮은 이직의도를 보인다.

또한 리더-구성원 교환이론에 따르면 리더와 구성원 상호 간의 '관계의 질'에 따라 구성원들의 '협상 허용범위(negotiating latitude)'가 차별화된다. 협상 허용범위는 리더가 구성원에게 업무 수행과정에서 스스로에게 영향력을 행사할 수 있도록 권한을 허용하는 정도를 의미한다. 연구결과에 의하면 업무 수행과정에서 내집단이 외집단에 비해 협상 허용범위가 높고, 협상 허용범위가 높은 구성원은 리더로부터 높은 신뢰를 얻으며, 리더와 원활하게 의사소통을 한다.

협상 허용범위는 리더와 구성원 간의 상호 신뢰, 배려, 협조, 의사소통, 의존의 정도 등을 통해서 측정되는데, 크게 내집단-외집단으로 나누는 이분법 측정과 내집단과 외집단의 정도에 따라 나누는 연속 범주의 측정이 있다. 현재 리더-구성원 교환이론에 관한 대부분의 연구에서는 내집단과 외집단의 이분법 분류를 통해 리더-구성원의 관계의 질을 측정하고 있으나 조직 내에서 구성원의 위치를 연속적 범주로 파악하여 교환관계의 질을 설명하는 것이 보다 효과적이라는 연구결과도 다수 있다.

내집단-외집단의 이분법 측정의 가장 대표적인 측정도구는 Linden, Wayne과 Stilwell(1993)이 제시한 'LMX 7 Items'이다. Linden 등은 Scandura와 Graen(1984)이 개발한 LMX 측정 설문을 수정·보완하여 LMX 7 문항을 개발하였는데, 이는 구성원이 리더를 평가하는 7개의 문항과 함께 리더가 자기 자신을 평가하는 7개의 문항으로 구성되어 있다. 또한 리더와 구성원 간의 신뢰, 리더에 대한 존경, 신뢰를 바탕으로 한 리더의 희생, 리더와 구성원의 능력에 대한 상호 존중 등이 포함되어 있다.

연속 범주를 측정하는 대표적인 측정도구로는 Linden, Sparrowe와 Wayne(1997)이 개발한 다차원 측정도구(LMX-MDM)가 있다. 다차원 측정도구는 4개의 하위 요인과 총 11개의 설문 문항으로 구성되어 있다. 4개 하위 구성요인은 리더와의 정서적 애착(affect), 리더의 보호에 대한 구성원의 충성심(loyalty), 리더 및 조직을 위해 보다 많은 추가적 노력을 기울이려는 구성원의 공헌(contribution), 그리고 리더의 직무 지식과 능력에 대한 구성원의 전문성 존경(professional respect)이다.

표 6-1	LMX의 구성요소
구성요소	내용
정서적 애착(affect)	리더와 구성원 상호 간의 인간적 매력을 기반으로 상호 유대감
충성(loyalty)	리더-구성원 상호 간의 충성을 통한 관계의 유지 및 발전
공헌(contribution)	조직의 목표달성을 위한 구성원의 헌신과 리더에 대한 충성의 정도
전문성 존경 (professional respect)	조직 내외에서 리더가 쌓아 온 명성에 대한 구성원의 인식

그렇다면 리더와 구성원 간의 효과적인 교환관계를 구축하기 위해 가장 중요한 것은 무엇인가? 많은 연구결과에 의하면 리더와 구성원 간의 교환관계의 질은 개인적 특성의 유사성에 의해 좌우되는데, 특히 리더와 구성원의 성격적 특성이 유사할수록 긴밀한 교환관계가 형성될 가능성이 높다. 또한 구성원의 능력이나 성과, 자신감, 리더에 대한 신뢰, 동기유발의 정도 역시 리더와 구성원 간의 교환관계에 영향을 미치게 된다.

리더-구성원 교환이론에 따르면 리더와 구성원의 교환관계는 다음의 4단계를 통해 형성된다(Dienesch & Linden, 1986).

- 1단계: 리더와 구성원의 초기 상호작용 단계로서, 한 집단의 리더와 다양한 특성과 배경을 가진 구성원 각자가 각기 다른 방법으로 상호작용을 시작하는 단계이다.
- 2단계: 구성원에 대한 리더의 시험단계로서, 역할과 직무 할당 등을 통해 한 집단의 리더가 구성원 개개인의 능력이나 태도를 시험하는 단계이다.
- 3단계: 리더의 시험에 대한 구성원의 반응과 귀인 단계로서, 각 구성원들이 리더가 자신들에게 특정 역할과 직무를 부여한 이유를 추정하고 할당된 역할과 직무에 대한 반응을 행동으로 나타내는 단계이다.
- 4단계: 구성원의 반응과 귀인에 대한 리더의 반응과 귀인 단계로서, 리더가 할당된 역할과 직무에 대한 구성원의 반응을 주의 깊게 살피고 행동으로 표현되는 구성원의 반응에 대한 귀인을 통해 구성원 개개인과 차별화되는 리더-구성원 교환관계를 결정하는 단계이다.

또한 Graen과 Scandura(1987)는 리더-구성원의 관계의 질은 역할 협상과정을 통해 결정되고 역할 협상 과정은 역할획득(role taking), 역할형성(role making) 그리고 역할

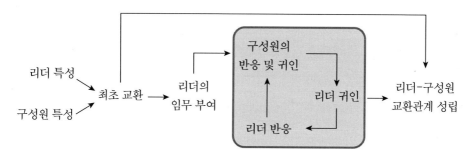

|그림 6-2| 리더-구성원 교환 관계의 성립

출처: Dienesch & Linden (1986).

일상화(role routinization)의 과정을 통해 구축된다고 주장한다. 또한 역할 협상과정을 통해 리더와 구성원은 높은 교환관계 또는 낮은 교환관계를 갖게 되는데, 높은 교환관계를 갖는 경우는 내집단으로, 낮은 교환관계를 갖는 경우는 외집단으로 분류된다.

　Deborah와 Robert(1999) 역시 리더-구성원의 교환관계를 리더-구성원 간 역할의 상호관계로 파악하고 역할 협상과정을 역할획득(role taking), 역할형성(role making) 그리고 역할발전(role developing)의 세 단계로 나누어 설명하고 있다.

① 역할획득 단계: 리더-구성원 관계의 초기 단계로서 리더가 구성원에게 업무를 할당하고 구성원의 업무 수행과정을 탐색하는 단계이다. 리더와 구성원이 공식적인 틀 안에서 교류하고 리더는 리더의 업무 할당에 반응하는 구성원의 행동을 보고 구성원에게 보낼 다음 메시지를 결정한다.

② 역할형성 단계: 구성원이 보다 도전적인 과업 수행을 위한 능력과 동기가 있다고 리더가 판단하는 경우 리더와 구성원의 관계는 역할형성 단계로 이전하게 된다. 역할형성 단계에서 리더와 구성원은 서로에게 가치 있는 자원과 정보 등을 공유하고 상호 간 기여도에 근거한 다양한 교환 행동을 나타낸다. 역할형성 단계에서 리더는 구성원이 보다 중요한 역할과 책무를 수행할 수 있는지를 시험하고 구성원은 리더가 자신에게 적합한 역할과 권한을 위임할 의사가 있는지를 살펴본다.

③ 역할일상화(또는 역할발전) 단계: 역할형성 단계에서 리더와 구성원 상호 간의 교환관계가 긍정적인 결과를 도출하고 리더와 구성원의 교환관계가 안정화되는 단계이다. 역할일상화 단계에서 리더와 구성원은 상호 신뢰를 구축하고, 존중과 상호 의무감을 갖게 되며, 다양한 측면에서 상호 간에 긍정적인 영향을 주고받는다.

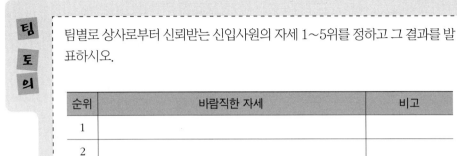

팀
토
의

팀별로 상사로부터 신뢰받는 신입사원의 자세 1~5위를 정하고 그 결과를 발표하시오.

순위	바람직한 자세	비고
1		
2		
3		
4		
5		

　리더-구성원 교환이론의 발전단계를 살펴보면, 초기의 리더-구성원 교환이론은 기존 리더십 이론들과 마찬가지로 '모든 조직 상황에서 유효한 평균적 리더십 유형 average leadership style: ALS)'을 찾는 것에서부터 시작되었다.

　ALS 이론은 한 조직의 리더는 모든 조직 구성원에게 동일한 영향력을 행사하고 구성원들도 리더의 영향력을 동일하게 인지한다는 것을 가정한다. 하지만 ALS 이론이 강조하는 '구성원들에 대한 리더의 행동은 오랫동안 일관되고 리더의 영향력은 모든 구성원에게 동질적으로 인식된다.'는 주장과 '조직의 모든 구성원은 리더의 동질적인 리더십 행동에 동일한 방식으로 반응한다.'는 전제가 조직 현장에서 성립되지 않는 경우가 많기 때문에 많은 학자는 ALS 이론에 대해 근본적인 의문을 제기하고 있다.

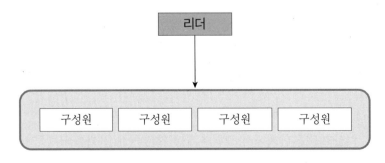

|그림 6-3| ALS 이론

ALS 이론이 리더와 구성원 각자의 일대일 관계를 적절하게 반영하지 못한다고 비판받으면서 새롭게 제기된 이론이 리더-구성원 교환이론의 기초가 된 '수직쌍 연계이론(vertical dyadic linkage theory: VDL theory)'이다.

VDL 이론은 리더와 구성원 간의 개별적인 수직 짝관계에 초점을 두고 내집단과 외집단 간의 차이점을 분석하고자 노력하였다. VDL 이론에 의하면 리더는 각 구성원의 욕구, 능력, 공헌도 등을 비교한 후 구성원들을 크게 내집단과 외집단으로 구분하고, 내집단의 구성원에게는 보다 후원적이고 지원적인 리더십 행동을 발휘하고 다양한 기회와 자원 그리고 혜택과 보상을 지원하지만 외집단의 구성원에게는 최소한의 관심과 배려를 보이는 등 집단별로 각기 다른 영향력을 행사한다.

리더와 각 구성원들 간의 차별화된 관계에 초점을 맞추고 있는 VDL 이론의 주요 가정은 다음과 같다.

① 리더의 리더십 행동은 모든 구성원에게 동질하게 발휘되는 것이 아니고 구성원과의 관계에 따라 달라진다.
② 리더의 리더십 행동에 대한 지각, 해석 그리고 반응은 모든 구성원에게 동질적이지 않고 이질적이다.

VDL 이론의 주요 가정을 요약하면, '조직의 리더는 모든 구성원에게 동질적인 리더십 행동을 보이지 않고, 각 구성원들과 차별적인 관계를 형성한다.'는 것이다.

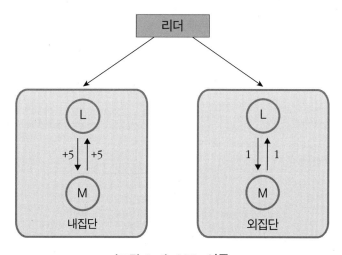

|그림 6-4| VDL 이론

VDL의 후속 연구는 리더와 구성원 간의 관계의 질에 관심을 두고 리더와 구성원 간의 수직 짝관계가 조직의 효과성에 미치는 영향에 대해 파악하고자 노력하였다. VDL 후기 연구들은 리더-구성원 교환관계의 질이 조직성과와 어떤 상관관계를 가지는지에 연구의 초점을 맞춘 새로운 리더십 이론으로 발전하게 되는데, 이것이 'LMX 이론'이다.

LMX 이론은 조직 내 리더와 각 구성원 간의 차별화되는 개별적 관계를 강조하고 연속선상에서 리더와 구성원 간의 관계의 질을 파악한다. LMX 이론에 따르면 관계의 질이 높을수록 상호 간의 존중의 정도가 높고, 교환관계에 대한 신뢰도가 높으며, 구성원의 헌신과 노력에 대해 리더가 충분히 보상하고 지원한다.

즉, 리더와 구성원 간 관계의 질이 높을수록 구성원은 자신의 업무를 보다 효과적으로 추진하기 때문에 궁극적으로 조직의 효율성을 높이게 된다는 것이다. 또한 양질의 리더-구성원 교환관계는 구성원들의 이직률, 업무성과, 승진, 조직 헌신, 직무만족 등에 긍정적 영향을 미침으로써 궁극적으로 조직의 효과성을 제고한다.

Linden 등(1997)에 의하면 리더와 구성원의 관계 형성의 질에 영향을 미치는 선행변수와 결과변수는 〈표 6-2〉와 같다.

한편, 최근 LMX 연구는 리더가 조직의 모든 구성원과 높은 수준의 교환관계를 구축하여야 함을 강조하는 리더십 만들기(leadership making: LM)에 초점을 두고 있다. Graen 과 Uhl-Bien(1995)은 리더십의 효과성 제고를 위해서 리더와 구성원의 양질의 교환관계 구축이 무엇보다 중요하다고 강조하고 리더십 만들기를 제안하였다. 리더십 만들기는 특히 리더와 구성원 간의 협동관계(partnership) 구축을 강조하는데, 바람직한 리더십 만들기는 리더가 조직의 모든 구성원과 효과적인 일대일 관계를 수립하고 이를 통해 조직 전체에 걸친 '협력관계 연결망'을 구축함으로써 궁극적으로는 조직의 목표

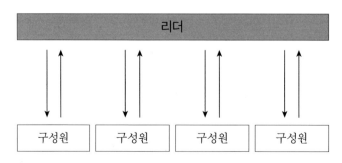

|그림 6-5| LMX 이론

표 6-2 LMX의 선행변수와 결과변수

구분			내용
선행변수	개인변수	구성원 특성	능력, 성실, 성격(통제위치, 성장욕구의 강도, 내·외향성, 정서), 상향적 영향력, 행동, 나이, 교육수준, 성, 인종, 재직기간 등
		리더 특성	능력, 정서 등
	리더-구성원 상호작용 변수		인구통계적 유사성, 호감, 기대, 성격적 유사성, 상호작용 빈도, 관계형성 기간, 커뮤니케이션 빈도 등
	상황변수		조직규모와 구성, 조직문화, 직무특성, 기술, 리더파워, 리더의 직무량, 리더의 가용자원, 리더의 시간적 스트레스 등
결과변수	태도와 지각		조직 분위기, 직무문제, 조직몰입, 만족(동료, 급여, 승진, 감독, 직무), 이직의도, 상향적 영향력, 리더의 자원제공, 혁신에 대한 리더 지원 등
	행동		의사소통, 혁신, 조직시민행동, 이직, 직무활동(직무영역, 의사결정, 권한위임, 직무 다양성) 등
	조직차원		보너스, 경력발전, 승진, 급여인상 등

출처: 강정애 외(2010)에서 수정·재인용.

달성을 용이하게 만드는 데 그 목적이 있다.

'리더십 만들기'는 시간의 경과와 더불어 다음의 세 단계를 거쳐 성장·발전해 나가는데, 각각의 단계는 다음과 같다.

① 낯선 단계(stranger phase): 리더-구성원 간의 상호작용이 공식적인 계약관계 내에서 일방적으로 이루어지는 단계이다. 낯선 단계에서 리더와 구성원은 낮은 질의 교환관계를 가지게 되는데, 이는 외집단의 관계와 상당히 유사하다. 즉, 리더와 구성원 모두는 직무기술서에 규정된 역할 범위 내에서 낮은 정도의 교환관계를 형성하고 구성원들은 경제적 보상을 목적으로 리더에게 복종하게 된다. 이 단계에서 리더와 구성원 각자의 관계 형성을 향한 동기는 집단의 이익보다는 개인의 이익을 추구하는 데 있다.

② 친지단계(acquaintance phase): 리더와 구성원이 보다 친밀한 관계 구축을 위해 개인 또는 작업에 관한 정보를 교환하는 단계이고 리더와 구성원 상호 간에 서로의

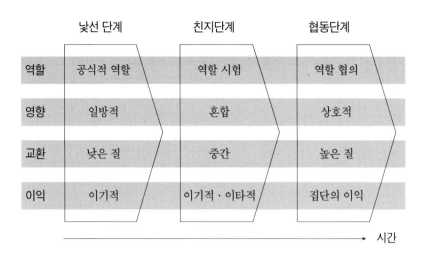

|그림 6-6| 리더십 만들기의 단계

출처: Graen & Uhl-Bien (1995)에서 수정 · 인용.

역할을 시험하는 단계이다. 친지단계에서 리더는 구성원이 자신의 역할 확대에
관심이 있는지를 시험하고, 구성원은 리더가 자신에게 보다 새롭고 도전적인 일
을 맡기려고 하는지를 시험한다. 친지단계에서 리더-구성원 간의 성공적인 짝관
계가 형성되면 리더와 구성원은 서로 간에 보다 많은 신뢰와 존경을 교환하기 시
작한다. 친지단계에서 리더에 대한 구성원의 관계 형성 동기는 개인의 이익뿐만
아니라 집단의 이익을 함께 추구하는 경향을 보인다.
③ 협동단계(mature partnership phase): 리더와 구성원 간에 양질의 교환관계가 구축
되고 상호 간에 높은 신뢰와 존경, 협력관계를 형성하는 단계이다. 협동단계에서
리더와 구성원 상호 간의 관계는 일방적인 관계가 아닌 상호 영향을 주고받는 관
계이고, 수직적이기보다는 수평적이며 상호 의존적이다. 따라서 협동단계의 리
더와 구성원은 직무기술서에 명시된 공식적 관계가 아닌 보다 건설적이고 생산
적인 파트너 관계를 형성하고 개인의 이익이 아닌 조직의 이익을 위해 상호 협력
해 나가게 된다.

최근 들어 '리더십 만들기'는 팀 수준의 네트워킹을 강조하는 '팀 만들기 역량 네트워
크(team-making competence network: TCN)'로 발전하고 있는데, Graen과 Uhl-Bien은
리더-구성원의 교환관계에 대한 연구의 전개를 〈표 6-3〉과 같이 정리하였다.

구분	이론	연구 초점
1단계	VDL 단계 (수직쌍 연계이론)	리더와 구성원 간의 차별화된 일대일 관계에 초점
2단계	LMX 단계 (리더-구성원 교환관계)	리더-구성원 간의 교환관계가 조직의 성과에 미치는 영향에 초점
3단계	LM 단계 (리더십 만들기)	리더-구성원 간의 효과적인 일대일 파트너 관계 구축에 초점
4단계	TCN 단계 (팀 만들기 역량 네트워크)	리더-구성원 간의 차별화된 일대일 관계 구축을 통해 집단과 조직 네트워크 수준에서 고도의 기능적 팀 형성과정에 초점

표 6-3 리더-구성원 교환이론의 전개과정

출처: Graen & Uhl-Bien (1995)에서 수정 · 인용.

2. 리더-구성원 교환이론의 시사점

리더-구성원 교환이론은 리더십 과정에 있어서 리더와 구성원 간의 효과적인 짝관계 형성이 리더십 효과성의 핵심이라는 것을 인식하고 리더십 효과성의 제고를 위해서 리더와 구성원 간의 원활한 의사소통을 통한 상호 신뢰와 존경 그리고 협력적 관계의 구축을 강조한다. 또한 리더-구성원 교환이론은 효과적인 리더가 되기 위해서 리더는 의식적으로 또는 무의식적으로 구성원들에 대한 편견을 버리고 각 구성원들을 공정하고 공평하게 대우해야 함을 강조하고 있다.

리더-구성원 교환이론에 의하면 조직에는 내집단과 외집단이 존재하고 두 집단은 목표달성에 대한 태도에서부터 업무 수행방식까지 다양한 측면에서 현저한 차이를 보인다. 일반적으로 내집단의 구성원들은 공식적인 역할 이외에 조직에서 주어진 역할을 자발적으로 수행하고 집단의 목표달성을 위해 최선의 노력을 기울이는 반면, 외집단의 구성원들은 조직에서 공식적으로 요구하는 역할 범위 내의 업무만 수행할 뿐 그 이상의 역할에 대해서는 관심을 보이지 않는다. 그 결과, 조직의 리더는 이와 같은 내집단의 노력과 헌신에 대해서 보다 많은 시간과 자원, 책임과 기회 등을 기꺼이 제공하지만 외집단에 대해서는 개인적인 관심을 최소화하고 직무기술서상에 명시된 최소한의 지원만을 제공하게 된다.

따라서 조직의 효과성 제고를 위해 리더는 가능한 한 조직의 모든 구성원과 내집단 관계를 형성하고 그들에게 새로운 역할과 책임을 맡김으로써 양질의 교환관계를 구축해야 한다는 것이 리더-구성원 교환이론의 핵심이다.

1) 리더-구성원 교환이론의 강점

최근 들어 리더-구성원 교환이론은 실무적 차원에서 상당한 설득력을 얻고 있는데, 그 이유를 정리하면 다음과 같다.

① 조직 내에서 내집단과 외집단의 존재가 쉽게 목격되기 때문이다. 오늘날 기업 현실에서 보면 아무리 '평가의 공정성'을 강조하는 조직이라고 해도 조직에 보다 많이 공헌한 사람이 최소한으로 공헌한 사람들과 구별되어 보상받는 것이 타당하다. 따라서 최근 들어 조직에 보다 많이 공헌한 사람이 더 많은 보상을 받는 것은 공정하다는 인식이 설득력을 얻고 있는 것이 사실이다.

② 리더의 특성이나 조직 상황 그리고 구성원의 특성 등을 강조하거나 리더의 일방적인 영향력을 중심으로 리더십의 과정을 설명하고 있는 기존의 리더십 이론과는 달리 리더와 구성원의 '짝관계'를 중심으로 리더십 과정을 설명하고 있는 유일한 리더십 이론으로서 높은 학술적 가치를 가지기 때문이다.

③ 리더-구성원 교환이론은 '리더와 구성원 간의 양질의 교환관계 구축이 조직의 효과성 제고에 긍정적 영향을 미친다.'는 것을 강조함으로써 조직의 리더로 하여금 조직 구성원과의 양질의 교환관계 구축에 대한 책임을 부여하기 때문이다.

④ 리더-구성원 교환이론의 실무적 적용을 통해 리더와 구성원 간의 높은 관계의 질이 조직의 효과성 제고에 긍정적 영향을 미친다는 사실을 다수의 실증 연구들을 통해 검증하였기 때문에 리더-구성원 교환이론은 높은 실무적 가치를 가진 리더십 이론으로 인정받고 있다.

2) 리더-구성원 교환이론의 한계점

한편, 높은 실무적 가치에도 불구하고 리더-구성원 교환이론은 다음과 같은 한계점을 갖고 있다.

① '리더는 조직의 효과성 제고를 위해 가능한 한 많은 구성원과 내집단 관계를 형성해야 한다.'는 가정은 공정성을 추구하는 인간의 기본적 가치에 역행한다는 것이 리더십을 연구하는 많은 학자의 주장이다. 오늘날 기업환경에서 내집단과 외집단이 존재하는 것이 엄연한 현실이라고 해도 리더에게 이를 시정하도록 권고하는 것이 아니라 오히려 불공정성과 차별을 옹호하듯 인식되는 것은 신뢰받는 리더십 이론으로서의 자세가 아니라는 것이 그 첫 번째 이유이다.

② 리더와 구성원 간의 교환관계 구축에 직접적인 영향을 미치는 상황변인들(contextual factors)과 다양한 형평성 이슈들을 다루지 않고 표면적으로 드러나는 몇몇의 현상만으로 내집단의 중요성을 강조하는 것은 과학적 연구로서의 신뢰성을 저해한다는 지적이 있다.

③ 리더-구성원 교환이론은 비록 내집단의 존재가 조직성과 제고에 많은 영향력을 미친다고 해도 내집단이 되기 위한 구체적인 전략을 제시하지 못하고 양질의 리더-구성원 교환관계가 만들어지는 과정에 대해서도 충분히 설명하지 못하고 있기 때문에 리더십 이론으로서의 학술적 유용성이 낮다는 것이다. 리더-구성원 교환이론을 실제적으로 조직의 리더십 개발훈련에 적용하기에는 미흡함이 많은 것이 사실이다.

④ 리더-구성원 간의 관계의 질을 측정하는 다양한 연구가 진행되었음에도 불구하고 연구자에 따라 각기 다른 측정도구를 사용하고 분석 수준을 달리함으로써 각 연구결과들을 상호 비교하기 어렵다는 것이 리더-구성원 교환이론이 가지는 또 다른 한계점으로 지적된다.

3. 리더-구성원 교환이론의 진단

리더-구성원 교환이론은 리더-구성원 간의 수직 짝관계의 정도를 측정하기 위하여 다양한 연구를 진행하였다. 하지만 각 연구마다 상이한 측정도구를 사용하고 연구자에 따라 분석 수준을 달리함으로써 각 연구결과들을 상호 비교하기 어렵다는 문제점을 가지고 있다. 이 책에서 제시한 설문지는 리더와 구성원 간의 '작업상 상호관계의 질'을 측정하기 위해 설계된 'LMX 7 Items'이다. LMX 7 문항은 리더의 자기평가 7문항과 구성원의 리더에 대한 리더평가 7문항으로 구성되어 있다.

전반적으로 LMX 진단 설문지는 리더와 구성원 간의 인간적 매력에 대한 상호 유대감을 나타내는 정서적 유대, 리더와 구성원 간의 상호 보호에 대한 충성심을 나타내는 충성, 리더와 조직을 위해 보다 많은 추가적인 노력을 기울이려는 구성원의 공헌의식을 나타내는 공헌, 리더의 전문 지식과 능력에 대한 구성원의 인식을 나타내는 전문성 존경의 4개의 하위 영역으로 구성되어 있다. 이 연구에서 사용된 LMX 7 문항은 리더-구성원 간 교환관계의 질을 존경, 신뢰, 의무감의 세 가지 차원으로 측정하고 있는데, 리더와 구성원이 서로의 일 처리능력에 대해 존경하고 신뢰하는 정도와 서로 간에 느끼는 의무감의 정도를 측정함으로써 상호 협력의 정도를 파악하고자 하는 것이 그 목적이다.

또한 이 연구에서 사용된 LMX 설문지는 리더의 입장에서 그리고 구성원의 입장에서 각각 응답하도록 고안되었는데, 리더와 각 구성원들의 관계의 질을 측정하기 위해서는 리더가 구성원의 수만큼 많은 개별 설문지를 작성해야 한다.

1) LMX 설문지

다음은 귀하와 리더의 관계를 묻는 설문이다. 평가하고자 하는 리더(구성원)를 정하고 가장 적합한 곳에 표시하시오.

설문 1) 귀하와 리더(구성원)의 관계는 어떻습니까? 귀하의 리더는 귀하가 하는 일에 대해 어느 정도로 만족한다고 생각하십니까?

거의 만족하지 않는다	때때로 만족한다	자주 만족한다	꽤 자주 만족한다	매우 자주 만족한다
1	2	3	4	5

설문 2) 귀하의 리더(구성원)는 귀하의 직무상의 문제점이나 직무상의 필요를 어느 정도 이해하고 있습니까?

조금도 이해하지 못한다	약간 이해하고 있다	상당히 이해하고 있다	꽤 많이 이해하고 있다	아주 많이 이해하고 있다
1	2	3	4	5

설문 3) 귀하의 리더(구성원)는 귀하의 잠재능력을 어느 정도로 인식하고 있습니까?

전혀 인식하지 못한다	약간 인식하고 있다	중간 정도 인식한다	대부분 인식한다	충분히 인식한다
1	2	3	4	5

설문 4) 귀하의 리더(구성원)가 공식적으로 부여된 권한과 상관없이 자신의 권력(영향력)을 이용하여 귀하를 도와 작업상의 문제를 해결해 줄 가능성은 어느 정도입니까?

거의 없다	약간 있다	중간 정도이다	높다	매우 높다
1	2	3	4	5

설문 5) 귀하의 리더(구성원)가 자신이 가지고 있는 공식적인 권한과는 상관없이 자신의 희생을 무릅쓰고 귀하를 어려운 처지에서 구해 내 줄 가능성은 어느 정도입니까?

거의 없다	약간 있다	중간 정도이다	높다	매우 높다
1	2	3	4	5

설문 6) 귀하는 귀하의 리더(구성원)를 충분히 신뢰하고 리더(구성원)의 결정을 옹호하고 정당하다고 인정합니까?

절대로 그렇지 않다	그렇지 않다	잘 모르겠다	그렇다	전적으로 그렇다
1	2	3	4	5

설문 7) 귀하는 귀하의 리더(구성원)와 직업상의 관계가 어떻다고 말할 수 있습니까?

매우 좋지 않다	평균보다 못하다	평균이다	평균보다 좋다	매우 좋다
1	2	3	4	5

2) 점수의 해석

7개의 설문 문항에 대한 각각의 점수를 합산한 뒤 다음의 기준에 따라 자신과 리더

(구성원)와의 교환관계의 질을 분석한다. 높은 범주의 점수는 리더와 구성원 간의 높은 질의 교환관계(내집단)를 나타내고, 낮은 범주의 점수는 낮은 질의 교환관계(외집단)를 나타낸다.

① 30~35: 매우 높음
② 25~29: 높음
③ 20~24: 중간 정도
④ 15~19: 낮음
⑤ 7~14: 매우 낮음

LMX 이론에 근거하여 다양한 조직 상황을 설정하고 각각의 상황에서 내집 단과 외집단은 각각 어떻게 차별화되게 행동하는지 팀별로 시나리오를 작성 한 뒤 발표하시오.

조직 상황	내집단	외집단
예) 리더가 갑작스럽게 저녁 회식을 요구할 경우	L: M: L: M: L: M: L: M: L: M:	L: M: L: M: L: M: L: M: L: M:

4. 리더십과 팔로워십

1900년대 초반 본격적으로 리더십에 관한 학술적 연구가 시작된 이후, 리더십에 관한 연구는 오랜 기간 리더에 초점을 맞추고 진행되었다. 따라서 그동안 팔로워십

(followership)은 '리더십의 단순한 하위 개념'에 불과한 것으로 인식되어 왔으며 리더십 연구의 중요 주제가 되지 못하였다. Gilbert와 Hyde(1988)는 '조직의 모든 문제점은 리더십만 있으면 해결될 수 있다.'는 리더십에 대한 과신과, 팔로워들을 동기부여시키는 능력은 리더의 중요한 관리기술이기 때문에 '팔로워십은 리더십에 달려 있다.'는 생각 등이 팔로워십의 중요성을 등한시하게 만든다고 강조한다. 하지만 최근 들어 많은 학자와 HR 전문가는 조직 구성원들 대부분이 리더로 살아가는 기간보다 추종자로 살아가는 기간이 더 김에도 불구하고 팔로워십에 대한 연구가 리더십에 관한 연구에 비해 상대적으로 부족함을 지적하고 팔로워십의 효과성에 보다 많은 학문적·실무적 관심을 기울이고 있다.

리더십에 있어서 리더십을 발휘하는 사람을 리더라고 한다면, 리더십 발휘의 대상이 되는 사람을 '팔로워(follower)' 또는 '추종자'라고 한다. 사전적으로 살펴보면 팔로워는 '다른 사람을 추종하고, 다른 사람의 가르침이나 의견을 따르며, 다른 사람을 모방하고자 하는 사람'이라고 정의된다. 하지만 이와 같은 사전적 정의의 한계점은 팔로워를 리더의 지시에 무조건 복종하는 수동적인 존재로 보고 있는 것이다. Kelley(1992)에 의하면 '바람직한 팔로워는 나무와 숲을 동시에 보는 통찰력과 타인과 잘 어울릴 수 있는 사회적 역량을 가지고, 지적이며, 지위와 상관없이 능동적으로 행동하고, 자기관리를 잘하며, 자신이 속한 조직과 집단에 헌신하고, 성실하며, 신뢰할 수 있고, 조직의 목표를 달성하기 위해 적극적으로 참여하고 노력하려는 의지를 보유하고 있는 사람'이다.

한편, 팔로워십(followership)은 리더십에 반대되는 개념으로서 추종자 정신, 추종력 등을 가리키며 '조직 구성원이 사회적 역할과 조직 목적달성에 필요한 역량을 구비하고, 조직의 권위와 규범에 따라 주어진 과업과 임무를 달성하기 위하여 바람직한 자세와 역할을 하도록 하는 제반 활동과정'을 의미한다(네이버 지식백과). 즉, 조직을 구성하고, 리더의 지시를 따르며, 리더를 도와 조직의 긍정적인 발전을 유도하는 사람들을 팔로워(추종자)라고 칭하고, 팔로워들이 공통적으로 갖고 있는 성향이나 행동방식 또는 사고체계 등을 포괄적으로 팔로워십이라 칭한다.

Kelley는 '조직의 성공에 있어서 리더가 기여하는 것은 20% 정도이고 나머지 80%는 팔로워들'임을 주장하고 리더십에 있어서 팔로워십의 중요성을 강조하고 있다. 특히 Kelley는 조직생활을 하다 보면 아무리 직급이 높아도 리더로 일하는 시간보다 팔로워로 일하는 시간이 많고, 항상 리더의 역할과 팔로워의 역할을 구분해서 하는 것이 아니라 서로 번갈아 가면서 하는 역할의 변화를 경험하게 되며, 일방적인 리더가 팔로워에게 영향을 미치는 상하관계가 아니라 상호 영향력을 주고받는 관계임을 밝혔다. 따라서 바람직한 리더의 자질과 바람직한 팔로워의 자질에서 많은 공통점을 발견할 수 있기 때문에 리더십을 논의함에 있어서 팔로워십은 매우 중요한 개념이라고 강조하였다. 또한 조직의 성공을 위해서는 리더십 못지않게 중요한 것이 팔로워십이며 아무리 유능한 리더라고 해도 자신의 부족함과 실수를 보완하고 도와줄 팔로워가 없다면 결코 성공적인 리더가 될 수 없다는 것을 강조하였다.

Kelley는 조직 내 다양한 팔로워의 사고방식과 행동양식에 관심을 갖고, 다양성 속에서 공통된 특성을 찾아내고자 팔로워를 위해 최초로 쓴 책『팔로워의 힘(The Power of Followership)』에서 일정한 기준에 따라 팔로워들을 유형화하고, 각 유형별로 구비해야 할 바람직한 덕목을 제시하였다.

먼저, Kelley는 팔로워의 사고 성향(독립적 · 비판적 사고 vs. 의존적 · 무비판적인 사고)과 행동 성향(적극적 · 능동적 참여 vs. 소극적 · 수동적 참여)의 두 척도를 기준으로 팔로워의 유형을 다섯 가지로 분류하였다. Kelley에 의하면 독립적 · 비판적 사고를 가진 팔로워들은 조직의 목적달성에 관심을 갖고, 자신과 타인의 사고방식 및 행동에 주의를 기울이며, 리더의 결정에 대해 합리적으로 판단하고, 건설적인 비판과 창의적인 개

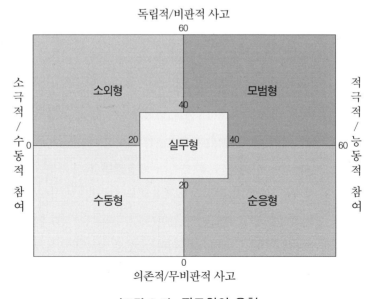

|그림 6-7| 팔로워의 유형

출처: Kelley (1992)에서 수정 인용.

혁을 제안하고자 노력한다. 하지만 의존적·무비판적 사고를 가진 팔로워들은 조직의 목적달성을 위한 창의적인 아이디어의 제안이라든지 조직의 개혁 등에는 관심을 갖지 않고 단순히 리더의 지시만 따르려는 경향이 있다.

또한 적극적·능동적 참여를 하는 팔로워는 조직의 목적달성을 위해 적극적으로 의견을 개진하고, 주어진 역할보다 많은 업무를 감당하고자 하며, 주인의식을 가지고 조직의 문제해결에 앞장서서 노력한다. 하지만 소극적·수동적 참여를 하는 팔로워는 리더의 지속적인 감독이 없으면 주어진 업무 이외에는 어떠한 역할도 감당하려 하지 않고, 업무 수행이 느리고 나태한 경향이 있다.

Kelley가 제시한 팔로워의 유형은 다음과 같다.

1) 팔로워의 유형

(1) 소외형

소외형 팔로워(alienated follower)는 강한 개성을 가지고 있는 팔로워로서 독립적·비판적 사고방식을 갖고 있지만 소극적·수동적 참여 행동을 한다. 이들 대부분은 능력은 있지만 조직 내에서 부당한 대우나 좌절, 리더의 약속 불이행, 리더와의 갈등 등을 경험하고 난 뒤 조직과 리더, 동료 등에 대해 냉소적인 시각을 갖게 된 경우가 많다. 또한 이들은 리더와 동료들의 사고방식과 행동 그리고 조직의 상황 등에 대해 강한 비판의식과 불만을 가지고 있지만 문제점 개선을 위해 노력하기보다는 침묵으로 일관하는 유형이다. 업무 수행에 있어서도 주어진 업무에 대해서 강한 불만과 비판적인 생각을 가지고 있지만 이를 표면적으로 드러내지 않고 소극적으로 필요한 업무만 수행하는 경향이 있다. 일반적으로 전체 팔로워의 약 15~20%를 차지한다.

소외형 팔로워가 바람직한 팔로워가 되기 위해서는 조직과 리더 그리고 동료 등에 대한 부정적 사고와 자신이 능력에 비해 부당한 대우를 받는다는 피해의식을 극복해야 한다. 그리고 긍정적인 사고와 적극적인 참여 행동을 계발하기 위해 적극적으로 노력해야 한다. 이를 위해 리더는 적극적인 대화를 통해 소외형 팔로워들의 불만을 해소하고, 그들이 능동적으로 조직의 문제해결에 참여할 수 있도록 동기부여를 해야 한다.

(2) 순응형

순응형(conformist) 팔로워는 독립적·비판적인 사고는 부족한 반면, 조직의 문제해결을 위해서는 최대한 성실하게 자신의 역할을 수행하는 유형이다. 상명하복(上命下服)의 권위적 조직이나 전통적인 사회, 혹은 전제적 리더 밑에서 흔히 볼 수 있는 유형으로서 리더의 감독과 지시에 지나치게 의존하는 일명 '예스맨(yes men)' 유형이다. 의사결정에 있어서도 리더에게 지나치게 의존하기 때문에 리더의 잘못된 의사결정도 무조건적으로 복종하려는 경향이 있다. 또한 조직의 권위에 맹목적으로 순종하는 경향이 있기 때문에 스스로 의사결정을 하고 자발적으로 업무를 처리하기보다는 리더의 지시에 따라 업무를 수행하는 것을 보다 편하게 생각한다. 맹목적인 추종을 충성이라고 생각하고 이를 조직생활에서 가장 중요한 덕목이라고 생각하는 한편 업무환경에서 리더 또는 조직 구성원들과의 갈등을 회피하는 가장 효율적인 방편은 권위에 복종하는 것이라는 보편적 인식이 순응형 팔로워를 조장하는 원인이라고 할 수 있다. 일반적으로 전체 팔로워의 약 20~30%를 차지한다.

순응형 팔로워가 바람직한 팔로워가 되기 위해서는 독립적이고 비판적인 사고력을 길러야 하고, 조직의 문제점에 대해 건설적인 비판을 제기할 수 있는 합리적인 판단력과 설득력 그리고 자신의 견해에 대한 자신감과 이를 실천할 수 있는 용기의 함양이 필요하다. 이를 위해 리더는 조직 구성원이 건강한 자아를 확립하고 성숙한 팔로워로 성장할 수 있도록 건설적인 비판에 대한 수용력을 키우고 그들의 의견을 적극적으로 수렴할 수 있도록 노력해야 한다. 또한 순응형 팔로워는 순응을 조장하는 사회적 풍토나 전제적인 리더에게서 많이 나타나는 유형으로 리더 자신이나 조직의 근본적인 변화가 필요하다.

(3) 실무형

실무형(pragmatic survivor) 팔로워는 조직이 불안정하거나 절박한 시기에 많이 나타나는 유형으로서 위험을 회피하고 현상 유지를 지향하는 특징을 가진다. 실무형 팔로워는 조직 상황에 대해 비판적 견해를 제시하지 않고 비록 리더의 가치와 판단에 의문을 가진다 하더라도 적극적으로 자신의 의견을 제시하지 않은 채 자신에게 주어진 일만 책임감 있게 수행하고자 노력하는 유형이다. 일반적으로 실무형 팔로워는 업무 수행의 목표를 낮게 정하고 주어진 일 이상은 하지 않으려는 경향이 있기 때문에 업무 수행과정에서 수행결과가 불확실하거나 성과가 보장되지 않는 일은 추진하지 않으려 하

고, 리더 또는 조직 구성원들과 불필요한 의견 대립을 회피하고자 노력하며, 혹 일어
날지도 모르는 실패를 예상하여 이에 대한 대비책을 마련해 두는 경향이 있다. 실무형
팔로워는 조직 안에서 약 25~30%를 차지한다.

실무형 팔로워가 바람직한 팔로워가 되기 위해서는 가시적인 성과 창출과 목표달성
에 대한 강박감을 스스로 극복하고 자신의 이익보다는 조직의 이익을 위해 조직 구성
원들과 긴밀한 협업 및 정보 공유 등을 함으로써 굳건한 신뢰관계를 구축하여야 한다.
이를 위해 리더는 실무형 팔로워가 조직 내에서 구체적인 목표를 정하고, 다른 사람들
과의 신뢰를 회복하며, 다른 사람들의 목표달성을 도울 수 있도록 지지하고 지원하여
야 한다.

(4) 수동형

수동형 팔로워(passive follower)는 조직의 문제 상황에 대해서 비판적이지는 않지만
문제해결을 위해서 적극적으로 참여도 하지 않는 유형이다. 조직의 목표달성에 대한
성취욕이 없기 때문에 업무에 대한 고민도 없고, 업무를 추진하는 능력도 부족하며, 책
임감도 없고, 매사에 소극적으로 임하는 유형이다. 리더와 동료들의 사고방식과 행동
그리고 조직의 상황 등에 대해 강한 비판의식과 불만을 가지고 있지만 문제점을 개선
하고자 노력하기보다는 침묵으로 일관하는 소외형과는 달리 리더와 동료의 잘못에도
무관심으로 일관하고 리더의 지시에 따라 시키는 일만 할 뿐 솔선해서 업무를 추진하
지도 않는다. 전반적으로 볼 때 수동형 팔로워는 비판적이지는 않지만 의존적이고, 조
직의 문제해결에 열심히 참여도 하지 않으며, 업무 수행에 있어서도 맡겨진 일 이상은
하지 않는 유형이다. 일반적으로 조직 구성원의 약 5~10%를 차지한다.

수동형 팔로워가 바람직한 팔로워가 되기 위해서는 바람직한 팔로워십에 대한 정확
한 이해를 바탕으로 조직의 목표달성을 위한 강한 동기부여, 자신의 이익보다는 조직
의 이익을 위한 자기희생, 그리고 주인의식을 가지고 조직의 문제해결을 위해 적극적
으로 참여하는 자세가 필요하다. 이를 위해서 리더는 모든 일을 통제하고 정해진 규정
을 지키도록 구성원들에게 강제하는 것이 아니라 그들이 자율권을 가지고 스스로 업
무를 추진할 수 있도록 탈권위적 자세를 가지게끔 노력하여야 한다.

(5) 모범형

조직 내에서 모범형 팔로워(effective follower)는 독립적이고 비판적인 사고자들이며,

활동적인 행동가이다. 이들은 리더의 잘못된 지시에 대하여 비판하기보다는 적극적으로 조언하거나 리더의 부족한 아이디어를 보강하기 위해 자발적으로 지원하는 동반자적인 역할을 수행한다. 리더의 결정을 무조건적으로 수용하지 않지만 일단 결정이 내려지면 적극적으로 리더를 지원하는 유형이다. 이들은 조직의 목표달성을 위해서라면 어떠한 위험도 피하지 않고 다른 사람들과의 갈등도 두려워하지 않는다. 또한 모범형 팔로워는 조직의 성장을 위한 변화를 주도하고, 실패를 두려워하지 않고 도전하며, 신중하고, 효과적으로 자기관리를 하며, 자신과 조직의 강점 및 약점을 정확하게 파악하고, 개인보다 조직의 이익을 우선한다. 이들은 독립심이 강하고, 조직의 문제해결에 헌신적이며, 건설적인 비판을 통해 독창적이고 효과적인 아이디어를 제기한다. 일반적으로 전체 팔로워의 약 5~10%를 차지한다.

모범형 팔로워는 업무 활동에 있어서도 업무 추진능력이 우수하고, 사전 준비가 철저하며, 사후에 일어날 일에 대한 대비책을 미리 강구하고, 솔선수범하며, 주인의식을 가지고 자신이 맡은 일보다 보다 많은 일을 수행한다. 특히 이들은 조직 내에 넓은 인간관계를 형성하고, 리더와 상하관계를 떠나 적극적으로 협업하고 정보 공유 등을 함으로써 리더의 힘을 강화시킨다. 따라서 모든 조직에서 모범형 팔로워는 조직 구성원들이 배우고 따르고자 하는 역할 모델이 된다. 리더는 모범형 팔로워의 성장을 위해 그들의 의견을 적극적으로 수렴하고, 역량에 대해 충분히 인정하며, 자신이 가진 잠재대표력을 충분히 발휘할 수 있도록 여건을 조성해 줌으로써 조직 효과성을 제고하여야 한다. 가장 바람직한 팔로워 유형이라고 할 수 있다.

팀 토 의

팀별로 다음의 각 유형에 가장 적합한 대표적인 팔로워를 선정하고 그 이유를 설명하시오.

유형	대표적 팔로워(이름)	선정 이유
소외형 팔로워		
순응형 팔로워		
실무형 팔로워		
수동형 팔로워		
모범형 팔로워		

그렇다면 바람직한 팔로워가 되기 위해서는 어떠한 마음가짐과 자세가 필요한가? "남을 따르는 법을 알지 못하는 사람은 결코 좋은 지도자가 될 수 없다."라는 아리스토텔레스의 말과 같이, 좋은 지도자가 되기 위해서는 반드시 좋은 팔로워로서의 경험이 선행되어야 한다. 유능한 팔로워가 된다는 것은 유능한 리더가 되는 것만큼 어려운 일이다.

Gilbert와 Hyole는 성공적인 팔로워의 특징으로 ① 상급자에 대한 파트너십(partnership), ② 자기가 맡은 일에 대한 스스로의 동기부여(motivation), ③ 직무 수행 역량(competence), ④ 유머감각(sense of humor), ⑤ 신뢰성(dependability), ⑥ 긍정적인 업무관계(positive working relations), ⑦ 직언(speak up), ⑧ 바른 태도(comportment)를 제시하였다.

중국 속담에 "유능한 사람 뒤에는 항상 다른 유능한 사람이 있다."라는 말이 있다. Heenan과 Bennis(1999)는 마오쩌둥과 저우언라이의 관계를 위대한 리더와 팔로워의 모범적인 사례로 들고 바람직한 팔로워의 역할을 설명하였다. 특히 마오쩌둥과 저우언라이의 관계는 "중국의 혁명은 마오쩌둥이 없었다면 결코 불붙지 않았을 것이다. 하지만 마오쩌둥에게 저우언라이가 없었다면 그 불길은 다 타서 결국에는 재가 되고 말았을 것이다."라는 미국의 닉슨 대통령의 말에서도 알 수 있듯이 저우언라이는 평생 마오쩌둥의 노선을 올곧게 지지해 온 최고의 동반자였다.

현대 중국인들이 가장 존경하는 인물 중 한 명인 저우언라이는 화려한 언변과 날카

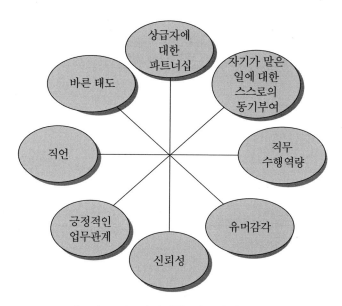

|그림 6-8| 바람직한 팔로워의 특징

로운 필력, 강한 카리스마를 가진 마오쩌둥과는 달리 조용하고, 유연하며, 포용력 있는 성품의 소유자로서 평생 개인 통장 하나 갖지 않을 정도로 청렴한 인물이었다. 내전 중에도 국민당과 공산당 양쪽으로부터 폭넓은 존경을 받았던 그는 때론 무색무취하다는 평도 있었고 마오쩌둥의 실정에 강하게 비판하지 않은 덕에 정치가로서 장수했다는 비판적인 평도 있었지만, 만약 저우언라이가 이런 성격의 소유자가 아니었다면 자신의 권위에 도전하는 인물들을 가차없이 처단하는 마오쩌둥과 오랜 기간 함께하기 어려웠을 것이다.

바람직한 팔로워가 되기 위해서는 리더에게 완벽함을 기대하지 말고, 리더를 인간적으로 이해하려는 노력이 필요하다. 또한 리더의 지시, 명령, 힐책 등을 흔쾌히 받아들이려는 노력과 함께 재능보다는 충성심이 보다 중요하다는 것(才人薄德)을 인식하고 리더의 장점을 존중하고 단점을 보완하고자 노력하여야 한다. 그리고 리더의 성공이 자신의 성공과 연결된다는 승-승의 사고를 가지고 리더의 기대와 욕구를 정확히 파악하고, 이를 충족시키도록 노력하며, 리더에게 긍정적인 영향력을 주어야 한다.

Daft(2012)는 리더에게 긍정적인 영향력을 주는 방법을 〈표 6-4〉와 같이 제시하였다.

표 6-4 리더에게 긍정적인 영향력을 주는 전략

1. 리더를 위한 자원이 되라	2. 좋은 리더가 되도록 리더를 도우라
• 조직의 목적과 비전을 정확하게 이해한다. • 자신의 목적과 비전을 조직의 목적과 비전에 일치시킨다. • 리더의 욕구와 장점 및 단점을 파악한다. • 리더와의 대화를 통해 상호 간의 비전과 목적을 공유한다. • 조직의 목적과 비전, 리더의 욕구를 달성할 수 있도록 적극적으로 돕는다.	• 리더에게 자신의 생각과 필요를 알리고 지지와 지원을 요청한다. • 리더의 긍정적인 행동에 대해 칭찬한다. • 리더의 지지와 지원에 대해 감사함을 표시한다.
3. 신뢰관계를 구축하라	4. 리더를 현실적으로 보라
• 개인의 이해관계를 떠나 리더와 정직하게 대화한다. • 신뢰를 기반으로 상호 존중하는 관계를 구축한다. • 리더의 입장에서 생각하고, 리더의 생각과 행동에 대해 건설적인 피드백을 제공한다.	• 이상적인 리더의 이미지를 버리고, 있는 모습 그대로를 받아들인다. • 리더의 행동에 대해 섣불리 판단하지 않는다. • 다른 사람에게 리더의 단점을 비판하지 않는다. • 리더의 잘못된 행동에 무조건 동의하지 않는다.

2) 팔로워십 진단

• 다음에 제시된 자가진단 툴에 따라 1부터 6까지의 숫자 중 해당하는 숫자 위에 ○ 표시를 하시오.

자가진단 툴

0	1	2	3	4	5	6
거의			가끔			언제나
그렇지 않다			그렇다			그렇다

1. 나에게 있어서 일은 중요한 사회적 목표나 개인적인 꿈을 성취하는 데 도움이 된다.	1 2 3 4 5 6
2. 나의 목표와 조직의 목표가 조화된다.	1 2 3 4 5 6
3. 나는 최선의 아이디어와 능력을 일과 조직에 쏟아붓고 헌신적이며 정력적으로 일한다.	1 2 3 4 5 6
4. 나의 열의가 확산되어 동료 직원들을 활기차게 만든다.	1 2 3 4 5 6
5. 나는 리더의 지시를 기다리거나 단순히 떠맡는 것이 아니라 조직에 가장 중요한 목표를 달성하기 위해서 무엇이 가장 중요한 조직활동인지를 스스로 판단한다.	1 2 3 4 5 6
6. 나는 조직과 리더에게 더욱 가치 있는 사람이 되기 위해서 나의 능력을 적극적으로 발휘한다.	1 2 3 4 5 6
7. 나는 새로운 일이나 임무를 맡았을 때 리더가 중요하게 생각하는 부문에서 빠른 시일 내에 높은 성과를 창출한다.	1 2 3 4 5 6
8. 리더는 내가 기한 안에 일을 훌륭하게 해낸다고 생각하고 나의 능력을 믿고 어려운 임무를 나에게 맡긴다.	1 2 3 4 5 6
9. 나는 나의 업무범위를 벗어나는 일을 스스로 찾아내서 성공적으로 완수하기 위해 솔선수범한다.	1 2 3 4 5 6
10. 나는 집단 프로젝트의 리더가 아닐 때도 맡은 일보다 많은 일을 하고 능력껏 공헌한다.	1 2 3 4 5 6
11. 나는 리더나 조직의 목표에 공헌할 수 있는 새로운 아이디어를 독자적으로 고안해서 적극적으로 제기한다.	1 2 3 4 5 6
12. 나는 리더에게 의존해서 어려운 문제들을 해결하기보다는 스스로 해결하려고 한다.	1 2 3 4 5 6
13. 나는 아무런 인정을 받지 못할지라도 다른 동료들이 좋은 평가를 받도록 돕는다.	1 2 3 4 5 6
14. 나는 필요한 경우 일부러 반대의견을 개진해서라도 리더와 동료들이 새로운 아이디어가 가지고 있는 발전 가능성과 위험성을 모두 볼 수 있도록 돕는다.	1 2 3 4 5 6

15. 나는 리더의 요구나 목표 등을 이해하고 그것들을 충족시키기 위해서 열심히 일한다.	1 2 3 4 5 6
16. 나는 나에 대한 평가를 미루기보다는 나의 장점과 약점을 솔직하게 인정한다.	1 2 3 4 5 6
17. 나는 지시받은 일만 하지 않고 리더가 내린 판단이 얼마나 현명한가를 스스로 평가한다.	1 2 3 4 5 6
18. 나는 리더가 나의 전문분야나 개인적인 흥미에 반대되는 일을 해 달라고 부탁할 때 '싫다'고 말한다.	1 2 3 4 5 6
19. 나는 리더나 집단의 기준이 아닌 나의 윤리적 기준에 따라 행동한다.	1 2 3 4 5 6
20. 나는 내가 속한 집단과 갈등하거나 리더로부터 보복을 당한다고 해도 중요하다고 생각하는 이슈에 대해서 나의 견해를 주장한다.	1 2 3 4 5 6

■ **점수의 해석**

독립적 · 비판적 사고의 점수와 적극적 · 능동적 참여의 점수를 합하고 [그림 6-7]을 참조하여 자신의 팔로워십 스타일을 결정한다.

독립적 · 비판적 사고		적극적 · 능동적 참여	
항목	점수	항목	점수
1		2	
5		3	
11		4	
12		6	
14		7	
16		8	
17		9	
18		10	
19		13	
20		15	
합계		합계	

팀토의

다음을 읽고 팔로워십과 복종의 차이점을 설명하시오.

Milgram 실험

Milgram 실험은 1961년 예일 대학교의 심리학과 조교수 Stanley Milgram이 실시한 '권위에 대한 복종'에 관한 실험이다. Milgram은 권위에 대한 복종을 연구하던 중 사람들이 파괴적인 복종에 굴복하는 이유가 성격보다 상황에 있다고 믿고 굉장히 설득력 있는 상황이 생기면 아무리 이성적인 사람이라도 윤리적·도덕적인 규칙을 무시하고 명령에 따라 잔혹한 행위를 저지를 수 있다고 주장했다.

Milgram은 '징벌에 의한 학습 효과'를 측정하는 실험에 참여할 사람들을 모집하고 피실험자들을 교사와 학생으로 나누었다. 그리고 교사 역할과 학생 역할의 피실험자를 각각 1명씩 그룹 지어 실험을 실시했다. 학생 역할의 피실험자를 의자에 묶고 양쪽에 전기 충격 장치를 연결했다. 그리고 교사가 학생에게 문제를 내고 학생이 틀리면 교사가 학생에게 전기 충격을 가할 수 있도록 했다. 그러나 사실 학생 역할의 피실험자는 배우였으며, 전기 충격 장치도 가짜였다.

사실 이 실험의 목적은 '징벌에 의한 학습 효과'가 아닌 '권위에 대한 복종'이었다. 먼저, '징벌에 의한 학습 효과'에 대한 실험이라고 공고하여 4달러를 대가로 피실험자를 모은 뒤 각각 교사와 학생 역할로 나누었다. 그러나 사실 학생 역할의 피실험자는 배우였다. 실험자는 교사 역할의 피실험자에게는 학생에게 테스트할 문제를, 학생 역할의 배우에게는 암기할 단어를 제시했다. 그리고 교사에게 학생들을 테스트한 후 학생이 문제를 틀릴 때마다 15v부터 시작하여 450v까지 한번에 15v씩의 전기 충격을 가하라고 지시했다. Milgram이 주시했던 것은 교사들이 전압을 높여 가는 과정에서 어떤 태도를 보이는가였다. Milgram은 고작 4달러의 대가로 교사들이 과연 15v에서 450v까지 전압을 높일 것인지에 대해 관찰했다. 실험자는 흰색 가운을 입고 전압을 올릴지 말지 고민하는 교사들에게 '실험의 모든 책임은 내가 진다.'며 전압을 올릴 것을 강요했다.

실험을 시작하기 전 Milgram은 4달러의 대가로 피실험자들이 450v까지 전압을 올릴 것이라고 생각하지 않았다. Milgram은 0.1% 정도의 사람들이 450v까지 전압을 올릴 것이라고 생각했다. 그러나 실험의 결과는 충격적이었다. 65%의 피실험자가 450v까지 전압을 올렸다. 이 실험은 1971년 필립 짐바르도의 스탠퍼드 감옥 실험까지 확대되었다. Milgram의 실험은 윤리적으로, 파시즘과 홀로코스트와 관련하여 많은 비판을 받았다.

출처: 위키백과.

참고문헌

강정애, 태정원, 양혜현, 김현아, 조은영(2010). 리더십론. 서울: 시그마프레스.

김병섭, 박광국, 조경호(2009). 휴먼 조직론. 서울: 대영문화사.

김준식, 박민생, 차대운, 김정수(2007). 핵심 조직행동론. 대구: 도서출판대명.

박보식(2017). 리더십: 이론과 실제. 서울: 대영문화사.

박유진(2009). 현대사회의 조직과 리더십. 서울: 양서각.

백기복, 신제구, 김정훈(2009). 리더십의 이해. 서울: 창민사.

손주영(2013). 조직과 리더십. 서울: 도서출판 두남.

송계충, 정범구(2008). 조직 행위론. 서울: 경문사.

신인철(2007). 팔로워십 리더를 만드는 힘. 서울: 한스미디어.

이민규(2002). 네 꿈과 행복은 10대에 결정된다. 서울: 더난출판사.

이상호(2015). 조직과 리더십. 서울: 북넷.

이영민(2006). 리더십 대탐험. 서울: 다만북스.

정우일, 박선경, 양승범(2009). 리더와 리더십. 서울: 박영사.

Daft, R. L. (2012). *Leadership* (5th ed.). Boston: Cengage Learning.

Dansereau, F., Graen, G., & Haga, W. (1975). A vertical dyad linkage approach to leadership within formal organization: A longitudinal investigation of the role making process. *Organizational Behavior and Human Performance, 13*, 46-78.

Deborah, B. B., & Robert N. S. (1999). Resistance and cooperation: a response to conflict over job performance. *Human Relations, 52*(8), 1029-1053.

Dienesch, R. M., & Linden, R. C. (1986). Leader-member exchange model of leadership: a critique and further development. *Academy of Management Review, 11*, 618-634.

Gilbert, R. G., & Hyde, A. C. (1988). Followership and the federal worker. *Public Administration Review, 48*, 962-968.

Graen, G. B., & Scandura, T. A. (1987). Toward a psychology of dyadic organizing. In B. M. Staw & L. L. Cummings (Eds.), *Research in Organizational Behavior, 9*, 08-175. Greenwich, CT: JAI Press.

Graen, G. B., & Uhl-Bien, M. (1995). Relationship-based approach to leadership: Development of leader-ember exchange (LMX) theory of leadership over 25 years: applying a multi-level multidomain perspective. *Leadership Quarterly, 6*, 219-247.

Heenan, D., & Bennis, W. (1999). *Co-leaders: The power of great partnerships.* New York: John Wiley & Sons.

Kelley, R. E. (1992). *The power of followership*. New York: Doubleday Publishing

Liden, R. C., Sparrowe, R. T., & Wayne, S. J. (1997). Leader-member exchange theory: the past and potential for the future. In G. R. Ferris & K. M. Rowland (Eds.), *Research in Personnel and Human Resources Management, 15,* 19-47. Greenwich, CT: JAI Press.

Liden, R. C., Wayne, S. J., & Stilwell, D. (1993). A longitudinal study on the early development of leader-member Exchanges. *Journal of Applied Psychology, 78,* 4-662.

Scandura, T. A., & Graen, G. B. (1984). Moderating effects of initial leader-member exchange status on the effects of a leadership intervention. *Journal of Applied Psychology, 69,* 428-436.

제7장 변혁적 리더십과 카리스마적 리더십

1. 변혁적 리더십　ǀ　2. 카리스마적 리더십

1. 변혁적 리더십

'변혁적 리더십(transformational leadership)'은 1980년대 초부터 많은 리더십 연구자의 관심의 대상이 되어 온 리더십 이론으로서 리더십 연구의 중심에 자리 잡고 있는 리더십 이론 중 하나이다. 리더십 분야에서 가장 권위 있는 학술지인『리더십 연구(Leadership Quarterly)』에 게재된 논문을 살펴보면 약 1/3이 변혁적 리더십 또는 카리스마 리더십에 관한 내용일 정도로 높은 학문적 가치를 가지고 있는 리더십 이론이기도 하다.

'변혁적 리더십'이란 용어는 1973년에 Downton이 처음 사용하였지만 학술적 이론으로서 대중의 관심을 받기 시작한 것은 정치학자이자 사회학자인 Burns에 의해서이다. 1978년에 Burns는 자신의 저서『리더십(Leadership)』에서 변혁적 리더십의 개념과 리더의 역할을 정의하였는데, 그에 따르면 변혁적 리더십은 '조직 전체 또는 조직 구성원들에게 변화의 필요성을 인식시키고, 자발적 변화를 향한 동기를 유발시킴으로써 구성원들이 자신에게 요구되는 기대 수준 이상의 성과를 달성할 수 있도록 이끌어 나가는 리더십'이다. 따라서 변혁적 리더의 역할은 '조직 구성원의 가치관, 행동규범, 정서, 장기적 목표 등을 변화시킴으로써 구성원들을 변혁시키고 그들로 하여금 조직의 공동목표에 보다 효과적으로 도달할 수 있도록 동기를 부여하는 것'이다.

일반적으로 변혁적 리더는 조직의 새로운 비전과 목표를 제시하고 조직의 목표달성을 위해 긍정적인 방향으로 조직을 변화시키고자 노력하는 '변화의 주역(change agent)'이며, 구성원들과 더불어 효과적으로 일하는 방법을 아는 사람임과 동시에 구성원들의 업적과 성취에 대해 인정하고 격려함으로써 구성원들의 만족과 신뢰를 이끌어 내는 사람이다.

Burns는 리더십의 유형을 크게 거래적 리더십(transactional leadership)과 변혁적 리더십(transformational leadership)으로 구분하였다. 그에 따르면 거래적 리더십은 리더와 구성원 간의 교환관계에 기초를 둔 리더십으로서, 리더는 거래적 리더십의 효과적인 발휘를 위해서 구성원들이 바라는 것을 제공해 주고 이를 통해 자신이 원하는 방향으로 구성원들의 행동을 유도하는 것이 필요하다. 거래적 리더십은 리더와 구성원 상호 간의 교환관계를 통해 각자의 욕구가 만족되는 한 원활한 관계 형성이 지속된다.

한편, 변혁적 리더십은 조직 구성원들에게 변화의 필요성을 인식시키고 구성원들로 하여금 변화를 향한 자발적 동기를 유발시킴으로써 그들이 기대 이상의 성과를 달성할 수 있도록 이끌어 가는 리더십이다. 효과적인 변혁적 리더는 구성원들로 하여금 보다 높은 수준의 욕구(고차원적 욕구)에 집중하도록 호소하고 그들이 자신의 이익을 초월하여 조직의 이익을 위해 공헌하도록 동기부여를 해야 한다. 효과적인 변혁적 리더는 자신과 구성원 모두의 도덕성을 보다 높은 수준으로 끌어올림으로써 개인, 집단 그리고 조직의 변화를 조장하는 리더이다.

그렇다면 구성원들로 하여금 기대 이상의 성과를 창출케 하는 변혁적 리더의 특징은 무엇인가? Burns는 변혁적 리더의 특징을 다음과 같이 세 가지로 요약하여 제시하였고, 마하마트 간디를 가장 이상적인 변혁적 리더의 전형으로 소개하였다.

① 변혁적 리더는 구성원들에게 조직목표의 중요성과 가치를 충분히 이해시킨다.
② 변혁적 리더는 조직 구성원들로 하여금 조직의 목표달성을 위해 개인적 이익을 초월할 수 있도록 동기유발시킨다.
③ 변혁적 리더는 구성원들이 보다 높은 수준의 욕구에 관심을 기울이도록 유도한다.

한편, Bennis와 Nanus(1985)는 변혁적 리더의 특징을 다음과 같이 제시하였다.

① 변혁적 리더는 조직의 미래에 대한 명확한 비전을 가지고 있고, 간결하고 현실적이며, 뚜렷한 비전 제시를 통해 미래의 청사진을 보여 주기 때문에 구성원들로 하여금 자신이 속한 조직의 나아갈 방향을 명확하게 이해하게 하고 조직목표의 달성을 위해 노력하게 한다.
② 변혁적 리더는 조직의 구성원들에게 조직의 변화 방향을 효과적으로 전달함으로써 그들이 조직의 새로운 가치관과 이념을 적극적으로 수용하도록 만든다.
③ 변혁적 리더는 구성원들에게 조직의 비전을 명확하게 제시하고 조직의 목표달성을 위해 스스로 솔선수범함으로써 구성원들과의 신뢰관계를 구축한다.
④ 변혁적 리더는 자신의 장점과 단점을 정확하게 파악하고 자신의 단점에 얽매이기보다는 장점을 향상시키기 위해 노력한다. 변혁적 리더의 이러한 특징은 리더 자신의 역량에 대한 명확한 인식을 바탕으로 개인적 성장을 도모하고 조직의 목표달성을 위해 매진함으로써 구성원들에게 긍정적인 영향을 미친다. 또

한 변혁적 리더는 긍정적인 자존감(self-regard)을 통해 창조적 자기발전(creative development of self)을 도모하고 이를 통해 구성원들에게 긍정적인 영향력을 미침으로써 구성원들 역시 높은 자신감을 가지게 한다.

팀 토 의

동영상 〈누가 내 치즈를 옮겼을까〉를 보고 변혁의 필요성에 대해 느낀 점을 공유하시오.

순위	나는 이런 경우 변혁의 필요성을 느끼고 동기부여된다
1	
2	
3	

Bass(1985)는 Burns의 거래적 리더십과 변혁적 리더십의 개념을 보다 체계화함으로써 기존의 변혁적 리더십을 권위 있는 리더십 이론으로 확장·발전시켰다. 변혁적 리더십을 정치적 관점에서 연구한 Burns와 달리, 비즈니스 리더들을 대상으로 변혁적 리더십의 개념을 재정립한 Bass는 Burns의 선행 연구를 기반으로 House(1977)의 카리스마적 리더십(charismatic leadership)의 개념을 추가·보완함으로써 변혁적 리더십 이론을 보다 정교화하였다. Bass는 거래적 리더십과 변혁적 리더십을 상호 배타적인 개념으로 설명했던 Burns와 달리 거래적 리더십과 변혁적 리더십을 상호 독립적인 개념으로 설명하였다. 그에 따르면 변혁적 리더십은 거래적 리더십의 대체적 개념이 아니라 거래적 리더십의 효과에 추가적인 공헌을 하는 보완적 개념이다. 즉, 거래적 리더십은 변혁적 리더십의 필요조건이며 변혁적 리더십의 효과적인 발휘를 위해서는 거래적 리더십이 반드시 수반되어야 한다는 것이다.

Bass는 변혁적 리더십의 변혁과정을 보다 구체적으로 설명하기 위해서 거래적 리더십과 변혁적 리더십을 단일선상의 연속체로 설명한 '리더십 전범위 모델(full range of leadership model)'을 제시하였다. 리더십 전범위 모델은 변혁적 리더십, 거래적 리더십 그리고 비거래적·비리더십을 통합한 통합적 리더십 모델로서, 4개의 변혁적 리더십

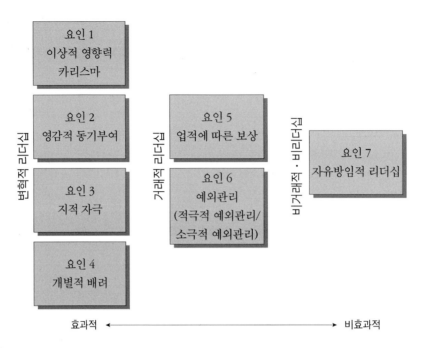

|그림 7-1| 리더십 전범위 모델

요인과 2개의 거래적 리더십 요인 그리고 1개의 비거래적 · 비리더십 요인으로 구성되어 있다([그림 7-1] 참조).

1) 리더십 전범위 모델

(1) 변혁적 리더십 요인

앞에서 설명한 것과 같이 변혁적 리더십은 조직의 변화 방향에 따른 새로운 비전의 달성을 위해서 구성원들의 가치관, 태도, 행동규범, 장기목표 등을 바꿈으로써 조직을 바람직한 방향으로 변혁시켜 나가는 리더십 과정이다. 변혁적 리더십을 구성하는 4개의 주요 요인은 카리스마 또는 이상적 영향력(idealized influence), 영감적 동기부여(inspirational motivation), 지적 자극(intellectual stimulation), 그리고 개별화된 배려(individualized consideration)가 있다. 네 요인 모두 알파벳 I로 시작하기 때문에 4I로 불리기도 한다.

① 카리스마 또는 이상적 영향력

변혁적 리더십의 가장 핵심적인 요소로서 '요인 1'이라고 불린다. 카리스마(charisma)는 리더로 하여금 명확하게 조직의 비전을 설정하고, 구성원들에게 조직의 비전과 목표를 효과적으로 전달하며, 구성원들이 조직의 목표달성을 위해 자발적으로 헌신할 수 있도록 동기부여하고, 목표달성을 위하여 개인적 위험을 기꺼이 감수하는 등의 솔선수범을 통해 구성원들로부터 신뢰를 얻게 한다. 변혁적 리더의 강한 카리스마는 구성원들로 하여금 조직의 비전과 가치를 이해하고 수용하게 하고, 리더와 함께 일하는 것에 자부심을 느끼며, 자신과 리더를 동일시하려고 노력하게 함으로써 리더와 구성원 간의 강한 정서적 유대관계를 형성하게 한다. 하지만 영향력의 관점에서 보면 이상적 영향력(idealized influence)이라고도 불리는 카리스마는 변혁적 리더십의 핵심 요인이지만 그 자체로는 변혁적 리더십을 충분히 설명하지 못한다. 왜냐하면 변혁적 리더십은 카리스마를 포함하여 영감적 동기부여, 지적 자극 그리고 개별화된 배려가 모두 포함되어 있어야 비로소 효과를 발휘하기 때문이다.

② 영감적 동기부여

영감적 동기부여(inspirational motivation)는 '요인 2'라고 불리는데 구성원들에게 조직의 비전과 목표를 명확하게 제시하고, 격려와 인정을 통해 구성원들의 자신감을 북돋는 리더의 행동을 의미한다. 효과적인 변혁적 리더는 조직의 구성원들에게 높은 기대를 표시하고, 조직의 공유된 비전 실현을 위해 최선의 노력을 다하도록 구성원들을 고무시키며, 구성원들이 자신의 이익을 뛰어넘어 조직의 목표달성에 보다 관심을 기울이도록 동기부여하는 리더이다.

③ 지적 자극

지적 자극(intellectual stimulation)은 구성원들로 하여금 기존의 업무 수행방식에 대해 의문을 제기하게 하고, 관습에 얽매이지 않고 새로운 업무 수행방식을 강구하도록 촉구하며, 조직이 나아가는 방향성에 대해 문제의식을 가지게 하고, 효과적인 해결방안을 모색하도록 지원하는 리더의 행동으로서 '요인 3'으로 불린다. 바람직한 변혁적 리더는 구성원들의 창의성과 혁신성을 자극함으로써 조직의 문제해결을 위한 혁신적 해결방안을 제시하게 하고, 조직이 당면한 문제를 새로운 관점에서 해결할 수 있도록 구성원들을 격려하고 지원한다. Bass에 의하면 변혁적 리더는 거래적 리더에 비해 지적 자극에 있어서 현저한 차이를 보이며 거래적 리더에 비해 보다 능동적이고 창의적이고 혁신적인 경향을 보인다.

④ 개별적 배려

개별적 배려(individualized consideration)는 리더가 구성원들의 개인적 욕구를 파악하고, 이를 만족시키고자 노력하며, 멘토링이나 코칭 등을 통해 구성원들의 잠재력을 개발하고자 노력하는 행동 등을 포함한다. 이는 '요인 4'라고도 불린다. 효과적인 변혁적 리더는 구성원 개개인의 욕구와 능력의 차이를 인정하고, 각자의 능력에 맞는 교육 기회를 제공함으로써 구성원들의 잠재력과 능력을 개발하고, 소외된 구성원에게 관심을 갖고 지원하며, 권한 위임을 통해 그들의 성장을 지원한다. 개별적 배려는 구성원들의 리더에 대한 만족도와 조직의 생산성 제고에 중요한 기여를 한다.

(2) 거래적 리더십 요인

거래적 리더십은 구성원들이 가치 있다고 생각하는 것을 리더가 제공하고, 그 제공에 대한 대가로 리더가 원하는 것을 얻게 되는 리더와 구성원 간의 교환(또는 협상)관계를 의미한다. 거래적 리더십의 근원은 '성과에 따른 보상'이다. 리더는 상호 욕구의 교환 또는 거래 관계를 통해 구성원들에게 영향력을 행사하게 된다. 거래적 리더는 고성과에 대한 보상과 저성과에 대한 질책을 중요시하는데, 일반적으로 구성원 개개인의 욕구와 개인적 성장에는 큰 관심을 기울이지 않고 조직의 목표달성에만 관심의 초점을 맞추는 경향이 있다. 거래적 리더가 영향력을 갖게 되는 것은 구성원들이 리더가 원하는 것을 제공하면 자신이 원하는 이익도 주어진다는 것을 알고 있기 때문이다. 특히 거래적 리더는 조직의 효율적 관리에 초점을 맞추고 권력 제고의 수단으로 보상과 처벌을 사용한다. 거래적 리더십의 주요 구성요인으로는 고성과에 대한 보상을 의미하는 '업적에 따른 보상'과 저성과에 대한 질책을 의미하는 '예외관리'가 있다.

① 업적에 따른 보상

효과적인 거래적 리더는 구성원들이 수행해야 할 과업이 무엇인지 분명하게 제시하고, 구성원들과의 합의를 통해 과업달성 시에 주어지는 보상을 결정한다. '요인 5' 또는 '조건적 보상'이라고도 불리는 '업적에 따른 보상(contingent reward)'은 구성원들이 리더가 설정한 목표 수준을 달성하였을 경우 인센티브나 보상을 제공함으로써 목표달성을 향한 구성원들의 동기유발을 촉진하는 것이다. 또한 업적에 따른 보상은 구성원의 고성과 창출에 대한 리더의 긍정적인 반응으로 고성과 구성원에 대한 리더의 인정과 격려를 의미하기도 한다.

② 예외관리

'예외관리(management by exception)'는 예외적 사건이 발생했을 경우 리더가 개입하는 것을 의미한다. 이는 '요인 6'이라고 불린다. 예외관리는 적극적 예외관리와 소극적 예외관리를 포함하는데, 적극적 예외관리는 구성원들의 업무 수행상의 실수 또는 규칙 위반 등을 세밀히 지켜보고 그때그때 수정 조치를 취함으로써 향후 발생 가능한 문제를 사전에 점검하는 리더 행동을 의미한다. 반면, 소극적 예외관리는 구성원들의 업무 수행과정에는 크게 개입하지 않지만 업무 수행결과가 기준에 미달한 경우 또는 문제가 표면화된 경우 이를 시정하고자 개입하는 리더의 행동을 의미한다. 적극적 예외관리가 구성원들이 목표를 효율적으로 달성하도록 미리미리 시정 조치를 취하는 것이라면, 소극적 예외관리는 문제가 발생한 후에 개입하는 것이다. 일반적으로 '업적에 따른 보상'이 긍정적 피드백의 제공이라면, '예외관리'는 부정적 피드백 또는 부정적 강화를 수반하는 경우가 많다.

(3) 비거래적 · 비리더십 요인

비거래적 · 비리더십 요인(nonleadership factor)은 자유방임적 리더십(laissez-faire)이라고 불리는데 자유방임적 리더는 자신이 수행해야 할 역할 책임에서 손을 떼고 구성원들의 업무 수행에 대한 감독과 지원을 방임 · 방치하는 것으로서 '요인 7'이라고도 불린다.

일반적으로 자유방임적 리더는 리더로서의 역할과 책임에 관심이 없고, 의사결정을 지연시키거나, 잘못된 의사결정에 대해 무책임하며, 구성원들의 업무성과에 대한 피드백을 적절하게 제공하지 않고, 구성원들의 성장과 발전을 돕는 노력을 기울이지 않는 행동들을 포함한다. 따라서 비거래적 · 비리더십은 리더십이 없는 상태를 가리키며 자유방임적 리더의 무책임한 행동은 구성원의 만족도와 조직의 효과성에 부정적인 결과를 초래한다.

참고 **권한 위임과 자유방임의 차이**

조직의 리더가 자신의 역할 책임에서 손을 떼고 일이 돌아가는 것을 방임·방치하는 것을
자유방임적 리더십이라고 하면, 권한 위임은 리더가 구성원들의 성장을 위해서 적합한 일
을 할당하고 공식적인 책임과 권한을 부여하는 것을 말한다. 권한 위임을 통해 리더는 새
로운 사업계획과 전략적 활동에 보다 많은 시간을 할애할 수 있고, 구성원들의 능력과 잠
재력을 개발함과 동시에 그들의 동기 수준과 만족도를 높여 주며 궁극적으로는 조직의 성
과와 효과성을 제고할 수 있다. 하지만 권한 위임의 많은 장점에도 불구하고 ① 리더 자신
이 직접 해야만 일이 제대로 되고 더 빨리, 더 정확하게 처리할 수 있다는 믿음, ② 구성원
들은 이미 할 일이 많고 업무 수행에 필요한 기술과 지식이 충분치 않다는 생각, ③ 위임은
리더의 권위를 손상시킨다는 생각, ④ 위임할 수 없는 리더 고유의 업무가 있다는 생각등
으로 인해 권한 위임이 어려운 경우가 많다. 따라서 효과적인 권한 위임을 위해서는 구성
원들과의 상호 합의를 통해 리더가 권한의 위임 정도를 결정하고, 업무 수행에 대한 역할
과 책임을 명확하게 하며, 업무 수행과정을 면밀하게 관찰하여 필요한 지원을 제공하는 것
등이 필요하다.

2) 변혁적 리더십의 시사점

변혁적 리더십에 대한 연구의 대부분은 변혁적 리더십의 효과성을 입증하는 것에
있다. 다양한 변혁적 리더십에 대한 실증연구에 따르면 전통적 리더에 비해 변혁적 리
더는 구성원들로부터 보다 높은 믿음과 신뢰, 충성 등을 이끌어 내고 구성원들의 성과
창출과 직무만족, 집단 효과성 및 리더십 유효성 등에 긍정적인 영향을 미친다. 특히
리더십의 유효성과 구성원의 만족도에 있어서 변혁적 리더는 거래적 리더에 비해서도
보다 높은 평가를 받고 있는데, 다양한 메타분석(meta-analysis) 결과에 의하면 변혁적
리더는 거래적 리더에 비해 보다 높은 성과를 창출하고 이를 통해 구성원들로부터 보
다 효과적인 리더로 지각된다.

또한 변혁적 리더십 이론은 다양한 관점에서, 다양한 조직의 구성원들을 대상으로
실시한 광범위한 실증 연구들로 인해 높은 학술적 가치를 가지고 있다. Bass에 의해 변
혁적 리더십 이론이 체계화된 이후 오늘날까지 변혁적 리더십은 리더십 연구의 주요
관심사가 되어 왔으며 리더십 연구의 상당수를 차지하는 중요 주제로 인정받고 있다.

하지만 이와 같은 중요성에도 불구하고 변혁적 리더십은 다음과 같은 측면에서 몇

가지 문제점을 내포하고 있다.

① 변혁적 리더십을 구성하는 각 변수들에 대한 개념적 정의가 명확하게 구분되지 않는다. 많은 연구에 의하면 변혁적 리더십의 중요 구성요소들 간에는 상당한 개념상의 중복이 나타나는데, 특히 첫 번째 요인인 카리스마의 경우 변혁적 리더십을 구성하는 부분요인임에도 불구하고 종종 변혁적 리더십 전체 개념과 동일하게 이해되고 있다는 것이다.

② 변혁적 리더십을 측정하기 위한 진단도구인 MLQ(multifactor leadership questionnaire)의 경우, 다양한 버전(version)으로 인해 측정도구로서의 타당성을 인정받기 어렵고 관련 연구들과의 분석결과를 일대일로 비교하기 힘들다는 문제점이 있다. 특정 버전의 경우 변혁적 리더십의 네 가지 요인 사이에 상당히 높은 상관관계가 발견되는데, 이는 각 요인들이 명확하게 분류되는 차별화된 개념이 아니라는 것을 의미한다. 또한 다른 버전의 경우에는 변혁적 리더십의 구성요소들과 거래적 리더십의 구성요소 그리고 자유방임적 리더십의 구성요소들이 긴밀한 상관관계를 보이는 경우도 있어서 변혁적 리더십 모델의 타당도와 신뢰도에 대한 의문은 아직까지 꾸준히 제기되고 있는 실정이다.

③ 변혁적 리더십에 관한 실증 연구의 대부분이 조직의 상위계층 관리자로부터 수집된 정성적 자료(qualitative data)에 의존하고 있기 때문에 이를 일반화하는 것에 대한 우려가 존재한다.

④ 변혁적 리더십은 조직 구성원의 가치관, 행동규범, 정서, 장기목표 등을 변화시킴으로써 궁극적으로 조직의 목표달성을 강조하지만 리더의 잘못된 가치관과 신념 등으로 인한 위험에 대한 경고는 미비하다. 즉, 조직 전체의 방향과 일치하지 않는 리더의 개인적 가치관과 신념은 다양한 문제를 야기할 수 있는데 이에 대한 해결방안이 없다는 의미이다.

팀 토 의

다음 문항을 팀별로 풀어 보면서 서로 느낀 점을 공유하시오.

1. 다음과 같이 아홉 마리 사자가 울 안에 있다. 2개의 사각을 그려 각각을 다른 울 안에 넣으라.

2. 다음과 같이 8개의 당구공이 있다. 그중 하나의 무게는 나머지 7개보다 무거운데 아래의 저울을 이용해 무거운 하나를 찾아내고자 할 때 최소 몇 번의 시도가 필요한가?

정답: 2번

> **참고**　변혁적 리더와 유사 변혁적 리더
>
> 종종 변혁적 리더는 부정적 방법을 통해 변혁을 시도한 독재자들(히틀러와 후세인 등)과 사이비 종교 지도자들과 혼동되는 경우가 많다. Burns는 이와 같은 문제점을 해결하기 위해 '유사 변혁적 리더(pseudo transformational leader)'란 개념을 만들어 이들과 변혁적 리더의 차별성을 설명하였다. 변혁적 리더십은 '리더와 구성원 모두의 도덕성을 보다 높은 수준으로 끌어올리는 것'을 리더의 핵심 역할로 강조하는데, 그 이유는 '높은 도덕성'
>
> 을 기준으로 '변혁적 리더'와 '유사 (또는 가짜) 변혁적 리더'를 구분하기 위해서이다. 히틀러와 후세인 등은 조직 구성원의 가치관, 행동규범, 정서, 장기목표 등을 변화시킴으로써 구성원들에게 강력한 영향력을 발휘한 변혁적 리더와 같은 리더로 오인되기 쉽다. 하지만 Burns에 의하면 인류 역사상 독재자들은 그 누구보다도 더 변혁적이고 강력한 영향력을 발휘하였음에도 불구하고 지극히 비도덕이고 부정적인 방법으로 구성원들을 변혁시켰기 때문에 그들을 진정한 변혁적 리더가 아닌 유사 변혁적 리더라고 부르는 것이 바람직하다. 즉, 유사 변혁적 리더는 높은 도덕적 수준을 가지고 개인의 이익보다는 조직의 이익을
>
> > 1960년대 인권 운동과 반전 시위가 일어나고 있을 때, 하버드대 법대에서 졸업식이 열렸다. 연사로 나선 한 하버드 법대생이 다음과 같은 연설을 했다.
> >
> > "우리나라의 거리들은 혼란의 도가니입니다. 대학들은 폭동과 난동을 피우는 학생들로 가득 차 있습니다. 공산주의자들은 우리나라를 호시탐탐 파괴하려 하고 있습니다. 러시아는 무력으로 우리를 위협하고 있습니다. 국가의 도처에 지금 위험이 도사리고 있습니다. 그렇습니다! 내부의 적과 외부의 적이 들끓고 있는 지금 우리나라에는 법과 질서가 필요합니다. 법과 질서가 없다면 우리나라는 살 수가 없습니다."
> >
> > 하버드대의 학부모들과 졸업생들로 이루어진 청중들은 그 연설에 긴 박수를 보냈다. 박수소리가 잦아든 후에 그 학생들은 청중들에게 조용히 말했다.
> >
> > "지금 말한 것들은 1932년 아돌프 히틀러가 연설한 것입니다."
> >
> > － 하워드 진, 『오만한 제국』 중에서
>
> 우선시하는 변혁적 리더와는 달리 자기파괴적이고, 착취적이며, 권력 지향적이고, 조직의 이익보다는 개인의 이익에 초점을 맞추며, 개인의 목적달성을 위해 조직의 도덕적 가치를 왜곡하는 리더이다.

3) 변혁적 리더십 진단

변혁적 리더십의 측정도구는 다양한 버전이 있는데 그중 가장 많이 사용되는 것이 MLQ(multifactor leadership questionnaire)이다. 1985년에 Bass는 고위층 경영자 70명을 대상으로 각자의 인생 경험에서 역할 모델이 되었던 리더와 그들의 행동, 자신에게 미

친 영향 등에 대해 질문하고 그 응답 내용을 토대로 MLQ 설문지를 개발하였다. Bass 가 개발한 초기 버전의 MLQ는 변혁적 리더십의 구성요소로 카리스마, 지적 자극, 개 별적 배려의 3개 요인을 제시하였으나 이후 진행한 연구에서 '영감적 동기부여'를 추 가하고 '적극적 예외관리'와 '소극적 예외관리' 그리고 '자유방임적 리더십'의 개념을 종합하여 기존 MLQ-5를 MLQ-5X로 수정·보완하였다. 오늘날 가장 많이 사용되는 변 혁적 리더십 측정도구인 MLQ-5X는 기본적으로 리더십 전범위 모델에서 리더의 행동 을 구성원들의 지각을 통해 측정하고자 구성되었으며 앞서 설명한 7개 요인 이외에 '조직 효과성'과 '구성원 만족도'를 측정하는 문항들이 추가되었다. 이 책에 제시된 설 문지는 MLQ-6S로서 조직 효과성과 구성원 만족도에 관한 문항을 제외한 MLQ의 축소 판이다.

(1) 진단 설문지

〈MLQ-6S 변혁적 리더십 진단 설문지〉

이 설문지는 귀하의 리더십 스타일에 대해 기술하고 있다. 다음의 21개 문항들을 읽고 각각의 문 항에서 귀하에게 해당되는 정도를 다음의 기준을 참조로 평가해 보시오.

0=전혀 그렇지 않다, 1=이따금씩 그렇게 한다, 2=때때로 그렇게 한다,
3=꽤 자주 그렇게 한다, 4=항상은 아니지만 빈번하게 그렇게 한다

설문 문항	점수
1. 나는 구성원들이 내 주위에 있는 것을 기분 좋게 느끼도록 한다.	
2. 구성원들은 나를 완전히 신뢰하고 있다.	
3. 구성원들은 나와 함께하는 것을 자랑스럽게 생각한다.	
4. 나는 우리가 무엇을 할 수 있고, 해야 하는지를 명확하게 표현한다.	
5. 나는 우리가 할 수 있는 가능성에 대해 호소력 있게 표현한다.	
6. 나는 구성원들이 자신의 일에서 의미를 찾도록 돕는다.	
7. 나는 구성원들이 기존의 문제를 새로운 방식과 시각으로 보도록 한다.	
8. 나는 복잡하고 어려운 문제를 새로운 시각으로 보는 방법을 제공한다.	
9. 나는 기존의 문제에 대해 의문을 제시하고 새로운 시각에서 보도록 한다.	
10. 나는 구성원들이 자신을 스스로 개발해 가도록 돕는다.	
11. 나는 구성원들이 하는 일에 대해 나의 생각을 알려 준다.	
12. 나는 소외당하고 있는 사람들에게 개인적인 관심을 보인다.	

13. 나는 구성원들에게 보상을 받기 위해 무엇을 해야 하는지를 말해 준다.	
14. 나는 구성원들이 목표를 달성했을 때 인정하고 보상한다.	
15. 나는 구성원들의 업적에 따른 보상에 대해 주의를 기울인다.	
16. 나는 구성원들이 합의된 업적기준을 충족시켰을 때 만족한다.	
17. 나는 일들이 잘되어 가면 어떤 것도 바꾸려고 시도하지 않는다.	
18. 나는 구성원들에게 업무수행을 위해 알아야 할 원칙들을 가르쳐 준다.	
19. 나는 구성원들이 항상 같은 방식으로 일하는 것에 만족한다.	
20. 구성원들이 무엇을 하려고 하든 나는 좋다.	
21. 나는 구성원들에게 꼭 필요한 것만을 요구한다.	

(2) 점수의 해석

MLQ-6S의 7개 요인에 대한 평가는 관련 문항들의 점수를 합산함으로써 계산한다. 예를 들면, '이상적 영향력'에 대한 평가는 문항 1, 문항 2, 문항 3에 대한 점수를 합산하여 산출하고, '영감적 동기부여'에 대한 평가는 문항 4, 문항 5, 문항 6의 점수를 합산하여 산출한다.

구분	관련 문항	점수
1. 이상적 영향력(요인 1)	문항 1, 2, 3	
2. 영감적 동기부여(요인 2)	문항 4, 5, 6	
3. 지적 자극(요인 3)	문항 7, 8, 9	
4. 개별적 배려(요인 4)	문항 10, 11, 12	
5. 업적에 따른 보상(요인 5)	문항 13, 14, 15	
6. 예외관리(요인 6)	문항 16, 17, 18	
7. 자유방임적 리더십(요인 7)	문항 19, 20, 21	

점수 범위
0~4=낮음, 5~8=중간, 9~12=높음

① 이상적 영향력(요인 1): 높은 '이상적 영향력'의 의미는 리더가 구성원들의 신뢰와 존경을 받고, 구성원들에 대해 헌신적 자세를 보임으로써 바람직한 역할 모델로서 행동한다는 것을 의미한다.

② 영감적 동기부여(요인 2): 높은 '영감적 동기부여'는 리더가 구성원들에게 명확히

비전을 제시하고, 그들로 하여금 자신의 일에 몰두하도록 지원하며, 구성원들이 업무를 통해 삶의 가치를 느낄 수 있도록 촉진한다는 의미이다.

③ 지적 자극(요인 3): 높은 '지적 자극'은 구성원들로 하여금 보다 창의적인 시각으로 주어진 문제들을 바라보도록 격려하고, 구성원들의 다양한 의견을 수렴하여 의사결정에 적극적으로 반영하고자 노력한다는 의미이다.

④ 개별적 배려(요인 4): 높은 '개별적 배려'는 리더가 구성원들의 안녕과 복지에 관심을 기울이고 지원하며, 특히 소외된 구성원들의 성장을 위해 적극적으로 노력한다는 의미이다.

⑤ 업적에 따른 보상(요인 5): 높은 '업적에 따른 보상'은 구성원들에게 조직의 목표와 평가기준 등에 대해 명확하게 설명하고, 목표를 달성했을 경우 충분히 인정하고 보상한다는 것을 의미한다.

⑥ 예외관리(요인 6): 높은 '예외관리'는 구성원들이 이미 합의된 업적기준에 미달하거나 원칙을 어겼을 경우 문제해결을 위해 리더가 적극적으로 개입한다는 것을 의미한다.

⑦ 자유방임적 리더십(요인 7): 높은 '자유방임'은 구성원들이 알아서 하도록 리더가 방치하고 아무것도 요구하지 않는다는 것을 의미한다.

팀 토 의

마틴 루터 킹의 'I Have a Dream'을 읽고 킹 목사가 대표적인 변혁적 리더로 손꼽히는 이유에 대해 토의하시오.

I say to you today, my friends, that in spite of the difficulties and frustrations of the moment, I still have a dream. It is a dream deeply rooted in the American dream.

나는 오늘 이 순간 여러 가지 난제와 좌절들을 무릅쓰고 나의 친구인 여러분에게 말하려 합니다. 나는 지금 꿈을 갖고 있습니다. 그것은 아메리칸 드림에 깊이 뿌리를 둔 꿈입니다.

I have a dream that one day this nation will rise up and live out the true meaning of its creed: "We hold these truths to be self-evident: that all men are created equal."

나는 꿈이 있습니다. 어느 날 이 나라가 모든 사람은 평등하게 만들어졌다는 것을 명백한 진실로 여기고 그 진실한 신념의 의미를 갖는 날이 오는 꿈입니다.

〈중략〉

When we let freedom ring, when we let it ring from every village and every hamlet, from every state and every city, we will be able to speed up that day when all of God's children, black men and white men, Jews and Gentiles, Protestants and Catholics, will be able to join hands and sing in the words of the old Negro spiritual, "Free at last! free at last! thank God Almighty, we are free at last!"

우리가 자유를 울려 퍼지게 했을 때, 우리가 모든 마을과 촌락에서 자유가 울려 퍼지게 했을 때, 모든 도시와 주에서 자유가 울려 퍼지게 했을 때, 우리는 더 빨리 그날로 가게 할 수 있습니다. 그날은 흑인, 백인, 유대인, 이교도인, 신교도인, 가톨릭교도, 모든 신의 자녀들이 손을 잡고 "자유가 왔다! 자유가 왔다! 전능하신 하느님 감사합니다!" 하고 흑인 영가를 부를 수 있는 날입니다.

– 마틴 루터 킹, 1963년 4월 28일 워싱턴 DC. 집회에서의 연설

2. 카리스마적 리더십

1976년, House는 리더십 특성론을 기반으로 한 카리스마적 리더십(charismatic leadership) 이론을 제기하였는데, 이는 오늘날 변혁적 리더십 이론과 함께 가장 높은 관심을 얻고 있는 학술적 리더십 이론 중 하나이다. 카리스마(charisma)의 어원은 그리스어 'kharisma'에서 유래되었는데, 이는 '신이 주신 재능(endowed gift)'을 의미한다. House는 1947년에 발간된 저서 『The theory of social and economic organization』에서 사회 지배의 원천을 설명하면서 '법적 권한'의 하나로서 카리스마를 소개하였다. Weber는 "비범한 일을 해낼 수 있는 잠재능력 또는 천부적 재능"을 '카리스마'로 정의하였는데, 일반적으로 카리스마는 보통 사람들과 차별화되는 리더의 천부적인 능력, 영향력, 우월한 재능, 독특한 매력 등을 가리킨다. 또한 Weber는 리더의 지시에 구성원들이 복종할 가능성을 '지배(domination)'라고 규정하였는데, 그에 의하면 '지배'의 원천은 '권한(authority)'이고 권한은 보편타당한 가치체계를 가진 구성원들이 리더가 자신에게 주어진 권력(power)을 올바르게 사용한다고 믿는 경우 주어진다. 특히 Weber는 권한을 크게 합법적 권한, 전통적 권한, 카리스마적 권한으로 나누어 설명하였다.

1) 권한의 유형

① 합법적 권한: 조직 운영에 있어서 가장 기본적인 권한으로서 설정된 규정이나 규범, 지시 등이 사회의 구성원들로부터 합법적이라고 인정받을 때 발생하는 권한이다. 공식적인 규범 또는 법률 등에 의해 부여되는 권한 등이 대표적이다.

② 전통적 권한: 과거의 전통이나 관행이 사회의 구성원들로부터 인정받고 구성원들이 이를 따르고자 노력할 때 발생하는 권한이다. 유교적 전통에 따른 장유유서를 비롯하여 현존하는 사회적 질서에 의해 부여되는 권한 등이 대표적이다.

③ 카리스마적 권한: 리더가 특출한 능력을 가졌다고 구성원들이 믿고 리더에게 복종하고자 하는 구성원들의 신념과 태도를 기반으로 한 권한이다. 카리스마적 권한은 공식적으로 부여받은 권력이 아니기 때문에 리더가 구성원들로부터 인정받기 위해서는 '뛰어난 성과를 창출하는 비범한 능력이 리더에게 있음'을 입증할 수 있어야 한다.

Weber에 따르면 카리스마적 리더는 자신들의 사명을 숭고한 사명(mission)을 내세워 구성원들이 리더의 사명과 자신의 사명을 동일시하도록 영향력을 행사함으로써 구성원들이 리더를 따르도록 하고(사명에 대한 구성원의 신뢰), 비범한 성과를 창출하거나 사건을 만들어 구성원들에게 리더의 카리스마를 부각시키며(비범한 성과의 입증), 리더 자신을 정점으로 자신보다 약한 카리스마를 가진 리더를 계층적으로 자신의 밑에 둠으로써 자신의 이미지를 제고한다(카리스마 집단 형성). 하지만 카리스마적 리더의 영향력은 강력하지만 시간이 지날수록 일상 속에 침전되어 점차적으로 관료화되는 경향이 있고(카리스마 일상화), 긍정적인 경우 공동체를 발전시키지만 부정적인 경우는 조직을 파멸과 쇠퇴의 길로 이끌기도 한다(가치 중립적).

한편, 카리스마의 개념은 리더십을 연구한 학자들의 관점에 따라 다양하게 정의된다. Weber가 리더에 대한 조직 구성원의 복종(obedience)에 관심을 가졌다면, Etzioni(1961)는 리더에 대한 조직 구성원의 순응(compliance)에 관심을 갖고 카리스마를 설명하고자 하였다. Etzioni는 카리스마를 특정 개인이 다른 개인의 규범적 성향에 대해 강력한 영향력을 발휘하는 능력임을 강조하고 카리스마를 "조직 구성원들의 규범적 성향에 대하여 넓고 깊은 영향력을 행사할 수 있는 리더의 능력"으로 정의하였다. 즉, Weber가 사회의 지배 원천에 대한 연구에 기반을 두고 카리스마를 '리더 개인의 선천적이고 영웅적인 재능'으로 보았다면, Etzioni는 규범적 조직에서 조직 구성원의 자발적 순응의 근원에 대한 의문에서 시작하여 '리더-구성원의 관계적 현상'에서 카리스마를 설명하고자 하였다. 특히 Etzioni는 연구의 관점을 리더 개인의 특성에 두지 않고 리더에 대한 조직 구성원의 반응에 초점을 맞추고 그 메커니즘을 설명하고자 노력하였다.

〈표 7-1〉에서 보는 바와 같이 Weber의 연구가 리더의 특성에 초점을 둔 리더 중심의 연구라면, Etzioni의 연구는 리더와 구성원 간의 관계에 초점을 둔 상황 중심의 연구이다. Etzioni에 의하면 특정 개인이 아무리 강력한 카리스마적 특성을 가지고 있다고 하여도 조직 구성원이 이를 카리스마로 인정하지 않고 순응하지 않는다면 카리스마적 리더십의 발휘는 불가능하다. 즉, 카리스마의 효과는 조직 구성원들이 리더의 개인적 특성을 카리스마라고 지각하는 상황에서만 발휘되며 이를 위해 가장 중요한 것은 리더의 자질에 대한 조직 구성원의 신뢰이다. 신뢰받는 카리스마적 리더는 조직 구성원을 순응하게 만든다.

카리스마가 조직의 상층부에만 존재한다고 주장한 Weber와는 달리, Etzioni는 조직의 상층부뿐 아니라 다양한 계층에서 카리스마가 발생할 수 있다고 주장하였다. 특히 그는 카리스마의 출현에서 보다 중요한 것은 '조직의 계층'이 아닌 카리스마의 출현이 가능한 '상황'임을 강조하였다. Etzioni는 Weber와 마찬가지로 카리스마가 위기의 상황에서 출현한다고 설명하였는데, 위기의 상황에서 조직 구성원들은 보다 효과적으로 위기를 극복할 수 있는 강력한 리더의 출현을 갈망하게 되므로 카리스마적 리더의 출현이 보다 용이하게 된다고 강조하였다. 즉, 위기의 상황에서 '한 마리의 사자가 지

표 7-1 Weber와 Etzioni의 카리스마에 대한 접근

구분	Weber	Etzioni
부하의 반응	복종	순응
분석의 수준	사회, 사회변혁	조직, 조직에서의 순응
카리스마 특성	신이 부여한 능력, 신비적	지혜, 능력, 지식, 전문적 기술, 조직관리 기술
카리스마 출현	위기	위기
카리스마에 대한 관점	리더 특성	관계
카리스마의 존재 위치	사회(조직)체계의 상층부	상층부를 포함한 다양한 직위

출처: 이상호(2015), p. 320.

휘하는 일백 마리의 양떼는 한 마리의 양이 지휘하는 일백 마리의 사자떼를 이긴다.'는 말과 같이 강력한 리더의 출현에 대한 조직 구성원들의 열망은 특정 개인의 카리스마적 특성을 보다 쉽게 강력한 카리스마로 인정하고 이에 순응하고자 노력하게 만든다는 것이다(〈표 7-1〉 참조).

2) 카리스마적 리더의 특징

한편, House의 카리스마적 리더십은 Weber의 영향을 많이 받았지만 Weber의 이론을 기반으로 연구의 초점을 카리스마적 리더십의 효과성에 맞추고 새로운 시각에서 카리스마적 리더십 이론을 체계화하였다. House는 '카리스마는 하늘이 부여한 신비한 재능'이라는 Weber의 포괄적인 가정을 부정하고 '관찰 가능한 리더의 특성과 행동'으로 카리스마를 설명하고자 노력하였다. House에 의하면 카리스마적 리더는 일반 리더에 비해 다음과 같은 성격적 특성을 가지고 있다.

① 타인을 지배하고자 하는 강한 우월성
② 자신의 능력에 대한 강한 자신감
③ 자신의 신념이 도덕적으로 높은 정당성을 가지고 있다는 강한 확신
④ 타인에게 영향을 미치고 싶은 강한 권력 욕구

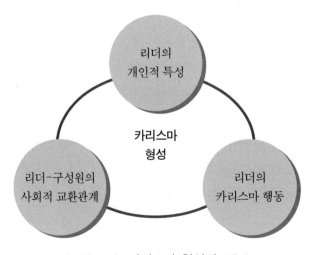

|그림 7-2| 카리스마 형성의 3요소

또한 카리스마적 리더는 성격적 특성 외에도 다음과 같은 행동적 특성에서 일반 리더와 뚜렷하게 차별화된다.

① 카리스마적 리더는 구성원들의 가치관과 신념 형성에 있어서 확실한 역할 모델(role model)이 된다.
② 카리스마적 리더는 구성원에게 비범한 능력을 가진 유능한 사람의 이미지로 비춰진다.
③ 카리스마적 리더는 구성원들에게 조직의 비전과 목표를 명확하고 간결하게 전달한다.
④ 카리스마적 리더는 조직 구성원들에게 높은 기대를 표시하고, 그들의 능력에 대해 강한 신뢰를 보임으로써 구성원들의 자기효능감을 향상시킨다.
⑤ 카리스마적 리더는 외적 보상(extrinsic reward)보다는 내적 보상(intrinsic reward of work)을 통해 구성원들의 마음속에 내재되어 있는 동기 욕구를 불러일으키고 궁극적으로 조직성과를 제고하는 긍정적인 효과를 창출한다.

카리스마를 리더가 가지고 있는 개인적 특성(traits)으로 보는 관점의 연구들은 리더의 심리적 또는 신체적 특성들을 카리스마의 형성과 연관하여 해석하는 연구로서 리더십 특성이론과도 긴밀하게 연결된다. 하지만 리더십 특성이론과 마찬가지로 카리스마적 리더십 역시 실증적 연구가 상당히 부족하다. 최근 들어 많은 리더십 연구자는 카리스마를 리더와 구성원 간의 특수한 사회적 교환관계의 관점에서 설명하는 '사회적 관계로서의 카리스마적 리더십'에 관심을 갖고 카리스마적 리더와 구성원 상호 간의 의존적 관계에 대해 주목하고 있다. House가 카리스마는 '리더가 소유하고 있는 어떠한 자질이 아니라 리더와 팔로워 사이의 관계의 결과'이며, 충성스러운 구성원들이 존재하지 않는 카리스마적 리더십은 불가능하다고 강조한 것과 같이, 리더는 조직의 목표달성을 위해 구성원들의 복종과 적극적인 지지를 필요로 하고, 구성원들은 리더가 자신들의 욕구를 해결해 주고 이익을 줄 것이라는 기대를 기반으로 복종과 적극적인 지지를 보낸다. 하지만 구성원들은 그 기대가 충족되지 못하면 리더에 대한 복종과 지지를 철회할 수 있기 때문에 리더와 구성원들 간에는 강한 상호 의존적 관계를 형성하게 된다.

한편, House는 카리스마적 리더를 "개인적 능력으로 인해 부하들에게 특별한 영향을 미칠 수 있는 리더"로 규정하고 카리스마 리더십의 효과성을 다음과 같은 질문을 통해 평가하였다.

① 구성원들은 리더의 신념이 정당하다고 신뢰하는가?
② 리더의 신념과 구성원들의 신념에는 유사성이 있는가?
③ 구성원들은 리더의 지시 또는 명령을 무조건적으로 수용하는가?
④ 구성원들의 리더에 대해 애정을 갖는가?
⑤ 구성원들은 리더에게 자발적으로 복종하는가?
⑥ 구성원들은 리더의 가치관과 신념 그리고 행동 등을 모방하고 동일시하는가?
⑦ 구성원들은 자신에게 주어진 사명과 미션에 정서적으로 몰입하는가?
⑧ 구성원들은 성과 향상을 위해 자발적으로 수행목표를 상향 설정하는가?
⑨ 구성원들은 자신이 리더가 제시한 사명 또는 미션을 달성할 수 있다고 믿는가?

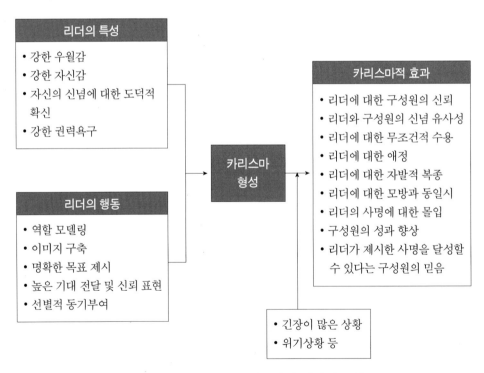

|그림 7-3| House의 카리스마적 리더십 모형

출처: 박보식(2017), p. 148에서 재인용.

3) 카리스마적 리더십과 변혁적 리더십

카리스마적 리더십에 관한 많은 연구를 종합하면, 카리스마적 리더의 출현은 어떤 상황에서든지 가능하지만 리더십의 효과성은 조직이 위기 상황이거나 구성원들이 불안감을 느끼는 경우, 변화에 대한 구성원들의 욕구가 강할 경우, 극적인 리더십 롤모델이 필요할 경우 등에는 카리스마의 형성이 보다 용이해지고 리더십 효과성이 촉진된다.

또한 카리스마적 리더십은 변혁적 리더십과 상당한 공통점을 가지고 있는데, 카리스마적 리더와 변혁적 리더 모두가 변화의 촉진자(change agents)라는 것과 구성원들이 기대 이상의 성과를 창출하도록 그들을 효과적으로 동기유발시킨다는 것 등이다. 하지만 이와 같은 공통점에도 불구하고 카리스마적 리더십과 변혁적 리더십은 다음과 같은 측면에서 뚜렷하게 구분된다.

첫 번째, 변혁적 리더십은 카리스마 이외에도 영감적 동기부여, 지적 자극, 개별적 배려 등의 추가적인 행동요인들을 포함하기 때문에 카리스마 리더십 이상의 포괄적인 의미를 가진다.

두 번째, 카리스마적 리더는 구성원들에게 선천적으로 비범한 능력을 타고난 특출한 사람으로 비춰짐으로써 구성원들이 리더에게 의존하게 만드는 반면, 변혁적 리더는 구성원들에게 새로운 미래 비전을 제시하고 구성원들의 가치관과 신념, 태도 등을 긍정적인 방향으로 변혁시킴으로써 조직목표의 달성을 위해 구성원들이 자발적으로 동기부여가 되도록 영향력을 행사하고 이를 통해 조직 내 변화를 유도한다.

세 번째, 카리스마는 동전의 양면과 같이 긍정적인 면과 부정적인 면을 동시에 가진다. 특히 '카리스마의 어두운 면(dark side of charisma)'이라고 일컬어지는 카리스마적 리더십의 부작용은 다음과 같은 이유로 심각하다.

4) 카리스마적 리더십의 부작용

① 일반적으로 카리스마적 리더는 강력한 영향력을 기반으로 하기 때문에 구성원들과의 상호작용에 대한 관심과 배려가 부족하고 상호 작용적인 대인관계의 부족으로 인해 구성원들과의 지속적인 협력관계 구축이 어려운 경향이 있다.

② 카리스마적 리더의 충동적이고 관습에 얽매이지 않는 행동은 리더에 대한 구성원들의 신뢰를 양극화시킬 가능성이 높다. 즉, 카리스마적 리더의 행동에 대해

특정 구성원들은 극단적으로 숭배하고 다른 구성원들은 극단적으로 증오할 가능성이 있다.

③ 카리스마적 리더들은 자신이 빼어난 능력의 소유자이기 때문에 조직에 반드시 필요한 존재라는 인상을 심어 주기 위해 끊임없이 노력한다. 하지만 이와 같은 이미지 관리는 리더의 평판 강화에 많은 도움이 되지만 때로는 지나친 이미지 관리를 위해 구성원들의 기여와 공헌을 모두 자신이 독차지함으로써 구성원들의 지속적인 충성심을 이끌어 내는 데 실패할 가능성이 있다.

④ 카리스마적 리더들은 큰 그림에만 관심을 갖고 조직관리의 세부사항들은 경시하는 경향이 있다. 즉, 미래 비전 구축에는 많은 시간을 할애하지만 실행에는 관심을 갖지 않음으로써 조직의 목표달성이 어려운 경우가 있다.

⑤ 리더의 자신감은 카리스마적 리더의 필수조건이지만 과도한 자신감과 낙관주의는 리더가 설정한 비전에 대한 객관적 평가를 어렵게 할 수 있다. 또한 자신의 능력에 대한 과도한 자신감은 구성원들의 능력에 쉽게 만족하지 않게 만들어 후계자를 발굴하는 데 실패할 가능성을 높인다. '경제 대통령'이란 별명을 갖고 조직을 위기에서 구축한 크라이슬러(Chrysler)의 전 CEO 리 아이아코카가 그 대표적인 예이다. 따라서 카리스마적 리더십이 중소기업이나 벤처기업 등 조직의 성장기에는 효과적인 리더십이지만 최고 단계의 리더십은 아니며, 조직이 위기 상황에 직면했을 때는 효과적이지만 조직이 안정기에 접어들었을 때는 오히려 비효과적이라는 주장은 그와 같은 맥락으로 이해된다.

참고 **Conger와 Kanungo(1987)의 카리스마적 리더십**

Conger와 Kanungo는 귀인이론의 관점에서 카리스마적 리더십을 설명하였는데, 그들에 의하면 카리스마는 구성원들이 특정한 상황에서 특정인을 카리스마적이라고 귀인한 결과에 의해 나타나는 현상이다. 일반적으로 구성원들은 조직의 목표를 달성하는 과정에서 각자의 역할이나 행동을 면밀히 관찰하고, 바람직한 역할 수행 행동을 보이는 특정인을 선별하여 리더라고 귀인하는 것과 같이 문제적 상황에서 명확한 비전을 제시하고 주도적으로 변화를 주도하는 행동을 보이는 리더를 카리스마적이라고 평가하게 된다. Conger와 Kanungo는 일련의 실증적 연구를 통해서 다음과 같이 카리스마적 리더십 모델을 제시하였다.

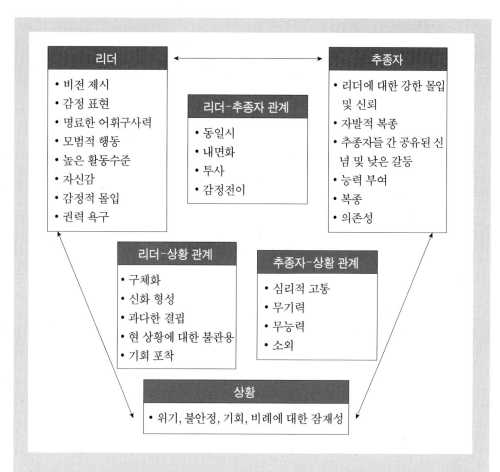

카리스마 귀인이론은 카리스마가 선천적으로 타고난 사람들에게만 나타나는 리더십이 아니라 후천적인 노력에 의해 만들어진다는 점을 강조한다. 또한 카리스마적 리더의 역량에는 상당한 개인차가 있음을 인정하고 리더의 타고난 잠재적 역량 또한 후천적 노력과 함께 매우 중요하다고 주장한다.

5) 카리스마적 리더십 진단

이 연구에서 소개되는 카리스마적 리더십의 측정도구(C-K 설문)는 Conger와 Kanungo의 연구를 자가진단이 가능하도록 수정·보완한 것으로서 Likert 5점 척도로 평가된다.

(1) C-K 카리스마적 리더십 설문지

이 설문지는 귀하의 카리스마 리더십에 대해 평가하고 있다. 다음의 20개 문항을 읽고 각각의 문항에서 귀하에게 해당되는 정도를 다음의 기준을 참조로 평가하십시오.

0=전혀 그렇지 않다, 1=이따금씩 그렇게 한다, 2=때때로 그렇게 한다,
3=꽤 자주 그렇게 한다, 4=항상은 아니지만 빈번하게 그렇게 한다

문항	점수
1. 나는 팀원들에게 진취적인 전략과 팀의 목표를 제시한다.	
2. 나는 구성원들이 하고 있는 일들의 중요성을 효과적으로 설명하며 이를 통하여 팀원들을 지속적으로 동기부여하고 의욕을 북돋아 준다.	
3. 나는 지속적으로 팀원들에게 조직의 미래에 대한 새로운 아이디어를 제공한다.	
4. 나는 자신의 의견을 적극적으로 제시한다.	
5. 나는 실현 가능한 비전을 실현시키려고 노력한다.	
6. 나는 조직의 목표달성을 위해 도움이 되는 새로운 기회를 놓치지 않는다.	
7. 나는 조직목표를 달성하는 데 유리한 물리적 · 사회적 기회를 빨리 파악한다.	
8. 나는 조직목표를 저해하는 물리적 환경(기술적 한계, 자원 부족 등)에 대한 이해가 빠르다.	
9. 나는 조직목표에 해가 될 수 있는 사회적 · 문화적 환경(규범, 기본적 자원 부족 등)에 대한 이해가 빠르다.	
10. 나는 팀원들의 기술과 능력을 파악하고 있다.	
11. 나는 팀원들의 직무에 대한 한계를 파악하고 있다.	
12. 나는 다른 사람을 존중하며 호의를 가지고 대한다.	
13. 나는 팀원들의 욕구와 감정에 민감하다.	
14. 나는 팀원들의 욕구와 감정에 개인적인 관심을 보인다.	
15. 나는 조직발전을 위해서 개인적 위험을 감수한다.	
16. 나는 조직목표를 달성하기 위해서 안전을 위협하는 일에 솔선수범한다.	
17. 나는 조직발전을 위해서 개인적인 비용을 부담한다.	
18. 나는 조직목표를 달성하기 위해서 혁신적인 행동을 한다.	
19. 나는 조직목표를 달성하기 위해서 기존의 관습을 깨는 방법을 이용한다.	
20. 나는 팀원들을 놀라게 하는 나만의 독특한 행동을 보여 주기도 한다.	

(2) 점수의 해석

구분	관련 문항	점수
1. 전략적 비전 수립	문항 1 ~ 7	
2. 환경민감성	문항 8 ~ 11	
3. 구성원 욕구 민감성	문항 12 ~ 14	
4. 위험감수 행동	문항 15 ~ 17	
5. 비전통적 행동	문항 18 ~ 20	

팀
토
의

다음 신문 기사를 읽고 리더십에 있어서 가장 중요한 것은 무엇인지 팀별로 토의하시오.

故 김준엽(1920~2011): 1985년 2월, 고려대 졸업식장에서는 "총장님 힘내세요."라는 학생들의 외침이 퍼졌다. 군사정권 시절, 3개월 동안이나 학생들이 총장 퇴진 반대 시위를 벌인 곳은 고려대가 유일했다. 학교마다 학생들이 정권의 하수인을 자처하던 총장들에게 물러나라고 목소리를 높이던 때였다. 당시 고려대 총장이었던 고인은 정권 반대 운동을 벌인 학생들을 제적시키라는 정권의 압력에 맞서다 결국 쫓겨났다. 국민훈장 모란장 등 많은 훈장을 받았던 김 전 총장이지만, 생전에 그는 "당시 학생들의 퇴진 반대 시위가 인생 최대의 '훈장'이었다."고 말했다. 그 도덕성과 지조가 김 전 총장을 진보와 보수를 넘어 모두 존경하는 우리 사회의 드문 지식인이자 원로로 만들었다. 그의 일생을 관통하는 것은 '현실에 살지 말고 역사에 살아라.'는 것과 '역사의 신을 믿어라. 긴 역사를 볼 때 진리 · 정의 · 선은 반드시 승리한다.'는 신념이다. 나라를 잃은 시대를 살아낸 김 전 총장에게는 그런 종교와도 같은 신념이 암울함을 버틸 수 있었던 힘이었다. 신의주고보를 다닐 때 일본에 수학여행을 갔다가 귀로에서 일본말을 쓰는 조선인 학생과 난투극을 벌인 그였다. 1944년 일본 게이오 대학 유학 시절 일본군의 학병으로 징집된 김 전 총장은 학병으로서는 1호로 일본군을 탈출해 독립운동에 가담한다. 이때 평생의 친구이자 훗날 사상계 발행인이 되는 고 장준하 선생을 만나게 된다. 장준하와 함께 중국 충칭의 임시정부를 찾아가는 '6000리의 장정'을 하는 동안 김 전 총장은 "우리 후손들에게 이런 고생을 시키지 않기 위해 못난 조상이 되지 말자."고 함께 절규했다고 한다. 결국 그는 장준하와 함께 광복군을 찾아가 이청천 · 이범석 장군의 부관으로 활동했고, 1945년 미군기를 타고 국내 진공 작전에 참가했으나 한국 진입 중지 명령을 받고 회항하는 아픔을 겪기도 한다. 김 전 총장은 회고록 『장정』에서 "과연 나는 못난 조상이라는 후세의 평을 면할 수 있겠는가 되돌아보게 된다."라고 썼다. 장정 때

스스로 다짐했던 그 말이 그의 뇌리에 강하게 자리했던 것이다. 그는 생전 한 인터뷰에서 "생일상을 따로 차리지 않는다는 것과 벼슬을 안 하겠다는 것이 제 일생의 신조"라고 밝혔다. "생일날마다 일제치하에서의 아픔이 떠오르고, 두 동강 난 조국의 신음소리가 들려와 집에서 밥상을 받을 수 없었다."는 것이다. 각계에서 두루 신망이 높았던 김 전 총장은 정권이 바뀔 때마다 총리 후보 1순위였다. 평생 새벽 4시에 일어나서 시간을 5, 10분 단위로 쪼개 쓰면서 공부와 집필에 몰두한 그는 '20세기의 명저'로 꼽히는『한국공산주의운동사』(전 5권, 김창순 외 공저)를 저술하기도 했다. 광복군 참가 이후 바로 귀국하지 않고 중국에서 공부했던 김 전 총장은 고려대 총장직에서 쫓겨난 이후 사회과학원을 설립하고 중국과의 학술교류에 평생을 바쳤다. 1985년 당시 총장 퇴진 반대 시위에 참가했던 박명림 연세대 교수는 2년 전 제자들과 마지막 점심자리에서의 김 전 총장을 회고한다. "총장님을 스승으로 모실 수 있어 행복했다고 말씀드렸더니, 자네들 같은 학생들을 둔 것이 행복했다고 말씀하셨어요. 한 사람 한 사람 다 지켜 주지 못해 지금까지 짐이라고, 자네들 덕분에 나라가 민주주의로, 화해와 통일로, 선진국가로 바로 가는 걸 보니까 우리가 잘못 가르치지는 않았구나 하면서 오히려 감사하다고요." 김 전 총장이 우리 시대의 원로이자 참 스승으로 꼽히는 이유이다.

출처: 경향신문(2011. 6. 7.).

참고문헌

강정애, 태정원, 양혜현, 김현아, 조은영(2010). 리더십론. 서울: 시그마프레스.
경향신문(2011. 6. 7.). "故 김준엽, 12차례 관직 사양한 올곧은 지식인… 진보·보수 모두의 '참 스승'".
김병섭, 박광국, 조경호(2009). 휴먼 조직론. 서울: 대영문화사.
김준식, 박민생, 차대운, 김정수(2007). 핵심 조직행동론. 대구: 도서출판대명.
박보식(2017). 리더십: 이론과 실제. 서울: 대영문화사.
박유진(2009). 현대사회의 조직과 리더십. 서울: 양서각.
백기복, 신제구, 김정훈(2009). 리더십의 이해. 서울: 창민사.
손주영(2013). 조직과 리더십. 서울: 도서출판 두남.
송계충, 정범구(2008). 조직 행위론. 서울: 경문사.
이민규(2002). 네 꿈과 행복은 10대에 결정된다. 서울: 더난출판사.
이상호(2015). 조직과 리더십. 서울: 북넷.
이영민(2006). 리더십 대탐험. 서울: 다만북스.
정우일, 박선경, 양승범(2009). 리더와 리더십. 서울: 박영사.

Bass, B. M. (1985). *Leadership and performance beyond expectations.* New York: Free Press.

Bass, B. M. (1990). From transformational leadership to transformational leadership: Learning to share the vision. *Organizational Dynamics, 18,* 19-31.

Bennis, W., & Nanus, B. (1985). *Leaders: The strategies for taking changes.* NY: Haper & Row.

Burns, J. (1978). *Leadership.* New York: Harper & Row.

Conger, J. A., & Kanungo, R. N. (1987). Toward a behavioral theory of charismatic leadership in organizational settings. *Academy of Management Review, 12,* 637-647.

Etzioni, A. (1961). *A comparative analysis of complex organizations.* New York: Free Press.

House, R. J. (1977). Theory of charismatic leadership. In J. G. Hunt & L. L. Larson (Eds.), *Leadership: The cutting edge* (pp. 189-269). Carbondale: Southern Illinois University Press.

Weber, M. (1947). Type theory of social and economic organization. In A. Henderson & T. Parsons (trans.), *Max Weber: The theory of social and economic organization.* New York: Free Press.

제8장 코칭리더십, 긍정리더십

1. 코칭리더십 | 2. 긍정리더십

1. 코칭리더십

1) 코칭이란

코칭리더십은 가장 최근에 등장한 리더십 이론 중의 하나라고 볼 수 있다. 코칭리더십을 설명하기 위해서는 먼저 코칭이란 무엇인지 설명할 필요가 있다. 코칭이 우리 나라에 들어온 시기는 2000년대 초반이다. 코칭은 부하 스스로 자신의 문제점을 인식하고 그것을 해결할 수 있는 방법을 찾도록 상사가 파트너 입장에서 도움을 주는 역할을 하는 것을 강조한다. 즉, 업무 수행을 잘하지 못하는 부하에게 한 수 알려 주는 것은 코칭이 아니며 티칭이라고 부른다. 코칭은 개인의 잠재능력을 중요시하며 누구나 자신의 문제를 스스로 해결할 수 있다고 믿는 것이 무엇보다 중요하다. 이러한 믿음이 없으면 부하가 스스로 문제를 해결하도록 기다리지 못할 것이다. 코칭을 하는 상사는 코칭을 받는 부하와 상하관계가 아닌 동등한 파트너라는 인식을 가지고 부하가 다양한 관점에서 자신의 현 상태와 문제를 바라볼 수 있도록 질문을 던지면서 부하 스스로 문제의 해결방안을 찾아 나가도록 도와주고 격려하는 역할을 하게 된다. 하지만 만약 부하 스스로 해결방안을 전혀 제시하지 못한다면 상사가 자신이 알고 있는 방법을 제시해도 좋은지 물어보고 대안을 제시해 줄 수도 있다. 그런데 이 경우 꼭 이렇게 하라는 것이 아니라 이렇게 하는 것은 어떤지를 물어보는 수준에 그쳐야 한다.

코칭을 통해 상사는 부하가 자신의 문제를 해결할 수 있는 구체적인 실행계획을 수립하도록 돕게 된다. 이때 부하는 자기 스스로 해결방법을 제시했기 때문에 이를 실천해야겠다는 책임감을 더 느끼게 되며, 이로 인해 실행 의지가 높아지고 실행할 가능성이 높아진다.

예를 들어, 자주 업무를 미루는 부하를 불러서 피드백을 줘야 할 경우, 상사는 먼저 부하 자신이 업무를 미루고 있는지를 인식토록 하고 변화하려는 동기가 있는지를 파악해야 한다. 변화하려는 동기가 있다면 스스로 해결할 수 있는 구체적 방법을 이야기해 보라고 하며 제시한 대안을 지지해 주고 추가적으로 부하가 이러한 행동을 지속적으로 해 나갈 수 있도록 주기적으로 체크하면서 부하가 스스로 실천하는 행동이 습관화되도록 돕는 역할을 하면 된다.

2) 리더의 코칭 행동

코칭리더십이란 개념이 나오기 전 조직에서 코칭과 관련된 연구는 상사 또는 리더의 코칭 행동에 초점을 주고 진행되어 왔다.

McLean, Yang, Kuo, Tolbert와 Larkin(2005)은 조직 내 관리자의 코칭 기술을 측정하는 척도를 개발하고 이 척도의 타당도를 검증하였다. 이들은 과거 문헌을 토대로 개방적 의사소통(open communication), 팀 접근(team approach), 사람 중시(value people) 그리고 모호성 수용(accept ambiguity)의 네 가지 중요한 코칭 기술을 도출하고 이를 측정하는 문항을 개발한 후 두 집단을 대상으로 척도의 타당화를 검증하였다. 개방적 의사소통은 코치로서의 리더는 동료 및 부하들을 포함한 구성원들과 개방적으로 의사소통할 필요가 있음을 의미하고, 팀 접근은 업무 처리를 위해 혼자서 일하기보다는 다른 사람들과 같이 일을 하는 팀으로 접근하는 것이 필요함을 의미한다. 사람 중시는 과업보다는 사람을 더 중요시해서 다른 사람들과 관계를 맺는 것을 중시한다는 의미이다. 마지막으로, 모호성 수용은 새로운 방법으로 문제를 해결하려는 노력을 하거나 위험을 감수하려고 하며 갈등을 건설적으로 보려는 행동을 의미한다. 이들의 연구결과 네 가지 요인으로 구성된 척도의 신뢰도와 타당도가 검증된 것으로 나타났다.

또한 컨설팅 회사에서도 관리자의 코칭 역량을 측정하기 위한 도구를 개발한 바 있는데, Lowe(1995)는 구조제공(providing structure), 적극적 경청(active listening), 질문하기(asking questions), 제안하기(making suggestions) 그리고 피드백 제공(giving feedback)의 다섯 가지 코칭 기술을 제시하였다.

Ellinger, Ellinger와 Keller(2003)는 관리자의 코칭 행동을 특별한 요인으로 구분하지 않고 하나의 구성 개념에 포함시켰다. 과거 코칭 행동에 관한 문헌에서 도출한 총 8개 문항으로 구성된 코칭 행동 척도에는 부하들이 관점을 넓히도록 돕는 행동, 건설적인 피드백을 제공하는 행동, 일을 효율적으로 수행하도록 자원을 제공하는 행동, 해답을 제공하지 않고 질문을 통해 부하 스스로 생각해 보도록 하는 행동 등이 포함되어 있다.

최근에 Gregory와 Levy(2010)는 코칭 관계를 부하의 수행 향상 목적을 위해 상사가 부하들과 파트너 관계를 유지하는 것을 의미한다고 정의하면서 이러한 코칭 관계를 측정하기 위해 네 가지 요인으로 구성된 척도를 개발하였다. 첫 번째 요인은 관계의 진정성(genuineness of the relationship)으로서, 상사와 부하가 서로를 신뢰하고 상사가 부하를 진정으로 배려함을 의미한다. 두 번째 요인은 효율적인 의사소통(effective communication)으로서, 상사가 부하의 말을 경청하고 이야기하기 쉽고 효율적으로 부하와 의사소통하는 내용을 포함한다. 세 번째는 관계의 평안함(comfort with the relationship)으로서, 상사에게 수행과 관련된 어려움에 대해 편하게 말할 수 있는 관계를 의미한다. 마지막 차원은 개발촉진(facilitating development)으로서, 상사가 부하의 강점이나 잠재력을 파악하고 이를 향상시키도록 돕는 행동을 의미한다.

조직 맥락에서 리더의 코칭 행동은 부하들을 지적으로 자극하여 스스로 문제를 해결하고 보다 나은 성과를 도출하는 것을 목적으로 한다. Latham, Almost, Mann과 Moore(2005)는 상사의 코칭을 통하여 부하의 성과를 향상시킬 수 있음을 강조하였다. 이들은 업무성과에 대한 피드백 제공을 하나의 사건으로 생각하지 않고 종업원들의 성과 향상을 위한 연속적 과정으로 보는 패러다임의 전환이 필요하다고 주장하면서 이 과정에서 상사의 코칭 기술이 중요함을 강조하였다. 즉, Latham 등은 상사가 종업원에게 적절한 질문을 하고 그들이 하는 이야기를 경청하면서 종업원들이 자신의 업무성과를 높일 수 있는 방법에 대해 스스로 생각해 보고 해결안을 도출해 내어 이를 실천하도록 도와주는 코치의 역할을 강조하였다.

지금까지 앞서 기술한 대부분의 연구는 코칭 행동 또는 코칭 기술이라는 단어를 사용하였고, 이를 하나의 리더십 이론으로 발전시키지 못하였다. 조은현과 탁진국(2010)은 이러한 점에 초점을 두고 리더의 코칭 행동을 측정하기 위해 코칭리더십 척도를 개발하고 이 척도의 타당화를 검증한 바 있다. 이들은 직장인을 대상으로 개방형 설문, 두 차례의 예비조사 및 본조사를 거쳐 모두 4개의 요인(존중, 목표제시와 피드백, 관점변화, 성장에 대한 믿음)으로 구성된 24개 문항을 도출하였다. 존중은 리더가 부하를 인간으로서 존중하고 심리적으로 지지하고 돕는 것을 의미하고, 목표제시와 피드백은 리더가 부하의 성장과 발전을 위한 목표를 제시하고 업무와 관련하여 구체적이고 건설적인 피드백을 제공하는 것을 의미한다. 관점변화는 리더가 부하에게 기존과 다른 관점에서 해결방법을 찾도록 질문하는 것을 의미하며, 마지막으로 성장에 대한 믿음은 사람은 성장과 발전을 지향하는 잠재력을 가진 존재이며 자신의 문제를 스스로 해결할 수 있는 능력을 가지고 있다는 것에 대한 리더의 믿음을 의미한다.

3) 코칭리더십의 효과

Graham, Wedman과 Garvin-Kester(1994)는 판매 관리자들의 코칭 행동의 효과를

검증하였다. 이들은 부하들에게 전화 인터뷰를 하여 관리자들의 코칭 행동을 조사하였으며, 분석 결과 관리자들의 코칭 행동이 부하들의 판매 증가에 긍정적 영향을 미친 것으로 나타났다.

Ellinger, Ellinger와 Keller(2003)는 관리자의 코칭 행동이 부하들의 만족과 수행에 긍정적 영향을 주는지를 분석하기 위해 분배창고에서 일하는 67명의 감독자와 438명의 근로자를 대상으로 설문지를 실시하였다. 종업원들의 직무만족은 스스로 평정하게 하였으며, 이들의 수행은 감독자가 평정하게 하였다. 분석 결과, 감독자의 코칭 행동은 종업원들의 직무만족과 직무 수행에 정적으로 유의한 영향을 미치는 것으로 나타났다. 조은현과 탁진국(2010)이 다양한 조직에 근무하는 직장인 600명을 대상으로 코칭리더십 척도의 타당도를 검증하기 위해 실시한 연구에서 코칭리더십 척도점수는 상사 신뢰, 조직 시민 행동 그리고 조직 몰입과 정적으로 유의한 관계에 있는 것으로 나타났다. 코칭리더십은 상사 신뢰와 가장 관련성이 크게 나타났고, 다음은 조직 몰입의 순이었다. 요인별로 살펴보면 부하의 잠재력에 대한 믿음 요인이 이러한 조직 태도 변인들과 가장 관련성이 큰 것으로 나타났다.

4) 코칭리더십에 영향을 주는 요인

최근 들어서는 상사의 코칭 행동을 독립변인이 아닌 종속변인으로 두고 이러한 행동에 영향을 미치는 요인은 무엇인지를 밝히는 연구가 실행되고 있다. Gregory와 Levy(2011)는 부하가 평가한 상사의 코칭 행동에 영향을 주는 요인으로서 상사의 리더십 스타일(변혁적 리더십), 정서지능, 피드백 환경, 상사에 대한 신뢰, 상사의 공감, 상사의 내현개인이론(implicit person theory: IPT)을 포함시켰다. 상사의 코칭 행동은 앞서 기술한 Gregory와 Levy(2010)가 개발한 네 가지 요인으로 구성된 척도를 사용하였다. 여기서 상사의 변혁적 리더십, 정서지능 그리고 IPT는 상사 자신이 평정토록 하였고 다른 변인들은 부하들이 평정토록 하였다. IPT는 사람이 변화한다고 믿는 정도를 의미하며, 피드백 환경은 상사가 부하들에게 얼마나 유용한 피드백을 제공하는지의 정도를 의미한다. 상사의 공감은 상사가 부하가 경험하는 감정 상태에 공감해 주는 정도를 측정하였다. 상사 221명과 부하 1,290명을 대상으로 설문을 실시하여 분석한 결과, 변혁적 리더십 요인 가운데 하나인 상사의 배려 행동, 피드백 환경, 신뢰, 공감 등이 상사의 코칭 행동에 유의미한 영향을 주는 것으로 나타났다.

5) 임원 코칭

코칭리더십과 관련해 많이 연구된 또 다른 분야는 CEO나 임원 또는 관리자들의 리더십 역량 향상을 위한 코칭의 효과이다. 대부분 외부 전문가로 활동하는 코치가 회사에 직접 와서 일대일로 코칭을 실시하게 된다. 이러한 분야를 일반적으로 임원 코칭(executive coaching)이라고 부르고 있으며, 코칭이란 분야가 널리 알려지게 된 것도 조직에서 CEO를 비롯한 임원들이나 관리자를 대상으로 전문 코치가 일대일 코칭을 실시하게 되면서부터이다. 하지만 이러한 임원 코칭이 반드시 임원들의 리더십 역량 향상만을 위한 것은 아니다. 경우에 따라서는 임원의 개인적인 이슈에 관해서도 코칭이 진행될 수 있다.

코칭을 통해 우선적으로 임원 및 관리자들의 자기인식이 높아지게 된다(Luthans & Peterson, 2003). 또한 Jones, Rafferty와 Griffin(2006)은 11명의 임원을 대상으로 3개월 동안 리더십 개발을 위한 코칭을 실시하고 사전, 사후 그리고 추후 검사를 통해 효과를 검증하였다. 적극성, 적응성 및 회복탄력성의 세 요인으로 구성된 리더십 융통성 척도를 통해 코칭의 효과를 측정하였으며, 분석 결과 리더십 융통성 점수는 지속적으로 증가하였고 통계적으로는 .10 수준에서 유의한 것으로 나타났다.

Bozer, Sarros와 Santora(2013)는 단순히 임원 코칭의 효과를 검증하는 것에서 벗어나 피코치의 특성이 코칭 효과에 영향을 주는지를 알아보기 위한 연구를 실시하였다. 이 연구는 72명의 피코치인 임원과 68명의 코치를 대상으로 진행되었다. 코치들이 임원들을 대상으로 일주일에 한 번 정도씩 일대일로 10번에서 12번 정도 만나서 코칭을 진행하였으며, 코칭의 효과를 측정하기 위해 자기보고식으로 측정한 수행, 자기인식, 직무 몰입, 경력만족, 상사가 평정한 업무 수행, 상사가 평정한 과업 수행 등의 변인을 사전과 사후 검사에서 측정하였으며, 피코치의 특성은 사전검사에서만 측정하였다. 분석 결과, 피코치의 특성 중 자기효능감은 자기평정 수행과만 정적으로 유의하게 관련되었으며, 피드백 수용성은 자기평정 수행 및 상사평정 수행과 정적으로 유의하게 관련된 것으로 나타났다. 피코치의 사전 훈련동기도 자기평정 수행과 정적으로 유의하게 관련되었다.

6) 코칭 기술

관리자로서 코칭리더십을 발휘하기 위해 기본적으로 익혀야 할 코칭 기술이 있다. 이에 관해 간단히 정리하면 다음과 같다.

(1) 적극적 경청

먼저, 가장 기본적인 기술로서 적극적 경청이 있다. 적극적 경청은 상대방이 말하는 내용을 충분히 들어 주고 말하는 내용과 그 의도를 이해하면서 공감해 주는 것을 의미한다. 대부분의 경우에는 잘 들어 주고 공감해 주는 것을 의미하지만 더 발전하게 되면 상대방이 말하는 의도까지도 이해하는 것을 포함하게 된다. 이를 위해서는 당연히 상대방의 말에 집중해야 한다.

적극적 경청과 관련된 행동은 언어적 요소와 비언어적 요소 모두를 포함한다. 비언어적 요소는 상대방을 응시하거나 적절하게 고개를 끄덕이거나 집중하는 자세를 보여 주는 것 등을 포함한다. 언어적 요소로는 "네, 그러시군요." 등과 같이 공감하는 표현을 하거나 상대방이 말한 내용에 대해 "~라는 뜻인가요?"와 같이 줄여서 말하는 '명료화하기', 상대방의 말을 다소 바꾸어 표현하는 '바꾸어 말하기' 등이 있다.

(2) 열린 질문

열린 질문(open question)이란 상대방에게 질문할 때 상대방이 다양한 관점에서 이런저런 가능성을 충분히 생각해 보고 보다 폭넓게 자신의 의견을 이야기하도록 유도하는 질문을 의미한다. 이에 반대되는 질문을 닫힌 질문(closed question)이라고 하는데, '예'나 '아니요'와 같이 간단한 답변이 나오도록 하는 질문을 의미한다. 예를 들어, 상대방에게 "현재 네가 겪고 있는 문제점을 해결하기 위해 어떻게 하면 좋겠니?"라고 물어보면 열린 질문이 되는 것이고, "현재 네가 겪고 있는 문제점 해결을 위해 이러한 방법으로 해 보면 효과가 있을 것 같니 없을 것 같니?"라고 물어보면 닫힌 질문이 되는 것이다.

코칭 과정에서는 코칭을 받는 피코치가 자신의 문제에 대해 스스로 다양한 관점에서 깊게 생각해 보고 답을 스스로 도출해 내도록 돕는 것이 중요하기 때문에 가능한 한 열린 질문을 많이 시도하는 것이 바람직하다. 일반적으로 앞의 질문에서와 같이 '어떻게(how)'가 포함된 질문을 하게 되면 열린 질문이 될 가능성이 높다.

(3) 피드백

코칭 기술을 향상시키기 위해 상사가 학습해야 할 또 다른 중요한 기술은 부하들의 수행에 대한 피드백 기술이다. 대부분 부하의 수행이 낮을 때 문제가 된다. 부하가 잘못한 행동에 대해서만 지적을 하고 어떻게 개선할 것인지를 물어보는 발전적 피드백이 바람직한데, 많은 경우 부하의 행동과 개인적인 특성을 같이 연계시켜 부정적인 피드백을 제공할 때 문제가 된다. 예를 들어, 부하가 작성한 보고서에 오타가 있는 경우 "넌 왜 맨날 그 정도밖에 못하냐?"라는, 부하의 특정 행동에 대한 지적이 아닌 부하가 전체적으로 문제가 있다는 식의 부정적인 피드백은 부하의 사기를 저하시키고 이를 개선하려는 동기를 저하시키게 된다.

반대로 부하의 수행에 대해 칭찬할 경우에는 특정 행동에 대해 칭찬하는 것보다 행동과 개인 특성을 같이 연계시켜 피드백을 제공하는 것이 부하의 사기를 더 높일 수 있다. 예를 들어, 부하가 사업계획서에 관한 발표를 잘한 경우 단순히 발표를 잘했다고 칭찬하는 것보다 "이런 어려운 발표를 잘하다니 자신감과 배포가 두둑한 사람이구먼." 과 같이 칭찬하는 것이 부하의 긍정적 기분을 더 높일 수 있게 된다.

7) 코칭 진행방법

관리자가 부하들에게 업무와 관련해 피드백을 주거나 부하가 개인적인 문제로 상의를 할 경우 코칭 기법을 통해 진행하면 효과를 볼 수 있다. 코칭을 잘하기 위해서는 당연히 전문가로부터 코칭 교육도 받고 코칭 실습도 해야 한다. 여기서는 간단히 코칭을 진행할 때 사용하는 기본 모형을 소개하고 간단히 설명하고자 한다.

일반적으로 코칭 장면에서 많이 사용하는 모형은 GROW 모형(Whitmore, 2002)이다. 이 모형에서 G은 Goal의 약자로서 목표를 정하는 것을 의미하고, R은 Reality의 약자로서 현실 파악을, O는 Option의 약자로서 대안 탐색을, 그리고 W는 Will의 약자로서 실천의지를 의미한다.

먼저, 목표 정하기(Goal: G)에 대해 살펴보면 코칭을 시작할 때 부하가 원하는 코칭 목표가 무엇인지를 명확하게 하는 것을 의미한다. 즉, 코칭에서 논의할 주제를 코치와 피코치가 합의하고 코칭의 목표를 확인하는 단계이다. 이 단계에서 코치가 물어보게 되는 일반적인 질문으로는 "오늘 어떤 주제에 관해 얘기하고 싶습니까?" "우리가 얘기를 끝냈을 때 어떤 성과를 얻고 싶습니까?" "구체적인 코칭 목표는 어떤 것입니까?" 등이 있다.

이 단계에서 고려해야 할 점은 가능한 한 목표를 명확하고 구체적으로 정할 필요가 있다는 점이다. 예를 들어, 일에 집중이 잘 되지 않아서 코칭을 받으러 왔다고 할 경우, 코칭의 목표는 일에 좀 더 집중이 잘 되는 것으로 정할 가능성이 높다. 하지만 일에 집중이 더 잘 된다는 것은 상당히 주관적인 판단이기 때문에 하루에 몇 시간 정도를 집중해야 코칭의 목표를 달성했다고 할 수 있는지 판단하기가 애매하다. 코칭의 효과를 파악하기 위해서는 목표를, 예를 들어 '하루 2시간 집중하기'와 같이 좀 더 구체적으로 정할 필요가 있다.

또한 피코치가 동료와 갈등이 있어서 이를 해결하기 위해 코칭을 받으러 온 경우 갈등을 해결한다는 것은 상당히 주관적이어서 어떤 상태가 되어야 갈등이 해결된 것인지를 판단하기가 어렵다. 이 경우 목표를 '동료와 하루에 20분씩 웃으면서 얘기하기' 등과 같이 구체적으로 잡는다면 코칭을 통해 목표를 달성했는지 판단하기가 용이할 것이다. 코칭 이슈가 건강해지고 싶다인 경우에도 건강과 관련해서는 무엇보다 체중을 줄이는 것이 바람직할 수 있기 때문에 체중을 5kg 줄이는 것으로 목표를 정할 수 있을 것이다.

또한 목표설정이론을 주장한 Locke(1968) 역시 목표를 단순히 최선을 다하라고 정하는 경우보다 구체적이고 명확하게 정하는 경우 성과가 더 높다는 많은 연구결과를 발표한 바 있다. 즉, 코칭 장면에서도 목표를 구체적으로 정한 경우 피코치가 그것을 달성할 가능성이 높아지는 것이다.

다음 단계는 현실 파악(Reality: R)으로서 피코치의 목표와 관련해 피코치가 과거에 경험했던 내용들과 현재 일어나고 있는 상황들에 대해 파악하는 과정을 의미한다. 앞의 예에서 일에 집중이 잘 되지 않는다고 한다면, 이러한 현상이 언제부터 일어났는지, 현재 얼마나 심각한 상황인지, 이러한 문제를 해결하기 위해 시도했던 방안은 어떤 것들이 있는지 등을 물어볼 수 있을 것이다. 이 과정에서 한 가지 주의해야 할 점은 너무 과거에 얽매여서는 안 된다는 점이다. 일에 집중이 안 되는 것은 어려서부터 학교에서 공부를 못해서 그럴 것이라는 잘못된 가정하에 자꾸 과거 안 좋았던 사건을 파헤치려고 든다면 상대방의 부정적 정서를 촉발하게 되고, 결과적으로 더 이상 코칭을 진행하기 어려운 상황에 빠질 수 있게 된다. 과거 언제부터 이러한 문제가 발생했는지, 그때 어떤 원인이 있었는지를 물어보는 정도에서 그치는 것이 바람직하다. 코칭은 과거 지향적이 아니라 현재의 문제를 어떻게 해결할 것인지를 강조하는 미래 지향적인 철학을 바탕으로 두고 있기 때문이다.

피코치가 코칭 이슈에 관해 어느 정도 고민해 왔고 현재 어떠한 상황에 있는지 충분히 파악되었다면 다음 단계는 대안 탐색(Option: O)으로서 본격적으로 코칭 이슈를 해결하기 위해 시도하는 단계이다. 여기서는 무엇보다 피코치가 자신의 문제를 해결하기 위한 다양한 아이디어를 제시하는 것이 중요하다. 따라서 상사는 피코치가 제시하는 해결방안에 대해 긍정적으로 지지해 주며 더 많고 다양한 아이디어를 제시할 수 있도록 격려할 필요가 있다. 피코치가 제시하는 아이디어가 상사의 관점에서 볼 때 적절하지 못하다고 생각되어 부정적인 피드백을 줄 경우, 피코치는 해결방안을 모색하려는 동기가 낮아지게 된다. 일단 브레인스토밍 차원에서라도 다양한 아이디어를 도출해 내도록 격려하고 지지하면서 잘 이끌어 갈 필요가 있다.

경우에 따라서는 피코치가 다양한 아이디어를 제시하지 못하는 경우도 있을 수 있다. 이때는 상사가 자신이 알고 있는 해결방안을 제시할 수도 있다. 다만 먼저 피코치에게 자신이 해결 방안을 제시해도 괜찮겠는지 물어본 후 이러이러한 방법은 어떻겠는지 조심스럽게 제시하는 것이 바람직하다. 이 경우에도 피코치가 수용하는 것이 중요하기 때문에 피코치가 마음에 들어 하지 않는다면 상사는 강요하지 않는 것이 바람직하다.

앞의 예에서와 같이 코칭 이슈가 동료와의 업무 간 갈등 때문이라고 한다면 피코치에게 어떤 해결방안이 있을지를 물어보게 된다. 이 상황에서 나올 수 있는 방안의 예로는 '동료에게 자신이 불만이 있는 내용을 차분하게 얘기한다.' '동료가 나한테 어떤 불만이 있을지 동료의 관점에서 다시 생각해 본다.' 등이 있을 수 있을 것이다.

마지막 단계는 실행의지(Will: W) 단계로서 대안과정에서 피코치가 제시한 해결방안을 말로만 그치는 것이 아니라 실제 생활에서 실행할 수 있는 의지를 다지고 굳건히 하는 단계라고 할 수 있다. 이 단계에서는 보다 구체적인 실행계획을 수립하게 된다. 예를 들면, 동료와의 갈등관계 개선이 코칭 이슈인 피코치의 경우 '동료에게 자신이 불만이 있는 내용을 차분하게 이야기한다.'와 같은 해결방안을 제시했다면 좀 더 구체적으로 언제 이런 대화 기회를 가질 것인지, 또 어떻게 대화를 시작할 것인지, 어디에서 만나 대화할 것인지 등과 같은 보다 구체적인 내용의 질문을 하게 된다. 이와 같이 보다 구체적인 실행계획을 피코치가 이야기할 경우 실행 가능성이 높아지게 된다.

이와 관련하여 Gollwitzer(1999)는 구체적인 실행 의도(implementation intentions)를 수립하게 되면 목표 지향적인 행동을 가져올 가능성이 높아진다고 주장하였다. 그는 사람들이 목표달성을 위해 좀 더 구체적으로 언제, 어디서, 어떻게 할 것인지에 관한 계획을 세우게 되면 이를 실행하기 위한 의식적인 노력을 덜 하더라도 향후 자신이 설정한 언제, 어디서, 어떻게와 같은 상황 단서가 제시될 경우 이와 연계되어 기억 속에 저장되어 있는 정보가 인출되면서 좀 더 자동적으로 실행계획이 실천될 수 있다고 설명하고 있다.

예를 들어, Gollwitzer와 Brandstatter(1977)의 대학생을 대상으로 한 실험에서는 크리스마스가 되기 전에 향후 크리스마스이브가 오면 어떻게 보낼지에 관한 보고서를 크리스마스이브가 지난 후 이틀 이내에 제출토록 하였다. 전체 중 반은 구체적으로 언제, 어디서 보고서를 쓸 것인지를 적게 하였고, 다른 반에게는 이러한 요구를 하지 않았다. 나중에 크리스마스가 지난 후 구체적 실행 의도를 작성한 집단은 3/4이 보고서를 보내 왔고, 실행 의도를 작성하지 않은 집단은 단지 1/3만이 보고서를 보내 왔다. 즉, 언제, 어디서 보고서를 작성할 것인지와 같은 구체적 실행 의도를 수립한 사람들에게서 목표달성 비율이 훨씬 더 높게 나타났다. 이는 구체적인 세부 실행계획을 세우는 것이 중요함을 시사하는 결과이다.

또한 실행계획을 실행하는 과정에서 어떤 어려움이나 장애요인은 없겠는지를 물어보고, 만약 있다고 한다면 그것을 어떻게 극복할 것인지를 물어보는 것도 바람직하다. 추가적으로 이러한 실행계획을 남에게 알리는 경우 실행할 가능성이 보다 높아지기 때문에 주변에 이를 알릴 사람은 없는지, 이를 도와줄 사람은 없는지 등을 물어볼 수도 있다.

마지막으로, 이러한 구체적인 실행계획을 실행할 의지 또는 자신감이 얼마나 되는지를 10점 척도 중 몇 점 정도 되는지를 물어보는 것도 도움이 된다. 대부분의 경우 코칭이 잘 진행되면 이러한 질문에 피코치가 높은 점수를 언급할 가능성이 높다. 하지만 만약 5점 미만의 낮은 점수를 언급한다면 이는 실행할 가능성이 낮다는 의미이기 때문에 어떠한 이유 때문에 의지 및 자신감이 낮은지를 파악할 필요가 있다. 그리고 오늘 코칭이 어땠는지, 즉 어떤 점을 느꼈고, 어떤 점이 아쉬웠으며, 또 어떤 점이 도움이 되었는지 등에 대해 말해 달라고 하면서 마무리하게 된다.

대체적으로 이러한 과정을 거쳐 코칭을 진행하게 된다. 하지만 여기서 설명한 GROW 모형은 코칭 모형 가운데 하나이기 때문에 반드시 이러한 과정을 거쳐서 진행할 필요는 없다. 예를 들어, 처음에 피코치에게 코칭 목표를 정하는 것이 어색하다면 먼저 코칭 이슈에 관한 이런저런 이야기를 충분히 나누는 현실 파악을 먼저 한 후에 다음 단계에서 목표를 정해도 된다. Whitmore(2002)가 GROW 모형에서 목표수립을 처음 단계로 넣은 것은 피코치가 보다 도전적인 목표를 제시하도록 유도하기 위해서였다. 예를 들어, 코칭 이슈가 다이어트에 관한 것인 경우 구체적인 목표를 정하지 않고 현실 탐색부터 먼저 하게 되면 대부분 과거 다이어트에 실패했던 이야기들이 나오기 쉽고, 이런 과정을 거치면서 피코치는 부정적 감정을 느끼게 된다. 이런 상황에서 목표를 정하라고 할 경우 피코치는 도전적인 목표를 정하기 어렵게 될 것이다. 따라서 피코치가 부정적인 내용을 이야기하기 전에 먼저 목표를 정하도록 하는 것이 좀 더 도전적인 목표가 도출될 가능성을 높일 것이다.

여기서는 한 번의 코칭을 통해 진행하는 경우의 예를 들었으나 실제 상황에서는 한 번만으로는 부족해서 여러 차례에 걸쳐 코칭이 진행되는 경우도 많이 있다. 앞의 예에서 피코치가 하겠다고 말한 내용에 대해 다음 회기에 한 번 더 만나서 자신이 약속한 실행계획을 얼마나 제대로 실천했는지 이야기 나누는 시간을 갖는 것도 필요할 수 있다.

코칭의 중요한 목적 중의 하나는 피코치가 코칭을 통해 스스로 자신의 문제를 해결할 수 있는 자신감과 습관을 키워 주는 것이기 때문에 피코치가 자신이 약속한 내용을 얼마나 실천했는지 점검해 보는 것이 필요하다. 만약 잘 되었다면 향후에도 스스로 자신의 문제를 해결해 나갈 자신감이 어느 정도 있는지 파악해 보고, 만약 잘 진행되지 못했다면 그 이유는 어디에 있는지를 논의해 보며, 향후 이러한 문제를 어떻게 극복해 나갈 것인지를 이야기해 보는 시간을 갖는 것이 좋다.

8) 코칭리더십의 장점과 단점

코칭리더십이 긍정적 효과를 가져오는 이유는 무엇보다 부하들의 잠재력에 대한 상사들의 믿음 때문이라고 생각할 수 있다. 앞의 조은현과 탁진국(2010)의 연구에서도 코칭리더십 요인 가운데 부하의 잠재력에 대한 믿음이 종업원들의 조직 태도 및 상사 신뢰에 가장 큰 영향을 준 것으로 나타났듯이, 부하의 역량에 대한 상사의 긍정적 믿음이 조직 전체를 긍정적 조직문화를 갖춘 환경으로 바꾸는 데 기여할 수 있고, 이러한 환경 속에서 서로를 신뢰하는 풍토가 생기게 되며, 그리하여 긍정적 조직 태도와 성과가 나타날 가능성이 높다.

하지만 현장에서 코칭리더십을 발휘하는 데 어려운 점도 있을 수 있다. 코칭리더십은 부하의 잠재력에 대한 상사의 믿음이 중요하기 때문에 상사 입장에서 부하에게 일을 시킬 때 부하가 제대로 일을 처리하지 못할 경우 이를 바로 야단치는 것이 아니라 잠재력을 발휘하여 문제를 해결할 수 있도록 기다려 주는 것이 필요하다. 즉, 코칭리더십을 발휘하는 과정에서 시간이 필요하며, 기다려 주는 인내심이 중요하다.

따라서 회사에서 급하게 처리해야 할 일이 생겼을 경우, 즉 기다려 줄 수 있는 시간이 부족할 경우, 코칭리더십을 발휘하여 효과를 거둘 수 있는지에 대한 의문이 제기될 수 있다. 향후 이와 관련된 과학적 연구가 실시되어 코칭리더십의 효과에 영향을 줄 수 있는 변인들로 어떤 것들이 있는지를 검증할 필요가 있다.

연습 | 코칭실습

두 명 또는 세 명이 한 조를 구성한다. 두 명일 경우 한 명은 코치, 다른 한 명은 피코치 역할을 하며, 세 명일 경우에는 나머지 한 명이 관찰자 역할을 한다. 두 명 또는 세 명에 상관없이 코치, 피코치 역할을 정하기 위해 각자가 현재 고민하고 있으며 공개해도 별 문제가 없는 코칭 이슈를 돌아가면서 말한다. 이 중 코칭이 좀 더 쉽다고 생각되는 주제를 합의하에 코칭 이슈로 선정하고 이 주제를 말한 사람을 피코치로 정한다. 두 명일 경우는 다른 한 사람이 자연스럽게 코치가 되며, 세 명일 경우는 서로 논의하여 코치와 관찰자를 정한다.

15분 정도 시간을 주고 코칭을 시작한다. 앞서 배운 GROW 모형을 토대로 가능한 한 주어진 시간 내에 W까지 갈 수 있도록 노력한다. 많은 사람이 시간이 부족하다고 할 경우 5분 정도 시간을 더 줄 수 있다.

코칭을 끝낸 후 코치, 피코치 또는 관찰자 역할을 맡은 사람들의 이야기를 들어 보는 시간을 갖는다. 각자가 일부만 간단하게 느낀 점(특히 진행하면서 어떤 부분이 잘 되었고, 어떤 부분이 어려웠는지)을 발표토록 하며, 조가 많은 경우 일부 팀만 선정하여 발표토록 한다. 각자의 발표가 끝난 후 진행자는 각 팀에서 이야기한 내용들을 요약·정리해서 설명해 주며, 코칭의 철학과 코칭 진행방법에 대해 다시 한 번 설명하고 논의한다.

부록 | 조은현과 탁진국(2010)의 코칭리더십 척도

코칭리더십 척도는 네 가지 요인으로 구성되어 있으며 각 요인과 요인에 해당하는 문항은 아래와 같다. 각 문항을 읽고 각 문항이 현재 자신의 직속상사의 태도 및 행동과 유사하거나 비슷한 정도를 Likert 5점 척도(1=전혀 그렇지 않다, 3=보통이다, 5=매우 그렇다)에서 가장 적합한 번호에 체크하면 된다.

요인 1

존중: 리더가 부하를 인간으로서 존중하고 심리적으로 지지하고 돕는 것

문항

1. 나를 인간으로서 존중한다.

2. 나의 업무 방식을 존중한다.

3. 나의 말에 주의를 기울여 듣는다.

4. 나의 특성을 파악하고 적절하게 대응한다.

5. 내가 실수를 하더라도 같이 수습하고 격려한다.

6. 나의 입장을 고려해서 말을 듣는다.

7. 내가 업무 중에 어려움을 겪을 때 언제든지 도움을 청할 수 있는 사람이다.

8. 내게 심리적으로 든든한 지원자가 되어 준다.

9. 나의 강점과 우수성을 인정한다.

10. 나 스스로 변화하고 나를 개발하고 싶은 마음이 생기게 한다.

요인 2

목표제시와 피드백: 부하의 성장과 발전을 위한 목표를 제시하고 업무와 관련하여 구체적이고 건설적인 피드백을 하는 것

문항

1. 내게 기대하는 바가 무엇인지 분명하게 말한다.

2. 나의 업무 내용과 결과에 대해 구체적으로 피드백한다.

3. 업무가 진행되는 동안 구체적이고 현실적인 피드백을 제공한다.

4. 나의 역량수준과 동기수준을 파악하고 목표를 제시한다.

5. 내가 실수를 반복하지 않도록 구체적이고 건설적인 피드백을 한다.

6. 나의 성장과 발전에 대해 같이 기뻐하고 흐뭇해한다.

요인 3

관점변화: 기존과 다른 관점에서 해결책을 찾도록 질문하는 것

문항

1. 다른 사람의 입장에서 생각할 수 있는 질문을 한다.

2. 해결책을 제시하기보다는 내가 해결책을 찾을 수 있도록 질문한다.

3. 나의 생각이나 관점을 되돌아보게 하는 질문을 한다.

요인 4

성장가능성 믿음: 인간은 성장과 발전을 지향하는 잠재능력을 가진 존재이며 스스로 문제를 해결할 능력을 가지고 있다고 믿는 것

문항

1. 조금만 도와주면 내가 스스로 문제를 해결할 것이라고 믿는다.

2. 내가 적절한 도움을 받으면 스스로 성장하고 발전할 것이라고 믿는다.

3. 내가 자발적으로 동기부여되는 사람이라고 믿는다.

4. 내가 언젠가는 내 능력을 잘 발휘할 것이라고 믿는다.

5. 나의 잠재능력과 성장 가능성을 믿는다.

2. 긍정리더십

긍정심리학이란 분야가 발전하면서 이를 다양한 분야에 적용하려는 시도가 있어 왔다. 리더십 분야에서도 긍정심리를 응용하려는 시도가 있어 왔으며 이러한 노력의 일환으로 긍정리더십이라고 부르는 리더십 이론이 탄생하게 되었다. 이 분야에 관한 연구는 아직 초기단계이기는 하지만 긍정심리 분야가 사회 다방면에서 계속 성장함에 따라 긍정리더십도 확산될 가능성이 있기 때문에 이 책에서 소개하고자 한다.

1) 긍정심리

최근 들어 인간의 강점 및 경쟁력 향상에 초점을 둔 긍정심리학에 대한 관심이 증가하고 있다(Seligman & Csikszentmihalyi, 2000; Snyder & McCullough, 2000). Seligman(1999)이 미국심리학회 회장 취임 연설에서 긍정심리학을 강조한 이후 긍정심리는 급속도로 발전하면서 다양한 분야에 영향을 주고 있으며, 리더십도 대표적인 영역 가운데 하나이다. Seligman(1999)은 심리학이 제2차 세계대전 이후 개인의 삶의 질을 풍요롭게 만드는 방향에서 벗어나 개인의 정신병리를 치료하는 방향으로 변화되었다고 주장하였다.

또한 심리학이 단순히 아픈 사람을 치료하는 의학의 연장선상에 있는 것이 아님을 강조하면서 이제 개인의 삶의 질을 높이는 심리학의 근원으로 돌아갈 필요가 있으며,

이를 위해 우울이나 불안과 같은 개인의 부정적인 측면에서 벗어나 즐거움이나 행복, 희망과 같은 긍정적 부분에 대한 연구에 초점을 둘 필요가 있음을 주장한 바 있다. 즉, 개인에 대한 연구가 병리 중심에서 일반인을 대상으로 하는 연구로 초점이 변화되어 갈 필요가 있다.

긍정심리학은 개인의 행복이나 만족감과 같이 개인의 최적의 기능에 대한 과학적 연구(Linley & Harrington, 2006)를 의미하며, 더 나아가 강점이론(Snyder & Lopez, 2002)까지도 포함한다. Seligman과 Csikszentmihalyi(2000)는 긍정심리학을 긍정 정서와 경험, 긍정적 성격 특질, 긍정 기관과 시민정신에 대한 연구로 정의하였으며, Sheldon과 King(2001)은 긍정심리학을 "보통 사람들이 지니는 강점과 덕성에 대한 과학적인 연구"로 정의한 바 있다. 즉, 긍정심리에서 강점에 대한 연구가 중요해지고 있는 것이다. 이론적 틀에서 긍정심리를 밑바탕으로 하고 있는 긍정리더십에서도 무엇보다 강점에 대한 내용이 중요한 부분을 차지하고 있다.

2) 긍정리더십

Arakawa와 Greenberg(2007)는 긍정심리를 기반으로 긍정리더십의 모형을 제시하고 이를 측정하는 척도를 개발하였다. 이들은 조직에서 낙관적 관리자가 도전정신을 가지고 목표달성을 위해 장기적 관점에서 노력하며, 어려운 상황에서도 긍정적인 측면을 보려고 하기 때문에(Tombaugh, 2005) 조직에서 긍정적 성과를 가져온다고 가정하였다. 조직에서 관리자의 낙관성에 대한 중요성을 토대로 이들은 긍정리더십 모형을 가정하면서 세 가지 요인을 제시하였다.

첫 번째는 종업원을 관리하기 위한 강점(strength) 기반의 접근법으로서, 이들은 고성과 관리자들이 종업원의 강점 개발에 초점을 둔다는 Clifton과 Harter(2003)의 연구를 바탕으로 종업원의 강점 파악을 통해 그들의 개인차를 이해하고 이에 적합하게 업무를 할당하고 배치함으로써 그들의 생산성을 높일 수 있을 것으로 가정하였다. 이 요인에 속하는 문항으로는 '내 상사는 내 강점을 알아주며 칭찬한다.' '내 상사는 내 재능과 달성해야 하는 과업을 잘 연결시킨다.' 등이 있다.

두 번째 요인은 관점(perspective)으로서, 어려운 일이 있어도 긍정적 관점을 유지하는 것을 의미한다. 긍정적인 태도를 가지고 있는 사람은 환경을 통제할 수 있고 어려움에 잘 대처할 수 있다고 믿는 정도가 높기 때문에 불확실한 변화에 대해서도 잘 대처할 수 있게 된다(Herry, 2005). 따라서 이들은 이러한 믿음을 바탕으로 부하들이 어려움에 처할 때 잘 해결할 수 있다고 말해 줄 수 있다. 이 요인에 속하는 문항으로는 '업무 수행에 문제가 발생할 때, 내 상사는 내가 해결방안을 도출해 내도록 도와준다.' '나의 상사는 내가 어려움에 처할 때 잘 해낼 수 있다고 말해 준다.' 등이 있다.

세 번째 요인은 인정(recognition)으로서, 종업원의 업무 수행에 대해 칭찬하고 격려하는 것을 의미한다. 업무 수행에 대한 긍정적 피드백이 긍정적 결과를 가져온다는 연구는 많이 실행된 바 있다. 예를 들어, Ryan과 Deci(2000)의 연구에서 긍정적 피드백은 내적 동기를 향상시킨 반면에 부정적 피드백은 내적 동기를 감소시키는 것으로 나타났다. 이 요인에 속하는 문항으로는 '나의 상사는 내 업적에 대해 늘 칭찬해 준다.' '나의 상사는 부하를 늘 격려하는 역할을 하는 사람이라고 말할 수 있다.' 등이 있다.

Arakawa와 Greenberg(2007)는 이러한 세 가지 요인을 측정하는 긍정리더십 척도를 개발하고 이러한 특성을 가진 관리자가 팀을 이끌 경우 팀성과와 종업원의 업무에 대한 몰입이 높아지는지를 분석하였다. 각 요인의 신뢰도 계수인 Cronbach α는 각각 .86, .81 그리고 .89로 나타났다. 상관분석 결과, 각 요인은 팀성과 및 업무 몰입과 유의하게 관련된 것으로 나타났다. 따라서 긍정리더십의 긍정적 효과가 검증되었다. 하지만 이들이 요인분석 결과를 보고하지 않아서, 이 척도가 세 요인으로 구분되는지는 검증되지 못하였다.

3) 강점의 중요성

(1) 강점의 정의 및 측정

긍정리더십에서 강조하고 있는 요인은 무엇보다 강점(strength)이다. 즉, 리더는 무엇보다 부하의 강점을 파악하고 부하들에게 이러한 강점을 일깨워 주며 업무 처리과정에서도 이러한 강점을 활용하여 성공적으로 처리할 수 있도록 격려하는 것이 중요하다.

그렇다면 강점은 어떻게 정의되고 있는가? Clifton과 Nelson(1992)은 강점이라는 구성개념을 "한 사람의 재능 및 그와 관련된 지식, 기술, 노력을 결합한 것이며 특정 과제에서 일관되게 완벽에 가까운 수행을 할 수 있게 하는 능력"으로 정의한 바 있다. 이들의 정의에서 관심 있게 살펴봐야 할 점은 사람은 다양한 재능을 타고나지만 이러한 재능이 강점으로 발휘되거나 나타나기 위해서는 개인의 지식, 기술, 노력 등이 뒷받침되어야 한다는 점이다. 즉, 개인의 노력 없이는 타고난 재능이 강점으로 승화되지 못한다는 점을 강조하고 있다.

이들은 자체적으로 강점검사를 개발하였고 현재 갤럽을 통해 검사를 판매하고 있다. 이들이 도출한 34개의 강점은 다음과 같다. 착상(ideation), 탐구심(input), 조정(arranger), 연결성(connectedness), 사고(intellection), 학습(learner), 분석(analitical), 복구(restorative), 전략(strategic), 책임감(responsibility), 활동성(activator), 극대화(maximizer), 긍정성(positivity), 포괄성(includer), 관계(relator), 적응력(adaptability), 공감(empathy), 조화(harmony), 매력(woo, winning others over), 일관성(consistency), 명령(command), 신중성(deliberative), 신념(belief), 미래지향성(futuristic), 책임감(responsibility), 경쟁(compatition), 성취(achiever), 자기확신(self-assurance), 개인화(individualization), 질서(discipline), 의사소통(communication), 맥락(context), 개발(developer), 초점(focus) 그리고 중요성(significance)이다.

Peterson과 Seligman(2004)은 성격 강점(character strength)을 "사고, 정서 및 행동에 반영되어 있는 긍정적 특질"로 정의하였으며 24개의 강점으로 구성된 VIA 강점검사(value in action inventory of strength)를 개발한 바 있다. 이 24개 강점은 시간과 문화를 초월하여 대체로 일관되게 나타나는 것으로 여겨지는 6개의 핵심 덕목(지혜 및 지식, 용기, 자애, 정의, 절제, 초월) 안에 포함되어 있다. 지혜 및 지식 덕목에는 창의성(creativity), 호기심(curiosity), 판단력(judgment/critical thinking), 학구열(love of learning) 및 통찰(perspective)의 5개 강점이 포함되고, 용기 덕목에는 용감성(bravery), 끈기(industry/perseverance), 진실성(authenticity/honest) 및 활력(zest)의 4개 강점이 포함된다. 자애 덕목에는 친절(kindness), 사랑(love) 및 사회지능(social intelligence)의 3개 강점이 포함되며, 정의 덕목에는 협동심(teamwork/citizenship), 공정성(fairness) 및 리더십(leadership)의 3개 강점이 포함된다. 절제 덕목에는 용서(forgiveness/Mercy), 겸손(modesty/humility), 신중성(prudence) 및 자기통제력(self-control/self-regulation)의 4개 강점이 포함되며, 마지막으로 초월 덕목에는 감상력(awe/appreciation of beauty and excellence), 감사(gratitude), 희망(hope), 유머감각(playfulness) 및 영성(spirituality)의 5개 강점이 포함된다.

한편, Linley와 Harrington(2006)은 강점을 "가치 있는 성과를 위하여 최적의 기능을 할 수 있도록 느끼고 생각하고 행동하는 역량"으로 정의하고 있다. 이들은 강점 정의에서 타고난 점(pre-existing), 진정성(authentic) 그리고 활력이 넘침(energizing)의 세 가지 요인을 강조하고 있다. 즉, 강점은 우리가 태어나기 전부터 이미 가지고 있는(pre-existing) 것이다. 또한 자신에게 적합하기 때문에 일상생활에서 이러한 강점을 발휘할 때 자신이 편안함을 느껴야 하며, 마지막으로는 강점을 발휘할 때 힘과 에너지가 넘쳐서 특정 행동에 몰입을 하게 되며 이를 통해 최고의 수행을 가져오게 된다는 점을 강조하고 있다.

(2) 강점 파악 및 활용의 중요성

자신의 강점을 알게 되면 어떤 이점이 있을까? 자신이 잘하는 것이 없다고 느끼는 사람들이 자신의 강점을 알게 된다면 자연스럽게 자존감이 향상될 가능성이 높다. 나도 잘하는 것이 있다는 것을 깨닫게 되기 때문이다.

강점을 알게 되는 것도 중요하지만 그에 그쳐서는 안 되며, 파악하게 된 강점을 일상생활이나 업무에서 지속적으로 활용하는 것도 중요하다. 강점을 지속적으로 활용한다면 자신이 목표한 바를 달성할 가능성이 높아지게 된다.

동일한 목표라 하더라도 과거에 강점을 모르는 상태에서 목표달성을 위해 세운 실행계획과 자신의 강점을 파악하고 강점을 활용하여 세운 실행계획 사이에는 실행과정에서 어떤 차이가 있을까? 후자의 경우 실행계획을 실천할 가능성이 더 높아질 것이다. 그 이유는 자신의 강점을 활용하는 실행계획이기 때문이다. 즉, 자신의 강점을 활용하기 때문에 자신이 실행계획대로 잘 해낼 수 있다는 자신감이 생기게 된다. 예를 들어, 직장에서 일본어 능력 향상을 위해 6개월 만에 일본어로 일본 사람과 말하는 것을 목표로 삼았는데, 강점 중의 하나가 자기조절이라고 한다면 관련 실행계획을 '일본어 매일 30분씩 공부하기'로 세울 수 있을 것이다. 계획을 세운 후 이를 실행하는 과정에서 '나는 자기조절 강점이 있기 때문에 하루 30분씩 일본어 공부를 하는 것은 어려운 것이 아니고 잘 해낼 수 있어.'라는 자신감이 생기게 되며, 이것이 자기에 대한 암시로 이어져 지속적으로 이러한 행동을 실행할 가능성이 높아지게 되는 것이다.

Bandura(1977)는 개인의 건강 관련 행동 변화를 위해 무엇보다 자기효능감이 중요함을 주장한 바 있다. 즉, 담배나 술을 끊기 위해서는 우선적으로 자신이 그것을 해낼 수 있다는 자신감이 있어야 가능하다는 의미이다. Bandura는 이러한 자기효능감을 높이기 위해 성공 경험, 주변의 격려, 본받을 수 있는 모델 제시 등 다양하고 구체적인 방안을 제시한 바 있다. 앞에서 기술하였듯이 강점을 활용한 실천계획 수립은 이를 달성할 수 있다는 자신감을 가져오며, 결과적으로 Bandura의 주장대로 이를 실천하는 행동변화가 일어날 가능성을 높일 것이다.

강점 활용은 개인의 행복감도 증가시킨다. Seligman, Steen, Park와 Peterson(2005)의 연구에 따르면 대학생을 대상으로 강점검사를 통해 자신의 5개 상위 강점을 파악하고 일주일 동안 새로운 방식으로 이러한 강점을 활용하도록 했는데, 향후 6개월간 행복감이 증대하고 우울이 감소하는 것으로 나타난 바 있다.

(3) 강점의 필요성

지금까지 조직뿐 아니라 우리 사회에서 강점보다는 약점에 초점을 두고 이를 개선하는 방법을 찾는 것을 강조해 왔다. 특히 직장에서 실시하고 있는 역량 진단과정을 살펴보면 이해가 쉬울 것이다. 역량 진단을 하게 되면 어떤 역량은 우수하고 어떤 역량은 부족하다는 결과가 나오게 되는데, 이 결과를 받은 후 대부분의 직장에서 해당 개인의 우수한 역량은 그대로 두고 부족한 것으로 나온 역량에 대해 이를 개선하기 위한 개발 계획을 세울 것을 요구한다.

하지만 이러한 약점을 개선하는 것이 그렇게 말처럼 쉬운 일은 아니다. 자신이 잘 못하고 어색해서 이와 관련된 행동을 하는 것을 싫어하기 때문이다. 따라서 계획만 세워 놓고 실천을 하지 않는 경우가 많이 발생하게 된다.

그렇다고 약점을 무시해서만도 안 될 것이다. 약점을 그대로 두면 문제가 더 커질 수도 있기 때문이다. 따라서 약점이 자신의 업무 수행에 얼마나 큰 부정적 영향을 미치는지를 판단할 필요가 있다. 만약 약점이 문제가 되어 자신의 업무 수행에서 커다란 부정적 결과를 가져올 가능성이 높다고 판단되면 그것을 개선하기 위해 어느 정도 관리할 필요가 있다. 그렇지 않고 업무 수행에 좋지 않은 영향을 줄 가능성은 있지만 큰 정도가 아니라고 판단되면 약점을 개선하는 데 큰 노력을 기울일 필요는 없다. 오히려 자신의 강점을 더욱 살려서 업무를 더 잘 처리해 나가는 데 초점을 둔다면 궁극적으로 업무 수행은 향상될 가능성이 많다.

만약 어떤 신입 영업임원이 영업능력은 매우 뛰어나지만 자료 정리를 하는 데는 문제가 있다고 가정해 보자. 이 임원에게 자료 정리 교육을 받고 이러한 문제점을 개선하라고 할 것인가, 아니면 임원은 영업 증대에만 신경 쓰게 하고 자료 정리는 보조 직원을 선발하거나 다른 직원이 담당하도록 할 것인가? 영업임원이 자료 정리를 잘 못하는 것이 임원 업무에 큰 부정적 결과를 초래하는 것은 아닐 것이다. 그렇다고 한다면 자신의 강점에 치중하고 약점은 덜 신경 쓰도록 하는 것이 바람직할 것이다.

또한 어떤 영업사원이 대인관계 면에서 약점이 있는 것으로 나왔다면 이는 업무 수행에서 큰 부정적 영향을 줄 수 있기 때문에 그것을 개선하는 데 상당한 노력을 할 필요가 있을 것이다. 하지만 리더십에서 약점이 있는 것으로 나왔다면 현재 업무 수행에 있어서 크게 문제되는 것은 아니기 때문에 향후 승진이 될 때를 대비하여 어느 정도 리더십 역량을 향상시키면 될 것이다.

연습 자신의 강점 파악 및 별칭 작성

현재 성인의 경우 무료로 자신의 강점을 파악할 수 있는 사이트가 있으니 이곳을 통해 검사를 받을 수 있다. 사이트(http://www.viame.org)에 접속해서 회원 가입을 하고 한국말로 번안된 설문지에 답하면 강점결과를 받아 볼 수 있다. 전체 24개 강점 가운데 자신의 상위 5개 강점이 무엇인지에 대한 결과가 제시된다. 하지만 검사란 것이 100% 정확할 수는 없기 때문에 6위에서 10위까지의 강점도 살펴보면서 자신에게 가장 적합하다고 판단되는 5개 강점을 선택해도 된다.

다음으로는 이 5개 강점을 토대로 자신을 잘 나타낼 수 있는 별칭 또는 단어를 생각해 낸다. 시간이 좀 걸리기 때문에 차분하게 생각할 필요가 있다. 필자의 경우 상위 강점으로 진실성, 겸손, 낙관, 자기조절, 성실 등이 나와서 '긍정개미'로 명명한 바 있다.

이러한 별칭을 만들었으면 이 별칭과 자신의 5개 강점을 프린트하거나 글로 써서 자신이 항상 볼 수 있는 책상 위에 붙여 놓고 시간 날 때마다 살펴보면서 자신이 이런 강점을 지닌 사람이란 것을 기억할 필요가 있다. 이를 통해 자신이 어떤 사람이라는 자기정체성이 좀 더 명확해질 것이다.

대학생이나 대학원생의 경우에는 취업 시 자기소개서를 작성할 때 강점과 별칭을 활용하면 많은 도움이 될 것이다. 자신의 강점과 별칭을 소개하면서 자신은 이러한 강점을 가진 사람이며, 이러한 강점이 자신이 지원하려고 하는 직무와 연계성이 높다는 점을 강조하면 자기소개서를 읽는 인사 담당자에게 긍정적인 영향을 줄 수 있을 것이다.

또한 추가로 이러한 강점을 일상생활이나 업무에서 활용할 수 있는 방법을 생각해 보면서 지속적으로 강점을 활용하는 습관을 기르는 것이 중요하다. 예를 들어, 본문에서도 설명했지만 직장에서 일본어 능력 향상을 위해 6개월 만에 일본어로 일본 사람과 말하는 것을 목표로 삼았는데 강점 중의 하나가 자기조절이라고 한다면 관련 실행계획을 '아무리 바빠도 미루지 않고 일본어 매일 30분씩 공부하기'로 세울 수 있을 것이다. 계획을 세운 후 이를 실행하는 과정에서 '나는 자기조절 강점이 있기 때문에 하루 30분씩 일본어 공부를 하는 것은 어려운 것이 아니고 잘 해낼 수 있다.'는 자신감이 생기게 되어 이를 실천할 가능성이 높아지게 된다.

부록 Arakawa와 Greenberg(2007)의 긍정리더십 척도

〈긍정리더십〉

강점중심 접근

1. 나의 상사는 나의 강점보다는 약점을 언급하는 데 더 많은 시간을 쓴다.

2. 나의 상사는 나의 강점을 알아주며 칭찬한다.

3. 나의 상사는 나의 재능과 달성해야 하는 과업을 잘 연결시킨다.

4. 나의 상사는 높은 성과를 창출할 수 있도록 나의 약점을 보완하는 데 도움을 준다.

5. 나의 상사는 높은 성과를 창출할 수 있도록 나의 강점을 강화하는 데 도움을 준다.

관점

6. 업무 수행에 문제가 발생할 때, 나는 주로 내 상사에게 도움을 청한다.

7. 업무 수행에 문제가 발생할 때, 나는 내 상사에게 도움을 청하는 것을 피한다.

8. 업무 수행에 문제가 발생할 때, 내 상사는 내가 해결방안을 도출해 내도록 도와준다.

9. 나의 상사는 자신의 감정을 잘 조절할 수 있다.

10. 나의 상사는 내가 어려움에 처할 때 잘 해낼 수 있다고 말해 준다.

인정

11. 나의 상사는 내 업적에 대해 늘 칭찬해 준다.

12. 나의 상사는 내 업무의 중요성을 인정해 준다.

13. 나의 상사는 부하를 늘 격려하는 역할을 하는 사람이라고 말할 수 있다.

14. 나의 상사는 아주 작은 업적이라도 인정해 준다.

15. 나는 상사가 나에게 무엇을 기대하는지 정확하게 알고 있다.

16. 나는 나의 노력과 헌신을 상사가 인정해 주리라는 것을 알고 있다.

17. 나의 상사는 늘 나를 격려해 준다.

팀 토 의

1. 코칭리더십에서 핵심적인 내용은 무엇이라고 생각하는지 토의해 보시오.

2. 긍정리더십에서 논의된 약점 개선과 강점 활용에 대해 어떻게 생각하는지 토의해 보시오.

💡 참고문헌

조은현, 탁진국(2010). 코칭리더십 척도개발 및 타당화. 한국심리학회지: 산업 및 조직, 24, 127-155.

Arakawa, D., & Greenberg, M. (2007). Optimistic managers and their influence on productivity and employee engagement in a technology organization: Implications for coaching psychologist. *International Coaching Psychology Review, 2,* 78-89.

Bandura, A. (1977). Self-efficacy: Toward a unifying theory of behavioral change. *Psychological Review, 84,* 191-215.

Bozer, G., Sarros, J. C., & Santora, J. C. (2013). The role of coachee characteristic in executive coaching for effective sustainability. *Journal of Management Development, 32,* 277-294.

Clifton, D. O., & Harter, J. K. (2003). Investing in strengths. In K. S. Cameron, J. E. Dutton, & R. E. Quinn (Eds.), *Positive organizational leadership: Foundations of a new discipline* (pp. 111-121). San Francisco: Berrett-Koehler Publishers.

Ellinger, A. D., Ellinger, A. E., & Keller, S. B. (2003). Supervisory coachig behavior, employee satisfaction, and warehouse employee performance: A dyadic perspective in the distribution industry. *Human Resource Development Quarterly, 14,* 435-458.

Gollwitzer, P. M. (1999). Implementation intention: Strong effects of simple plans. *American Psychologist, 54,* 493-503.

Gollwitzer, P. M., & Brandstatter, V. (1997). Implementation intentions and effective goal pursuit. *Journal of Personality and Social Psychology, 73,* 186-199.

Graham, S., Wedman, J. F., & Garvin-Kester, B. (1994). Manager coaching skills: What makes a good coach? *Performance Improvement Quarterly, 7,* 81-94.

Gregory, J. B., & Levy, P. E. (2010). Employee coaching relationships: Enhancing construct clarity and measurement. *Coaching: An International Journal of Theory, Research, and Practice, 3,* 109-123.

Gregory, J. B., & Levy, P. E. (2011). It's not me, it's you: A multilevel examination of variables that impact employee coaching relationships. *Consulting Psychology Journal: Practice and Research, 63,* 62-88.

Henry, P. C. (2005). Life stresses, explanatory style, hopelessness, an occupational class. *International Journal of Stress Management, 12,* 241-256.

Jones, R. A., Rafferty, A. E., & Griffin, M. A. (2006). The executive coaching trend: Towards more flexible executives. *Leadership & Organization Development Journal, 27,* 584-596.

Latham, G. P., Almost, J., Mann, S., & Moore, C. (2005). New developments in performance management. *Organizational Dynamics, 34*, 77-87.

Linley, P. A. & Harrington, S. (2006). Strengths coaching: a potential-guided approach to coaching psychology. *International Coaching Psychology Review, 1*, 37-46.

Locke, E. A. (1968). Toward a theory of task performance and incentives. *Organizational Behavior and Human Performance, 3*, 157-189.

Lowe, P. (1995). *Coaching and counseling skills.* New York: McGraw-Hill.

Luthans, F., & Peterson, S. J. (2003). 360-degree feedback with systematic coaching: Empirical analysis sussgests a winning combination. *Human Resource Management, 42*, 243-256.

McLean, G. N., Yang, B., Kuo, M. C., Tolbert, A. S., & Larkin, C. (2005). Development and initial validation of an instrument measuring managerial coaching skill. *Human Resource Development Quarterly, 16*(2), 157-178.

Ryan, R. M., & Deci, F. L. (2000). Self-determination theory and the facilitation of intrinsic motivation, social development and well-being. *American Psychologist, 55*, 68-78.

Seligman, M. E. P. (1999). The president's address. *American Psychologist, 54*, 559-562.

Seligman, M. E. P., & Csikszentmihalyi, M. (2000). Positive psychology: An introduction. *American Psychologist, 55*, 5-14.

Seligman, M. E. P., Steen, T. A., Park, N., & Peterson, C. (2005). Positive psychology progress: Empirical validation of interventions. *American Psychologist, 60*, 410-421.

Sheldon, K. M., & King, L. (2001). Why positive psychology is necessary [Special issue]. *American Psychologist, 56*(3), 216-217.

Snyder, C. R., & Lopez, S. J. (2002). *Handbook of positive psychology.* New York: Oxford University Press.

Snyder, C. R., & McCullough, M. E. (2000). A positive psychology field of dreams: If you build it, they will come. *Journal of Social and Clinical Psychology, 19*, 151-160.

Tombaugh, J. R. (2005). Positive leadership yields performance and profitability: Effective organizations develop their strengths. *Development and Learning in Organizations, 19*, 15-17.

Whitmore, J. (2002). *Coaching for performance: GROWing people, performance, and purpose.* London, UK: Nicholas Brealey Publishing.

제9장 서번트리더십, 진정성리더십, 공유리더십

1. 서번트리더십 | 2. 진정성리더십 | 3. 공유리더십

1. 서번트리더십

대부분의 리더십은 부하들에게 영향력을 발휘해서 조직의 성과를 높이는 데 궁극적인 목적이 있다고 볼 수 있다. 즉, 조직이 먼저 잘되어야 한다는 것이다. 이에 반해 조직보다 부하(followers)들의 성장에 더 관심을 두는 리더십 이론이 바로 서번트리더십이다.

Greenleaf(1970)는 『리더로서의 서번트(The Servant as Leader)』라는 책에서 서번트리더십이란 개념을 소개하였다. 그는 Hermann Hesse의 『동방순례(Journey to the East)』에 등장하는 레오라는 인물을 서번트 리더의 모델로 제시하였다. 레오는 순례단에 속한 하인으로서 궂은 일을 도맡아 하였는데, 나중에 순례단은 레오가 하인이 아니라 교단에서 가장 높은 직위에 있는 사람이었음을 알게 된다. 이와 같이 서번트리더십은 구성원의 필요한 욕구를 채워 주고 방향을 제시해 주는 레오에게 영감을 받아 제안되었다.

기존의 리더십 이론에서 리더를 조직의 목표 및 비전을 제시하고 이를 달성하기 위해 부하에게 영향력을 행사하는 사람으로 정의하였다면, 서번트리더십에서의 리더는 자신의 욕구 충족보다 진정성을 가지고 부하들의 욕구를 우선적으로 충족시켜 주려하며 부하들의 성장과 발전을 우선시한다. 즉, 서번트리더십은 다른 어떤 리더십보다도 부하들의 개인적인 성장을 강조한다(Dierendonck, 2011).

서번트리더십에 대해 오해하는 경우가 많은데, 서번트리더십이라고 해서 상사가 부하를 상전으로 모시고 하인처럼 행동하라는 의미는 아니다. 리더는 당연히 리더로서 힘을 가지고 있으며 부하들에게 명령을 내릴 수 있다. 단지 이 과정에서 우선적으로 부하의 욕구나 성장에 관심을 둘 필요가 있다는 의미이다. 또한 리더가 이러한 행동을 보일 경우 궁극적으로는 리더에게 도움이 될 수도 있다. 부하 입장에서 보면 자신에게 많은 관심을 가지고 자신이 바라는 것이 무엇인지 파악하려고 하며 자신의 성장을 위해 리더가 진정으로 애를 쓰고 있다는 것을 알게 된다면 리더에게 충성할 가능성이 높기 때문이다.

1) 서번트리더십의 개념 및 구성요인

Greenleaf(1970)는 서번트리더십을 타인을 위한 봉사를 중시하고, 종업원, 고객 및 공동체를 우선시하며, 그들의 욕구를 충족시키는 데 관심을 갖고 도와주는 리더십으로 정의하였다. 또한 서번트 리더를 부하들의 성장을 중시하고 부하들에게 권한 위임을 하며 조직 내의 공유된 비전 달성을 격려하는 사람으로 정의하였다.

그린리프 서번트리더십 센터장으로 근무했던 Spears(1995)는 Greenleaf의 이론을 많이 알리는 데 기여하였는데, 서번트 리더의 열 가지 특성을 제시한 바 있다. 이 특성들은 경청(listening), 공감(empathy), 치유(healing), 인식(awareness), 설득(persuasion), 개념화(conceptualization), 통찰(foresight), 관리(stewardship), 구성원의 성장에 대한 몰입(growth) 그리고 공동체 형성(building community)을 포함한다.

Barbuto와 Wheeler(2006)는 Spears의 열 가지 차원에 소명의식(calling)을 추가한 뒤 요인분석을 실시하였으며, 56개 문항으로 구성된 이타적 소명, 정서적 치유, 지혜, 설득, 조직의 스튜어드십의 5개 요인을 제시하였다. 하지만 다른 표집(남아프리카공화국)을 통한 요인분석 결과에서는 5개 요인이 나타나지 않았다(Dannhauser & Boshoff, 2007).

Page와 Wong(2000)은 서번트리더십의 구성 범주로 크게 네 가지(성격, 관계, 과제, 과정)를 포함시켰다. 성격 범주는 리더의 특성에 관한 것으로서 섬김의 마음을 가지고 진정으로 타인에게 봉사하는 것을 의미한다. 이 범주에는 진실성(integrity), 겸손(humility) 그리고 섬김(servanthood)의 세 요인이 포함된다.

관계 범주는 타인을 개발시키는 것으로서, 타인을 돌봄(caring for others), 역량배양(empowering others) 그리고 타인의 개발(developing others) 요인이 포함된다. 과제 범주는 비전 제시나 의사결정과 같은 리더가 해야 할 일에 관한 것으로서, 비전 제시(visioning), 목표설정(goal-setting) 그리고 이끌어 감(leading)의 세 요인이 포함된다.

마지막으로, 과정 범주는 팀 빌딩과 같이 조직과정을 향상시키는 것을 의미하며, 여기에는 모델링(modeling), 팀 빌딩(team-building) 그리고 의사결정 공유(shared decision-making)의 세 요인이 포함된다.

Dennis와 Winston(2003)은 Page와 Wong(2000)의 12요인으로 구성된 서번트리더십 척도를 다른 표집에 실시하여 요인분석을 실시하였는데, 요인분석 결과 역량배양(empowerment), 서비스(service), 비전(vision) 제시의 세 요인이 나타났다. 역량배양은 구성원들을 중시하고 그들의 역량 향상을 위해 노력하며 이를 위해 자신의 권한을 위임하거나 실수를 해도 이를 통해 배울 수 있는 기회를 갖도록 하는 행동들을 포함한다. 서비스는 어떤 대가를 바라지 않고 자신을 희생해서라도 순수하게 구성원을 도와주려는 서비스 태도를 의미한다. 비전 제시 요인은 구성원에게 조직의 목표 및 미래의 나아갈 방향을 제시하고 이를 달성할 수 있다는 자신감을 불러일으키며 열정을 가지고 고무시키는 것을 의미한다. 이들이 사용한 세 가지 요인에 관한 척도는 부록에 제시되어 있다.

최근 Dierendonck(2011)은 과거 서번트리더십에서 주장하는 리더 특성들에 관한 연구를 고찰하면서 다양한 연구결과를 토대로 44개의 서번트 리더의 특성을 파악하였고 이 가운데 중복되는 개념들을 정리하여 여섯 가지 범주를 제시한 바 있다. 첫째는 부하의 역량배양 및 개발(empowering and developing people)로서, 부하의 역량을 믿고 중요시하며 이러한 역량을 충분히 개발할 수 있도록 스스로 결정할 수 있는 권한을 주게 된다.

둘째는 겸손(humility)으로서, 리더 자신이 잘나서가 아니라 부하들이 우수해서 성과를 거두었다는 마음가짐을 보이며 자신의 이익보다는 부하의 이익을 우선시하고 부서 내에서 성공을 거둔 경우에도 리더 자신이 전면으로 나서지 않으며 뒤로 물러서는 행동을 의미한다.

셋째는 진정성(authenticity)으로서, 자신을 속이지 않고 개인적으로 또는 공개적으로 내면 그대로를 진실하게 표현함을 의미한다.

넷째는 대인관계 수용(interpersonal acceptance)으로서, 타인의 감정을 이해하고 공감해 줄 수 있는 능력을 의미하며 타인과 논쟁을 하거나 공격적인 상황에서도 타인을 따뜻하게 대하고 용서하는 행동을 포함한다.

다섯째는 방향 제시(providing direction)로서, 어떤 일을 일일이 지시한다는 의미가 아니라 부하의 능력이나 필요를 잘 파악해서 이에 적절한 업무와 책임을 부여한다는 의미가 강하다. 또한 여기에는 해결해야 할 문제에 대한 새로운 방법을 모색하는 행동도 포함된다.

마지막으로 여섯째는 관리(stewardship)로서, 서번트 리더는 조직을 위한 책임감을 가지는 것도 중요하다. 이들은 부하들을 돌볼 뿐 아니라 리더로서의 올바른 행동을 보여 주는 역할 모델을 한다는 생각을 가질 필요가 있다. 또한 부하들에게 자신만이 아닌 공동의 이익을 위해 노력할 것을 강조하는 행동도 포함된다.

이와 같이 서번트리더십은 학자마다 조금씩 다른 정의를 내리고 있어서 그것의 정의에 관한 의견 일치가 이루어지지 않고 있다(Dierendonck, 2011). 그러다 보니 서번트리더십을 측정하는 척도에 있어서도 각기 다른 요인으로 구성된 다양한 척도가 소개되고 있는 실정이다. Dierendonck(2011)에 따르면 적어도 7개의 다차원 요인으로 구성된 척도와 두 개의 단일 차원으로 구성된 다양한 서번트리더십 척도가 개발되어 있는 실정이다.

서번트리더십의 기본 핵심은 부하들의 성장과 발전을 무엇보다 중시한다는 철학을 바탕으로 하고 있다는 점이다. 하지만 연구자마다 서번트리더십에 대해 조금씩 다른 정의를 하고 있고 이를 측정하기 위해 각기 서로 다른 요인들로 구성된 다양한 척도가 개발되어 있는 현 시점에서, 향후 중요한 연구 과제는 무엇보다 다양한 척도에서 제시하는 요인들의 공통적인 특성이 무엇인지 파악하여 서번트리더십의 명확한 구성 개념을 제시하는 것이라고 판단된다.

2) 서번트리더십의 효과

앞에서 기술하였듯이 서번트리더십은 리더 자신보다는 부하들의 성장에 많은 관심을 두고 있기 때문에 부하들의 만족도나 조직성과에 긍정적인 영향을 미칠 것으로 기대할 수 있다.

Nuebert, Kacmar, Carlson과 Chonko(2008)는 서번트리더십이 부하의 도움 및 창조 행동에 영향을 미치며, 이러한 관계에서 향상 초점(promotion focus)이 매개 역할을 함을 보여 주었다.

Dierendonck(2011)는 서번트리더십에 대한 문헌 고찰을 토대로 서번트리더십이 부하에게 미치는 영향을 크게 세 범주로 구분하여 정리하였다. 첫째는 부하가 자기 실현을 통해 성장하고, 둘째는 긍정적인 직무 태도를 가지게 되며, 셋째는 조직과 팀을 위해 열심히 노력하는 행동으로 구분하였다. 부하의 자아실현에 관한 연구는 제대로 이루어지지 않았다. 부하의 긍정적 태도에 관해서는 주로 직무만족, 조직 몰입, 임파워먼트, 직무 열의 등을 측정하였는데, 대부분의 연구에서 긍정적 결과가 나타났다(Dierendonck, 2011). 예를 들어, 501명의 영업사원을 대상으로 한 연구(Jaramillo, Grisaffe, Chonko, & Roberts, 2009)에서 상사의 서번트리더십은 영업사원들의 조직 몰입과는 .67, 이직 의도와는 -.39 그리고 직무만족과는 .52의 유의한 상관을 보였다.

최동수와 이묘숙(2009)의 연구에서는 서번트리더십이 조직 시민 행동에 유의미한 영향을 미치는 것으로 나타났으며, 정학범과 김재구(2010)의 연구에서는 서번트리더십이 부하의 창의적 행동, 조직 시민 행동, 조직 몰입에 유의한 영향을 미치는 것으로 나타났다.

손동성과 탁진국(2012)은 상사의 서번트리더십과 직무성과 사이의 매개변인에 관한 연구를 실시하였다. 이들은 상사가 서번트리더십 행동을 보일수록 부하들은 상사에 대한 신뢰가 높아지며, 이러한 상사 신뢰는 조직 신뢰로 이어지게 되고, 궁극적으로 동료들의 어려운 점을 도와주는 것과 같은 조직을 위한 자발적 행동인 조직 시민 행동을 더 하게 되며, 회사 물건을 몰래 가져가거나 허락 없이 지각을 하는 것과 같은 조직에 해가 되는 반생산적 행동은 덜 하게 될 것으로 가정하였다. 다양한 직장에 근무하는 현직자들을 대상으로 분석한 결과, 가정한 대로 서번트리더십과 조직 시민 행동 및 반생산적 행동 간 관계에서 상사 신뢰와 조직 신뢰가 순차적으로 매개변인의 역할을 하는 것으로 나타났다.

3) 서번트리더십에 대한 평가

앞에서도 살펴보았지만 서번트리더십에 대한 정의가 다양하고 또한 측정도구도 다양하다는 것이 현재 서번트리더십 분야가 처한 문제점 중의 하나라고 할 수 있다. 각각의 측정도구에 대한 타당도가 충분히 검증되지 않은 상태에서 여러 측정도구가 제시되고 있어서 서번트리더십의 구성요인이 무엇인지 분명하지 않은 채 이 분야에 대한 연구가 진행되고 있다. 구체적으로 서번트리더십의 요인이 무엇이며 이러한 요인들이 다른 유형 또는 다른 문화권의 리더 집단들에서도 안정적으로 나타나는지에 대한 추후 연구가 필요한 시점이다.

| 사례 | 사우스웨스트 항공사의 창업자인 허브 켈러허 회장 |

사우스웨스트 항공사의 공동 창업자이자 1978년부터 2001년까지 회장이었던 허브 켈러허는 리더십 사례에서 자주 등장하는 인물 중의 하나이며 이 회사도 인사 관련 우수 사례 소개 시 자주 인용되는 회사 중의 하나이다.

켈러허 회장의 리더십 행동 가운데 많이 인용되는 내용을 살펴보면, 먼저 그는 다른 대부분의 회장과는 달리 고객보다는 회사의 구성원을 우선시한다(People First). 그는 구성원들을 잘 대우하면 그들이 고객에게 잘한다는 생각을 가지고 구성원들을 존중하고 그들의 성장과 발전을 위해 다양한 제도와 많은 노력을 기울였다.

예를 들어, 구성원들의 주인의식과 역량을 끌어올리기 위해 업무에서의 자율권을 크게 보장하였다. 특히 긴급한 상황에서 자신이 판단하여 적절한 서비스를 고객에게 제공할 수 있게 하였는데, 비행기가 활주로를 달리기 시작한 이후 비행기를 잘못 탔다는 승객이 나오자 그 승객을 내려 주고 다시 출발한 경우도 있었다.

또한 구성원을 위해 자신을 희생하며 모범적이고 솔선수범적인 행동을 보여 주기 위해 노력하였다. 예를 들어, 기내 서비스를 승무원들과 같이 하거나 추수감사절 때 휴가를 떠난 직원을 대신하여 비행기 수하물을 옮긴 적도 있으며 수시로 작업복을 입고 직원들과 청소를 같이 하기도 했다. 심지어 새벽 3시에 비행기를 청소하는 직원들을 직접 찾아가서 도넛을 나눠 주는 경우도 자주 있었다.

구성원들을 즐겁게 하기 위해 펀(Fun) 경영을 강조하며 점잖은 오찬장에 엘비스 프레슬리 복장을 하고 나타난다거나 토끼 분장을 하여 출근하는 직원을 놀라게 하는 것과 같은 재미난 행동도 많이 하였다. 구성원들이 행복해야 회사생활이 즐거워지고 이를 통해 회사의 성과가 올라간다는 인식을 갖고 있었기 때문이다.

이 회사는 '고객과 직원에게 즐거움을 주는 수익성 높은 항공사가 되는 것'을 비전으로 내세우고 있으며 '사우스웨스트 웨이(Southwest Way)'를 기업의 핵심 가치로 정하고 있다. 사우스웨스트 웨이는 무사정신(warrior spirit: 최고의 서비스를 제공하기 위해 필요한 태도), 섬기는 마음(servant's heart: 나보다 타인을 중시), 즐기는 태도(fun-luving attitude: 인생을 너무 심각하게 받아들이지 않고, 일을 즐기며, 균형 있는 삶을 추구하는 태도)의 세 가지 요소를 의미한다. 켈러허는 이를 모든 구성원이 이해하고 수용하여 언제라도 이야기할 수 있도록 항상 강조하고 이와 관련된 행동을 솔선수범하여 보여 주기 위한 노력을 기울였다. 이를 통해 정비공, 사무실 직원 누구나 사우스웨스트사의 비전, 가치, 철학을 잘 설명할 수 있도록 하였다.

이 사례에서 볼 수 있듯이 켈러허 회장은 전체적으로 구성원의 성장과 발전을 중요시하였다고 볼 수 있으며, 이는 기본적으로 서번트리더십의 철학과 일치한다. 구체적으로는 구성원의 역량 향상을 위하여 업무 자율권을 크게 부여하였고, 구성원들을 도우려는 진정성 있는 마음을 가지고 도움 행동을 몸으로 실천하였으며, 회사의 비전 또는 핵심 가치를 확실하게 정하고 이를 구성원들이 이해하고 수용하도록 많은 노력을 기울였다. 켈러허의 이러한 노력은 앞서 제시한 서번트리더십 척도의 세 가지 요인(역량향상, 서비스, 비전 제시)과 일치하는 것으로 해석할 수 있다.

부록 Dennis와 Winston(2003)의 서번트리더십 척도 ···○

I. 역량배양

1. 나의 상사는 조직에 기여하기 위해, 부하들의 능력을 적절한 곳에 이용할 수 있는 방법을 찾으려 시도한다.

2. 나의 상사는 부하들을 중요하게 여긴다.

3. 나의 상사는 부하가 실수를 했을 때 용서해 주고, 했던 실수에 대해 도움을 제공한다.

4. 나의 상사는 명확하고 현실적인 목표를 설정해 준다.

5. 나의 상사는 부하에게 효과적으로 도움이 되어서 받아들일 수 있을 만한 해결책을 찾아 준다.

6. 나의 상사는 부하가 가진 강점을 끌어내서, 부하 스스로 만족을 느낄 수 있도록 해 준다.

7. 나의 상사는 부하들이 일하는 과정을 개선할 수 있도록 시범을 보여 준다.

8. 나의 상사는 자신의 의견과 반대되는 부하의 의견을 기꺼이 수용하려는 의지를 가지고 있다.

9. 나의 상사는 부하들이 원하지 않는 것을 강요하지 않는다.

10. 나의 상사는 자신의 힘이나 권한을 부하들에게 부여하려는 의지를 가지고 있다.

II. 서비스

11. 나의 상사는 부하를 돕는 것에 대해 보상을 바라거나 인정받으려 하지 않는다.

12. 나의 상사는 부하에게 배우려는 자세를 갖고 있다.

13. 나의 상사는 자신을 희생해서 부하를 도우려는 의지를 가지고 있다.

14. 나의 상사는 도움을 받기보다 도와줄 수 있는 것을 찾으려 한다.

15. 나의 상사는 리더십을 직위가 아닌 부하들을 이끄는 책임감이라는 개념으로 생각하고 있다.

III. 비전 제시

16. 나의 상사는 직업에 대한 높은 소명의식(자신의 분야에서 지식을 쌓고 탐구하려는 의지)을 가지고 있다.

17. 나의 상사는 자신의 관심사나 물질적인 성공을 초월하는 가치를 지니고 있다.

18. 나의 상사는 모든 조직이 높은 이상을 가져야 한다고 생각한다.

19. 나의 상사는 조직이 나아갈 방향과 목적을 명확히 설명할 수 있다.

20. 나의 상사는 조직이 사회를 위해 해야 하는 것이 무엇이 있는지 스스로 알고 있다.

21. 나의 상사는 무엇이든 할 수 있다는(성취할 수 있다는) 열정과 자신감을 부하들에게 불어넣을 수 있다.

22. 나의 상사는 부하들을 일에 집중시키고, 일과 관련된 것을 가르쳐 준다.

23. 나의 상사는 모범을 보임으로써 부하들을 이끌어 나간다.

2. 진정성리더십

1) 배경

진정성리더십이란 리더십 이론이 등장한 것은 2000년대 들어 미국 사회에서 발생한 기업에 대한 냉소적 분위기의 영향을 받은 것으로 볼 수 있다. 대표적인 예로, 미국의 엔론사 및 리먼브라더스사와 같이 비도적이고 비윤리적인 기업의 행태로 인해 조직 구성원뿐만 아니라 사회적으로도 많은 일반인이 금전적 피해를 보게 되면서 기업을 운영하는 리더들의 도덕성과 윤리성이 강조되기 시작했다. 대중도 어떤 때보다 더 리더들의 사회에 대한 책임을 요구하게 되었다.

진정성리더십은 이러한 사회적 분위기를 반영하여 등장하기 시작했으며, 무엇보다 리더의 진정성, 즉 리더 본연의 긍정적인 모습과 행동을 강조하고 있다. Harter(2002)는 진정성이란 자신의 사고, 감정, 욕구, 신념 등을 통해 자신을 정확히 파악하고 자신의 본연의 모습대로 행동하는 것을 의미한다고 주장하였다. 많은 리더가 내면에 진정성을 가지고 있음에도 불구하고 이를 인식하지 못함으로써 외부의 부정적 유혹에 쉽게 빠져서 비윤리적이고 비도덕적인 행동을 저지르는 경우가 많기 때문에 무엇보다 자신의 본연의 모습을 깨닫는 것이 중요하다고 할 수 있다.

이러한 진정성리더십은 다른 나라 못지않게 국내 기업에서도 크게 요구된다. 최근 들어 국내 대기업 총수들이 횡령 등의 이유로 법의 심판을 받는 경우가 지속적으로 발생하고 있다. 또한 국내 조직의 회계 투명성 순위는 세계경제포럼(2013)에 따르면 148개국 가운데 91위에 해당되며, 비슷한 순위를 발표하는 스위스국제경영개발원(2013)에 따르면 조사 대상 60개국 가운데 58위에 그치고 있다. CEO들의 진정성 있는 태도와 행동이 국내에서도 그만큼 중요하다고 볼 수 있다.

2) 진정성의 의미

영어로 '진정성(authentic)'이란 단어는 '자신에 대해 참되라(To thine own self be true).'라고 하는 그리스 철학에서 유래된 것으로 알려져 있다(Avolio & Gardner, 2005). 진정성과 가장 유사한 단어는 진실성(sincerity)인데, 진실성이 자신이 타인에게 얼마나 정직하게 인식되는지의 정도를 의미한다면 진정성은 타인이 아닌 자신에게 얼마나 진실한지의 정도를 의미한다고 말할 수 있다(Erickson, 1995). 다시 말하면, 개인이 진정성이 있다는 것은 자신을 알고 진정한 자신과 일치하게 행동하는 것으로서, 즉 가식이 아닌 자신의 생각 및 감정과 일관된 방법으로 자신을 표현하는 것을 의미한다(Harter, 2002). 마음속으로는 잘못된 행동이고 그렇게 해서는 안 된다는 것을 느끼면서 그러한 생각과 일관되게 문제되는 행동을 하지 않는 사람은 진정성이 있는 것으로 볼 수 있다는 의미이다.

개인이 진정성을 갖추고 있다는 것은 자신에 대하여 완전히 알고 있음을 말한다(Kernis & Goldman, 2006). 다시 말하면, 진정성은 개인이 자신의 진정한 자아를 인식하고 그에 따라 행동하는 것을 의미한다(Luthans & Avolio, 2003). 이러한 진정성 있는 개인의 행동은 환경의 영향 및 압력이 존재해도 일관되게 나타나야 한다(Erickson, 1995). 즉, 외부에서 부정을 저지르도록 유혹한다 해도 본연의 진정성 있는 자아를 인식하고 유혹에 흔들리지 않으며 정직하고 진정성 있는 태도와 행동을 보이는 것을 의미한다.

3) 진정성리더십의 개념

진정성리더십의 개념과 관련해 초기에 Luthans와 Avolio(2003)는 긍정심리의 개념을 강조하면서 진정성리더십을 리더의 긍정심리 능력과 긍정적 조직 상황을 통해 형성되고 리더 및 구성원들의 자기인식과 자기조절을 통해 긍정적 행동을 가져오며 궁극적으로는 긍정적 자기개발을 증진시키는 과정으로 정의하였다. 이를 살펴보면 리더뿐 아니라 구성원들을 언급하였고, 긍정심리와 조직 상황도 포함시켰으며, 리더의 사고와 행동도 기술하는 등 이 개념을 폭넓게 정의하였다.

한편, Shamir와 Eilam(2005)은 진정성리더십의 개념을 좀 더 좁게 해석하였으며, 다음과 같이 네 가지로 진정성 있는 리더의 특성을 언급하였다. 첫째, 진정성 리더는 타인의 기대에 순응하려 하지 않고 남을 속이려 하지 않으며 자신에게 진실하다. 둘째, 진정성 리더는 지위나 존경 또는 다른 개인적 이익을 얻기 위해서가 아니라 자신의 신념을 지키기 위해 노력한다. 셋째, 진정성 리더는 남의 행동을 모방하지 않고 독창적이다. 즉, 이들은 각자가 가지고 있는 자신의 관점에 따라 행동한다. 마지막으로, 진정성 리더의 행동은 무엇보다 자신의 가치와 신념을 반영한다.

또한 Shamir와 Eilam(2005)은 진정성 팔로워십(followership)에 대해서도 기술하고 있는데, 부하들은 리더가 진정성이 있기 때문에 리더를 따르고 리더와 진실한 관계를 가짐으로써 부하들도 진정성을 갖게 된다고 설명한다. Gardner, Avolio, Luthans, May와 Walumbwa(2005)도 진정성 팔로워십에 대해 언급하면서 진정성 리더가 보여 주는 진정성 행동에 대한 관찰을 통해 형성되는 것으로 해석하였다.

4) 진정성리더십의 구성요인

진정성리더십을 구성하는 요인에 관해서는 학자마다 다소 다른 주장을 하고 있다. Luthans와 Avolio(2003)는 진정성리더십을 정의하는 데 있어서 긍정심리의 역할을 중요시하면서 리더와 구성원들의 자기인식 및 자기조절된 긍정 행동을 강조하였다.

하지만 다른 학자들은 긍정심리를 강조하는 데 대해 크게 동의하지 않는다. Ilies, Morgeson과 Nahrgang(2005)은 진정성리더십의 구성요인으로서 자기인식(self-awareness), 편파되지 않은 처리(unbiased processing), 진정성 행동(authentic behavior), 진정성 있는 관계지향(authentic relational orientation)의 네 요인을 제시한 바 있다. 한편, Gardner 등(2005)은 진정성리더십을 크게 자기인식(self-awareness)과 자기조절(self-regulation)로 구분하였고, 자기조절 안에 내적 조절(internalized regulation), 관계적 투명성(relational transparency), 균형적 정보처리(balanced processing of information), 진정성 행동(authentic behavior)을 포함시켰다.

자기인식은 자신에 대해 철저히 이해한다는 의미인데, 이는 무엇보다 자신의 강점과 약점 그리고 자신의 핵심 가치 및 본성에 대한 이해를 포함한다. Avolio와 Gardner(2005)는 무엇보다 가치, 인지 그리고 정서를 중시한다.

내적 조절은 개인이 내부 기준을 정하고 이러한 기준과 실제 행동 간의 차이를 평가하며 이러한 차이를 줄이기 위해 어떤 행동을 하면 될 것인지를 파악하는 과정으로 볼 수 있다(Stajkovic & Luthans, 1998).

관계적 투명성은 자신의 진정성을 타인에게 보여 주는 것으로, 구체적으로는 타인과 정보를 공유하고 부적절한 정서를 최소로 표출하며 자신의 진실된 생각과 감정을 표현함으로써 신뢰관계를 쌓는 것을 의미한다.

균형적 정보처리는 의사결정 전 어느 한쪽에 편향되지 않고 모든 관련된 자료를 객관적이고 공정하게 분석하는 것을 의미한다. 마지막으로, 진정성 행동은 집단이나 조직 그리고 사회적 압력보다 내면의 도덕적 기준이나 가치에 따라 행동하는 것을 의미한다(Gardner et al., 2005).

5) 진정성리더십과 변혁적 리더십

기본적으로 변혁적 리더가 되기 위해서는 진정성을 갖출 필요가 있다고 볼 수 있지만 진정성 리더가 되기 위해서 반드시 변혁적일 필요는 없다고 볼 수 있다(Avolio & Gardner, 2005). 예를 들어, 진정성 리더는 부하들이 리더를 역할 모델로 삼고 진정성 있는 모습을 보이도록 유도할 수는 있지만 리더 스스로 부하들을 리더로 만들기 위해 적극적으로 노력하지 않는다. 반면, 변혁적 리더는 부하들을 개발시켜 리더 역할을 할 수 있도록 하는 데 좀 더 관심을 가진다(Avolio & Gardner, 2005).

변혁적 리더십에서 중요한 요인은 이상적 영향력(idealized influence), 영감적 동기부여(inspirational motivation), 지적 자극(intellectual stimulation), 개별적 배려(individualized consideration)의 네 가지이다. 이상적 영향력은 리더가 자신보다는 부하들의 욕구를 중시하고 부하들과 위험을 공유하며 기본 원칙과 가치에 헌신하는 모습을 보여 주는 행동을 의미한다. 이러한 리더는 부하들에게 역할 모델이 될 수 있으며 올바른 일을 할 것이라는 기대감을 줄 수 있다. 영감적 동기부여는 부하들에게 일의 의미, 비전 그리고 업무에 대한 도전을 강조함으로써 부하들에게 동기부여를 하는 것을 의미한다. 지적 자극은 업무에서 해결해야 할 과제를 기존의 방법이 아닌 새로운 관점에서 접근할 것을 강조하는 행동을 포함한다. 마지막으로, 개별적 배려는 구성원들의 욕구에 주의를 기울이는 행동을 포함하는데, 구체적으로 코치 또는 멘토의 역할을 통해 배려하고 도와주려는 모습을 보이고 성장할 수 있는 지원적 풍토를 조성한다.

진정성리더십에서는 이 네 가지 요인을 구체적으로 다루지는 않지만 자신의 핵심 가치를 인식하고 이와 일치하는 진정성 있는 행동을 보여 준다는 측면에서 변혁적 리더십에서의 이상적 영향력 요인과 개념적으로 중복되는 부분이 있다. 또한 진정성 리더는 자신에 대한 충분한 인식을 통해 자신이 중시하는 가치와 믿음에 충실하며 말보다는 이와 일치하는 행동을 통해 구성원들에게 영향을 주게 된다. 변혁적 리더의 경우도 자신에 대해 충분히 인식한다는 점에서는 유사하나, 자신이 가지고 있는 비전을 부하들에게 제시하고 그들에게 지적 자극을 주는 말이나 행동을 보이고 부하들의 욕구를 끌어올리는 방법 등을 통해 구성원들에게 영향을 준다는 점에서 차이가 있다(Avolio & Gardner, 2005).

6) 진정성리더십 척도

Walumbwa, Avolio, Gardner, Wernsing과 Peterson(2008)은 진정성리더십을 측정하는 척도를 개발하였다. 이들은 과거 진정성리더십 개념에 관한 연구들을 토대로 처음에는 자기인식, 관계적 투명성, 균형적 정보처리, 내적 조절 그리고 긍정적 도덕성의 다섯 가지 요인을 추출하였으나, 연구진의 논의를 거쳐 내적 조절과 긍정적 도덕성의 두 요인을 합쳐서 내면화된 도덕성(internalized moral perspective)의 한 요인으로 통일하여 모두 네 개의 요인에 대한 16개 문항을 개발하고 타당도 분석을 실시하였다.

미국과 중국 직장인을 대상으로 이 척도를 실시하였으며, 확인적 요인분석 결과 4개의 요인 모형에 대한 부합도가 높게 나타났다. 하지만 4개 요인 간의 평균 상관은 .69로 나타났는데, 이는 각 요인 간의 개념적 중복성이 있을 수 있음을 의미하는 것으로서 이 척도가 전체적으로 하나의 요인으로 구성될 수 있음을 시사하는 결과이다.

7) 진정성리더십의 효과

진정성리더십에 관한 대부분의 연구는 그것의 효과를 검증하는 데 초점을 두고 있다. 리더가 진정성 있는 행동을 보일 경우 결과적으로 부하들의 직무만족, 조직 몰입, 재무성과, 창의적 행동 등과 같은 성과에 긍정적인 영향을 미치는 것으로 나타났다. Walumbwa 등(2008)이 직장인을 대상으로 한 연구에서 진정성리더십은 변혁적 리더십을 통제하고 난 후에도 조직 시민 행동, 조직 몰입 그리고 상사에 대한 만족과 정적으로 유의하게 관련되었다. 즉, 상사의 변혁적 리더십도 이러한 종속변인에 긍정적 영향을 미치지만 상사의 진정성리더십 또한 구성원의 조직 시민 행동, 조직 몰입 그리고 상사에 대한 만족을 증진시키는 것으로 나타났다. 또한 이들은 또 다른 표집을 대상으로 배려를 중시하는 조직 풍토를 통제한 후 상사의 진정성리더십이 부하의 직무만족과 직무 수행에도 긍정적인 영향을 미친다는 것을 보여 주었다.

김거도와 탁진국(2016)은 상사가 진정성리더십 행동을 많이 보일수록 구성원들은 리더의 진정성 있는 모습에 신뢰감을 느끼며 이로 인해 회사에 건설적인 발언을 해도 불이익을 당하지 않을 것이라는 인식을 갖게 되기 때문에 건설적인 발언을 많이 할 가능성이 높다고 가정하였다. 한국 직장인을 대상으로 한 이들의 연구에서 진정성리더십은 건설적 발언과 유의하게 관련된 것으로 나타났다.

최영주와 탁진국(2017)은 상사가 진정성리더십을 많이 발휘할수록 부하의 직무 열의에 긍정적 영향을 미친다는 결과를 보여 주었다. 286명의 직장인을 대상으로 한 연구에서 상사의 진정성리더십은 부하의 직무 열의와 유의하게 관련된 것으로 나타났다(r=.37).

진정성리더십이 다양한 성과에 긍정적 영향을 주는 과정에서 특정 매개변인을 통해 영향을 미치는지를 분석한 연구들도 실시되었다. 진정성리더십은 단순히 리더가 진정성 있는 행동을 보여 주는 것에서 그치지 않고 더 나아가 부하들도 이러한 리더의 모습을 보고 진정성 있는 행동을 보여 줄 수 있음을 강조하고 있다(Gardner et al., 2005). Gardner 등(2005)은 이러한 부하의 진정성 행동을 팔로워십으로 명명하면서 리더의 진정성 있는 행동이 부하의 진정성 행동에 영향을 줄 수 있다고 주장하였다.

리더의 진정성리더십이 부하의 업무 수행에 긍정적 영향을 미치는 과정에서 Leroy, Anseel, Gardner와 Sels(2012)는 부하의 진정성 팔로워십과 부하의 기본 심리 욕구의 역할을 검증하였다. 이들은 리더가 진정성리더십을 발휘할 경우 부하들도 이러한 진정성 있는 행동을 따라서 하게 되고, 이러한 행동은 부하 자신의 기본 심리 욕구인 자율성, 유능감 그리고 관계성 욕구를 증진시키며 궁극적으로 업무 수행을 향상시킨다는 모형을 검증하였다. 검증 결과, 가정했던 대로 부하의 기본심리욕구가 완전매개 역할을 하는 것으로 나타났다. 또한 추가적으로 상사의 진정성리더십과 부하의 진정성 팔로워십이 상호작용하여 부하의 기본 심리 욕구에 영향을 미치는지를 검증한 결과, 상사의 진정성리더십이 조절변인의 역할을 하는 것으로 나타났다. 즉, 상사의 진정성리더십이 높은 경우 부하의 진정성 팔로워십이 그들의 기본 심리 욕구에 미치는 영향이 더 강하게 나타났다.

김거도와 탁진국(2016)은 우리나라 직장인을 대상으로 실시한 연구에서 상사의 진정성리더십과 구성원의 건설적 발언 행동의 관계에 구성원의 심리적 주인의식이 매개하는지를 검증하였다. 분석 결과, 상사의 진정성리더십은 구성원의 심리적 주인의식을 통해서만 그들의 건설적 발언 행동에 영향을 주는 완전매개 모형이 의미 있는 것으로 나타났다. 즉, 상사의 진정성리더십이 높을수록 구성원들은 동일시 과정을 통해 자신들도 진정성 있는 행동을 모방하게 되고, 이를 통해 조직에 대해 주인의식을 더 크게 지각하게 되며, 결과적으로 조직을 위해 건설적인 발언을 할 가능성이 높은 것으로 나타났다.

Oh와 Tak(2016)은 우리나라 직장인을 대상으로 실시한 연구에서 상사의 진정성리더십은 부하의 자기인식과 심리적 주인의식에 정적인 영향을 미치고 이 두 변인은 궁극적으로 부하의 조직 시민 행동에 긍정적 영향을 미친다는 완전매개 모형을 검증하였다. 구조방정식 방법을 통한 분석 결과, 완전매개 모형의 부합도가 높게 나타나 모형이 적절함이 입증되었다.

또한 최영주와 탁진국(2017)은 상사의 진정성리더십이 부하의 직무 열의에 긍정적 영향을 미치며 이 과정에서 절차 공정성이 부분매개 역할을 한다는 결과를 보여 주었다. 즉, 상사가 진정성 있는 리더십 행동을 보일 경우 구성원들은 조직 내 정책이 공정하게 이루어지고 있다고 지각하게 되며, 이를 통해 자신이 하고 있는 업무에 더 열의를 가지고 임하게 된다는 것이다. 또한 구성원의 긍정심리 자본이 높을 경우 진정성리더십과 절차 공정성 간의 관계는 더 강하게 나타났다. 즉, 긍정심리 자본 수준이 높은 구성원들은 미래를 긍정적으로 보고 자신감이 높기 때문에 회사 내 정책 등에 대해 자신의 아이디어를 개진할 가능성이 높으며, 이러한 특성은 상사의 진정성리더십과 긍정적 방향으로 상호작용하여 절차 공정성에 미치는 영향을 높이는 것으로 해석할 수 있다.

사례 | 엔론사

엔론(Enron Corporation)은 미국에서 진정성리더십에 관한 논의가 시작되는 데 큰 영향을 미쳤으며, 진정성리더십의 대표적인 부정적 사례로 알려져 있다. 엔론은 미국 텍사스 주 휴스턴에 본사를 둔 미국의 에너지, 물류 및 서비스 회사였다. 이 기업은 1985년에 합병을 통해 탄생하였으며 케네스 레이가 엔론의 CEO 겸 이사회 회장으로 취임하였다. 2001년에 파산하였는데, 파산 전 약 2만 명의 종업원을 둔 대기업이었으며 『포춘지(Fortune)』에서 6년 연속 '미국에서 가장 혁신적인 기업'으로 선정된 바 있다.

레이 회장은 맥킨지의 컨설턴트였던 제프리 스킬링을 고용했고, 후에 제프리 스킬링은 엔론의 CEO 겸 사장이 되었다. 스킬링은 홍보에 매우 뛰어나서 엔론이 가지고 있는 문제점들을 잘 포장하여 감추고 엔론을 튼튼한 기업으로 인식시키는 수단을 발휘하였다. 겉으로는 세계 최대의 에너지 기업이 되겠다고 하였지만 아무 기업이나 무분별하게 인수하는 지나친 사세 확장으로 현금 부족에 시달리게 되었으며, 이를 은폐하고자 장부를 조작하는 범죄를 저지르게 되었다. 또한 이 과정에서 회계감사를 맡았던 미국의 5대 회계법인 중의 하나였던 아서 앤더슨사는 이러한 문제점을 파악하고도 묵인하였다.

이러한 부패가 외부에 알려지게 되면서 당시 엔론의 회장이었던 케네스 레이 회장과 최고경영자였던 제프리 스킬링은 연방법원에서 사기 등으로 각기 징역 24년 4개월과 24년의 유죄판결을 받게 되었다. 또한 아서 앤더슨사도 영업정지를 당하고 파산하였다. 이때부터 엔론은 기업 사기와 부패의 대표적인 사례로 유명해졌다.

출처: 위키피디아에서 발췌.

부록 │ 진정성리더십 ─────────────────────────────────────○

〈Avolio, Gardner와 Walumbwa(2007)의 ALQ(Authentic Leadership Questionnaire)〉

1. 나의 상사는 자신이 의도하는 바를 솔직하게 표현한다.
2. 나의 상사는 자신이 실수를 할 때 이를 인정한다.
3. 나의 상사는 구성원 모두가 자신의 생각을 표현하도록 격려한다.
4. 나의 상사는 말하기 곤란한 사실도 솔직하게 이야기한다.
5. 나의 상사는 자신이 느끼는 감정을 솔직하게 표현한다.
6. 나의 상사는 신념과 일치하는 행동을 보인다.
7. 나의 상사는 핵심가치에 기반하여 결정을 내린다.
8. 나의 상사는 구성원들이 각자의 핵심가치와 일치하는 입장을 취할 것을 요구한다.
9. 나의 상사는 높은 수준의 윤리적 기준을 토대로 결정을 내린다.
10. 나의 상사는 자신이 강하게 믿는 입장에 반대하는 의견도 기꺼이 수용하려 한다.
11. 나의 상사는 결정을 내리기 전에 관련 자료를 검토한다.
12. 나의 상사는 결정을 내리기 전 다양한 의견에 귀를 기울인다.
13. 나의 상사는 구성원들과의 원활한 교류를 위해 피드백을 요청한다.
14. 나의 상사는 자신의 능력에 대해 구성원들이 어떻게 생각하는지 잘 알고 있다.
15. 나의 상사는 중요한 사안에 대해 자신의 입장을 재고해야 할 때가 언제인지 알고 있다.
16. 나의 상사는 자신의 행동이 구성원들에게 어떤 영향을 미치는지 잘 알고 있다.

---

3. 공유리더십

전통적인 리더십은 집단 또는 조직에서 한 명의 리더가 많은 구성원에게 리더십을 어떻게 발휘하는지에 관심이 있었다. 최근에 등장한 공유리더십(shared leadership)은 이와는 달리 집단에서 한 구성원이 아닌 여러 구성원이 리더십을 공유한다는 것을 의미한다(Morgeson, DeRue, & Karam, 2010). Pearce와 Conger(2003)는 공유리더십을 집단 구성원들이 집단 또는 조직 목표를 달성하기 위해 서로를 이끌어 가며 서로에게 영향을 미치는 과정으로 정의한 바 있다. 여기서 영향력이란 일반적으로 의사소통, 영향력 행사, 제안하기 등을 의미한다. 이러한 행동들은 주로 공식적인 리더가 하는 행동이지만 공유리더십에서는 구성원들이 특정 리더가 없이 모두가 리더십을 공유하기 때문에 구성원 각자가 이러한 행동을 하게 된다. 즉, 공유리더십이란 한 명의 리더가 리더 역할을 하는 것이 아니라 리더십 기능이 집단 구성원들 모두에게 분산되어 이들 모두가 리더십 기능을 발휘하는 것을 의미한다(Drescher, Korsgaard, Welpe, Picot, & Wigand, 2014).

쉽게 설명하자면, 일반적인 리더십은 팀이나 집단에서 팀장이나 관리자 한 명이 권한을 가지고 팀원들을 이끌어 가는 데 반해서 공유리더십에서는 팀원들 모두가 권한을 가지고 서로에게 영향력을 행사하는 것을 의미한다. 따라서 의사결정을 내릴 때에도 팀장이 결정하는 것이 아니라 팀원 모두가 의견을 내고 서로가 합의한 내용으로 의사결정이 이루어지는 것으로 볼 수 있다.

따라서 공유리더십의 특징을 살펴보면 팀원들이 자율성을 더 많이 가지게 되고 의사결정 과정에 적극적으로 참여하며, 또한 의사결정을 통해 나타난 결과에 대한 책임을 더 많이 인식하게 된다(Wood, 2005).

1) 공유리더십의 효과

공유리더십의 효과에 관한 연구결과는 일관적이지 못하다. 공유리더십이 수행과 정적으로 관련되어 있다는 연구결과(Carson, Tesluk, & Marrone, 2007; Ensley, Hmieleski, & Pearce, 2006)도 있지만 수행과 관련이 없거나 부적 관계로 나타나는 연구결과(Hmieleski, Cole, & Baron, 2012; O'Toole, Galbraith, & Lawler, 2003)도 있다. Carson 등(2007)은 59개의 컨설팅 팀을 대상으로 한 연구에서 팀의 공유리더십은 고객이 평가한 팀 수행과 정적으로 관련된 것으로 나타났다.

Wang, Waldman과 Zhang(2014)의 공유리더십에 관한 메타연구에서 42개 표집을 분석한 결과, 전체적으로 공유리더십은 팀 효과성과 정적으로 관련된 것으로 나타났다(ρ=.34).

2) 공유리더십의 선행변인

Carson 등(2007)의 연구에서는 컨설팅 팀들을 대상으로 실시한 연구에서 내적인 팀 환경(공유된 목적, 사회적 지원, 발언 행동 등)과 외부 코칭이 공유리더십에 유의한 영향을 미치는 것으로 나타났다.

Wood(2005)의 연구는 교회 경영진으로 있는 목사를 대상으로 실시하였는데, 교회 조직에서 경영진 팀에 3명 이상의 목사가 포함되어 있는 교회만을 대상으로 200명의 목사로부터 자료를 얻어 분석하였다. 연구 결과, 경영진 팀에 속한 3명 이상의 목사가 권한 위임 행동을 더 많이 경험할수록 서로 간에 리더십을 공유하는 경향이 높은 것으로 나타났다. 하지만 팀의 수평적 구조와 공유리더십 간에는 유의한 관련성이 없는 것으로 나타났다. 즉, 경영진 팀 내에서 선임목사에게 권한이 집중되는 수직적 팀구조가 아니라 팀 내부에서 권한이 분산되는 수평적인 팀구조일수록 목사들이 리더십을 더 많이 공유하는 것은 아닌 것으로 나타났다. 이와 같이 유의한 관계가 나타나지 않은 이유는 수평적 구조인 경우 오히려 팀 내부에서 서로 간에 부담이 되는 말을 하지 않으려는 경향이 있어서 경영진 내에 상호작용이 잘 일어나지 않을 가능성이 있기 때문인 것으로 해석할 수 있다.

3) 매개변인

Drescher 등(2014)은 공유리더십이 수행에 영향을 미치는 과정에 관심을 가지고 연구를 진행하였으며, 시뮬레이션 게임에 참여한 사람들을 대상으로 진행한 종단적 연구에서 참가자들의 공유리더십이 증가할수록 그들 간에 신뢰가 증진되며 이를 통해 수행이 높아진다는 결과를 도출하였다.

4) 조절변인

Wang 등(2014)이 분석한 공유리더십에 관한 메타연구 결과에서 다양한 변인이 공유리더십과 팀 효과성의 관계를 조절하는 것으로 나타났다. 먼저, 공유리더십의 내용이 조절변인의 역할을 하는 것으로 나타났는데, 배려와 과업주도 행동과 같은 전통적인 리더십 행동을 공유하는 경우 공유리더십과 팀 효과성의 관계는 다소 낮게 나타났으며(ρ=.18), 카리스마나 변혁적 리더십 행동과 같은 비교적 새로운 리더십 행동을 공유하는 경우 공유리더십과 팀 효과성의 관계는 강한 것으로 나타났다(ρ=.34). 이러한 결과가 나타난 이유로는 카리스마나 변혁적 리더십에서 보여 주는 비전을 제시하거나 남을 설득하기 위해 노력하는 것과 같은 리더십 행동이 전통적인 배려나 과업주도와 같은 행동보다 다른 구성원들에게 더 큰 영향을 주기 때문인 것으로 해석할 수 있을 것이다.

업무 복잡성도 공유리더십과 효과성의 관계를 조절하는 역할을 하는 것으로 나타났다. Wang 등(2014)의 메타연구에서 팀 구성원들의 업무가 복잡할수록 공유리더십과 팀 효과성의 관계는 더 강한 것으로 나타났다. 팀 구성원들의 업무가 복잡할수록 구성원들 간에 업무와 관련된 정보를 서로 공유하고 도울 필요성을 인식하게 되며, 이러한 여건이 조성되어야 팀 효과성이 높아질 것이다. 따라서 업무가 복잡한 상황에서 공유리더십과 팀 효과성의 관계는 더 강해지는 것으로 해석할 수 있을 것이다.

부록 Wood(2005)의 공유리더십 척도 ·······················○

아래 문항은 당신이 속해 있는 팀에서 팀 구성원 각자가 어느 정도나 리더십을 발휘할 수 있는지를 알아보기 위한 것이다. 각 문항에 동의하는 정도에 따라 적절한 번호에 체크하시오(1=전적으로 동의하지 않는다, 2=동의하지 않는다, 3=동의한다, 4=매우 동의한다).

1. 팀 구성원 각자가 팀이 직면하고 있는 상황에 관한 인식을 공유할 때 각자의 의견을 중시한다.
2. 우리 팀에서 리더십 영향력은 순서가 정해져 있다. (r)
3. 팀 구성원들은 조직에 영향을 미치는 결정을 내릴 때 서로 협력한다.
4. 우리 팀에 적합한 슬로건은 '각자 따로 논다'이다. (r)
5. 각 팀 구성원은 조직의 비전을 만드는 데 도움을 준다.
6. 팀 구성원들 간에 관계망이 잘 형성되어 있다.
7. 팀 구성원의 직급이 다르다 하더라도 우리 팀에서는 각자가 서로 동등하다.
8. 팀에서 한 명이 다른 구성원들이 무엇을 할지를 결정한다. (r)
9. 구성원 간에 정보를 공유하고 있어서 모두가 일을 효율적으로 할 수 있다.
10. 각 팀 구성원은 팀이 목표를 달성하도록 서로 돕는다.
11. 각 팀원은 다른 팀원들을 평가하고 서로에 대해 책임을 진다.

12. 각 팀원은 조직 목표를 수립하는 과정에 함께한다.

13. 각 팀원은 팀의 우선순위 결정을 위해 자원을 배분하는 과정에서 자신의 의견을 낸다.

14. 각 팀원은 팀에 문제가 생길 때 최선의 해결책을 결정하기 위한 과정에 함께한다.

15. 각 팀원은 팀이 직면하고 있는 문제를 파악하고 진단하며 해결하는 데 서로 돕는다.

16. 각 팀원은 팀이 직면하는 도전적인 시점에 서로 격려한다.

17. 각 팀원은 서로에게 인내심을 보인다.

18. 각 팀원은 다른 팀원으로부터 중요한 직무기술을 배운다.

19. 각 팀원은 직무기술 향상을 위해 서로 돕는다.

 팀 토 의

1. 서번트리더십의 의미를 생각해 본 다음 실생활에서 서번트리더십을 발휘하기 위해 자신이 할 수 있는 행동에 관해 논의해 보고 가장 많이 나온 행동 세 가지를 도출해 보시오.

2. 진정성리더십의 의미를 생각해 본 다음 실생활에서 진정성리더십을 발휘하기 위해 자신이 할 수 있는 행동에 대해 논의해 보고 가장 많이 나온 행동 세 가지를 도출해 보시오.

3. 공유리더십의 의미를 생각해 본 다음 실생활에서 공유리더십을 발휘하기 위해 자신이 할 수 있는 행동에 대해 논의해 보고 가장 많이 나온 행동 세 가지를 도출해 보시오.

참고문헌

김거도, 탁진국(2016). 진정성리더십이 종업원의 건설적 발언행동에 미치는 영향: 심리적 주인의식의 매개효과. 한국심리학회지: 산업 및 조직, 29(2), 85-105.

세계경제포럼(2013). 국가경쟁력 평가 결과 및 분석.

손동성, 탁진국(2012). 서번트리더십이 종업원 행동에 미치는 영향: 상사신뢰와 조직신뢰의 매개효과를 중심으로. 한국심리학회지: 산업 및 조직, 25(2), 373-395.

스위스국제경영개발원(2013). 2013년 세계 경쟁력 평가 연감.

정학범, 김재구(2010). 서번트 리더십이 창의적 행동, 조직시민행동 및 조직몰입에 미치는 영향: 상사신뢰의 매개효과와 일반적 자기효능감의 조절효과를 중심으로. 한국경영학회

2010년 통합학술발표논문집, 8, 1-32.

최동수, 이묘숙(2010). 서번트리더십과 조직시민행동 간의 조직몰입과 조직신뢰의 매개효과 검증: 외식기업을 중심으로. 산업혁신연구, 26, 133-166.

최영주, 탁진국(2017). 진정성리더십이 직무열의에 미치는 영향: 절차공정성의 매개효과와 긍정심리자본 및 권력거리의 조절효과. 한국심리학회지: 산업 및 조직, 30(1), 25-47.

Avolio, B. J., & Gardner, W. L. (2005). Authentic leadership development: Getting to the root of positive forms of leadership. *The Leadership Quarterly, 16,* 315-328.

Avolio, B. J., Gardner, W. L., & Walumbwa, F. O. (2007). *Authentic Leadership Questionnaire for Research.* Redwood City, CA: Mind Garden.

Barbuto, J. E., Jr., & Wheeler, D. W. (2006). Scale development and consturct clarification of servant leadership. *Group and Organizational Management, 31,* 300-326.

Carson, J. B., Tesluk, P. E., & Marrone, J. A. (2007). Shared leadership in teams: An investigation of antecedent conditions and performance. *Academy of Management Journal, 50,* 1217-1234.

Dannhauser, A., & Boshoff, A. B. (2007). Structural equivalence of the Barbuto and Wheeler (2006) Servant Leadership Questionnaire on North American and South African samples. *International Journal of Leadership Studies, 2,* 148-168.

Dennis, R., & Winston, B. E. (2003). A factor analysis of Page and Wong's servant leadership instrument. *Leadership & Organization Development Journal, 24*(8), 455-459.

Dierendonck, D. V. (2011). Servant leadership: A review and synthesis. *Journal of Management. 37,* 1228-1261.

Drescher, M. A., Korsgaard, M. A., Welpe, I. M., Picot, A., & Wigand, R. T. (2014). The dynamics of shared leadership: Building trust and enhancing performance. *Journal of Applied Psychology, 99*(5), 771-783.

Ensley, M. D., Hmieleski, K. M., & Pearce, C. L. (2006). The importance of vertical and shared leadership within new venture top management teams: Implications for the performance of startups. *Leadership Quarterly, 17,* 217-231.

Erickson, R. J. (1995). The importance of authenticity for self and society. *Symbolic Interaction, 18*(2), 121-144.

Gardner, W. L., Avolio, B. J., Luthans, F., May, D. R., & Walumbwa, F. (2005). "Can you see the real me?" A self-based model of authentic leader and follower development. *The Leadership Quarterly, 16,* 343-372.

Greenleaf, R. K. (1970). *The servant as leader.* Indianapolis: The Robert K. Greenleaf Center.

Harter, S. (2002). Authenticity. In C. R. Snyder & S. J. Lopez (Eds.), *Handbook of positive psychology* (pp. 382-394). London: Oxford University Press.

Hmieleski, K. M., Cole, M. S., & Baron, R. A. (2012). Shared authentic leadership and new venture performance. *Journal of Management, 38,* 1476-1499.

Ilies, R., Morgeson, F. P., & Nahrgang, J. D. (2005). Authentic leadership and eduaemonic well-being: Understanding leader-follower outcomes. *Leadership Quarterly, 16,* 373-394.

Jaramillo, F., Grisaffe, D. B., Chonko, L. B., & Roberts, J. A. (2009). Examining the impact of servant leadership on sales person's turnover intention. *Journal of Personal Selling and Sales Management, 29*(4), 351-365.

Kernis, M. H., & Goldman, B. M. (2006) A multicomponent conceptualization of authenticity: Theory and research. *Advances in Experimental Social Psychology, 38,* 283-357.

Leroy, H., Anseel, F., Gardner, W. L., & Sels, L. (2012). Authentic leadership, authentic followership, basic need satisfaction, and work role performance: A cross-level study. *Journal of Management.* DOI: 10.1177/0149206312457822.

Luthans, F., Avolio, B. J. (2003). Authentic leadership development. In K. S. Cameron, J. E. Dutton, & R. E. Quinn (Eds.), *Positive organizational scholarship* (pp. 241-258). San Francisco: Berrett-Koehler.

Morgeson, F. P., DeRue, D. S., & Karam, E. P. (2010). Leadership in teams: a functional approach to understanding leadership structures and processes. *Journal of Management, 36,* 5-39.

Nuebert, M. J., & Kacmar, K. M., & Carlson, D. S., & Chonko, L. B. (2008). Regulatory Focus as a mediator of the influence of initiating structure and servant leadership on employee behavior. *Journal of Applied Psychology, 93*(6), 1220-1233.

Oh, H., & Tak, J. (2016). Effect of authentic leadership on organizational citizenship behaviors through mediating roles of followers' self-awareness and psychological ownership. *Journal of Distribution Science, 14*(3), 11-22.

O'Toole, J., Galbraith, J., & Lawler, E. E. III (2003). The Promise and pitfalls of shared leadership: When two (or more) heads are better than one. In C.L. Pearce & J. A. Conger (Eds.), *Shared leadership: Reframing the hows and whys of leadership* (pp. 250-267). Thousand Oaks, CA: Sage.

Page, D., & Wong, T. P. (2000). A Conceptual framework for measuring servant-leadership. In S. Adjibolooso (Ed.), *The human factor in shaping the course of history and development.* Lanham, MD: American University Press.

Pearce, C. L. & Conger, J. A. (2003). All those years ago. In C. L. Pearce & J. A. Conger (Eds.), *Shared leadership: Reframing the hows and whys of leadership* (pp. 1-18). Thousand Oaks, CA: Sage.

Shamir, B., & Eilam, G. (2005). "What is your story?": A life-stories approach to authentic leadership development. *The Leadership Quarterly, 16*(3), 395-417.

Spears, L. C. (1995). *Reflections on leadership: How Robert K. Greenleaf's theory of servant-leadership influenced today's top management thinkers.* New York: John Wiley.

Stajkovic, A. D., & Luthans, F. (1998). Social cognitive theory and self-efficacy: Going beyond traditional motivational and behavioral approaches. *Organizational Dynamics, 26,* 62-74.

Toor, S., & Ofori, G. (2009). Authenticity and its influence on psychological well-being and contingent self-esteem of leaders in Singapore construction sector. *Construction Management and Economics, 27,* 299-313.

Walumbwa, F. O., Avolio, B. J., Gardner, W. L., Wernsing, T. S., & Peterson, S. J. (2008). Authentic leadership: Development and validation of a theory-based measure. *Journal of Management, 34*(1), 89-126.

Wang, D., Waldman, D. A., & Zhang, Z. (2014). A meta-analysis of shared leadership and team effectiveness. *Journal of Applied Psychology, 99*(2), 181-198.

Wood, M. S. (2005). Determinants of shared leadership in management teams. *International Journal of Leadership Studies, 1*(1), 64-85.

제10장 학생리더십과 여성리더십

1. 학생리더십 ┃ 2. 여성리더십

1. 학생리더십

리더십 연구의 대부분은 조직에서 관리자 이상의 직급을 가진 리더들을 대상으로 그들의 리더십 역량을 향상시키기 위한 목적으로 이루어져 왔다. 이 책에서 소개하는 연구 내용도 대부분 이와 관련된 연구결과나 이론을 다루고 있기 때문에 조직에서 일하는 관리자들이 자신의 리더십 역량 향상을 위해 참고 자료로 활용할 수 있을 것이다. 하지만 이 책의 주요 독자는 대학이나 대학원에서 리더십 공부를 통해 자신의 리더십 역량을 향상시키기를 원하는 대학생 또는 대학원생으로 볼 수 있기 때문에 이 장에서는 대학생의 리더십에 초점을 둔 내용을 소개하고자 한다. 대학생을 대상으로 그들의 리더십 역량 또는 행동에는 어떠한 것들이 있는지를 밝히고, 이러한 역량 및 행동이 조직에서 관리자를 대상으로 하는 리더십 역량 및 행동과는 어떠한 차이가 있는지를 분석한 연구는 매우 드문 실정이다.

Kouzes와 Posner(1998a)는 대학생들을 대상으로 그들에게 중요한 리더십 역량 또는 행동들이 무엇인지를 진단하는 도구를 개발하였을 뿐 아니라 이러한 역량 및 행동을 향상시키기 위한 구체적인 워크숍 진행방법에 대해 설명한 바 있다. 이 장에서는 이들이 제시한 대학생들에게 적합한 다섯 가지 리더십 행동과 이를 측정하는 검사 문항 그리고 이를 향상시키기 위한 워크숍 진행방법에 대해 기술하고자 한다.

1) 검사도구 개발과정

Kouzes와 Posner는 먼저 2,500명 정도의 관리자를 대상으로 리더로서 최고의 경험에 관한 사례연구에서 얻은 자료를 내용분석을 통해 분석한 결과 도전정신(challenging process), 공유비전 제시(inspiring a shared vision), 능력배양(enabling others to act), 솔선수범(modeling the way) 그리고 마음을 움직임(encouraging the heart)의 다섯 가지 주요 행동을 도출하였다. 이후 대학생을 대상으로 한 사례연구를 통해 그들의 주요 리더십 행동이 관리자들에게서 얻어진 다섯 가지 행동과 얼마나 유사한지를 파악하고자 하였다.

Kouzes와 Posner는 미국 전체 대학교에서 교수 및 직원들에게 뛰어난 리더로서 추천된 대학생들을 대상으로 연구를 실시하였다. 이들은 추천받은 대학생들을 대상으로 구조화된 인터뷰를 하여 리더로서 가장 성공적인 경험에 대해 생각해 보고 성공에 가장 중요한 행동들이 무엇인지 이야기해 달라고 하였다. 대학생들의 면접결과를 내용 분석을 하여 전체 264개 행동을 도출할 수 있었으며 각각의 행동 내용을 관리자들을 대상으로 얻어진 다섯 가지 주요 리더 행동으로 구분하였다. 분석 결과, 능력배양 행동으로 구분된 내용들이 30%로 가장 많았고, 그다음은 솔선수범(21%), 공유비전 제시(20%), 마음을 움직임(15%) 그리고 도전정신(15%)의 순으로 나타났다.

즉, 조직의 관리자들을 대상으로 도출한 리더의 다섯 가지 주요 행동은 대학에서 리더로 활동하는 학생들에게도 일관성 있게 중요한 행동으로 나타난 것이다. 이 결과를 토대로 얻어진 30개 문항을 바탕으로 Posner와 Kouzes(1993)는 대학생들을 대상으로 신뢰도와 타당도를 검증하였으며, 분석 결과 내적 일관성 계수와 검사-재검사 신뢰도 모두 높게 나왔고 요인분석 결과에서도 동일한 5개 요인이 도출됨을 발견하였다.

추후 연구(Posner & Brodsky, 1992)에서 이들은 미국 대학별로 동아리 대표로 활동하는 학생들과 그들의 행동을 관찰할 수 있는 동아리 임원진에게 설문조사를 실시한 결과 효율적인 동아리 대표들은 그렇지 못한 대표들에 비해서 다섯 가지 행동을 더 많이 보이는 것으로 나타났다. 또한 이러한 결과는 남녀에 따라 차이가 나지 않고 일관되게 나타났다(Posner & Brodsky, 1994).

2) 주요 리더 행동

앞서 기술한 다섯 가지 주요 리더 행동에 대해 좀 더 상세하게 기술하면 다음과 같다.

(1) 도전정신

도전정신(challenging process)은 무엇보다 새롭고 도전적이고 혁신적인 것을 찾는 행동을 의미한다. 또한 실패를 두려워하지 않고 위험을 감수하며, 실패한다 하더라도 이를 학습의 기회로 삼으려고 한다. 즉, 도전정신의 핵심 행동은 다음과 같다.

- 새로운 기회 추구
- 위험 감수

혁신적인 아이디어는 부하들로부터 나오는 경우가 많기 때문에 도전정신이 강한 리더는 부하의 의견을 적극적으로 경청할 필요가 있다.

(2) 공유비전 제시

공유비전 제시(inspiring a shared vision)는 구성원들에게 조직이 나아가야 할 미래에 대한 방향을 제시하는 행동을 의미한다. 구성원들은 조직의 미래에 대한 불확실성이 클수록 조직에 몰입하기 어려워진다. 구성원들에게 미래의 방향을 확실하게 제시함으로써 그들의 불안감을 없애고 조직을 위해 열심히 일하려는 동기를 심어 줄 수 있다.

비전 제시 행동에서 중요한 점은 리더 혼자서만 비전을 강조하면서 구성원들에게 이를 수용하도록 강요해서는 안 된다는 것이다. 리더는 비전을 제시할 때 구성원들의 가치, 흥미, 희망, 꿈에 호소함으로써 그들이 비전을 명확히 이해하고 스스로 자신의 것으로 수용하도록 만들어야 한다.

공유 비전 제시에서 중요한 핵심 행동은 다음과 같다.

- 미래에 대한 비전 제시
- 구성원들을 공통의 비전으로 묶음.

(3) 능력배양

리더가 혼자서 모든 일을 다 처리할 수는 없다. 우수한 리더라면 구성원들을 신뢰하고 그들의 능력을 향상시키며 협력적인 분위기를 조성해서 구성원들이 열심히 일하도록 만들 필요가 있다. 능력배양(enabling others to act)을 위해 리더는 구성원들에게 업무에서 좀 더 많은 자율권을 부여해서 그들이 스스로 업무 실행방법을 계획하고 실행해 나갈 수 있는 기회를 제공할 필요가 있다.

능력배양에서 핵심적인 행동은 다음과 같다.

- 협력 증진
- 부하의 능력배양

(4) 솔선수범

우수한 리더는 말과 행동이 일치하는 모습을 보여 줄 필요가 있다. 또한 구성원들만 시키고 자신은 뒷짐 지고 있어서는 안 되며 스스로 앞장서서 행동을 하는 모범적인 자세를 보여야 한다. 솔선수범(modeling the way) 행동은 리더가 자신의 신념을 내보이고 부하들에게 모범 사례를 보여 주며 말과 행동이 일치하는 모습을 의미한다.

솔선수범의 대표적인 핵심 행동은 다음과 같다.

- 솔선수범적인 자세와 행동을 보임.
- 자그마한 성공을 거둠.

(5) 마음을 움직임

마지막 행동은 구성원의 마음을 움직이는(encouraging the heart) 것이다. 훌륭한 리더는 구성원이 조직에 기여한 바를 정확히 파악하여 이를 인정해 줄 필요가 있다. 개인과 팀이 성취한 내용을 남 앞에서 칭찬하고 치켜세워 줌으로써 그들이 영웅이 된 것처럼 느끼도록 만들어 주며, 이로써 그들의 마음을 움직일 수 있다.

이 행동의 대표적인 핵심 내용은 다음과 같다.

- 개인이 기여한 바에 대해 인정해 줌.
- 팀이 성취한 바를 축하해 줌.

3) 사전 워크숍 설계

이 워크숍은 대학생을 대상으로 앞에서 기술한 다섯 가지 학생리더십 역량을 향상시키기 위해 Kouzes와 Posner가 기술한 내용을 요약한 것이다.

(1) 목표

이 워크숍의 목적은 다음과 같다.

- 대학생들이 이상적인 구체적 리더십 행동을 이해함.
- 리더로서 자신의 강점을 파악함.
- 자신의 리더십 역량을 향상시킬 필요가 있는 영역을 파악함.
- 더욱 바람직한 리더가 되기 위한 행동을 결정함.
- 자신에 대한 피드백 결과를 다른 사람들과 어떻게 공유할 것인지에 대해 계획함.

(2) 집단 크기

한 번에 4명에서 수백 명까지도 가능하지만 진행자가 1명일 경우 대략 20~24명 정도가 이상적이다.

(3) 시간

짧게는 1시간 내에 끝낼 수도 있으며 길게는 하루까지 가능하다.

(4) 사전 활동

만약 가능하다면 워크숍 전에 참가하는 학생들은 부록 2에 나와 있는 학생리더십 척도에 응답한 후 설문지를 워크숍 진행자에게 보내도록 한다. 이를 통해 워크숍 시작 시 진행자가 각 학생의 리더십 역량 결과를 학생들에게 전달해 줄 수 있다. 또한 가능할 경우 학생 자신들을 잘 알고 있는 친구나 부모 등에게 부탁해서 자신의 리더십 역량을 평가해 달라고 한 뒤 걷어서 이 설문지 역시 진행자에게 전달하는 것이 좋다. 그래야 자신의 리더십 역량에 대한 보다 객관적인 평가가 가능하기 때문이다. 하지만 사전에 학생들에게 검사를 실시하기가 어렵다면 워크숍을 진행하면서 실시해도 무방하다.

4) 워크숍 진행과정

(1) 시작(5~10분)

먼저, 참여 학생들에게 워크숍 내용과 진행방법에 대해 개괄적으로 설명한다. 학생들이 워크숍 전 학생리더십 척도에 응답한 경우 언제 피드백을 줄 것인지 알려 주며, 만약 워크숍 중간에 실시할 계획이라면 이 시점에서 실시하거나 바로 뒤의 리더십에 대한 정의에 관한 논의 후 실시한다.

(2) 리더십에 대한 논의(10~15분)

진행자는 먼저 학생들에게 리더십이 무엇인지 질문하고 관리(management)와 리더십 간의 유사점과 차이점에 관해 논의를 이끌어 낸다. 두 단어에 대한 논의가 어느 정도 진행되고 리더십에 대한 이해가 되었다고 판단되면 리더십 정의를 판서한다. 리더십에 대한 정의는 수백 가지가 될 정도로 다양하지만 대부분 리더가 집단의 목표를 달성하기 위하여 구성원에게 영향력을 행사하는 과정으로 알려져 있다. 이 과정에서 구성원의 내적 동기를 높여서 스스로 열심히 하도록 만드는 것이 중요하다는 점을 강조한다.

(3) 웜업(선택, 30~45분)

학생들이 자신의 경험을 토대로 다음의 두 가지 방법 가운데 하나를 선택해 리더십에 대해 논의하도록 한다.

〈자신의 최고 경험 파악〉

① 중요 리더 역할 파악: 학생들에게 지금까지 살아오면서 리더로서의 역할을 하던 중 가장 기억에 남는 순간을 생각해 보게 하고(공식적인 리더 경험이 없으면 팀 프로젝트에서 주도적 역할을 했던 경험 등도 포함시킬 수 있음), 당시 기억나는 5~7가지 정도의 구체적 행동이나 전략을 도출해 볼 것을 요구한다. 5~10분 정도 생각해 본 후 이 내용을 간단히 노트에 적도록 한다.

② 소집단 구성 및 논의: 다음은 3~5명 정도의 소집단을 구성하여 자신의 경험에 대해 서로 이야기하고 서로의 경험에서 공통되는 주요 내용은 무엇인지를 선정해 보도록 한다.

③ 집단 발표 및 논의: 집단별로 논의한 내용을 발표하도록 하고, 전체 학생들을 대상으로 집단별 발표 내용에서 공통적인 행동이나 전략을 선정하도록 한다. 또한 서로의 발표에서 유사한 행동과 다른 행동 가운데 어떤 행동이 더 많았는지도 논의토록 한다.

〈가장 존경하는 리더〉

① 중요 리더 선정: 학생들에게 누가 가장 존경하는 리더인지 물어보고, 왜 그 사람을 선택했고 그 사람이 무엇을 했고 어떤 점이 우수한지를 5~10분에 걸쳐 물어본다.

② 소집단 구성 논의: 3~5명 정도의 소집단을 구성하여 집단별로 자신의 생각에 대해 서로 이야기하고 공통되는 내용이 있는지 찾아보도록 한다.

③ 집단 발표 및 논의: 집단별로 논의한 내용을 발표하도록 하고, 전체 학생들을 대상으로 집단별 발표 내용에서 공통적인 행동을 선정하도록 한다. 또한 서로의 발표에서 유사한 행동과 다른 행동 가운데 어떤 행동이 더 많았는지도 논의토록 한다.

(4) 학생 LPI 양식 작성(10분)

워크숍 전에 이미 검사를 실시했다면 이 부분은 생략해도 된다.

① 설문 응답: 부록 2에 나와 있는 검사에 응답하도록 하고 현 시점에서 채점은 하지 않도록 한다.

② 관찰자 활용: 워크숍에 참여한 학생들이 서로 잘 알고 있는 경우, 각 학생은 자신의 리더십 행동에 대해 평가해 줄 수 있는 학생들에게 부탁하도록 한다. 만약 참여 학생들이 서로 잘 모른다면 이 과정은 생략하도록 한다.

(5) 학생 리더십에 대한 강의(20~40분)

워크숍 진행자는 앞서 기술한 학생리더십의 다섯 가지 요인에 대해 구체적인 예와 함께 자세히 설명한다.

(6) 학생리더십 척도 실시(20~40분)

① 도구 설명: Kouzes와 Posner가 개발한 척도임을 설명하고 문항들이 나타내는 행동을 많이 보이는 리더가 더 효율적인 리더임을 기본 가정으로 한다는 점을 강조한다. 또한 이 척도는 본래는 기업의 관리자를 위해 개발된 척도를 대학생에게 적합하도록 수정하였고, 5,000명의 대학생들로부터 자료를 얻어 분석하였으며, 결과적으로 효율적인 학생 리더와 그렇지 못한 학생 리더를 잘 구분해 준다는 점을 강조한다.

② 검사 개발과정에 대한 설명: 학생들에게 전체 척도 문항은 30개이고 모두 5개 요인이며, 각 요인당 동일한 6개 문항으로 구성되어 있음을 설명한다. 대학생을 대상으로 한 연구에서 척도의 신뢰도와 타당도가 검증되었으며 특히 타당도 가운데 예언타당도에 있어서는 기숙사에서 리더로 활동하는 학생들은 그렇지 않은 학생들보다 기숙사 사감으로부터 척도에서 더 높은 점수를 받았음을 설명한다.

(7) 검사 채점 및 해석(30~60분)

부록 2에 제시된 척도 문항에서 각 리더십 요인은 다음과 같은 문항번호로 구성되어 있으며 요인별 점수는 각 요인에 속하는 문항번호 점수들을 합하도록 한다. 여기서 주의할 점은 요인 1의 6번 문항의 경우 역문항에 해당하기 때문에 요인 점수를 구할 때

1점은 5점, 2점은 4점, 4점은 2점, 그리고 5점은 1점으로 환산한 뒤 다른 문항 점수와 합산해야 함을 강조할 필요가 있다.

- 요인 1(도전정신): 1, 6, 11, 16, 21, 26
- 요인 2(공유비전 제시): 2, 7, 12, 17, 22, 27
- 요인 3(능력배양): 3, 8, 13, 18, 23, 28
- 요인 4(솔선수범): 4, 9, 14, 19, 24, 29
- 요인 5(마음을 움직임): 5, 10, 15, 20, 25, 30

학생들이 요인별로 점수 계산을 마치면 부록 1에 제시된 백분위 정보를 알려 주고 자신의 리더십 요인별 점수가 어느 수준인지를 비교하도록 한다. 부록 1에 제시된 백분위 정보는 미국 대학생들을 대상으로 얻어진 규준을 의미한다.

예를 들어, 백분위 90%에 해당하는 도전정신의 점수는 26이고 공유비전 제시의 점수는 27인데, 이는 도전정신에서의 점수가 26이고 공유비전 제시에서의 점수가 27이면 전체 대학생들 중에서 상위 10%에 해당하는 높은 점수임을 의미한다. 상대적으로 백분위 10%에 해당하는 도전정신의 점수는 17인데, 이는 도전정신의 점수가 17점이면 하위 10%에 해당하는 낮은 점수임을 의미한다. 이 백분위 정보에서는 각 리더십 요인의 점수가 백분위 70%에 해당하면 높은 것으로, 백분위 30%에 해당하면 낮은 것으로 해석하면 된다.

이 백분위 정보를 통해 학생들은 자신의 리더십 요인에서의 점수가 어느 정도 수준인지를 파악하게 되는데, 이를 토대로 자신의 강점과 부족한 점을 작성하면 된다.

다음으로는 소집단별로 부족한 리더십 요인을 향상시키기 위해서는 어떤 방법이 있을지를 토론하게 한다. 예를 들어, 리더십 요인별로 다음과 같은 구체적인 행동방법이 있을 수 있다.

- 도전정신: 새로운 음식 먹어 보기
- 공유비전 제시: 자신의 생각을 남들에게 설명하기
- 능력배양: 자신의 의견을 제시하지 않고 상대방의 의견을 먼저 물어보기
- 솔선수범: 모범 사례 보이기
- 마음을 움직임: 상대방을 칭찬하는 연습하기

소집단별로 논의를 거친 후 학생들 각자가 자신의 부족한 리더십 요인을 개선하기 위한 구체적 행동계획을 수립토록 한다. 행동계획을 작성할 경우 다음의 내용들을 고려할 필요가 있다.

- 부족한 리더십 요인 향상을 위해 무엇을 할 것인가?
- 어떤 구체적인 행동을 할 것인가?
- 처음에 할 수 있는 행동은 무엇인가? 이 행동과 관련된 사람은 누구인가? 언제 시작할 것인가?
- 언제, 어떠한 방법으로 이러한 노력이 제대로 진행되고 있는지 점검할 것인가?

(8) 2~3명 집단토의(10~30분, 추가 활동이 포함될 경우는 90분)

학생들 각자 자신이 느낀 바에 대해 이야기해 보도록 하는 시간을 가진다. 즉, 워크숍을 통해 무엇을 배웠고, 부족한 점을 향상시키기 위해 어떤 행동을 취해야 하고, 이해를 돕기 위해 어떤 추가 정보가 필요한지 등에 관해 자유롭게 토론하도록 한다. 토론을 한 후 자신이 작성한 행동계획을 다시 수정할 기회를 가진다.

(9) 추가 소집단 활동(20~30분)

이 추가 활동은 학생들이 자신의 리더십 강점에 대해 다시 생각해 보고 이러한 강점을 다른 학생들에게 설명함으로써 해당 리더십 요인이 부족한 학생들에게 도움이 되는 정보를 제공하기 위한 것이다.

① 집단 구성: 리더십 요인별로 점수가 높은 사람들끼리 한 집단을 구성하는데, 가능한 한 인원을 비슷하게 하는 것이 좋다.
② 과제: 집단별로 학생들이 각자 자신의 강점인 특정 리더십 요인을 일상생활에서 어떠한 방법으로 활용하는지를 구체적으로 4, 5개 정도 작성한 후 이를 돌아가면서 발표하도록 한다. 각 집단은 발표를 종합해 8~10개 정도의 리더십 요인 행동 목록을 완성하고 이 가운데 가장 바람직한 2개의 행동을 선택한 후 발표자를 정하도록 한다.
③ 발표 및 토론: 집단별로 자신의 집단에서 도출한 특정 리더십 요인 행동에 있어서 가장 바람직한 두 가지 행동에 대해 발표하도록 한다. 진행자는 발표 후 학생

들로부터 질문이나 코멘트를 받고 발표 내용을 전부 다 기록해서 모든 학생에게 나누어 준다.

④ 마무리: 마지막으로 보다 훌륭한 리더가 되기 위해 무엇을 더 할 수 있는지를 물어보고 학생들의 의견을 들은 후 마무리한다.

부록 1 요인별 백분위 점수 ⭕

백분위	도전정신	공유비전 제시	능력배양	솔선수범	마음을 움직임
100%	30	30	30	30	30
	29	29		29	
	28			28	
		28			29
	27		29		
				27	
90%	26	27			
					28
			28	26	
	25	26			
80%					27
	24	25	27	25	
70%					26
		24		24	
	23		26		
60%					25
		23			
	22			23	
50%					24
		22	25		
	21			22	
40%		21			23
			24		
		20			
30%	20			21	22
			23		
		19			21
				20	

19				
20%				
	18	22	19	20
18	17			19
		21		
			18	
10%				
17	16			18
	15	20		
16	14		17	17
15		19	16	16
		18		

부록 2 　학생리더십 문항

각 문항에서 제시하는 행동을 평소에 얼마나 자주 보이는지 적합한 번호에 체크하시오(1= 거의 보이지 않음, 5=매우 자주).

문항	
1. 도전을 추구함.	1　2　3　4　5
2. 이상적 능력에 대해 설명함.	1　2　3　4　5
3. 타인을 계획 과정에 포함시킴.	1　2　3　4　5
4. 이끌고 나가는 것에 대한 생각을 공유함.	1　2　3　4　5
5. 타인을 격려함.	1　2　3　4　5
6. 현재 상태를 유지함. (R)	1　2　3　4　5
7. 앞을 내다보고 미래에 대해 얘기함.	1　2　3　4　5
8. 타인을 존경스럽게 대함.	1　2　3　4　5
9. 프로젝트를 여러 단계로 나눔.	1　2　3　4　5
10. 사람들의 기여도를 인정함.	1　2　3　4　5
11. 새로운 실험을 시도함.	1　2　3　4　5
12. 낙관적이고 긍정적인 얘기를 함.	1　2　3　4　5
13. 타인의 결정을 지원함.	1　2　3　4　5
14. 모범을 보임.	1　2　3　4　5

15. 일을 잘했을 경우 칭찬함.	1	2	3	4	5
16. 향상될 수 있는 방법을 찾음.	1	2	3	4	5
17. 공통점을 찾음.	1	2	3	4	5
18. 협력적 관계를 유지함.	1	2	3	4	5
19. 대표적 가치에 대해 얘기함.	1	2	3	4	5
20. 지원을 하고 감사를 표시함.	1	2	3	4	5
21. 우리가 무엇을 배울 수 있는지를 물어봄.	1	2	3	4	5
22. 목적과 의미에 대해 얘기함.	1	2	3	4	5
23. 자유와 선택을 제공함.	1	2	3	4	5
24. 약속한 바를 실천함.	1	2	3	4	5
25. 공개적으로 축하할 수 있는 방법을 찾음.	1	2	3	4	5
26. 다른 사람들이 위험을 추구하도록 함.	1	2	3	4	5
27. 가능성에 대해 열정을 보임.	1	2	3	4	5
28. 다른 사람들이 이끌어 가도록 함.	1	2	3	4	5
29. 분명한 목표와 계획을 세움.	1	2	3	4	5
30. 타인에게 내 집단의 우수한 업적에 대해 얘기함.	1	2	3	4	5

2. 여성리더십

1) 여성리더십의 개요

1970년대까지 '여성과 리더십'이란 주제는 연구자들의 무관심으로 인해 리더십 연구의 주요 관심사가 아니었다. 하지만 최근 들어 사회 여러 분야에서 성공적으로 리더의 역할을 수행하고 있는 여성 리더들의 수가 꾸준하게 증가함에 따라 여성 리더십에 대한 학계의 관심 또한 고조되고 있는 상황이다. 여성주의적 리더십, 또는 여성적 리더십이라고 불리는 여성리더십은 사회의 많은 관심에도 불구하고 아직까지 그 개념이 모호한 실정이다.

여성리더십이란 용어는 1985년에 Loden이 처음 제시하였다. Loden은 오늘날의 조직은 위계적 구조와 전제적 의사결정을 특징으로 하는 전통적 리더십보다 팀 중심의 참여적 리더십을 선호하기 때문에 협동적 의사결정을 특징으로 하는 여성리더십이 보다 유용하다고 주장하였다. Loden에 의하면 여성적 리더십과 전통적 리더십의 차이는 권력에 대한 개념의 차이에 있다. 전통적 리더십이 지위에 의한 권력에 의지하는 반면 여성적 리더십은 유능성, 카리스마 등 개인적 권력을 선호하는 리더십이다. 따라서 여성리더십은 위계 조직보다 팀 중심의 수평적인 조직을 선호하고, 경쟁이 아닌 협동을 선호하며, 조직 구성원 간의 감정이입과 협동을 통해 높은 수준의 수행결과를 추구하는 리더십이다(Loden, 1985).

지난 20년 동안 여성리더십 분야에서는 다음과 같은 주요 질문에 대한 정답을 제시하기 위해서 다양한 접근법을 통한 연구를 진행하였다.

① 여성은 리더가 될 수 있는가?
② 여성 리더와 남성 리더는 리더십 효과성 측면에서 차이를 보이는가?
③ 왜 여성 리더는 최고위 계층에 오르기 어려운가?

(1) 여성은 리더가 될 수 있는가

여성이 리더로서 적합하지 않다는 고정관념을 설명하기 위해서는 성역할 고정관념이 어디에서 기인하는지를 이해할 필요가 있다.

많은 연구결과에 의하면 성차(sex)는 여성과 남성의 생물학적인 차이를 일컫는 말로서 성별 자체로는 여성과 남성의 리더십 역량의 차이를 설명하기 어렵다. 하지만 성별(gender)은 특정 문화의 구성원들에게 성별과 관련하여 의미를 부여하고 평가를 내리는 방식을 말하는 것으로서 구성원이 속해 있는 조직문화에 따라 여성과 남성의 리더십 역량의 차이를 설명하는 방법이 다양하다.

특히 특정 집단을 '여성 vs. 남성'과 같이 단 2개의 범주로만 구분하는 경우, 각 범주에 속해 있는 사람들은 쉽게 동일 집단으로 간주되고, 특정 범주가 다른 범주보다 우월한 가치를 가진다는 왜곡된 인지가 일어나게 된다. 또한 이와 같은 왜곡된 인지는 조직 내 성역할에 대한 고정관념을 형성하고, 조직의 의사결정권자로 하여금 의식적으로 또는 무의식적으로 성에 근거하여 의사결정을 내리게 함으로써 일터의 성별화(gendered)를 초래하게 되는 것이다. 따라서 이러한 문화적 요인을 제거하게 되면 여성이 남성에 비해 리더십 역량이 부족하다는 고정관념은 조직에서 더 이상 제기되지 않을 가능성이 높다.

(2) 여성 리더와 남성 리더는 리더십 효과성 측면에서 차이를 보이는가

그동안 진행되었던 남성과 여성의 리더십 유형에 관한 연구결과들을 살펴보면 ① 여성과 남성의 리더십에는 상당한 차이가 존재한다는 주장, ② 리더십과 성별(gender)은 아무런 상관관계가 없다는 주장, ③ 차이가 존재하되 여성리더십이 보다 효과적이라는 주장 등 다양한 관점이 존재한다.

특히 여성과 남성의 리더십의 차이를 검증하였던 Eagly와 Johnson(1990)의 메타분석(meta-analysis)에 의하면 여성의 행동이 사회적 역할에 의해 규제되는 상황이 아닌 경우 '여성 리더가 남성 리더에 비해 보다 더 관계 지향적이고, 보다 덜 과업 지향적'이라는 기존의 가정은 성립되지 않는다. 다만, 여성의 행동이 사회적 역할에 의해 규제된 상황이 아닌 경우에 유일하게 발견되는 성 차이는 여성 리더가 남성 리더에 비해 보다 민주적이고 참여적인 리더십 스타일을 보인다는 것이다. 하지만 다양한 상황(cross setting)에서 다음과 같은 경우 여성리더십은 남성리더십에 비해 과소평가된다(Eagly & Johnson, 1990).

① 여성 리더가 남성적 방식으로 리더십을 발휘하는 경우(예: 독재적이거나 지시적 방식으로 리더십을 발휘하는 경우)
② 전형적으로 남성 리더가 맡고 있는 리더십 역할을 수행하는 경우(예: 제조공장의 관리자역, 운동 팀의 코치역 등)
③ 평가자가 남성일 경우 등

한편, 여성과 남성은 리더십 유형에서 차이가 없다는 연구들은 조직 내 여성 리더와 남성 리더의 차이는 '성별의 차이가 아닌 개인차'라는 것을 강조한다. 그들이 주장하는 것은 진정한 여성리더십의 본질은 '성별'에 기반을 두지 않고 전제적 의사결정보다는 참여적 의사결정을 선호하고, 경쟁이 아닌 협동을 중시하며, 구성원에 대한 감정이입과 배려를 통해 보다 높은 수준의 조직성과를 창출하는 것이다. 따라서 그들은 여성리더십이라는 용어보다는 성별의 차이를 떠나 소통과 포용, 배려 등을 특징으로 하는 '여성적 리더십'이라는 용어를 선호하는 경향이 있다.

또한 여성 리더와 남성 리더의 리더십 효과성의 차이를 분석한 메타분석에 의하면 여성 리더와 남성 리더 모두 자신의 성역할에 부합되는 역할을 수행하는 경우 보다 효과적으로 평가받지만, 그렇지 않는 경우 보다 덜 효과적이었다. 특히 여성 리더의 경우 군대 조직을 제외한 대부분의 경제 부문의 조직에서, 지위가 올라갈수록, 그리고 규제보다는 협력이 요구될수록 남성 리더에 비해 리더십의 효과성이 높게 나타났다. 또한 남성적 특성의 정도가 약하게 인식되는 교육 부문, 정부 및 사회복지 분야 등의 조직, 대인관계 기술이 중요시되는 중간관리 직위에서도 남성 리더에 비해 보다 효과적이었다. 하지만 남성 부하의 비율이 높은 집단을 관리하는 경우, 의사결정권자 또는 업적 평가자들 중 남성의 비율이 높은 경우 등에는 남성리더십에 비해 여성리더십의 효과성이 낮게 나타났다.

(3) 왜 여성 리더는 최고위 계층에 오르기 어려운가

"정부기관이나 기업 조직 및 전문직에서 여성을 한 인간으로 보게 될 날이 있을 것이다. 그러나 아직도 그날까지 갈 길이 멀다."라는 엘리노어 루스벨트의 말을 인용하지 않더라도 노동시장에서의 여성 인력의 급격한 증가와는 달리 여성의 지위나 역할의 변화는 그 진척이 느리다.

미국의 경우 현재 우리나라의 상황과 유사하게 모든 관리직이나 전문직의 절반 이상(50.3%)을 여성 인력이 차지하고, 미국 노동력의 거의 절반(46.4%)을 점유하고 있음에도 불구하고 포춘 500대 기업의 최고 임금 수령자의 5.2%, 최고 직위의 7.9%, CEO의 2% 미만을 여성이 차지하고 있다는 자료가 있다(Catalyst, 2002).

여성이 기업에서 보다 높은 직위로 상승하고자 할 경우 눈에 보이지 않는 투명한 장벽이 존재한다는 의미에서 사용되는 '유리 천장(glass ceiling)'이라는 표현은 전문직 조직에서 발견되는 '눈에 보이지 않는 차별'을 말하는 것으로서 1986년 '월스트리트 저널(Wall Street Journal)'에서 처음 사용한 용어이다.

일반적으로 우리나라 기업에서 여성들이 유리 천장의 존재를 가장 강하게 인식하는 시기는 과장급에서 부장급으로 승진할 때라고 한다. 남성의 경우 과장에서 부장으로 승진하는 확률이 68%인 데 반해 여성의 경우는 37.5%에 불과한 것이 그 좋은 예라고 하겠다.

Morrison(Morrison, White, Velsor, & The Center for Creative Leadership, 1987) 등은 유리 천장 현상은 근본적으로 여성 자신의 능력 부족과 여성에 대한 조직의 편견과 차별, 잘못된 조직 내 관행 등이 주요 원인이라고 지적했다. 그리고 Still(1992)은 여성들의 관리자로서의 자질 부족, 핵심 업무에서의 경험 부족, 비전과 리더십 기술의 부족 등을 그 주요 원인으로 언급했다.

이와 같이 유리 천장 현상에는 많은 원인이 있겠지만 크게 '개인적 장벽'과 '조직적 장벽'의 두 가지 차원으로 나눠서 생각해 볼 수 있다.

① 개인적 장벽: 많은 연구결과는 여성 관리자들의 경우, 고위관리 계층으로의 경력 상승이 느린 이유가 고위관리직에 오르는 데 필요한 경력 기간을 가진 여성 관리자가 기업 내에서 부족하고 라인 업무의 경험이 부족하기 때문이라고 지적한다. 미국 기업의 경우를 살펴보아도 소수의 여성 관리자만이 라인 업무를 수행하고 있는데 라인 업무의 경험 부족과 다양한 직위에서 일한 경험의 부족 등이 여성이 고위관리직으로 진출하는 데 중요한 장애물로 작용한다는 것이다. 또한 여성 관리자들이 남성 관리자들에 비해 최고경영직으로 승진하기 위한 준비가 부족하고, 리더로서의 자신감이 부족하며, 정치적 수완이 낮은 점 등도 개인적 장벽으로 자주 거론되고 있다. 물론 '여성의 경력 상승에서 가장 큰 장애물은 여성 자신'이라는 주장에는 상당한 반론이 있을 수 있겠지만, 실제 많은 조직 상황에서 상당한 설득력을 가지고 있는 것도 사실이다. 이 외에도 가정과 육아에 대한 높은 책임과 의무 역시 여성의 성공적 경력 상승을 저해하는 개인적 장벽으로 지적된다.

② 조직적 장벽: 조직적 장벽의 예로는 여성들에게 보다 높이 요구되는 업적의 기준, 여성들의 가정과 직장을 병행하려는 노력(Work & Life Balance)을 인정하지 않는 기업문화, 여성이 최고경영직에 어울리지 않는다는 조직의 편견, 충분한 지원 없이도 여성 스스로가 중요한 직무를 수행해 내기를 요구하는 조직의 과도한 기대 등을 들 수 있다. Bell과 Nkomo(2001)에 의하면 일반적으로 경력 발전을 위해 가장 중요한 것은 멘토(mentor) 관계의 형성인데 여성 관리자의 경우 조직 내 선임자로부터 업무를 지도받고 정서적인 격려를 받으며 중요 정보를 제공받는 남성 관리자에 비해 멘토 관계를 형성하는 것이 매우 어렵다. 또한 성공적 경력 상승을 위해서는 비공식 네트워크 참여를 통한 관계 형성이 필수적임에도 불구하고 조직 내 여성 관리자들은 비공식 네트워크에서 자의적 · 타의적으로 배제됨으로써 중요 정보의 취득, 피드백 등에서 불리한 위치에 처하게 되기 때문에 여성이 고위관리직으로 진출하는 것이 어렵다는 것이다(Bell & Nkomo, 2001).

2) 여성리더십의 시사점

다양한 여성리더십 연구는 성별(gender)이 리더십의 효과성에 미치는 영향에 대한 포괄적인 이해를 가능하게 한다. 즉, 여성리더십에 대한 다양한 연구결과를 통해 여성과 남성 간의 리더십 유형의 차이, 리더십 효과성의 차이, 여성들이 최고위 직위에 오르지 못하는 이유 등에 관한 이해의 폭을 넓힐 수 있다는 것이다.

특히 '성과 리더십(gender and leadership)'에 관한 연구는 다음과 같은 측면에서 매우 생산적이다. 첫째, 다양한 실증적 연구를 통해 여성 리더에 대한 수많은 편견이 우리 사회에 존재한다는 것을 검증함으로써 '성차별'이란 사회적 통념을 확인할 수 있다. 둘째, 눈에 띄지 않아 간과한 여성에 대한 승진 장벽의 실체를 확인하고 그 해결방안을 강구하는 계기를 제공했다는 것이다.

그동안 우리 사회에서 여성 리더에 대한 편견은 공공연하게 표출되지는 않았지만 조직 내 여성 리더에 대한 평가에 유해한 영향을 미침으로써 리더십 역할을 열망하는 조직 내 여성들에게 위협요인으로 작용하고 여성의 리더십 행동의 범위를 제약하는 것과 같은 심각한 부작용을 초래하였다.

하지만 여성리더십 연구를 통해 우리는 유리 천장의 실체를 이해하고, 사회 곳곳에 존재하는 불평등한 요소를 파악함으로써 개인적·조직적·사회적 차원에서 문제해결을 위한 방안을 강구하게 되었다.

특히 기업 조직의 경우, 조직 내 여성 리더의 역할에 대한 편견을 인정하고 성 편견에 따른 구조적인 문제를 해결하고자 새로운 평가 시스템을 도입하는 등의 변화를 시도하고 있어 여성리더십 연구가 조직 내 여성 리더들에게 미친 영향은 크다고 하겠다.

하지만 유리 천장을 검증한 수많은 연구결과를 비롯하여 여성리더십과 관련된 대다수의 연구가 서구문화권에서 수행되었기 때문에 그 연구결과를 우리의 현실에 그대로 적용하는 것이 과연 바람직한가에 대한 논의는 지금도 계속되고 있다. 왜냐하면 여성리더십에 관한 연구는 특정 사회에서 문화적으로 규정된 여성의 역할에 대한 충분한 고려 없이는 불가능하기에 특정 문화권에서 시행된 연구결과를 다른 문화 상황에 일반화하기는 상당히 어렵기 때문이다. 그러므로 여성리더십에 관한 '제한된 일반화(limited generalization)'를 인정하고, 교차문화적 시각에서 '여성리더십'의 연구를 확대 발전시킬 필요가 있다.

3) 여성리더십 진단

최근 들어 여성리더십 연구의 대부분은 조직 내 여성 리더를 인터뷰하거나 설문조사 등을 통해 성역할에 대한 자기지각(self-perception)을 측정함으로써 성차(sex)와 성과와의 상관관계를 설명하고자 노력하고 있다.

성역할에 관한 자기지각을 측정하기 위해 가장 많이 사용되는 측정도구는 벰 성역할 검사지(Bem Sex Role Inventory: BSRI)로서 스무 가지의 남성적 특성, 스무 가지의 여성적 특성 그리고 스무 가지의 중성적인 특성들로 이루어진 설문 문항들을 통해 개인의 성역할이 남성적인지, 여성적인지, 아니면 양성적인(androgynous)지의 정도를 측정한다.

이 책에서 제시된 진단도구는 성의식 설문지(gender consciousness questionnaire)로서 특권에 대한 기대, 동질성의 선호, 그리고 통제에 대한 선호 등에 대한 개인의 태도를 측정할 수 있는 총 20개의 문항으로 구성되어 있다.

부록 리더십 진단 설문지 ·· O

아래 주어진 20개의 문항이 귀하의 개인적인 신념과 기대를 어느 정도 반영하는지 다음의 척도를 사용하여 응답하시오.

척도
1=절대로 그렇지 않다, 2=그렇지 않은 편이다, 3=그러는 편이다, 4=정말 그렇다

	문항	점수
1	만일 근무시간 중에 자녀가 아플 경우 나는 (직장에서 일하는) 나의 배우자가 그 같은 상황을 처리할 것으로 기대한다.	
2	나는 나와 같은 성의 상사와 일하는 것을 선호한다.	
3	만약 나에게 학력과 능력이 동등한 아들과 딸이 있다면 아들이 딸에 비해 더 많은 임금을 받는 것은 당연하다고 생각한다.	
4	조직은 이윤을 최대화하는 것에 초점을 맞춰야지 비업무적인 일(가사 등)에 편의를 제공하는 것에 초점을 맞춰서는 안된다.	
5	나는 배우자의 경력상 발전을 위해 배우자를 따라 새로운 곳으로 이동할 생각이 없다.	
6	일반적으로 나와 다른 성(sex)을 가진 사람은 나와 같은 성을 가진 사람에 비해 리더로서의 자질이 부족하다.	

7	나는 취업 중인 배우자가 집안의 잡다한 일을 일차적으로 책임지고 해 줄 것을 기대한다.	
8	조직이 개인의 뜻에 따라 줄 것을 기대하지 말고 개인이 조직의 방침과 관행에 적응해야 한다고 생각한다.	
9	나는 나의 배우자보다 돈을 더 많이 벌기를 기대하기 때문에 나의 배우자가 나보다 많이 번다면 기분이 안 좋을 것이다.	
10	나는 같은 성의 사람들과 일하는 것이 다른 성의 사람들과 일하는 것보다 더 편하다.	
11	만일 나와 다른 성의 사람들이 승진을 원한다면 그들은 나와 같은 성의 사람들에게 위협이 되지 않도록 주의해야 한다고 생각한다.	
12	리더의 최우선 과제는 어떠한 상황도 통제하는 것이 되어야 한다.	
13	일터에서 사람들이 내 말을 경청하는 것과 대부분의 의사결정에서 나의 의견을 반영하는 것은 자연스러운 일이다.	
14	다른 성의 사람이 리더십 직위에 승진하였을 때 많은 경우 나는 승진결정 과정에 서 어떤 편애가 개입되었다고 생각한다.	
15	나는 나와 같은 성의 사람들이 의사결정을 주도하고 있는 조직에서 일하기를 기대한다.	
16	사람들이 경합하고 있는 목표를 가지고 있을 때 리더로서의 나의 최우선 과제는 성과가 높은 사람에게 우선순위를 부여하는 것이다.	
17	리더의 지위를 추구하는 다른 성의 사람들은 나와 같은 성의 사람들의 승진기회를 감소시키지 않도록 주의해야 한다.	
18	나와 다른 성의 사람들은 예민하여 일터에서 대인관계적인 상황을 잘못 해석하는 경향이 있다고 생각한다.	
19	조직 내에서 나의 경력상의 발전을 도와줄 수 있는 유력한 멘토를 찾는 것은 어려운 일이 아니다.	
20	리더는 균형 잡힌 삶을 기대하지 말아야 한다. 직장의 일이 항상 우선이 되어야 한다고 생각한다.	

〈점수의 채점〉

① 특권에 대한 기대: 홀수 문항의 점수를 합산한다.

② 동질성의 선호: 2, 6, 10, 14, 18번 문항에 대한 응답을 합산한다.

③ 통제의 선호: 4, 8, 12, 16, 20번 문항에 대한 응답을 합산한다.

〈점수의 해석〉

① 특권에 대한 기대: 특권에 대한 기대가 높다는 것은 일과 가정생활에서 강한 영향력을 갖기를 원하는 개인의 욕구를 의미한다.

　　1~15: 낮은 점수

　　16~29: 중간 점수

　　30~40: 높은 점수

② 동질성의 선호: 동질성의 선호가 높다는 것은 자신과 인구통계학적 특성이 유사한 사람을 보다 긍정적으로 평가하는 경향이 있다는 것을 가리킨다.

　　1~5: 낮은 점수

　　6~14: 중간 점수

　　15~20: 높은 점수

③ 통제의 선호: 통제의 선호가 높다는 것은 금전적인 성과, 개인에 대한 통제 그리고 독재적인 의사결정 과정을 강조하는 조직의 가치체계에 동의하는 경향이 높다는 것을 가리킨다.

　　1~5: 낮은 점수

　　6~14: 중간 점수

　　5~20: 높은 점수

팀
토
의

1. 학생리더십에서 요구되는 다섯 가지 중요 행동은 무엇이고 자신이 이러한 행동을 발휘했던 경험에 대해 토의해 보시오.

2. 성별에 대한 선입관이 초래할 수 있는 사회적 현상에 대해 생각해 보고, 그 해결방안에 대해 토의하시오.

참고문헌

강혜련(2007). 여성과 조직리더십. 서울: 학지사.

곽진희 역(2002). 유리천장 통과하기[*Going to the Top*]. 캐롤 갤러허, 수잔 골란트 저. 서울: 현암사.

권경득(2005). 조직유형에 따른 관리자의 리더십스타일과 구성원의 직무행태 및 조직성과 에 관한 연구: 성별차이를 중심으로. 한국사회와 행정연구, 16(1), 57-79.

김양희(2008). 여성, 리더 그리고 여성리더십. 서울: 삼성경제연구소.

김양희, 김홍숙(2000). 기업 내 남녀관리자의 리더십 비교연구. 서울: 한국여성개발원.

김혜숙(1999). 집단범주에 대한 고정관념, 감정과 편견. 한국심리학회지: 사회 및 성격, 13(1), 1-33.

박성정, 이상원, 김남희, 손주영(2004). 기업의 여성인력교육 개선방안 연구. 서울: 한국여성개발원.

박통희(2004). 편견의 문화와 여성리더십. 서울: 대영문화사.

숙명여대 여성HRD연구센터(2008). 성인지적 관점에서 바라 본 기업과 여성인적자원개발. 서울: 한기획.

원숙연(2004). 여성주의적 조직연구: 지향과 쟁점. 한국행정학보, 38(6), 1-18.

원숙연(2005). 조직내 여성과 멘토링: 멘토관계 형성의 장애요인을 중심으로 한 시론적 연구. 한국행정연구, 14(2), 3-32.

Bell, E. & Nkomo, S. M. (2001). *Our separate ways: Black and white women and the struggle for professional identity*. Boston: Harvard Business School Press.

Catalyst (2002). *Statistical overview of women in the workplace*. New York: Catalyst.

Eagly, A. H., & Johnson, B. T. (1990). Gender and leadership style: A meta-analysis. *Journal of Personality and Social Psychology*, *60*, 665-710.

Kouzes, J. M., & Posner, B. Z. (1998a). *Students leadership practices inventory: Facilitator's guide*. San Francisco, CA: Jossey-Bass Publications.

Kouzes, J. M., & Posner, B. Z. (1998b). *Students leadership practices inventory: Student workbook*. San Francisco, CA: Jossey-Bass Publications.

Loden, M. (1985). *Feminine leadership or how to succeed in business without being one of the boys*. NY: Times Books.

McKinsey (2001). 우먼코리아 보고서. 서울: 매일경제신문사.

Morrison, A. M., White, R. P., Velsor, E. V., & the Center for Creative Leadership (1987). *Breaking the glass ceiling*. New York: Addison-Wesley.

Posner, B. Z., & Brodsky, B. (1992). A leadership development instrument for college students. *Journal of College Student Development*, *33*(4), 231-237.

Posner, B. Z., & Brodsky, B. (1994). Leadership practices of effective student leaders: Gender makes no difference. *NASPA Journal*, *31*(2), 113-120.

Still, L. V. (1992). Breaking the glass ceiling. *Women in Management Review*, *7*(5), 3-8.

제11장 창의적 리더십

1. 서론

최근 들어 조직이 목표달성을 위해 가장 큰 관심을 기울이는 분야 가운데 하나는 종업원의 창의력이다(Peters & Waterman, 1982). 갈수록 치열해져 가는 국내외의 경쟁에서 살아남기 위해서는 시장 상황을 빨리 파악하는 능력이 중요하고, 또한 제품 사이클이 짧아지기 때문에 빠르게 적응하는 능력이 중요하다. 이러한 경쟁사회에서 리더가 해야 할 중요한 역할 중의 하나는 구성원들이 새롭고 참신한 제품에 관한 아이디어를 내도록 만드는 일일 것이다.

Russell과 Evans(1992)는 앞으로 기업이 종업원의 창의력에 관심을 가져야 하는 주요 이유로 외부환경의 변화를 꼽고 있다. 최근 정보산업의 변화에 따라 많은 기업이 새로 생겨나고 또 문을 닫고 있다. 또한 지나친 경쟁으로 인해 생산계획을 몇 달 안에 새로 수립해야 할 정도로 환경의 변화가 극심한 상황이다. 문제는 이와 같이 빠르게 변화하는 환경에서 조직은 압력을 받게 되고, 이러한 압력은 불안감을 가져올 수 있으며, 이로 인해 조직에 있는 개인의 사고가 경직되게 될 수 있다는 것이다. 경직된 사고와 고정된 시각에서 벗어나야만 변화에 제대로 대처할 수 있으며, 이를 위해서는 우선적으로 종업원의 창의력이 발휘되어야 한다. 종업원이 조직에서 창의력을 발휘하기 위해서는 무엇보다 리더의 역할이 중요하다. 리더가 구성원이 자유롭게 창의적으로 생각하고 이를 통해 참신한 아이디어를 제시할 수 있는 분위기를 만들고 이러한 행동을 격려하는 것이 중요하기 때문이다.

이 장에서는 먼저 창의력이란 무엇이고 창의력에 관한 연구는 어떻게 진행되어 왔는지를 살펴본 다음 조직에서 구성원의 창의력 증진방안에 대해 논의하고자 한다.

2. 창의력 연구

1) 창의력의 정의

창의력에 관해서는 많은 정의가 있으며, 전체적으로 일치된 정의는 없다(Ackoff & Vergara, 1981). 일반적으로는 무엇인가 새로운 것을 만들어 내는 과정 및 능력과 관련

있다고 할 수 있다(Wesenberg, 1986). 창의력에 대한 정의는 처음에는 과정에 중점을
두고, 문제를 해결해 나가는 과정을 중시하였다. 그러나 1960년대부터는 과정보다는
결과에 중점을 두고, 만들어 낸 제품이 얼마나 창의적인지를 중시하였다. 이와 관련
해 Greenberg(1992)는 창의력은 새롭고 참신한 결과를 만들어 내는 과정이라고 정의
한 바 있다. 그러나 최종 결과만을 치중하게 될 경우 무엇이 문제인지를 창의적인 방
법으로 파악해 나가는 과정은 고려되지 못한다. 이러한 문제점을 해결하기 위해 Scott
(1995)은 과정과 결과를 통합하여, 창의력을 독특한 제품이나 아이디어를 발명 또는 도
출해 내기 위해 상상력과 능력을 발휘하는 과정으로 정의하였다.

2) 창의력 연구의 흐름

개인의 창의력에 관한 연구가 본격적으로 시작된 것은 1950년 Guilford가 미국
심리학회 회장 연설에서 창의력 연구의 기본 개념을 소개하면서부터이다(Feldman,
Csikszentmihalyi, & Gardner, 1994). Guilford는 심리학의 주요 임무는 창의력에 관해 연
구하는 것이라고 주장하면서, 창의적인 사람이 다른 사람에 비해 가지고 있는 다양한
지적 및 성격 특성을 밝히려 하였다. 이를 위해 좀 더 창의적인 사람과 그렇지 못한 사
람을 비교함으로써 어떤 특성에서 차이가 있는지를 파악한 후 이 특성들을 창의적 특
성으로 간주하였다. Guilford는 창의적 특성을 크게 지적 특성과 성격 특성으로 구분
하였는데, 지적 특성으로는 아이디어 풍부성, 사고의 유연성 그리고 개념적 구조의 복
잡성을, 성격 특성으로는 환경에 대한 민감성을 포함시켰다.

어떤 특성이 창의력을 나타내는지를 명확하게 하기 위해서는 창의력에 중요하다고
생각되는 능력을 측정하는 검사를 개발하고 창의력 수준이 다른 사람에게 그것을 실
시하여 창의적인 사람과 그렇지 않은 사람 간의 차이를 비교하는 것이다. Guilford는
요인분석을 실시하여 어떤 요인이 창의력을 나타내는 특성인지를 분석하고자 하였으
며, 창의력은 IQ와는 다른 차원임을 입증하려고 하였다.

1950년 Guilford가 연설한 이후 20여 년 동안 창의력 연구는 기술 및 과학 분야에서
창의력을 예측하는 검사를 개발하는 데 중점을 두었다. 특히 창의적인 사람의 성격 특
성이 무엇인지를 밝히는 데 많은 연구가 실시되었다. 이 시대에 창의력 연구가 이 분
야에만 치우쳤던 이유는 Guilford가 처음 창의력 연구를 시작할 때 재정을 지원한 기
관의 목적이 국가 차원에서 과학이나 기술 분야의 특별한 재능을 가진 사람을 파악하

고 예언하는 데 중점을 두었기 때문이다.

특히 1960년대에는 아이들의 창의력에 대한 연구가 많이 진행되었는데, 그 이유는 어려서 창의적 능력을 발견할수록 이를 긍정적 방향으로 활용할 기회가 많아진다는 생각 때문이었다. 즉, 과학, 기술 분야에서 재능 있는 아이들을 미리 발견하여 그들을 집중적으로 훈련시켜 창의적인 능력을 키우는 데 목표를 두게 되었다. 또한 1960년대 초 아이들을 대상으로 하는 Torrance의 창의력검사가 개발된 이후 이 분야에 대한 관심이 증가하기 시작하였다. 이러한 사회 분위기에 발맞춰 1960년에서 1965년 사이에 아이들을 대상으로 하는 많은 검사가 개발되었고, 심지어 학령 전 아동을 위한 창의력 검사도 개발되었다(Wallach, 1970).

1950년대에서 1970년대 초까지 창의력 연구의 몇 가지 특징을 살펴보면, 첫째, 지능은 확산적 사고와 관련이 없고(Wallach, 1971, 1985), 둘째, 창의적인 사람에게 독특한 성격 특성이 있으며(Gardner, 1988), 셋째, 확산적 사고능력은 훈련과 연습을 통해 향상될 수 있다는 것이다(Barron, 1988).

1970년대 중반부터는 창의력 연구에 대한 주요 관심이 바뀌기 시작하였다. 과거와 같이 어떤 사람이 창의적인 일을 더 잘하겠는지를 예언하는 것이 아니라 다양한 분야에서 창의적 사고의 본질은 무엇이며 이러한 사고가 어떻게 발달해 나가는지의 과정에 관심을 갖게 되었다. 이러한 연구 관심의 변화는 1970년대 인지심리학의 발전과도 관련이 있다. 특정 분야에 대한 연구로서는 Darwin 등과 같이 역사적으로 창의력이 뛰어난 개인에 대한 연구(Wallace & Gruber, 1989), 생산성이 시간에 따라 어떻게 변화하는지에 대한 연구(Simonton, 1984), 창조적 사고과정의 컴퓨터 시뮬레이션에 관한 연구(Simon & Newell, 1971), 20년에 걸친 예술가들의 발달과정에 관한 연구(Csikszentmihalyi & Robinson, 1986) 등을 들 수 있다.

3) 창의력 과정

조직에서 종업원의 창의력을 증진시키기 위해서는 관리자 자신도 창의적인 관리자가 되어야 하며, 이를 위해서는 관리자가 먼저 자신의 내적 과정을 보다 정확하게 인식하고 이 과정을 관리하는 방법을 아는 것이 중요하다(Russell & Evans, 1992). 즉, 창의력은 어떠한 단계를 거쳐서 나타나는지를 충분히 이해할 필요가 있다. 창의력 과정에 관해서는 Wallas(1926)가 4단계 과정을 발표한 이후 많은 연구가 발표되었으나, 여기에서는 Russell과 Evans(1992)가 발표한 다섯 단계 모형에 대해 살펴보기로 하자. Russell 과 Evans는 창의력 과정을 준비(preparation), 좌절(frustration), 잠복(incubation), 통찰 (insight) 그리고 해결(working out) 단계로 구분하였다. 창의력 과정을 이와 같이 여러 단계로 구분함으로써 각 단계에서 훈련을 통해 구성원의 창의력을 증진시키는 데 기여할 수 있다.

준비단계는 문제를 분석하고, 자료를 수집하고, 문제 유형을 찾고, 아이디어를 내며, 가정을 세우는 단계이다. 이 단계에서는 문제에 대해 더 많은 정보를 가질수록 문제에 대한 이해가 높아지기 때문에 인내력을 갖고 정보 수집 및 분석에 많은 시간을 보내야 한다.

좌절단계는 문제를 해결할 수 없을 때 느끼는 단계이다. 사회적으로 좌절을 실패라고 보도록 조건화되어 있기 때문에 이를 창의력 과정에 속하지 않는다고 볼 수도 있다. 그러나 이 단계를 통해 무엇이 문제인지를 되돌아보는 것이 가능하기 때문에 창의력 과정에 포함시킬 수 있다. 좌절단계에서 개인은 자신의 능력이 부족하다고 믿는 경우가 많은데, 이를 극복하기 위해서는 좌절 관리능력이 있어야 한다. 즉, 좌절로 인한 당혹감, 혼란 및 불확실 등은 삶을 살아 나가는 과정에서 겪을 수 있는 자연스러운 과정임을 인식해야 한다. 또한 창의력 과정에서 많이 발생하는 중요 단계라고 받아들이는 자세도 필요하다.

잠복단계는 과제에 대해 의식적으로 생각하는 과정에서 잠시 벗어나 문제를 그대로 놔두는 과정을 말한다. 일반적으로 준비-좌절 단계를 거쳐 더 이상 문제에 대한 해결 방법을 모르겠다는 자포자기 심정에 접어들게 되면서 문제를 잠시 잊거나 또는 다른 할 일 때문에 잠시 보류했다 다시 돌아오는 경우를 말한다. 시간적으로는 이 기간이 짧을 수도 있고(예: 10분 정도) 오래갈 수도 있다(예: 한두 달).

대부분의 문화에서는 현재의 일에서 한 걸음 물러나 다른 일을 하는 것을 시간 낭비라고 생각하며, 빠른 시간 내에 쉬지 않고 문제에 집중해서 해결하는 방법을 중시하는 경향이 높다. 그러나 의식적으로 문제를 생각하지 않는 가운데서도, 즉 무의식 중에도 창의력 과정이 진행될 수 있음을 알아야 한다. 예를 들어, 일이 잘 안 풀릴 경우 의식적으로 다른 일을 하는 사람이 많이 있다. 또한 의식적이 아니더라도 일하다 잠깐 벗어나 아무 생각 없이 커피 한 잔 마실 때 해결방안이 떠오르는 경우도 있다. 따라서 조직에서도 무조건 해결방법을 도출해 내라고 재촉만 할 것이 아니라 구성원에게 잠시 재충전할 기회를 주는 것도 바람직하다. 이 단계를 거친 후 다시 준비 또는 좌절 단계로 돌아갈 수도 있으며, 새로운 아이디어가 떠올라 문제를 해결할 수도 있다.

통찰단계는 문제에 대한 해결방법이 떠오르는 단계로서 창의력과 가장 관련이 깊은 단계이다. 그러나 해결방법은 갑자기 떠오르기보다는 위에서 기술한 여러 과정을 거쳐 일어나게 된다. 준비과정에서 일어나는 경우도 있으나 대부분 잠복단계 후에 일어난다. 일반적으로 통찰은 문제해결 상황이 아닌 다른 상황(예: 잠들기 전, 잠자리에서 일어나, 산보하면서 등)에서 발생하는 경우가 많이 있다.

통찰을 증진시키기 위해서 시도하는 브레인스토밍이나 자유토론 등의 훈련은 새롭고 중요한 아이디어를 가져올 수는 있으나 창의적인 문제해결 방안을 제시하기에는 충분하지 않다. 창의적인 문제해결 방안이 제시되기 위해서는 위에서 기술한 단계를 거쳐야 한다.

이를 위해서는 항상 마음을 열고, 새로운 아이디어를 받아들이려는 자세가 필요하다. 자기 마음대로 영감이 떠오르는 순간을 선택할 수 없기 때문에 이 단계에서는 자기신뢰가 매우 중요하다. 창의적인 사람은 단순히 더 많은 아이디어를 갖고 있을 뿐아니라 자신의 아이디어를 신뢰하고 이를 기꺼이 발전시키려는 마음이 있다.

마지막 해결단계는 통찰단계에서 나온 창의적 문제해결 방안을 현실적으로 실행 가능하도록 만드는 단계로서 창의력 과정이 완성되는 단계이다. 창의적 아이디어를 현실적으로 검토한 결과 바람직하지 못할 경우 다시 준비나 좌절 단계로 돌아갈 수 있다. 즉, 창의력 과정은 사건의 연속적 과정이 아니라 언제든지 처음으로 돌아갈 수 있는 역동적 과정이라고 할 수 있다.

4) 조직에서의 창의력

창의력에서의 개인차를 밝히기 위해 많은 연구가 실시되었지만 환경이 창의력에 미치는 영향에 관한 연구는 매우 부족하다. 특히 조직 구성원을 대상으로 하는 연구는 많지 않기 때문에 작업환경이 조직 구성원의 창의력에 어떤 영향을 미치는지에 관한 연구도 부족하였다(Ford, 1995). 최근 들어 조직에서 종업원의 창의력 향상에 관한 연구가 진행되고 있으나 아직도 경험적 연구는 부족한 실정이다. 예를 들어, 1994년 미국경영학회에서 발표된 1,100개의 논문 가운데 창의력에 관한 경험적 연구는 하나도 없었다(Ford, 1995).

조직에서 종업원의 창의력을 촉진하기 위한 방법에 관한 연구는 크게 세 가지 접근방법으로 구분할 수 있다(Wesenberg, 1994). 첫 번째는 개인적 접근방법으로서 창의력을 자기실현을 통해 나타나는 성과 가운데 하나로 보는 것이다(Rowan, 1976). Rogers(1979)는 창의력의 주요 원천은 자신을 실현하려는 성향과 자신의 잠재력을 발휘하려는 성향이라고 주장하였다. 이러한 주장을 하는 연구자들은 종업원의 창의력을 증진시키기 위해서 개인의 내적 동기, 보상 그리고 자율성을 강조하고 관리자와 부하 간의 관계를 중시한다. 그러나 조직의 환경적 요인은 중요한 요인으로 고려하지 않는다.

두 번째는 일치적(consensus) 접근방법이다. Amabile(1988), Moss-Kanter(1987), Rickards(1985) 등은 개인적 접근방법의 자기실현 가정을 토대로 하되, 조직구조의 역할을 좀 더 중요하게 받아들인다. 이들은 행동과학자인 McGregor, Argyris, Likert 등의 영향을 받아 조직 구조와 시스템의 변화를 통해 개인이 자기실현 욕구를 충족시킬 수 있도록 만들어야 한다고 주장한다. 이 접근법은 조직 상황에 더 많은 강조를 두며 개인과 조직환경을 연결시키는 데 중점을 둔다.

세 번째는 구조적 접근방법으로서 조직환경의 중요성을 강조한다. 기본 가정은 일부 사람은 창의력을 타고나지만 대부분의 사람은 일정 수준 정도밖에 그것을 발휘하지 못한다는 것이다(Guilford, 1980; MacKinnon, 1980). 따라서 처음부터 창의적인 사람을 선발하는 것이 중요하고, 다음은 창의적인 사람이 창의적인 기회를 많이 가질 수 있도록 환경을 조성해 주는 것이 중요하다.

이 장에서는 이러한 분류를 토대로 조직 구성원의 창의력을 증진시키기 위하여 먼저 개인적 특성에 관한 연구를 개관하고자 한다.

3. 개인적 특성

1) 성격 특성

Amabile(1983)은 내적 동기가 창의적인 사람의 대표적 특성이라고 주장하였다. 창의적인 사람은 자신감이 있고, 독립적이고, 위험을 추구하며, 높은 수준의 에너지를 갖고 있다(Yong, 1994). 또한 창의적인 사람은 자신의 행동에 대해 책임을 지고, 조직보다는 자신의 직무에 더 몰입하는 경향이 있는 것으로 나타났다(Pierson, 1983).

Martindale(1989)은 창의력에서 성격과 상황변인이 차지하는 역할에 대한 문헌을 고찰한 결과, 진정한 창의적 산물은 인지능력, 동기, 태도 그리고 성격 특성이 조합을 이룰 때 가능하다고 하였다. 성격, 태도 및 동기 요인으로는 자신감, 인내, 높은 활력 수준, 폭넓은 흥미, 문제에 대한 민감성(문제 발견), 호기심, 열정, 감정의 깊이, 복잡하고 애매한 디자인에 대한 선호 그리고 높은 심미적 가치가 중요한 요인으로 포함되었다.

2) 정서의 영향

개인의 정서 상태 또한 창의적인 문제를 해결하려 할 때 영향을 미칠 수 있다. 몇몇 연구(Greene & Noice, 1988; Isen, Daubman, & Nowicki, 1987)는 약간의 긍정적인 정서를 유발하게 되면(예: 작은 선물을 줌) 일반적인 창의적 문제해결 시 좀 더 새로운 해결방안을 생각해 냄을 보여 주었다. 이러한 결과는 개인이 긍정적인 정서 상태에 있을 때 문제에 더 많은 노력을 기울이기 때문에 결과적으로 창의적 문제해결을 촉진시키는 것이라고 볼 수 있다(Sullivan & Conway, 1989). Amabile(1983)은 긍정적인 감정은 창의력에 큰 영향을 미치는 내적 동기의 한 부분이라고 주장하였다.

Fredrickson(2001)은 정서에 관한 많은 연구를 통해 긍정정서가 개인의 인지구조를 확장하게 된다는 확장 및 구축이론(broaden and build theory)을 제시한 바 있다. 즉, 개인이 긍정정서를 경험하게 되면 인지구조가 확장되어 좀 더 복잡하고 창의적인 과제를 잘 할 수 있게 된다고 하였다. 따라서 어떤 회사에서 제품 개발과 관련된 새로운 아이디어를 얻기 위해 브레인스토밍 회의를 시작할 때 팀장은 회의에 참석한 팀원들에게 화를 내지 말고 가능한 한 칭찬하고 격려하는 방법으로 긍정정서를 경험할 수 있는 분위기를 조성하는 것이 필요하다. 반대로 부적 정서를 경험하게 되면 사고의 폭이 좁아져서 단순한 과제를 더 잘할 수 있게 된다.

3) 인지과정에서의 차이

Feldhusen(1995)은 개인의 인지적 능력을 중시하며 창의력에 영향을 주는 세 가지 요인으로서, 첫째, 새로운 정보를 처리하고 자신이 갖고 있는 지식을 활용하는 전략이나 초인지적(meta-cognitive) 능력, 둘째, 특정 영역에 대한 풍부하고 전문적인 지식, 마지막으로, 부모, 선생, 후견인, 동료, 개인의 경험 등을 통해 형성된 태도, 성향 및 동기를 중시하였다.

Locke와 Kirkpatrick(1995)은 창의적인 사람과 그렇지 않은 사람의 사고방식에서의 차이를 〈표 11-1〉과 같이 구분하였다. 한편, 지식을 많이 갖고 있는 사람이 더 창의적이라고 말할 수는 없다(Locke & Kirkpatrick, 1995). 즉, 지식은 필요조건은 되지만 충분조건은 되지 못한다. 지능이 높은 사람은 많은 지식과 추상적 개념을 획득할 가능성이 높기 때문에 지능은 개인이 좀 더 창의적이 될 수 있는 가능성을 제공한다. 그러나 높은 지능이 높은 창의력을 가져오는 것은 아니다.

표 11-1 창의적인 사람과 창의적이지 못한 사람의 사고방식에서의 차이

창의적이지 못한 사람	창의적인 사람
사실을 단순히 암기함.	사실 간의 연결고리를 찾으려 함.
사실을 주어진 그대로 받아들임.	사실을 새로운 방법으로 재정리함.
고정된 관념을 갖고 있음.	계속 고정관념에 도전함.
새로운 발견을 특별한 의미 없이 받아들임.	새롭게 응용하려 함.

4. 조직환경 요인

조직에서 종업원의 창의력을 직접적으로 관리하는 데는 어려움이 따른다. 이는 창의적인 사람과 과정을 직접적으로 관리하기 어렵기 때문이다(Woodman, 1995). 그러나 창의적 행동과 성과에 영향을 미치는 환경은 통제가 가능하기 때문에 리더는 이러한 조직환경을 개선하는 데 더 많은 관심을 두어야 한다. 여기에서는 이에 관해 설명하고자 한다.

1) 리더십 특성

조직 구성원의 창의력을 높이는 데 있어서 리더의 역할은 매우 중요하다. Redmond, Mumford와 Teach(1993)는 리더는 단순히 부하의 잠재력과 성취를 인정하고 칭찬함으로써 부하의 창의력을 증진시킬 수 있다고 주장하였다. 창의적인 작업 풍토를 만들기 위하여 Himes(1987)는 리더가 관심을 가져야 할 일곱 가지 방법을 제시하였다. 첫째, 상사와 부하가 서로 존중할 수 있는 관계를 형성해야 한다. 둘째, 의사소통이 개방되어

정보가 자유롭게 이동하도록 해야 한다. 셋째, 부하들이 낸 아이디어에 대해 경영진이 계속적으로 관심을 가져야 한다. 넷째, 매우 창의적인 부하에게 큰 관심을 두고 일상적인 과다 업무에서 벗어날 수 있는 일을 맡겨야 한다. 다섯째, 부하에게 생각할 시간을 주어야 한다. 여섯째, 일이 잘못되었을 경우 무조건적으로 비난하는 것을 피해야 한다. 마지막으로, 부하가 어느 정도의 위험을 추구하도록 격려해야 한다.

Yong(1994)은 종업원의 창의력을 증진시키기 위하여 상사의 역할이 중요하며 평소에 부하와 원만한 관계를 유지해야 함을 강조했다. 이를 위해서 먼저 부하에게 수행에 대해 지속적인 피드백을 제공하고, 부하들이 창의성을 발휘하도록 환경을 조성하는 데 나름대로의 인내심을 갖고 기다릴 필요가 있으나 비현실적인 목표는 수정해 주어야 한다. 또한 부하에게 어느 정도의 범위까지는 나름대로 해 볼 수 있도록 자율권을 주는 것이 중요하다. 마지막으로, 사내 기업가를 양성하는 풍토를 조성할 필요가 있다.

Lindell과 Rosenqvist(1992)는 리더십 스타일에서 관계와 과업의 두 가지 리더 행동 요인 이외에 발달이라는 제3의 요인을 추가할 필요가 있음을 주장하였다. 즉, 종업원의 창의력을 높이기 위해서는 그들이 좀 더 창의적인 일을 하도록 능력을 향상시키는 리더 행동이 중요함을 강조하였다.

(1) 비전 제시

Locke와 Kirkpatrick(1995)은 리더의 비전 제시능력에 초점을 두고, 리더는 창의성을 중시하는 비전을 제시하며 이 비전을 모든 종업원에게 지속적으로 전달해야 한다고 주장하였다. 비전 실행을 위해서는 몇 가지 필요한 단계를 거쳐 창의적 문화를 형성해야 한다. 먼저, 지능이 높고, 지식이 많고, 인내력을 갖고 꾸준히 하며, 창의적 사고과정을 사용하는 사람을 선발하는 것이 중요하다. 둘째, 지속적으로 새로운 지식을 쌓고 창의적 사고능력을 가르치기 위한 훈련이 뒤따라야 한다. 셋째, 구체적이고 양적이며 시간 제한이 있는 목표를 설정한다. 넷째, 빈번하고 열기가 있는 토론을 갖도록 격려하고 팀 구성원 간, 종업원 간의 의사소통을 촉진하도록 노력한다. 다섯째, 조직구조를 유연성 있게 하고 각 직급마다 많은 권한을 부여한다. 마지막으로, 창의적 업적에 대해 보상하고 처음에 실패할 경우 처벌하지 말아야 한다.

Conger(1995)는 창의력이 뛰어나며 비전을 제시하는 리더가 되기 위해서는 주의를 기울이는 것이 중요하며 이를 위해서는 다양한 방법을 통해 많은 정보를 수집하는 것이 중요하다고 주장하였다. 창의력이 뛰어난 비전 제시 리더는 일반적으로 독서를 많이 하고, 많은 정보를 수집하며, 이를 조합하여 창의적인 아이디어를 떠올리는 것으로 나타났다. 정보를 수집할 시 중요한 정보를 수집하는 능력 또한 중요한데, 어떠한 정보가 중요한지를 알기 위해서는 리더의 경험이 중요하다. 예를 들어, 기업의 여러 부서에서 제품 생산 및 서비스에 대한 경험, 혁신적인 아이디어나 전략을 접해 본 경험, 시장과 고객의 필요성을 느낄 수 있는 경험 등이 있는 것이 도움이 된다.

(2) 변혁적 리더십

비전 제시와 같은 구체적인 행동 이외에 비전 제시를 포함하는 변혁적 리더십도 구성원의 창의성 증진에 긍정적 영향을 주는 것으로 나타났다. 특히 거래적 리더십과 비교할 때 변혁적 리더십이 구성원의 창의성 증진에 긍정적 영향을 주었다. Jung(2001)은 대학생을 대상으로 변혁적 및 거래적 리더십이 창의적인 아이디어를 도출해 내는 데 어떤 영향을 주는지를 검증하였다. 53개 집단을 대상으로 집단 리더가 변혁적 리더십 행동을 보였을 때 집단이 도출한 아이디어의 수와 다양한 유형의 아이디어의 수가 거래적 리더십 행동 집단보다 더 많은 것으로 나타났다. 이 경우 리더의 비전 제시 행동 이외에 새로운 관점에서 생각해 볼 것을 격려하는 변혁적 리더십의 주요 요인 중의 하나인 지적 자극 행동도 구성원의 창의적 아이디어 도출에 긍정적 영향을 주는 것으로 해석할 수 있다.

(3) 전문성

구성원의 창의적 수행 증진을 위해 리더의 전문성은 어느 정도나 필요할까? Andrews와 Farris(1967)는 리더의 전문기술, 비판적 평가, 타인의 동기부여 그리고 자율성 부여의 네 가지 특성과 창의적 수행 간의 관계를 분석하였다. 94명의 과학자를 대상으로 21개 팀의 창의적 수행을 측정하여 분석한 결과, 네 가지 리더 특성 가운데 리더의 전문기술이 가장 관련성이 높은 것으로 나타났다. 또한 81개 연구 및 개발 집단에서 근무하는 963명의 화학자를 대상으로 한 Barnowe(1975)의 연구에서도 지원, 참여, 밀착 감독, 과업 강조 그리고 전문기술의 다섯 가지 리더 행동 가운데 리더의 전문기술($r=.40$)이 구성원들의 창의성과 가장 관련이 깊은 것으로 나타났다.

이와 같이 리더의 전문성이 부하의 창의적 수행에 긍정적인 영향을 미치는 것으로 나타난 이유로는 먼저 리더는 전문성이 있어야 한다는 인식을 들 수 있다. 특히 연구개발 부서의 리더는 해당 업무에 대한 지식이 없을 경우 리더로서의 역할을 제대로 수행하기가 어려울 것이다. 또한 리더가 해당 분야에 대한 전문성이 부족할 경우 부하들의 창의적 수행 정도를 파악하기도 어려울 것이다. 리더가 어느 정도 전문성 또는 창의적 문제해결 기술이 있어야 구성원들이 제시한 아이디어가 얼마나 창의적인지를 파악할 수 있다(Basadur, Runco, & Vega, 2000).

(4) 독특 행동

Jaussi와 Dionne(2003)은 리더의 독특 행동(unconventional behavior, 예: 부하에게 전달할 내용을 자신의 등 뒤에 붙여 놓기)이 창의적 수행에 미치는 영향을 연구하였다. 대학생들을 대상으로 한 실험에서 리더가 특이한 행동을 하도록 훈련시킨 후 리더가 학점 등급 폐지에 관한 논의를 이끌어 나가는 과정에서 실험 참가자들이 얼마나 창의적인 아이디어를 제시하는지를 관찰하였다. 분석 결과, 리더의 독특 행동은 실험 참가자들이 리더를 창의적인 역할 모델로 지각하는 데는 긍정적인 영향을 미쳤지만 참가자들의 창의적 수행에는 별다른 영향을 미치지 못하는 것으로 나타났다.

(5) 창의적 부서에서 요구되는 리더 특성

일반적으로 어떠한 리더 특성이나 행동이 종업원의 창의력을 증진시킬 수 있지만, 종업원이나 부서의 특성에 따라 요구되는 리더의 행동요건에는 차이가 있을 수 있다. 예를 들어, 다른 부서에 비해 종업원의 창의력이 높은 연구 팀의 경우 리더는 전문능력 외에도 팀과 외부환경 간의 연결을 잘해 줄 수 있는 능력을 갖추고 있어야 한다(Ancona & Caldwell, 1990).

Kolb(1992)는 여러 회사에서 16개의 연구 팀과 기타 비연구 부서의 16개 팀을 대상으로 리더 행동과 팀 수행(팀에 관해 잘 아는 관리자가 평가함) 간의 관계를 조사하였다. 연구팀의 경우 팀 수행과 유의한 상관이 나타난 리더 행동은 '집단을 대표하여 말하고 행동하기' '상사와 좋은 관계를 유지하고 영향을 미침' '구성원에게 많은 책임을 맡김으로써 신뢰를 보여 줌' '구성원에게 결과를 얻는 데 필요한 자율권을 많이 주기' 등이었다. 그러나 연구 부서가 아닌 팀의 경우 이러한 행동은 팀 수행과 관련이 없었다. 이는 창의력이 높은 종업원을 관리하기 위해 바람직한 리더 행동(자율성을 많이 허용함)은 다른 종업원을 관리할 때의 리더 행동과는 차이가 있음을 말해 준다.

Scott(1995)은 방송계에 종사하는 사람들이 다른 직업에 비해 좀 더 창의적인 사람이라고 가정하고 리더가 그들을 관리하기 위한 바람직한 방법을 제시하였다. 먼저, 창의적인 종업원은 자율권을 필요로 하기 때문에 철저하게 감독받는 것을 싫어한다. 둘째, 창의적인 종업원은 새로운 것, 복잡한 것, 문제를 해결해야 하는 상황을 선호하기 때문에 리더가 그들에게 충분한 시간을 주어 그들이 자신의 가설을 검증하고 문제를 해결하는 기회를 갖도록 한다. 하지만 명확한 기한이 있어야 하며, 그렇지 않을 경우 그들은 자신이 만들어 낸 것에 대해 만족하기 어렵기 때문에 계속해서 시간을 더 달라고 요구하게 되고, 결과적으로 프로젝트를 끝마치기 어렵게 된다. 셋째, 지속적인 피드백이 중요하기 때문에 인사 평정한 결과를 유연한 분위기에서 토의할 필요가 있다. 형식을 지킬 필요가 있지만 종업원의 참여(질문)를 허용해야 한다. 마지막으로, 전통적인 위계 중심의 관리체제는 바람직하지 못하며, 직급의 수가 적은 수평구조가 더 적합하다.

2) 외적 보상

종업원에게 외적 보상을 주는 것이 창의력 증대에 도움이 될까, 아니면 오히려 해가 될까? 현재까지 연구결과에 따르면 이 질문에 대한 대답은 그럴 수도 있고 그렇지 않을 수도 있다이다. 즉, 연구결과가 일관적이지 못하다.

Eisenberger(1992)는 외적 보상이 개인의 창의적 수행을 증진시킬 수 있다고 주장하였다. 일부 연구에서 이러한 주장을 뒷받침하는 결과가 나와서, 외적 보상과 창의력 간에 정적 상관이 보고되었다(Eisenberger, Armeli, & Pretz, 1998; Eisenberger & Rhoades, 2001). Eisenberger와 Rhoades(2001)의 연구에서 청소년들을 대상으로 영화와 단편소설 제목을 창의적으로 짓는 과제를 주었는데, 사전훈련 기간에 외적 보상을 받은 집단이 받지 않은 집단보다 더 창의적인 제목을 짓는 것으로 나타났다. 또한 대학생을 대상으로 한 연구에서 돈을 주겠다는 약속을 들은 학생들이 그 이야기를 듣지 못한 학생들에 비해 더 창의적인 제목을 짓는 것으로 나타났다.

하지만 다른 연구자들은 외적 보상이 구성원의 창의적 수행을 감소시킨다고 주장하였다. Kruglanski, Friedman과 Zeevi(1971)의 연구결과에 따르면 외적 보상을 받은 집단과 받지 않은 집단에게 창의력과 관련된 과제를 내준 결과, 외적 보상을 받은 집단이 과제 수행에서의 창의력이 더 낮게 나타났다. Hennessey(1982)의 연구에서도 보상을 받는다는 것을 알고 이야기를 해 달라고 부탁받은 아이들이 그렇지 않은 아이들보다 이야기를 하는 방법에서 상대적으로 창의력이 떨어지는 것으로 나타났다. Amabile (1979)은 외적 평가를 받게 되는 여성과 평가가 없는 여성을 비교하였는데, 평가를 받게 되는 여성의 예술작품이 덜 창의적임을 발견하였다. 이러한 결과가 나타나는 이유에 대해서 Amabile(1996)은 외적 보상이 구성원의 내적 동기를 떨어뜨리기 때문에 창의적 수행이 낮아진다고 주장하였다. 즉, Amabile은 창의력을 증진시키기 위해서는 무엇보다 내적 동기가 중요하다고 하였으며, 이러한 현상을 창의력의 내적 동기가정(intrinsic motivation hypothesis of creativity)이라고 하였다.

Baer, Oldham과 Cummings(2003)는 외적 보상이 종업원의 창의력에 미치는 영향이 다른 변인에 의해서 달라진다는 주장을 하면서 직무 복잡성과 종업원의 인지구조에 따라 달라진다는 결과를 보여 주었다. 이들의 연구에서 단순한 직무에서 일할 경우 외적 보상이 증가할수록 창의력이 높아지는 것으로 나타났으며, 반면에 복잡한 직무에서 일할 경우 외적 보상이 증가할수록 창의력이 낮아지는 것으로 나타났다. Baer 등은 이러한 결과를 단순한 직무를 하는 종업원의 경우 업무에 관해 자신이 통제할 부분이 거의 없기 때문에 내적 동기가 낮을 가능성이 높은데, 이때 외적 보상을 많이 주게 되면 종업원들은 자신의 수행에 대해 외적 보상을 받을 수 있다는 통제감이 증가하기 때문에 내적 동기가 높아지고 이에 따라 창의력도 높아진다고 해석하였다. 또한 복잡한 직무를 하는 종업원의 경우 내적 동기 수준이 높은 편인데, 이때 외적 보상을 줄 경우 자신의 행동을 외적 보상 때문에 한 것으로 지각하게 되며, 이에 따라 내적 동기가 낮아져서 창의력이 낮아진다고 해석하였다.

또한 이들은 인지 스타일을 적응적 인지 스타일과 혁신적 인지 스타일의 두 유형으로 구분하였는데, 적응적 인지 스타일의 사람은 단순하고 반복적인 과제를 선호하는 반면에, 혁신적 인지 스타일의 사람은 복잡하고 도전적인 과제를 선호한다고 주장하였다. 이들의 연구 결과, 혁신적 인지 스타일의 종업원은 외적 보상을 많이 줄수록 창의적 수행이 낮아졌으며, 반면 적응적 인지 스타일의 종업원은 외적 보상이 창의적 수행에 정적인 영향을 미치는 것으로 나타났다. 따라서 종업원들의 창의력을 높이기 위하여 무조건 외적 보상을 주는 것보다는 그들의 직무 복잡성과 인지구조에 따른 외적 보상의 효과 여부를 고려할 필요가 있다.

만약에 내적 동기가 창의력을 증대시킨다면 종업원의 내적 동기를 향상시키기 위해 기업에서 사용하는 다양한 경영기법은 궁극적으로 그들의 창의력을 증대시킬 수 있을 것이다. 연구개발 회사의 종업원 115명을 대상으로 한 Andrews(1975)의 연구에 따르면 아이디어를 내는 데 자율권이 있고, 연구조교를 고용하는 권한이 있고, 감독자에게 특별한 간섭을 받지 않으며, 자리가 안정성이 있는 경우 창의력검사 점수와 창의적인 행동 간에 정적 상관이 있었으며(.56), 이러한 조건이 이루어지지 않는 경우 창의력 점수는 창의적인 행동과 부적 상관이 있었다(-.97).

3) 의사결정 참여

Plunkett(1990)은 조직에서 의사결정 과정 참여가 종업원의 창의력을 증진시키는지를 알아보기 위하여 공공기관의 근무자를 세 집단(실험, 플래시보, 통제 집단)으로 구분한 뒤, 의사결정 참여 증진을 위한 3개월간의 조직개발 프로그램이 창의력 점수에 미치는 영향을 분석하였다. 사전·사후검사 점수를 측정한 결과, 실험집단의 창의력 점수만이 유의하게 증가하였으며, 나머지 두 집단은 점수의 변화가 없었다.

4) 다양한 환경요인

Amabile(1995)은 반구조화된 면접을 통해 연구개발 부서에 근무하는 과학자를 대상으로 높은 창의력이 발휘된 경우와 창의력이 낮게 발휘된 상황을 기술하게 한 뒤 그 내용을 분석하였다. 연구 결과, 높은 창의력 조건에서는 조직의 격려 및 지원(새로운 아이디어를 공정하게 판단하고, 창의적인 작업에 대해 인정하며, 위험을 감수하도록 격려함), 감독자의 격려(명확한 목표설정 및 새로운 아이디어를 개방함), 작업 집단의 지원(개방적이고 신뢰하는 의사소통 채널을 만듦), 충분한 시설, 자금 및 정보 등의 자원, 도전적인 작업, 자신의 일을 어떻게 할 것인지를 결정하는 자유 등이 중요한 요인으로 나타났다. 한편, 낮은 창의력 조건에서는 창의력을 막는 조직의 장애(정치적 문제, 새로운 아이디어에 대한 지나친 비난, 지나친 경쟁, 현상을 유지하려는 경향 등)와 작업 압력(짧은 시간 내에 할 것이 너무 많음)이 중요한 영향을 미치는 요인이었다.

5) 목표설정

Carson과 Carson(1992)은 피드백을 통한 목표설정 기법을 이용해 창의력을 증대시키고자 하였다. 이들은 피험자에게 5개의 형용사(뜨겁다, 강하다, 빛나다, 둥글다, 부드럽다)를 주고 1분 동안에 각 형용사로 기술할 수 있는 대상을 적도록 하여 피험자의 창의력 점수를 계산하였다. 연구 결과, 창의력 목표가 주어지고 피드백을 받은 사람은 창의력 목표가 없거나 피드백을 받지 않는 사람에 비해 더 창의적으로 일하였다. 또한 피험자는 양적 피드백보다는 창의력에 대한 피드백을 더 중시하였다.

6) 창의력 훈련

최근 들어 누구라도 자신의 창의력을 증진시키는 방법을 배울 수 있다는 주장이 받아들여지면서 기업에서 종업원을 대상으로 실시하는 창의력 훈련이 점차 증대하고 있다. 창의력 훈련은 1985년 미국 기업의 4%가 실시하였으나 1989년에는 26%로 증가하였다(VanGundy, 1992). Wise(1991)의 연구에 따르면 1990년 100명 이상의 종업원을 가진 미국 내 2,600개 기업을 대상으로 한 조사에서 32%의 기업이 창의성 훈련을 실시한 것으로 나타났다. 이 결과는 1989년의 22%에 비해서 10%가 증가한 것이며, 4년 전에 비하면 540% 증가한 것이다. 처음에는 주로 R&D 부서와 신제품개발 부서에서 실시되었으나 지금은 조직 내 모든 부서로 확대되고 있다.

Fernald와 Nickolenko(1993)가 플로리다에 있는 25명 이상의 종업원을 가진 105개 회사에 설문조사(23개의 창의력 기법 가운데 무엇을 사용하고 있는지를 물어봄)를 하여 알아본 결과, 이들 회사에서는 브레인스토밍을 가장 많이 사용하고 있었다. 그러나 최근 들어 브레인스토밍 기법의 문제점이 제시되고 있기 때문에 이 훈련기법에 관해 자세히 개관해 보기로 한다.

(1) 브레인스토밍

브레인스토밍은 창의적 아이디어를 내기 위한 방법으로 가장 많이 알려져 있고, 가장 많이 연구되어 왔다(Osborn, 1957). 최근의 설문조사에서도 브레인스토밍은 기업에서 창의력 훈련방법으로 가장 많이 사용되는 기법이었다(Fernald & Nickolenko, 1995). 브레인스토밍의 기본 규칙은, 첫째, 브레인스토밍 중 제시한 아이디어에 대한 비판을 삼가고, 둘째, 질보다는 일단 많은 수의 아이디어를 내는 것이다. 그 가운데 독창적이고 유용한 아이디어가 나올 수 있기 때문이다.

그러나 많은 연구가 집단 브레인스토밍의 문제점을 지적하고 있다. 오히려 혼자서 브레인스토밍을 하는 것이 집단에서 브레인스토밍을 하는 것보다 더 많은 아이디어를 내며 상황에 따라서는 질도 높다는 연구결과가 보고되고 있다(Jablin & Seibold, 1978; Jablin & Sussman, 1978; Lamm & Trommsdorff, 1973).

Connolly, Routhieaux와 Schneider(1993)는 집단 브레인스토밍의 문제점을 세 가지로 지적하고 있다. 첫째는 생산 차단(production blocking)으로서, 주어진 시간에 단지 한 사람만 말할 수 있고 다른 사람은 듣고만 있어야 하기 때문에 순간적으로 말할 기회를 갖지 못하게 되는 경우이다. 이로 인해 자신이 생각했던 것을 잊어버릴 수도 있다. 둘째는 평가 걱정(evaluation apprehension)으로서, 다른 사람이 비난할까 걱정되어 자신의 아이디어를 마음대로 제시하지 못하는 경우이다. 셋째는 사회적 태만(social loafing)으로서, 개인보다는 집단으로 일할 때 노력을 덜 기울이는 경우이다.

Diehl과 Stroebe(1987)는 생산 차단이 집단 브레인스토밍의 생산 저하를 가져오는 주요 요인임을 지적하고 있다. 이러한 집단 브레인스토밍의 문제점을 극복하기 위하여 컴퓨터를 이용한 전자 브레인스토밍 기법이 제시되고 있다(Siau, 1995). 이 기법의 특성은 언어 브레인스토밍에서와 같이 다른 사람의 아이디어에 접하지만 이 아이디어는 다른 사람 앞에서 직접 말하지 않고 컴퓨터로 기록하기 때문에 참여자가 원할 때에만 볼 수 있다. 대부분 익명으로 말하기 때문에 평가 걱정의 문제점을 줄일 수 있다.

Gallupe, Bastianutti와 Cooper(1991)의 연구에서는 컴퓨터를 이용한 브레인스토밍이 언어 브레인스토밍보다 제시된 독창적 아이디어의 수가 많은 것으로 나타났다. Nunamaker, Applegate와 Konsynski(1987)도 전자 브레인스토밍은 집단 브레인스토밍에서 발생 가능한 여러 문제점을 완화할 수 있음을 보여 주었다.

(2) 창의력 훈련 시 고려해야 할 점

많은 창의력 훈련의 기본 가정은 창의적이지 못한 사람의 경우 가로막고 있는 장애 요인이 있기 때문이며, 따라서 이 장애를 깨고 창의적인 사고를 촉진하기 위해서는 브레인스토밍과 같은 연습이 필요하다는 것이다. 그러나 창의적 사고를 요구하는 일에 종사하는 많은 사람은 브레인스토밍에서 사용하는 자유연상이 일하는 데 큰 역할을 하지 않는다고 생각하고 있다(Weisberg, 1995).

창의력 훈련결과가 실제 일을 창의적으로 하는 데 도움이 되기 위해서는 훈련에서 배운 내용의 전이가 잘 이루어져야 한다. 전이가 잘 이루어지기 위해서는 창의력 훈련에서 다루는 문제와 이를 적용할 대상이 되는 문제 간에 유사성이 있어야 한다. 특히 외부적 유사성(두 문제 간의 환경, 물리적 대상 등에서의 유사성)과 내부적 유사성(추상적이고 일반적인 원리에서의 유사성)이 있어야 한다.

Weisberg(1995)에 따르면 이러한 유사성을 높이기 위해서는 종업원이 다양한 경험

(지식 또는 전문성)을 쌓도록 만드는 것이 중요한데, 이를 통해 훈련에서 다룬 내용과 이를 적용할 실제 문제가 동일한 영역일 가능성을 높일 수 있기 때문이다. 또한 두 문제 간에 내부적 유사성이 있도록 훈련계획을 수립해야 할 것이다.

Grossman(1993)은 창의력 훈련의 효과를 높이기 위한 일곱 가지 원칙을 제시하고 있다. 첫째, 미래에 대한 생각이 창의적인 사고를 가져오기 때문에 현재보다는 미래를 고려하도록 하는 것이 중요하다. 둘째, 처음 단계에서 단순히 사실을 찾는 것은 무의미하며, 자연스러운 사고과정이 일어나도록 하는 것이 중요하다. 예를 들어, 강의하는 데 필요한 강단을 찾는 사람은 강단이 없는 방들을 돌아다니면서 시간을 낭비하는 것보다 강단이 왜 필요한지를 강의할 때의 미래 시점에서 생각해 보는 것이 바람직하다. 생각해 보면 강의 중에 손으로 붙드는 것이 있어야 편안함을 느낄 수 있기 때문인데, 이를 위해서는 커다란 쓰레기통을 뒤엎어 놓은 것도 유용하게 사용할 수 있음을 알게 된다. 셋째, 문제를 재정의하는 데 많은 시간을 보내지 말아야 한다. 넷째, 꿈, 소망, 상상, 미래 상태 등을 표현하기 위하여 은유와 유추를 많이 사용하는 것이 바람직하다. 다섯째, 아이디어, 개념 간의 관계를 찾는 연습을 많이 할 필요가 있다. 여섯째, 평가과정에서 충분한 시간을 보내고 이러한 단계가 문제를 재정의하는 데 도움이 되도록 한다. 마지막으로, 참여자에게 중요하고 의미 있는 현실적인 문제를 다루어야 한다. 즉, 진부한 연습을 피하도록 노력해야 한다.

(3) 창의력 훈련의 예

기업에서 실시하고 있는 창의력 훈련은 어떠한 과정을 거쳐서 진행되고 있는지를 이 부문에서 가장 성공적인 프로그램으로 평가받고 있는 기업 가운데 하나인 미국의 모토롤라사의 예를 통해 알아보고자 한다.

이 기업의 기본 목적은 창의력과 고객만족을 연결시키는 데 있으며, 창의력 훈련은 모토롤라의 중요 목표를 달성하기 위한 관리자의 창의력을 증진시키는 데 목표를 두고 있다. 즉, 기본 목표가 관리자가 모토롤라의 성공에 기여하기 위해 독특한 아이디어를 내는 데 창의적 과정을 응용함으로써 자신과 타인의 창의력 잠재성을 깨닫고 발전시켜 나가는 데 있다. 이를 달성하기 위한 세 가지 하위 목표로서, 첫째, 관리자가 자신의 창의력 잠재성을 발전시켜 나가기 위한 훈련, 둘째, 타인의 창의력 잠재성을 발전시키기 위한 훈련, 마지막으로, 새로운 아이디어를 만들어 내는 과정에 관한 훈련을 두고 훈련과정을 전체 다섯 단계로 구분하여 실시하고 있다.

첫 번째 단계는 관리자가 창의성의 정의를 내리는 단계로서, 관리자 나름대로 창의력이 무엇인지 정의를 내리고(예: 한계 없는 생각, 새로운 생각, 독창적인 사고능력 등) 창의력의 여러 측면에 대해 논의한다.

두 번째 단계는 창의적 능력과 특성을 파악하는 단계로서, 창의적인 관리자가 가져야 할 능력과 특성에 관해 파악한다. 예를 들면, 능력으로서는 타인의 아이디어에 대한 개방성, 융통성, 다양한 대안 탐색 등이 있으며, 특성으로는 정직한 행동, 독립적인 행동, 호기심 많은 행동 등이 있다.

세 번째는 아이디어 제시단계로서 창의적 문제해결 과정에 대한 다양한 훈련을 실시한다.

네 번째 단계는 창의력을 발휘하는 과정에서의 장애물을 파악하는 단계로서, 다섯 가지 범주(구조, 사회/정치, 절차, 자원, 개인/태도)의 장애요인을 평가한다. 구조 범주의 예로는 중앙집권적/분권적, 공식화 등이 있고, 사회/정치 범주에 속하는 요인으로는 집단응집성, 비판, 비밀유지, 보상체계, 권력 차이 등이 있다. 절차 장애요인으로는 계획과정에 대한 지나친 통제 등이 있으며, 자원 범주로는 인력 부족, 시간 부족, 금전 부족, 공급 및 정보 부족 등이 있다. 개인/태도에 속하는 장애요인으로는 실패에 대한 두려움, 위험에 대한 두려움, 애매함을 참는 능력 등이 있다.

마지막 단계는 집단 구성원의 역할을 설정하는 단계로서 창의적 집단이 되기 위한 구성원의 네 가지 역할(고객, 촉진자, 자원 집단, 관찰)을 파악하고 각 구성원에게 역할을 부여한다. 고객의 역할로는 실행 결정, 아이디어 평가, 집단을 이끌어 감, 문제 파악, 자료수집, 상황 파악, 조직목표 파악 등이 있고, 촉진자 역할로는 고객에게 충고하기, 자원 집단 이끌기, 아이디어 과정 진술 등이 있다. 자원 집단의 역할은 아이디어 만들기, 창의적 기법 적용, 도구 파악, 문제 재진술 등이며, 관찰자 역할은 평가된 아이디어 지원, 집단의 필요 파악, 자원 파악, 위험 감수 등이다.

7) 선발도구

종업원이 창의력을 발휘하도록 조직환경의 변화에 관심을 두는 것도 중요하지만, 처음부터 어느 정도의 창의력이 있는 종업원을 선발하는 것도 중요한 일이다. 이를 위해서는 신뢰도와 타당도가 높은 창의력검사의 개발이 뒤따라야 한다. 창의력을 측정하는 검사의 대부분은 확산적 사고능력을 측정하는 검사이다(Wakefield, 1991). 확산적 사고검사를 처음으로 개발한 사람은 Guilford(1950)로서, 예를 들면 '벽돌로 할 수 있는 무엇이든지 생각나는 대로 적으시오.'와 같은 문항을 사용하여 창의력을 측정하고자 하였다.

그러나 Wakefield(1991)는 대부분의 확산적 사고검사가 타당도가 낮다는 단점을 지적하면서 창의력검사 개발에서 새로운 연구 방향이 필요함을 역설하고 있다. 따라서 현 상황에서는 단일 검사로 창의력을 측정하는 것보다는 다양한 검사를 조합하여 사용하는 것이 바람직하다. 현재 대표적인 창의력검사로는 확산적 사고검사 가운데 하나이며 언어와 그림으로 구성되어 있는 토랜스 창의적 사고검사(Torrance Tests of Creative Thinking; Torrance, 1984)와 성격검사의 일종인 창의력 측정 집단검사(Group Inventory for Finding Creative Talent)(Rimm, 1980)와 바론-웰시 예술검사(Baron-Welsh Art Scale: BWAS)(Welsh, 1980) 등이 있다.

8) 조직구조

Moukwa(1995)는 조직 구성원의 창의력을 향상시키기 위해서 조직구조적 측면에도 관심을 기울여야 한다고 주장하였다. 집단 내 또는 집단 간의 협력을 높이고, 서로의 신용을 공유하며, 구성원이 위험을 감수하는 것을 격려해야 한다. 또한 개인이 낸 새로운 아이디어를 실행할 수 있는 시스템을 개발하고, 아이디어를 내고 평가할 수 있는 다양한 방법을 사용해야 한다.

Rickards(1993)는 개인이 창의력을 발휘하는 것도 중요하지만 창의적인 아이디어가 실제 제품으로 연결될 수 있는 조직환경을 조성하는 것도 중요하다고 주장하였다. 즉, 조직 내 여러 부서 간의 다른 의견이나 외부환경의 영향으로 인해 아이디어를 실행하기 어렵기 때문에 조직 내외의 다양한 정치적·구조적 문제에도 많은 관심을 기울여야 한다는 것이다.

5. 논의

이 장에서는 조직 구성원의 창의력을 높이기 위한 다양한 방법에 관해서 알아보았다. 먼저, 조직에서 개인의 창의력에 관한 연구가 어떠한 과정을 거쳐서 진행되어 왔는지를 개괄적으로 살펴보았다. 다음으로, 창의적인 사람의 특성은 무엇인지를 조사하였고, 종업원의 창의력에 영향을 미칠 수 있는 다양한 조직 내외의 요인을 개관하였다. 개인의 특성에 관한 이론은 창의적인 사람의 실체를 밝히는 데는 많은 기여를 했지만 어떻게 창의적 활동이 행해지는지에 대해서는 설명하지 못한다. 또한 창의적인 사람의 특성에 관한 연구결과가 많이 발표되었음에도 불구하고 창의력을 측정하는 신뢰도와 타당도가 높은 검사는 많지 않은 실정이다. 따라서 조직에서 인사 선발 시 창의력검사를 사용하기가 어렵기 때문에 처음부터 창의력이 높은 사람을 제대로 선발하지 못하고 있다. 이 때문에 지금까지 조직에서는 종업원이 조직에 들어온 후 그들의 창의력을 높이려고 하는 데 많은 관심을 두어 왔다. 앞으로는 창의력검사 개발에도 많은 관심을 두어, 창의력이 높은 사람을 선발할 수 있는 방안을 마련하는 데 노력해야 할 것이다.

최근 들어 조직에서 종업원의 창의력 증진에 대한 관심이 많아지고 있지만 경험적 연구가 많지 않다는 문제점이 있다. 많은 연구자가 종업원의 창의력 증진을 위한 아이디어를 제시하고 있지만 그 가운데 경험적으로 입증된 연구결과는 많지 않은 실정이다. 이는 창의력을 측정하기가 어렵다는 것에서 비롯된 결과일 수도 있다. 관리자에게 보다 정확하고 객관적인 창의력 증진 정보를 전달하기 위해서는 연구자의 판단이 아닌 과학적인 연구결과를 통해 자료를 축적하는 것이 필요하다.

조직에서 실시하는 창의력 훈련에서 전통적으로 많이 사용해 왔고 또 지금도 많이 사용하고 있는 브레인스토밍 기법이 효과적이지 못하다는 지적이 나오고 있다(Siau, 1995). 창의력 단계과정을 정확히 이해하고 단계별로 다양한 프로그램을 설정하여 체계적인 훈련과정을 수립하는 데 더 많은 노력을 기울여야 할 것이다.

종업원의 창의력을 촉진시키는 조직환경을 만드는 데 있어서 다른 각도에서 고려해야 할 점은 개인에게 보다 많은 자유를 제공하고 무조건적 순응을 요구하는 불필요한 정책을 없애야 한다는 점이다. 그러나 지금의 사회와 조직에서는 이러한 생각이나 행동이 일어나는 것을 제한하는 경우가 많이 발생하고 있다. 즉, 대부분의 기업에서 개인의 자유와 창조적 가치의 증진이 아니라 효율성 증진, 비용 감소, 이익 증대 그리고 통제를 더 중시하고 있다. 모든 것이 표준화되어 있고 규격화되어 있는 환경하에서 개인의 창의력은 제대로 발휘될 수 없을 것이다.

Cuatrecasas(1995)는 현재 조직에서 생산성 향상 또는 종업원의 동기 향상을 위해 많이 사용하고 있는 제도들이 실제로는 종업원의 창의력에 방해가 될 수 있음을 지적하고 있다. 국내에서도 최근 들어 많이 사용하고 있는 벤치마킹은 조직 스스로 새로운 방법을 만들어 내는 것이 아니라 다른 조직에서 했던 것을 모방하는 제도이기 때문에 종업원의 창의력을 향상시킬 수 있는 기회를 스스로 포기하는 것이라고 볼 수 있다.

목표설정이론에 토대를 둔 목표관리는 기대되는 행동이나 결과를 미리 정해 놓고 종업원이 이를 달성할 것을 요구하는 제도이다. 이 제도는 목표를 설정함으로써 종업원이 이를 달성하기 위하여 더 열심히 일한다는 기본 가정하에 실시되고 있다. 그러나 정해진 목표를 달성하는지의 성과에 따라 보상이 정해지기 때문에 결과적으로 종업원의 창의적 과정을 무시하게 되는 문제를 야기할 수 있다.

종업원의 경력 개발을 위해 실시하고 있는 후계계획(succession planning) 또한 미리 잠재력 있는 종업원을 선발하여 그들을 집중적으로 육성하고 조직에 크게 기여하게 한다는 장점이 있다. 그러나 그들에게 미리 밝은 미래를 보장함으로써 그들이 좀 더 새롭고 발전적인 모험을 하는 것을 막을 수 있다는 문제점도 지적될 수 있다.

따라서 조직에서 종업원의 창의력 증진을 위해서는 단지 어떠한 방법을 통해 창의력을 향상시킬 것인지를 찾는 것 이외에도 창의력을 막는 장벽은 무엇이 있으며, 이를 어떻게 제거할 수 있을 것인지에 대해서도 관심을 기울일 필요가 있다. 기업의 규모가 클수록 구조, 통제, 예측과 일관성을 중시하기 때문에 이러한 장벽은 더 커지게 된다(Mart, 1995). 특히 대기업일수록 구조화 정도가 높고 통제가 많으며, 구성원이 현상을 유지하려는 경향이 강하기 때문에 창의적인 아이디어를 실현시키기가 더욱 어려워진다.

마지막으로, 조직에서 종업원의 창의력을 증진시키기 위해 명심해야 할 점은 창의력을 증진시키는 데는 많은 시간이 걸리며 단기간에 이루어지지 않는다는 점이다. 최고경영진의 도움을 얻어 이 장에서 기술한 다양한 창의성 증진기법을 통해 조직생활이나 문화의 한 부분이 되도록 노력해야 할 것이다.

1. 구성원의 창의력에 영향을 주는 조직환경 요인에 대해 이야기해 보고 어떤 요인이 가장 문제가 되며 이를 해결할 수 있는 방법은 무엇인지에 대해 토의해 보시오.

2. 구성원의 창의력 증진을 위해 리더가 우선적으로 해야 할 행동은 무엇인지에 대해 토의해 보시오.

3. 구성원의 창의력이 리더의 노력 및 조직환경 요인의 변화를 통해 어느 정도나 증진될 수 있다고 생각하는지와 이에 대한 이유에 대해 토의해 보시오.

참고문헌

Ackoff, R. L., & Vergara, E. (1981). Creativity in problem solving and planning: A review. *European Journal of Operatoinal Research, 7,* 1-13.

Amabile, T. M. (1979). Effects of External Evaluation on artistic creativity. *Journal of Personality and Social Psychology, 37,* 221-223.

Amabile, T. M. (1983). *The social psychology of creativity.* New York: Springer-Verlag.

Amabile, T. M. (1988). From individual creativity to organizational innovation. In K. Gronhaug & G. Kaufman (Eds.), *Innovation: A cross-disciplinary perspective* (pp. 139-166). Oslo: Norwegian University Press.

Amabile, T. M. (1995). Discovering the unknowable, managing the unmanageable. In C. M. Ford & D. A. Gioia (Eds.), *Creative action in organizations* (pp. 77-81). Thousand Oaks, CA: Sage Publications.

Amabile, T. M. (1996). *Creativity in context.* Boulder, CO: Westview Press.

Ancona, D. G., & Caldwell, D. (1990). Improving the performance of new product teams. *Research Technology Management, 33,* 25-29.

Andrews, F. M. (1975). Social psychological factors which influence the creative process. In L. A. Taylor & J. W. Getzels (Eds.), *Perspective in creativity.* Chicago, IL: Aldine.

Andrews, F. M., & Farris, G. F. (1967). Supervisory practices and innovation in scientific teams. *Personnel Psychology, 20*(4), 497-515.

Baer, M., Oldham, G. R., & Cummings, A. (2003). Rewarding creativity: When does it really matter? *The Leadership Quarterly, 14,* 569-586.

Barnowe, J. T. (1975). Leadership and performance outcomes in research organizations. *Organizational Behavior and Human Performance, 14*, 264-290.

Barron, F. (1988). Putting creativity to work. In R. Sternberg (Ed.), *The nature of creativity* (pp. 76-98). New York: Cambridge University Press.

Basadur, M., Runco, M. A., & Vega, L. A. (2000). Understanding how creative thinking skills, attitudes, and behaviors work together: A causal process model. *Journal of Creative Behavior, 34,* 77-100.

Carson, P. P., & Carson, K. D. (1992).Managing feedback. *Journal of Creative Behavior, 26*, 36-45.

Conger, J. A. (1995). Boggie down wonderland: Creativity and visionary leadership. In C. M. Ford & D. A. Gioia (Eds.), *Creative action in organizations* (pp. 53-59). Thousand Oaks, CA: Sage Publications.

Connolly, T., Routhieaux, R. L., & Schneider, S. K. (1993). On the effectiveness of group brainstorming—Test of one underlying cognitive mechanism. *Small Group Research, 24,* 490-503.

Csikszentmihalyi, M., & Robinson, R. (1986). Culture, time, and the development of talent In R. Sternberg & J. Davidson (Eds.), *Conception of giftedness* (pp. 264-284). New York: Cambridge University Press.

Cuatrecasas, P. (1995). Corporate America: creativity held hostage. In C. M. Ford & D. A Gioia (Eds.), *Creative action in organizations* (pp. 201-205). Thousand Oaks, CA: Sage Publications.

Diehl, M., & Stroebe, W. (1987). Productivity loss in idea-generating groups: Tracking down the blocking effect. *Journal of Personality and Social Psychology, 61, 392-403.

Eisenberger, R. (1992). Learned industriousness. *Psychological Review, 99,* 248-267.

Eisenberger, R., Armeli, S., & Pretz, J. (1998). Can the promise of reward increase creativity? *Journal of Personality and Social Psychology, 74,* 704-714.

Eisenberger, R., & Rhoades, L. (2001). Incremental effects of reward on creativity. *Journal of Personality and Social Psychology, 81,* 728-741.

Feldhusen, J. F. (1995). Creativity: a knowledge base, metacognitive skills, and personality factors. *Journal of Creative Behavior, 29,* 255-268.

Felman, D. H., Csikszentmihalyi, M., & Gardner, H. (1994). A framework for the study of creativity. In D. H. Feldman, M. Csikszentmihalyi, & H. Gardner (Eds.), *Changing the world: A framework for the study of creativity* (pp. 1-46). Westport, CT: Praeger Publishers.

Fernald, L. W., Jr., & Nickolenko, P. (1993). The creative process: its use and extent of formalization by corporations. *Journal of Creative Behavior, 27,* 214-220.

Ford, C. M. (1995). Creativity is a mystery: Clues from the investigators' notebooks. In C. M. Ford & D. A Gioia (Eds.), *Creative action in organizations* (pp. 12-52). Thousand Oaks, CA: Sage Publications.

Fredrickson, B. L. (2001). The role of positive emotions in positive psychology. *American Psychologist, 56*, 218-226.

Gallupe, R. B., Bastianutti, L. M., & Copper, W. H. (1991). Unblocking brainstorming. *Journal of Applied Psychology, 76*, 137-142.

Gardner, H. (1988). Creative lives and creative works: A synthetic scientific approach. In R. Sternberg (Ed.), *The nature of creativity* (pp. 298-324). New York: Cambridge University Press.

Greenberg, E. (1992). Creativity, autonomy, and evaluation of creative work: Artisitic workers in organizations. *Journal of Creative Behavior, 26*, 75-80.

Greene, T. R., & Noice, H. (1988). The influence of positive affect upon creative thinking and problem solving in children. *Psychological Reports, 63*, 895-898.

Grossman, S. A. (1993). Seven operating principles for enhanced creative problem solving training. *Journal of Creative Behavior, 27*, 1-17.

Guilford, J. P. (1950). Creativity. *American Psychologist, 5*.

Guilford, J. P. (1980). Traits of creativity. In P. E. Vemon (Ed.), *Creativity* (pp. 167-188). Harmondsworth: Penguin.

Hennessey, B. (1983). Effects of reward and task label on childrens' creativity in three domains. In T. Amabile (Ed.), *The social psychology of creativity*. NYC: Springer-Verlag.

Higgins, L. F., Qualls, S. H., & Couger, J. D. (1992). The role of emotions in employee creativity. *Journal of Creative Behavior, 26*, 119-129.

Himes, G. K. (1987). Stimulating creativity: encouraging creative ideas. In A. Dale Timpe (Ed.), *Creativity*. New York: Kend Publishing.

Isen, A. M., Daubman, K. A., & Nowicki, G. P. (1987). Positive affect facilitates creative problem solving. *Journal of Personality and Social Psychology, 52*, 1122-1131.

Jablin, F. M., & Seibold, D. R. (1978). Implications for problem-solving groups of empirical research on "brainstorming": A critical review of the literature. *Southern Speech Communications Journal, 43*, 327-356.

Jablin, F. M., & Sussman, L. (1978). An exploration of communication and productivity in real brainstorming groups. *Human Communications Research, 4*, 329.

Jaussi, K. S., & Dionne, S. D. (2003). Leading for creativity: The role of unconventional leader behavior. *The Leadership Quarterly, 14*, 475-498.

Kolb, J. A. (1992). Leadership of creative teams. *Journal of Creative Behavior, 26*, 1-9.

Kruglanski, A. W., Friedman, I., & Zeevi, G. (1971). The effects of incentive on some qualitative aspects of task performance. *Journal of Personality, 39,* 606-617.

Lamm, H., & Trommsdorff, G. (1973). Group versus individual performance on tasks requiring ideational proficiency (Brainstorming): A review. *European Journal of Social Psychology, 3,* 361-388.

Lindell, M., & Rosenqvist, G.(1992). Management behavior dimension and development orientation. *The Leadership Quarterly, 3*(4), 355-377.

Locke, E., & Kirkpatrick, S. (1995). Promoting creativity in organizations. In C. M. Ford & D. A Gioia (Eds.), *Creative action in organizations* (pp. 115-120). Thousand Oaks, CA: Sage Publications.

Mackinnon, D. W. (1980). The personality correlates of creativity: A study of American architects. In P. E. Vemon. (Ed.), *Creativity* (pp. 289-311). Harmonsdworth: Penguin.

Mart, C. F. (1995). Fostering creativity in large organizations. In C. M. Ford & D. A. Gioia (Eds.), *Creative action in organizations* (pp. 275-279). Thousand Oaks, CA: Sage Publications.

Martindale, C. (1989). Personality, situation, and creativity. In J. A Glover, R. R. Ronning, & C. R. Reynolds (Eds.), *Handbook of creativity* (pp. 211-232). New York: Plenum Press.

Moss-Kanter, R. (1987). *The changemasters.* London: Unwin.

Moukwa, M. (1995). A structure to foster creativity: an industrial experience. *Journal of creative behavior, 29,* 54-63.

Nunamaker, J. F., Applegate, L. M., & Konsynski, B. R. (1987). Facilitating group creativity: Experience with a group decision support system. *Journal of Management Information Systems, 3,* 5-19.

Osborn, A. F. (1957). *Applied imagination.* New York: Scribner's.

Peters, T. J., & Waterman, R. H., Jr. (1982). *In search of excellence: Lessons from America's best-run companies.* New York: Warner Brooks.

Pierson, D. A. (1983). A technique for managing creative people. *Personnel, 60,* 12-26.

Plunkett, D. (1990). The creative organization: An empirical investigation of the importance of participation in decision-making. *Journal of Creative Behavior, 24,* 140-148.

Redmond, M. R., Mumford, M. D., & Teach, R. (1993). Putting creativity to work: effects of leader behavior on subordinate creativity. *Organizational Behavior and Human Decision Processes, 55,* 120-151.

Rickards, T. (1985). *Stimulating innovation: A systems approach.* London: Frances Pinter.

Rickards, T. (1993). Creative leadership: messages from the front line and the back room. *Journal of Creative Behavior, 27,* 46-56.

Rimm, S. (1980). *The group inventory for finding creative talent.* Watertown, Wl: Educational

Assessment Services.

Rogers, C. R. (1979). *On becoming a person: A therapist's view of psychotherapy*. London: Constable.

Russell, P., & Evans, R. (1992). *The creative manager: Finding inner vision and wisdom in uncertain times*. San Francisco, CA: Jossey-Bass Publishers.

Rowan, J. (1976). *Ordinary ecstacy: Humanistic psychology in action*. London: Routledge and Kegan Paul.

Scott, R. K. (1995). Creative employees: A challenge to managers. *Journal of Creative Behavior, 29,* 64-71.

Siau, K. L. (1995). Group creativity and technology. *Journal of Creative Behavior, 29,* 201-216.

Simon, H., & Newell, A. (1971). Human problem solving: The state of the theory in 1970. *American Psychologist, 26,* 145-159.

Simonton, D. K. (1984). *Genius, creativity, and leadership: Historiometric inquiries*. Cambridge, MA: Harvard University Press.

Sullivan, M. J., & Conway, M. (1989). Negative affect leads to low-effort cognition: Attributional processing for observed social behavior. *Social Cognition, 7,* 315-337.

Torrance, E. P. (1984). The role of creativity in identification of the gifted and talented. *Gifted Child Quarterly, 28.*

VanGundy, A. B. (1992). *Idea power: Techniques and resources to unleash the creativity in your organization*. New York: ANACOM.

Wakefield, J. F. (1991). The outlook for creativity tests. *Journal of Creative Behavior, 25,* 184-193.

Wallace, D., & Gruber, H. (1989). *Creative people at work*. New York: Oxford University Press.

Wallach, M. (1970). Creativity. In P. H. Mussen (Ed.), *Carmichael's manual of child psychology,* Vol. 1 (3rd ed., pp. 1211-1272). New York: Wiley.

Wallach, M. (1971). *The creativity-intelligence distinction*. New York: General Learning Press.

Wallach, M. (1985). Creativity testing and giftedness. In F. Horowitz & M. O'Brien (Eds.), *The gifted and talented: Developmental perspectives* (pp. 99-132). Washington, DC: American Psychological Association.

Wallas, G. (1926). *The art of thought*. New York: Harcourt, Brace, and Company.

Weisberg, R. W. (1995). Prolegomena to theories of insight in problem Solving: A taxonomy of problems. In R. Sternberg & J. Davidson (Eds)., *The nature of insight* (pp. 157-196). Cambridge, MA: MIT Press.

Welsh, G. S. (1980). *Welsh figure preference test*. Palo Alto, CA: Consulting Psychologist.

Wesenberg, P. (1986). Creativity in organizations: A contradiction in terms? Unpublished doctoral thesis. The University of Manchester Institute of Science and Technology (UMIST), Manchester, England.

Wesenberg, P. (1994). Bridging the individual-social divide: a new perspective for understanding and stimulating creativity in organizations. *Journal of Creative Behavior, 28,* 177-192.

Wise, R. (1991). The boom in creativity training. *Across The Board, 28*, 38-40, 42, 65.

Woodman, R. W. (1995). Managing creativity. In C. M. Ford & D. A Gioia (Eds.), *Creative action in organizations* (pp. 60-64). Thousand Oaks, CA: Sage Publications.

Yong, L. M. S. (1994). Managing creative people. *Journal of Creative Behavior, 28,* 16-20.

제12장 리더십 계발과 실천

1. 리더십과 갈등 관리

갈등은 '개인의 활동이 다른 개인에 의해 방해될 때 발생하는 대결의 과정, 또는 양립하기 어려운 서로 반대되는 욕구, 동기 또는 가치들이 동시에 존재하는 심리적 상태'라고 정의된다. 개인은 누구나 살아가면서 크고 작은 갈등을 겪게 된다. 조직 또한 개인들의 집합체이기 때문에 갈등 없는 조직은 없다.

특히 오늘날의 조직은 다양한 욕구와 이해를 지니고 있는 개인들이 상호 밀접하게 연관되어 있는데 개인의 욕구를 충족시켜 주는 자원이 한정되어 있기 때문에 조직 내 갈등은 이미 보편화된 현상이다.

일반적으로 대부분의 경영자는 자신에게 주어진 시간의 20% 이상을 조직의 갈등 관리를 위해 사용한다고 한다. 그러므로 갈등의 발생 원인과 해결방안 등에 대한 이해와 이에 대한 효과적인 관리는 리더십의 효과성 제고를 위해 반드시 필요하다.

갈등의 개념에 대한 대표적 학자의 정의를 살펴보면 다음과 같다(손주영, 2013).

- Rue와 Byos: 갈등이란 개인 또는 집단의 지각된 욕구가 좌절되었거나 좌절될 것이라고 생각할 때 존재하는 공공연한 행동이다.
- Holt: 갈등이란 한 편이 다른 편을 방해하거나 좌절시키는 목적 지향적인 방해 행동이다.
- Reitz: 갈등이란 관련된 개인 또는 집단이 함께 일하는 데 애로를 겪는 상태로서 정상적인 활동이 방해되거나 파괴되는 상태이다.
- Robbins: 갈등이란 한 편이 관심을 갖고 있는 것에 대해 다른 편이 부정적으로 영향을 미치거나 미칠 것이라고 지각될 때 시작되는 하나의 과정이다.

이상의 정의를 종합하면, 갈등이란 '개인이나 집단의 목표 지향적인 행위가 타인이나 타 집단에 의해서 좌절되거나 방해되는 상황에서 발생하는 심리적 상태'라고 정의할 수 있을 것이다.

그동안 갈등은 조직의 효과성과 효율성을 떨어뜨릴 뿐만 아니라 조직의 해체를 촉진하는 부정적인 존재로 인식되어 왔다. 하지만 갈등에 대한 학자들의 견해는 다음과 같은 세 가지 형태로 분류된다.

① 갈등은 집단 내에 부정적 영향을 미치기 때문에 반드시 피해야 한다는 전통적 견해
② 갈등은 필연적 현상이고 긍정적 측면과 부정적 측면이 동시에 있기 때문에 반드시 효과적으로 관리되어야 한다는 행동주의적 견해
③ 갈등은 조직의 효율적인 성과 창출을 위해서 반드시 필요한 것이라는 상호작용적 견해

1) 갈등을 바라보는 견해

(1) 전통적 견해(1930~1940)

전통적 견해는 갈등이 개인과 조직에 부정적인 영향을 미친다고 보는 견해로서 주요 가정은 다음과 같다.

① 갈등은 조직 성장의 저해요인이기 때문에 반드시 해소되거나 해결되어야 한다.
② 갈등은 조직 내 커뮤니케이션상의 유효성을 저해한다.
③ 갈등은 조직의 부정적 행동을 유발하는 주요 원인으로서 구성원 상호 간의 이해와 신뢰 구축 그리고 조직의 개방성을 결여시킨다.

전통적 견해에 따르면 조직 내 갈등은 반드시 피하거나 제거되어야 한다.

(2) 행동주의적 견해(1940~1970)

인간관계론적 견해라고도 하는 행동주의적 견해는 갈등을 모든 집단과 조직에서 필연적으로 발생하는 자연스러운 현상으로 보는 견해이다. 이 견해에서는 갈등이 피할 수 없는 불가피한 것이기 때문에 단순히 회피하려 하기보다는 수용하는 태도를 가지고 조직의 효과성 제고에 긍정적인 영향을 미칠 수 있도록 효과적으로 관리해야 한다고 주장한다.

(3) 상호작용적 견해(1970~)

상호작용적 견해는 적당한 갈등이 집단과 조직 성장의 추진력으로 작용할 수 있다는 현대적 견해이다. 이 견해에서는 갈등이 새로운 아이디어를 촉진하고, 집단 응집력

을 향상시키며, 다양한 의견 제시를 통해 보다 나은 의사결정을 초래하고, 구성원들에게 욕구불만의 탈출구를 제공하는 등 긍정적 효과를 제공한다고 주장한다.

상호작용적 견해는 '모든 형태의 갈등은 바람직하다 또는 바람직하지 않다.'는 것과 같은 가치 판단적인 시각을 취하지 않고, 갈등의 형태에 따라 바람직한 갈등과 바람직하지 못한 갈등을 구분하여 조직에 긍정적인 영향을 주는 것은 조장하고 부정적인 결과를 가져오는 것은 제거해야 한다고 강조한다. 상호작용적 견해에 따르면 갈등은 〈표 12-1〉과 같이 순기능과 역기능을 갖는다.

특히 갈등은 개인이나 집단의 가치 또는 목표들이 상호 양립할 수 없는 경우, 목표 달성에 있어서 의식적인 방해 작용이 있는 경우, 행동 주체 간에 대립적 또는 적대적 상호작용이 있는 경우 등에 발생하는데, 갈등을 유발하는 주요 원인으로는 상호의존성, 이해관계의 차이, 지각의 차이, 기대역할의 차이, 지위의 불일치, 행동의 차이 등이 있다.

표 12-1 갈등의 순기능과 역기능

순기능
• 갈등은 문제에 대해 인식하게 하고, 해결방안을 모색하게 한다.
• 갈등을 통해 의사결정의 다양성과 창의성을 확보할 수 있다.
• 갈등은 조직 내에 변화와 혁신의 분위기를 촉진한다.
• 집단 외부와의 갈등을 통해 조직구성원들의 결속력이 강화된다.
• 갈등은 구성원들의 관심과 호기심을 유발하고 에너지와 활동을 촉진한다.

역기능	
집단 내	집단 간
• 집단을 약화시켜 전제적 리더십이 등장할 가능성이 높아진다.	• 상대 집단(또는 상대방)을 적으로 간주하고 적대감을 갖게 만든다.
• 지나친 과업 지향적 분위기가 조성된다.	• 상대 집단에 대한 경계의식을 유발하고 부정적 시각을 갖게 한다.
• 획일성이 강조되고 개인적 특성이나 다양성이 무시된다.	• 상대 집단과의 상호작용을 회피하게 만든다.
• 구성원의 모든 활동이 규정화되고 구조화되는 등 조직 공식화가 강화된다.	• 상대 집단의 행위는 무조건 잘못된 것이라는 편견이 증대한다.
• 구성원들의 이성적 판단이 감소하고 감정적 행동이 증가한다.	• 자기 집단의 역할을 과대평가하고 파벌의식을 고조시킨다.
• 지나친 갈등은 조직의 불안정과 혼란을 초래한다.	• 상대 집단과의 대면접촉 관계를 감소시켜 문제해결을 어렵게 한다.

① 상호의존성: 상호의존성이란 둘 이상의 개인 또는 집단이 목표달성을 위해 업무 협조, 정보 제공, 피드백, 협력적 행동 등에 있어서 상대방을 필요로 하는 정도를 나타내는 것으로서 업무의 상호의존성이 클수록 갈등이 발생할 가능성이 높아진다.

② 이해관계의 차이: 조직 내 개인과 집단은 공동의 목표를 가지고 있지만 목표달성의 과정에서 다양한 이해관계가 발생한다. 특히 조직이 커지고 기능이 다양해질수록 제한된 자원의 확보, 보상구조의 차별화 등으로 인해 개인 또는 집단 간의 갈등은 심화된다.

③ 지각의 차이: 가장 빈번하게 발생하는 지각의 차이는 시간에 대한 인식의 차이로 개인 또는 집단 간의 우선순위에 대한 결정의 차이가 갈등을 유발한다.

④ 기대역할의 차이: 서로의 역할에 대한 기대가 다르기 때문에 갈등이 발생하는 경우로 기업의 현장-스태프 간의 갈등이 그 좋은 예이다. 일반적으로 기업의 현장 관리자들의 경우 스태프의 기능을 자신을 지원하는 서비스 기능으로 인식하는 데 반해 스태프는 자신의 기능을 전문적인 기능으로 인식하고 지속적으로 현장에 대한 그들의 영향력을 확대하고자 하기 때문에 현장-스태프 간의 갈등이 빈번하게 발생한다.

⑤ 지위의 불일치: 지위의 차이는 톱다운 식의 일방적인 의사결정을 가능하게 만들기 때문에 이를 반드시 수용해야 하는 위치에 있는 개인 또는 집단의 불만이 증대하게 된다. 갈등적 노사관계의 대부분이 이와 같은 구조에서 발생한다.

⑥ 준거 행동의 차이: 바람직한 과업 행동을 규정하는 준거 행동의 차이는 표준 업무 수행방법, 인간관계 방식, 목표달성의 우선순위의 선정 등에 있어 다양한 인식의 차이를 가져옴으로써 주요 갈등요인으로 작용하게 된다.

한편, 유능한 리더는 필요에 따라 갈등을 감소시키거나 해소시키고, 때로는 필요에 따라 갈등을 적절하게 조장하는 능력이 있는 리더이다. 즉, 효과적인 갈등 관리(conflict management)가 유능한 리더의 필수조건이다. 효과적인 갈등 관리를 위해서는 개인 간의 갈등해결 전략 집단 간의 갈등해결 전략, 그리고 갈등예방 전략에 대한 이해가 반드시 필요하다.

2) 효과적인 갈등 관리 전략

(1) 개인 간의 갈등해결 전략

일반적으로 개인 간 갈등의 당사자들은 갈등의 해결을 위하여 경쟁, 협력, 회피, 순응, 타협 등의 방법을 사용한다(Blake & Mouton, 1964).

① 경쟁(competition): 상대방의 희생을 통해 자신의 이익을 추구하는 방법이다. 자신의 입장을 굽히지 않고 협력도 하지 않으며 상대방의 희생만을 강요하는 방법으로 승-패(win-lose) 전략이라고도 한다.

② 협력(collaboration): 자신의 입장을 굽히지 않으면서도 상대방과의 입장 차이를 극복하고 갈등 당사자 모두가 이익을 볼 수 있는 해결방안을 강구하는 방법이다. 즉, 쌍방이 모두 이익을 가질 수 있는 해결방안을 강구하는 전략으로 승-승(win-win) 전략이라고도 한다.

③ 회피(avoidance): 자신의 입장을 고집하지도 않고 협력하지도 않는 중립적 입장의 갈등관리 기법으로서 문제가 사소하거나 상대방이 자신보다 우세에 있을 경우 주로 사용한다. 즉, 중립적 입장에서 갈등해결을 위한 어떠한 적극적인 역할도 하지 않는 전략으로서 패-패(lose-lose) 전략이라고도 한다.

④ 순응(accommodation): 자신의 입장을 양보하거나 자신의 희생을 통해 상대방에게 보다 나은 이익을 제공함으로써 갈등을 해결하고자 하는 갈등관리 기법이다.

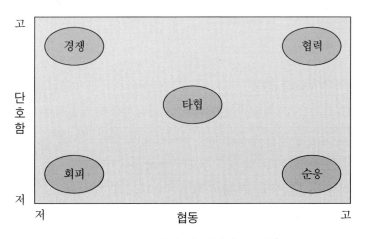

|그림 12-1| 개인 간 갈등해결 방안

순응은 상대편이 우선권을 가지고 있거나 자신이 주장해 오던 입장이 잘못되었음을 인식하였을 때 주로 사용하는데 자신의 입장을 양보하고 상대방에게 협조하는 전략으로 패-승(lose-win) 전략이라고도 한다.

⑤ 타협(compromise): 갈등 당사자가 조금씩 양보하여 당사자 모두에게 부분적인 이익을 제공하는 방법으로 가장 빈번하게 사용되는 갈등해결 방법이다. 즉, 쌍방이 조금씩 양보하여 부분적인 만족을 얻고자 하는 전략으로 승/패-패/승(win/lose-lose/win) 전략이라고도 한다.

참고 **갈등에 대처하는 개인의 행동 유형**

1. 공격적 행동(aggressive behavior): 갈등이 발생할 경우 자신의 입장을 고수하고 상대방의 희생을 강요하는 유형으로, '나는 절대 틀리지 않는다, 사람들은 내가 시킨 대로 해야 한다, 당신은 반드시 ~해야 한다.' 등의 태도를 포함한다.

2. 비주장적 행동(nonassertive behavior): 갈등이 발생할 경우 원활한 마무리나 상황 종료를 위해 '항복'하는 방법을 선택하는 유형으로, '풍파를 일으키지 말자, 사람들이 좋아하지 않을 것이다, 난 절대 할 수 없을 거야.' 등의 태도를 포함한다.

3. 수동-공격적 행동(passive-aggressive behavior): 갈등이 발생할 경우 일차적으로는 갈등에 적응하거나 피하는 행동을 보이다가 끝내 견디지 못하거나 또는 이길 수 있다는 판단이 들면 공격적으로 변하는 유형으로, '내가 가진 패는 절대 보여 주지 않는다, 어떻게 내 말을 그런 식으로 생각하나?' 등의 태도를 포함한다.

4. 주장적 행동(assertive behavior): 갈등이 발생할 경우 자신의 입장을 고수하면서도 상대방의 입장을 존중하고 적극적으로 갈등을 해결하는 유형으로, '나도 권리가 있고 상대방도 그렇다, 문제해결을 위해 우리는 무엇을 할 수 있을까?' 등의 태도를 포함한다.

---

(2) 집단 간의 갈등해결 전략

① 직접대면: 갈등을 겪고 있는 집단의 이해 당사자들을 직접적으로 대면시켜 서로의 입장과 갈등의 원인을 설명하고 문제해결에 관한 정보를 교환하게 함으로써 상호 만족할 만한 해결책을 찾도록 촉구하는 전략이다.

② 행동 변화 유도: 집단 구성원들의 행동이나 태도의 변화를 유도함으로써 집단 간의 갈등을 해소하는 방법이다.

③ 설득과 협상: 논리적으로 갈등의 원인을 분석하여 갈등 당사자들을 설득함으로

써 그들이 상대방에 대해 호의적인 태도를 갖도록 하는 방법이다.

④ 중재자의 개입: 설득이나 협상에 의하여 집단 간의 갈등이 해결되지 않는 경우, 상위 경영자에 의한 중재나 조정을 통하여 갈등을 해결하는 방법이다. 하지만 상위 경영자가 갈등 상황에 개입하는 경우, 집단 간의 갈등을 신속하게 처리할 수 있지만 근본적인 문제는 해결될 수 없기 때문에 갈등의 재발 가능성은 높다.

⑤ 조직의 재구조화: 조직구조를 변화시켜 집단 간의 갈등을 해소시키는 방법으로 조직 내 조정 부서를 설치하여 운영하는 방법 등이 있다.

(3) 집단 간의 갈등예방 전략

리더십의 효과성 제고를 위해 리더는 역기능적인 갈등이 발생하지 않도록 집단 간의 갈등을 사전에 예방할 필요가 있다. 집단 간 갈등에 대한 효과적인 예방 전략은 다음과 같다.

① 상위 목표의 설정: 집단 간에 공동의 상위 목표를 설정하여 상호 의존관계 및 상호 협력관계를 강화함으로써 갈등을 예방하는 방법이다.

② 자원의 확충: 집단 간의 갈등이 제한된 자원에 의해 발생하는 경우 활용할 수 있는 자원을 확충함으로써 갈등을 해결하는 방법이다.

③ 규정이나 절차의 제도화: 갈등의 소지를 미리 예측하고 이를 해결할 수 있는 규정이나 절차를 만들어 분쟁이나 갈등을 사전에 예방하는 방법이다.

④ 조직구조의 개선: 조직 구성원 상호 간의 교류를 활성화할 수 있도록 조직구조 자체를 변경함으로써 갈등을 해소하는 방법이다.

⑤ 공동의 경쟁 대상 설정: 갈등을 일으키는 집단들에게 공동의 경쟁 대상을 선정하여 집단 상호 간의 공동체의식을 형성함으로써 갈등을 해소하는 방법이다.

⑥ 의사소통의 활성화: 집단 간의 원활한 의사소통을 통해 오해의 소지를 없애는 방법으로 '조하리 창'이 있다.

참고 | **조하리 창**

'조하리 창'은 개발자인 Joseph Luft와 Hary Ingham의 이름을 따서 명명되었는데 의사소통의 영역을 크게 네 가지로 분류한다. 첫 번째는 '개방의 창(open window)'으로 자신도 인식하고 있고 타인에게도 알려져 있는 자신에 대한 부분이다. 두 번째는 '맹목의 창(blind window)'으로 타인에게는 알려져 있지만 자신은 미처 인식하지 못하는 자신에 대한 부분이다. 세 번째는 '숨겨진 창(hidden window)'으로 자신은 인식하고 있지만 타인에 대해서는 알려지지 않은 자신에 대한 부분이다. 네 번째는 '미지의 창(unknown)'으로 자신도 인식하지 못하고 타인도 알지 못하는 자신에 대한 부분이다. '조하리 창'에 따르면 구성원 간의 원활한 상호관계 구축을 위해서는 자기노출과 자기인식을 통해 마음의 문을 열고 '개방의 창' 영역을 넓힘으로써 갈등의 가능성을 예방하는 것이 필요하다.

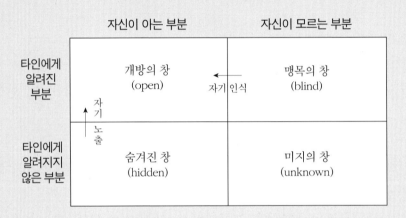

팀
토
의

빙고게임을 통해 서로를 알아 가기

1. A4 용지 한 장에 가로와 세로가 5×5칸인 표를 그린다.
2. 팀원들은 정해진 시간 동안 자유롭게 돌아다니며 서로 인사를 나누고 자신에 대해 소개한다.
3. 상대방의 이름을 각 칸에 적는다.
4. 빙고 칸이 다 채워질 때까지 모든 사람과 접촉하며 대화를 나눈다.
5. 정해진 시간이 지나면 사회자는 많은 리더의 이름표가 들어 있는 상자에서 이름표를 하나씩 꺼내 호명하고, 팀원들은 빙고 칸에서 일치되는 리더의 이름을 지운다.
6. 리더의 이름이 가로, 세로, 대각선의 어떤 방향이든지 다섯 항목이 일자로 지워졌을 경우 해당 팀원은 '빙고'를 외친다.
7. 게임을 마친 후, 게임을 통해 느꼈던 생각과 감정들을 공유한다.

행 체크　　　　열 체크　　　　대각선 체크

2. 리더십과 의사결정

1) 의사결정의 개념

21세기 지식정보화 사회에서는 그 어느 때보다 조직 리더의 정확하고 합리적인 의사결정 능력이 요구된다. 리더의 의사결정(decision making) 능력은 조직의 목표달성과 계획수립에 직접적인 영향을 미치고 조직 구성원들의 바람직한 행동을 규정하기 때문에 조직의 효과성 제고에 반드시 필요한 요소이다. 특히 의사결정은 조직의 문제해결을 위한 다양한 대체안을 탐색하고 평가하며 최적의 해결안을 선택하는 일련의 과정으로서 일반적으로 다음의 같은 기준에 따라 평가된다.

① 의사결정의 질: 다양한 대안 중에서 최적의 대안이라는 공감대가 형성되었는가?
② 시의적절성: 가장 적합한 시기에 의사결정이 이루어졌는가?
③ 수용성: 실행의 주체인 구성원들이 의사결정의 결과를 수용(decison acceptance)하는가?

효과적인 의사결정을 위해서는 조직 구성원들의 의사결정에 대한 수용이 가장 중요한데, 의사결정의 수용이란 내려진 결정을 효과적으로 실행함에 있어서 구성원들이 몰입하는 정도를 의미한다. 일반적으로 의사결정의 수용은 리더의 독단적 의사결정의 경우보다는 구성원과의 협의에 의한 의사결정의 경우가 더 높고, 협의에 의한 의사결정의 경우보다는 공동 의사결정의 경우가 더 높다.

의사결정은 다음과 같은 다섯 단계로 이루어진다.

① 문제의 인식 및 규명: 현재의 상태와 바람직한 상태의 차이를 문제라고 하고, 그러한 차이를 지각하는 것을 문제의 인식이라고 하며, 문제의 본질과 원인을 밝히는 것을 규명이라고 한다. 성공적인 의사결정을 위해서는 정확한 문제의 인식과 규명이 무엇보다 중요하다.

② 대안의 탐색 및 개발: 규명된 문제에 대한 원인분석을 토대로 문제와 문제해결 방안에 관한 정보를 수집하고, 가능한 해결책을 개발하는 단계이다. 대안의 포괄적인 탐색 및 개발을 위해서는 창의성이 필요하다.

③ 대안의 평가 및 선택: 탐색된 대안들을 특정 기준에 맞춰 비교·평가하고 그중에서 최선의 방안을 선택하는 단계이다. 각 대안을 비교·평가할 때에는 각 대안이 실제적으로 조직의 목표달성에 어느 정도 기여할 수 있는가를 고려하고, 선택된 대안의 실현 가능성을 평가해야 하며, 대안이 조직에 불필요한 문제를 야기할 가능성을 검토하여야 한다.

④ 실행 계획 수립: 대안의 실행을 위한 구체적인 행동계획을 수립한다.

⑤ 실행의 평가: 의사결정의 마지막 단계로 실행된 대안의 결과를 평가하는 것이다. 실행의 평가단계에서는 관련 정보의 검토를 통해 대안의 실행이 목표달성에 기여한 정도를 측정하게 되는데, '현 상태와 바람직한 상태의 간격은 좁아졌는가, 그렇지 않다면 왜 문제가 해결되지 않았는가?' 등을 중심으로 평가가 이루어진다. 대안의 실행결과가 목표달성에 충분히 기여하지 않는다고 평가되면 의사결정 과정은 다시 피드백된다.

2) 의사결정의 유형

의사결정의 유형은 크게 '개인적 의사결정'과 '집단적 의사결정'으로 나뉜다. 개인적 의사결정이란 조직의 리더가 다른 사람의 도움 없이 자신이 가지고 있는 정보에 입각하여 독자적으로 해결대안을 결정하는 방법으로서 빠른 시간 내에 신속한 의사결정을 내릴 수 있다는 장점이 있다. 하지만 개인이 가지고 있는 정보에만 의지하기 때문에 다양한 정보를 확보 및 활용할 수 없다는 단점이 있다. 개인적 의사결정은 시간적인 여유가 없는 경우와 의사결정의 수용성이 중요하지 않을 경우에는 효과적이다.

반면, 집단적 의사결정은 구성원들을 의사결정에 참여시키거나 상호 협의하여 의사결정을 내리는 방법으로서 의사결정 참여를 통한 구성원들의 자율성 향상, 사기 진작,

커뮤니케이션의 활성화, 협동적 노력의 증대 등을 목표로 한다.

집단 의사결정의 유형은 다음과 같은 여섯 가지로 분류된다(Schein, 1988).

① 신중하지 못한 의사결정: 대안에 대한 신중한 검토 없이 의사결정이 이루어지는 경우이다.

② 권위주의적 의사결정: 중요 인물에 의해 집단의 의사결정이 독단적으로 이루어지는 경우이다. 개인적 의사결정 과정과 유사하다.

③ 소수에 의한 의사결정: 지배적인 소수가 전체 구성원을 지배하여 자신들의 의견에 대해 구성원들의 동의를 요구하는 경우이다.

④ 다수에 의한 의사결정: 가장 일반적인 집단 의사결정 방법으로서 투표를 통해 대안을 선택하는 경우이다. 하지만 투표에서 이기기 위해 연합을 형성하거나 투표에서 진 상대방이 선택된 대안의 실행에 있어 소극적인 자세를 취하는 등의 문제를 내포하는 경우가 많다.

⑤ 합의에 의한 의사결정: 대부분의 구성원이 지지를 보이는 대안을 선택하는 경우로서 반드시 만장일치를 필요로 하는 것은 아니다. 하지만 합의에 도달하기 위해서 리더는 구성원들이 의사결정 과정에 적극적으로 참여하도록 독려하고, 수용적인 자세로 구성원들의 주장에 귀 기울이는 자세가 중요하다.

⑥ 만장일치에 의한 의사결정: 가장 이상적인 형태이지만 현실적으로 이루어지기 힘든 의사결정 방법이다.

집단적 의사결정은 개인적 의사결정에 비해 보다 많은 정보와 경험, 아이디어를 제공하며 의사결정 과정에서의 상호작용을 통해 구성원 상호 간에 언어적 · 비언어적 의사소통이나 접촉이 증대하는 효과가 있다.

집단적 의사결정의 구체적인 장점과 단점은 다음과 같다.

〈장점〉
• 구성원들이 가지고 있는 다양한 지식과 경험을 활용하여 문제해결에 대한 보다 많은 정보와 대안을 이끌어 낼 수 있다.
• 구성원들의 상호작용에 따른 시너지 효과(synergy effect)를 창출할 수 있다.
• 구성원 상호 간의 커뮤니케이션이 원활해져서 의사결정의 유효성이 높아진다.

- 의사결정 과정의 참여를 통해 의사결정에 대한 구성원의 이해와 수용도가 높아진다.
- 의사결정의 실행에 있어서 구성원들이 적극적으로 참여한다.

〈단점〉
- 구성원들의 다양한 아이디어 조정에 많은 시간과 자원이 소요된다.
- 다양한 대안을 충분히 검토하지 못하고 성급한 의사결정이 이루어질 수 있다.
- 동조 압력에 따른 의사결정이 일어날 우려가 있다.
- 의사결정 결과에 대한 책임 소재의 문제가 제기될 가능성이 있다.
- 의사결정 과정에서 구성원들 간의 의견 불일치로 인한 마찰의 소지가 있다.
- 지배적인 소수에 의해 집단 의사결정이 통제될 수 있다.

하지만 이러한 단점에도 불구하고 집단적 의사결정은 다양한 정보와 경험이 공유된다는 측면에서 개인적 의사결정보다는 합리적이고 보편적인 의사결정이 내려질 가능성이 높다고 하겠다.

3) 집단 간 의사결정의 영향요인

집단적 의사결정의 질은 다음과 같은 요인에 영향을 받는다.

① 집단 사고(group think): 극도로 집단 응집성이 강한 조직의 경우 구성원 상호 간의 합의에 대한 지나친 요구가 집단 사고를 조장할 가능성이 높다. 일반적으로 집단 사고가 강한 집단은 의사결정 과정에서 구성원들의 동의를 얻어 내기 용이한 반면 각 대안들에 대한 충분한 검토 없이 의사결정이 이루어지는 경향이 있기 때문에 문제해결에 있어서 창의성을 발휘할 수 없는 경우가 많다. 특히 집단 사고는 다양한 정보와 대안 제시를 제한하고, 선택된 대안에 대한 그릇된 환상과 믿음을 가지게 하며, 다른 대안을 제시한 상대방을 반대편으로 인식하여 상동적 태도(stereotyping of enemy)를 갖게 함으로써 선택된 대안에 대한 객관적이고 비판적인 평가를 불가능하게 한다.
② 집단 규모: 일반적으로 의사결정과정에 참여하는 구성원의 수가 많아질수록 상호 간의 원활한 의사소통은 어려워지고, 공격적인 소수가 토의를 지배하는 현상

이 일어나며, 문제 또는 문제해결 방안에 대한 인식의 차이로 인한 갈등이 발생할 가능성이 높다.

③ 구성원의 특성: 구성원들의 가치관, 태도, 동기, 지식 및 경험 등이 의사결정의 질에 영향을 미친다.

④ 리더의 리더십: 의사결정 과정이 구조화되지 못한 경우 리더의 문제해결 역량이 의사결정의 질적 수준에 많은 영향을 미치게 된다.

⑤ 지위의 차이: 일반적으로 의사결정에 참여하는 구성원들의 지위에 차이가 있을 경우, 낮은 지위의 구성원들은 상위 지위 구성원의 아이디어에 대해 반대하거나 비판적인 견해를 제시하기 꺼리고 상위자들의 의견이나 아이디어를 무조건적으로 높이 평가하려는 경향이 있기 때문에 대안에 대한 객관적인 평가가 어렵다.

⑥ 기타: 회의실의 좌석 배치, 주위의 소음 등의 물리적 환경도 집단적 의사결정에 영향을 미치는데, 일반적으로 원형 테이블에 둥글게 좌석을 배치하는 것이 회합이나 의사결정에 도움을 준다.

4) 효과적인 의사결정 방법

의사결정 과정을 더 효과적으로 수행하기 위해서는 다음과 같은 사항에 유의해야 한다.

① 주제로부터 빗나간 토의가 되지 않도록 서로의 인격을 존중하고 객관적이고 이성적으로 토의한다.

② 구성원들로 하여금 문제를 정확히 인식하게 하고 문제해결에 필요한 중요 정보를 공유함으로써 구성원들이 의사결정 과정에 적극적으로 참여하도록 한다.

③ 최종 선택을 하기 전에 대안의 긍정적 결과와 부정적 결과 그리고 비용과 위험의 가능성 등에 대하여 면밀하게 검토한다.

집단 의사결정의 유효성을 높이고자 개발된 창의적 의사결정 방법은 다음과 같다.

(1) 명목집단법

명목집단법(nominal group technique: NGT)은 문자 그대로 이름뿐인 집단으로서 구성원 상호 간의 대화나 토론 등의 상호작용 없이 진행되는 의사결정 방법이다. 명목집단법은 회의에 참석한 참석자들이 제시된 문제에 대한 각자의 아이디어를 글로 써서 제출한 다음 취합된 아이디어를 칠판이나 차트에 기록하고, 각각의 장단점에 대해 토론하며, 투표를 걸쳐 최종안을 선택하는 창의적인 의사결정 기법을 말한다.

일반적으로 명목집단법의 의사결정은 다음과 같은 네 단계를 거친다.

① 1단계: 7~10명으로 이루어진 집단의 구성원들이 제시된 문제에 대해서 상호 간 토의 없이 각자의 아이디어를 무기명으로 작성하여 제출한다.
② 2단계: 무기명으로 제출된 아이디어들을 리더가 칠판이나 차트에 기록한다.
③ 3단계: 구성원들은 칠판이나 차트에 적힌 모든 아이디어의 명료성, 장점과 단점, 타당성, 실효성 등 다양한 측면에 대해 논의하고 세심하게 평가한다.
④ 4단계: 각 아이디어의 선호도에 대한 비밀투표를 실시하여 가장 많은 표를 얻은 아이디어를 선택한다.

명목집단법은 구성원 개개인의 독립적 사고를 제약하지 않기 때문에 기존의 집단적 의사결정의 문제점을 해결하는 장점이 있지만 고도의 훈련된 리더가 필요하다는 것이 단점으로 지적된다.

(2) 델파이 기법

고대 그리스 도시인 델파이를 따라 이름 지어진 델파이 기법(delphi technique)은 전문가들의 합의에 기초를 둔 의사결정 방법으로서 주어진 문제에 대한 전문가들의 독립적 의견을 우편으로 수집하고 그것을 종합하여 다시 전문가들에게 배부한 다음 일반적인 합의가 이루어질 때까지 종합된 의견에 대해 논평하게 하는 방법이다. 일반적으로 다음의 다섯 단계를 거쳐 의사결정이 이루어진다.

① 1단계: 전문가들에게 주어진 문제에 대한 잠재적인 해결방안을 요구하는 설문지를 배부한다.
② 2단계: 각 전문가는 설문지를 완성하여 무기명으로 제출한다.
③ 3단계: 각 전문가들의 의견을 수집하여 요약 · 정리한 다음, 두 번째 설문지를 작성하고 이에 대한 전문가의 의견을 묻는다.
④ 4단계: 각 전문가들은 첫 번째 설문의 결과를 참고하여 두 번째 설문지를 완성한다.

⑤ 5단계: 전문가들이 합의에 도달할 때까지 이러한 과정을 반복한다.

델파이 기법은 대면 회합을 위해 전문가들을 한 장소에 모이게 할 필요가 없기 때문에 의사결정 과정에서 있어서 다른 사람들의 영향을 받지 않는다는 장점이 있다. 하지만 시간이 많이 소요되고, 구성원들의 상호작용이 없기 때문에 풍부한 대안들을 개발해 내지 못한다는 단점이 있다.

(3) 브레인스토밍

1939년 미국의 광고회사인 BBDC사의 부사장인 Osborn이 창안한 아이디어 창출기법으로서 두뇌에 폭풍을 일으킨다는 뜻으로 두뇌폭풍 또는 두뇌선풍이라고도 한다. 브레인스토밍(brainstorming)은 처음에는 광고 분야에서 새로운 아이디어를 개발하기 위하여 사용되었으나 오늘날은 신제품 개발, 작업방법 개선 등 모든 경영 분야에서 창의적인 문제해결 방법으로 광범위하게 사용되고 있다. 일반적으로 10여 명 이내의 집단을 대상으로 10~60분에 걸쳐 실시된다.

브레인스토밍은 집단적 의사결정 과정에서 나타나는 부정적 효과를 최소화하기 위해서 다음과 같은 규칙을 갖고 있다.

① 아이디어 창출과정이 끝날 때까지 타인의 아이디어에 대한 어떠한 비판이나 평가도 허용되지 않는다.
② 기존 아이디어보다 새롭고 창의적인 아이디어의 제시를 촉구한다.
③ 아이디어의 수가 많을수록 우수한 아이디어가 나타날 가능성이 높기 때문에 구성원들로 하여금 가능한 한 많은 아이디어를 제시할 것을 요구한다.
④ 다른 사람의 아이디어를 개선하거나 결합하여 새로운 아이디어를 창출하도록 독려한다.

아이디어 창출단계는 보통 30~40분이 적당한데, 리더는 구성원들이 아이디어를 제시할 때마다 이를 칠판에 기록하여 모두가 볼 수 있게 한다. 아이디어 창출단계가 끝나면 창출된 아이디어를 평가하게 되는데, 구성원들은 제시된 아이디어를 검토하고 다양한 대안에 대해 자유로운 토론을 한다. 최종 아이디어의 선택은 다수결 투표나 합의에 의해 결정한다.

팀별로 의사결정 게임을 실시한 다음 게임을 통해 느꼈던 각자의 생각을 공유하시오.

1. 당신이 탑승한 우주선이 달 표면에 불시착하여 그 쇼크로 우주선이 파손되었으며 쓸 수 있는 것은 다음의 15개 품목만 남은 상황이다.
   성냥 / 농축식품 / 로프(50피트) / 낙하산 / 휴대용 태양전지식 히터 / 45구경 권총 2정 / 분유 한 통 / 100파운드의 산소 가스 2개 / 달 표면 위의 성좌도 / 자석 / 자동왕복식 군용 구명 사다리 / 물 5캘런 / 신호등 / 구급상자(주사침이 붙은) / 태양전지식 FM 수신기
2. 탑승원들은 살기 위해서 200마일 떨어져 있는 모선까지 달 표면을 걸어서 가야 한다.
3. 이와 같은 상황에서 가장 필요하다고 생각되는 품목을 1번, 다음으로 필요하다고 생각하는 품목을 2번 등으로 번호를 붙인다
4. 팀원들이 돌아가면서 가장 필요하다고 생각한 이유를 설명하고, 서로의 의견을 공유한다.
5. 사회자는 전문가의 답을 제시한다(아래의 정답 참조).
6. 전문가의 등수와 자신의 등수의 차이를 계산한다.
7. 게임을 마친 후, 게임을 통해 느꼈던 생각과 감정을 공유한다.

점수	내용
0~25점	우주비행사로서 아주 우수한 의사결정
26~32점	우수한 우주비행사는 아니지만 긴급사태에서 생존 가능함.
33~45점	평균적인 현대인
46~70점	긴급사태에서 생명이 위급할 수 있음.
71~112점	리더로서 의사결정에 많은 문제가 있음.

〈정답〉
NASA 인간우주센터의 전문가가 작성
• 성냥(15): 달에는 산소가 없어서 불필요
• 농축식품(4): 에너지 공급에 필수
• 로프(6): 부상자 운반
• 파라슈트(8): 태양광선 가리개로 사용
• 히터(13): 어두운 면이 아니면 괜찮다.
• 권총(11): 자동 추진력으로 쓸 수 있다.

- 분유(12): 농축식품과 겹친다.
- 산소 가스(1): 생명 유지에 꼭 필요
- 성좌도(3): 달 표면 여행의 필수품
- 자석(14): 달 표면의 자장은 분극되지 않아 쓸모없음.
- 군용 구명 사다리(9): 군용 구명 사다리의 가스는 추진력으로 이용
- 물(2): 태양 반대편에서는 대량의 증발 발생
- 신호등(10): 모선과의 조난 신호에 사용
- 구급상자(7): 비상시 사용
- FM 수신기(5): 모선과의 통신에 이용

3. 리더십과 역량 개발

급변하는 글로벌 경쟁환경 속에서 경쟁우위를 확보하고 지속적으로 성장하기 위해서는 조직 구성원의 역량 제고 및 개발이 무엇보다 중요하다. 역량(core competency)이라는 용어는 1970년대 초 미국 하버드 대학교의 심리학 교수인 McCllelland가 처음 사용하였다. McCllelland는 기존의 인지능력(IQ) 중심의 인재 선발제도의 한계를 극복하고 성공적인 과업 수행을 편견 없이 예측할 수 있는 새로운 지표로서 역량의 개념을 제시하였다. 최근 들어 역량은 교육뿐만 아니라 채용, 평가, 보상 등 인사 관리 전반으로 활용 영역이 확대되고 있다. 역량은 '특정 상황이나 직무에서 탁월한 성과를 창출하는 개인의 내적 특성'으로 정의할 수 있는데, 아직 역량의 개념에 대한 학자들 간의 합의는 이루어지지 않고 있다.

역량의 개념에 대한 대표적인 학자들의 정의를 살펴보면 다음과 같다.

- Spencer와 Spencer: 역량이란 특정 상황이나 직무의 준거에 비추어 볼 때 효과적이고 우수한 성과 산출을 가능하게 하는 개인의 내적 특성이다.
- Lucia와 Lepsinger: 역량은 직무에서 효과적이거나 우수한 성과를 만들어 내는 개인의 잠재적 능력이다.
- Dalton: 역량이란 성과자와 비성과자를 구별하는 행동으로서, 특별한 방식으로 일관되게 행동하는 사람에게는 특별한 동기, 특질, 기술, 능력 등이 있다.

또한 역량의 개념에 대한 학자들의 정의는 다양하지만 핵심적인 내용에 있어서는 다음과 같은 공통점이 있다.

① 역량은 관찰 가능하고 측정 가능한, 특정 행동을 유발하는 개인의 내적 특성을 규명한 것이다.
② 역량은 일시적인 행동이 아니라 지속적으로 관찰되는 행동을 가리킨다.
③ 역량은 고성과자와 평균적 성과자의 차별화된 행동 특성에 초점을 맞춘다.
④ 역량은 현재뿐만 아니라 미래의 조직환경에서 구성원에게 요구되는 바람직한 행동이나 태도를 반영한다.

1) 리더십 역량 모델

역량은 행동, 지식, 기술, 태도, 가치관, 동기 등 다양한 개인적 특성을 포함하는데, 일반적으로 개인의 역량은 측정이 어려운 심리적 특성보다는 관찰이 가능한 행동을 통해 추론한다. 역량은 특정 지식이나 기술 또는 태도의 한 분류가 아니라 이들의 복합체이기 때문에 리더십 훈련을 통해 역량을 습득한다는 것은 결코 쉬운 일이 아니다. 리더십 역량 모델은 일반적 역량 모델을 리더십에 적용함으로써 리더십 역할 수행에 필요한 리더십 핵심 역량을 제고할 수 있는 효과적인 리더십 훈련 방향을 제시하고자 개발되었다. 효과적인 리더십 역량 모델의 특징은 다음과 같다.

① 효과적인 리더십 역량 모델은 시대적 변화에 따른 새로운 리더십 핵심 역량을 규명하고 이를 반영한다.
② 효과적인 리더십 역량 모델은 현재뿐만 아니라 미래에 필요할 것이라고 기대되는 리더십 역량에도 초점을 맞추고 있다.
③ 효과적인 리더십 역량 모델은 조직의 미션이나 전략적 목표와 연계되어 있다.
④ 효과적인 리더십 역량 모델은 각 구성요인의 중요성에 대한 조직 전체의 공유가 이루어진다.
⑤ 효과적인 리더십 역량 모델은 리더십 평가 또는 진단과 긴밀하게 연계된다.
⑥ 효과적인 리더십 역량 모델은 기업의 가치와 문화를 충분히 반영한다.

리더십 역량모델에 따르면 효과적인 리더가 되기 위해서는 리더십 기술의 함양이
필수적이다.

특히 조직계층별로 리더십 역할과 기능이 다르기 때문에 계층별 리더에게 요구되는
리더십 역량 또한 다양하다. 계층별로 상이하게 요구되는 리더십 역량에 대한 연구는
1974년 『하버드 비즈니스 리뷰(Harvard Business Review)』에 게재된 Katz의 「효과적 관
리의 기술(Skills of an Effective Administrator)」이란 논문을 시작으로 본격화되었다. Katz
에 의하면 효과적인 리더십은 세 가지 기술, 즉 전문적 기술(technical skill), 인간관계
기술(human skill), 개념적 기술(conceptual skill)에 달려 있다.

2) 효과적인 리더십 기술 역량

(1) 전문적 기술

전문적 기술은 특정 작업이나 활동에서 요구되는 전문적 지식과 경험을 포함하여
특정방법, 절차, 기법 등을 해당 분야에 적용하는 능력을 의미한다. 따라서 전문적 기
술은 특정 전문 영역에서 요구되는 필수 능력이며, 적절한 도구와 기법을 활용할 수 있
는 능력이다. [그림 12-2]에 제시된 것과 같이 전문적 기술은 하위 관리계층에게 가장
요구되는 기술이지만 직급이 올라갈수록 그 중요성은 감소한다.

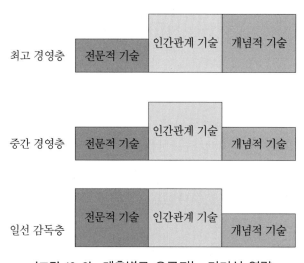

|그림 12-2| 계층별로 요구되는 리더십 역량

(2) 인간관계 기술

인간관계 기술이란 구성원들을 이끌고, 동기부여시키며, 갈등을 관리하고, 동료 집단과 함께 협력 업무를 수행할 수 있는 능력을 의미한다. 인간관계 기술은 리더가 조직의 목표를 성공적으로 달성하거나 조직의 구성원들에게 공동의 목표를 향해 협력적으로 업무를 수행하게 만드는 데 있어 반드시 필요한 기술이다. Katz에 따르면 효과적인 인간관계 기술을 가지고 있는 리더는 구성원들의 욕구에 민감하게 대응하고, 자신의 생각이나 아이디어를 구성원들의 그것과 조화시키며, 신뢰의 분위기를 조성하고, 구성원들이 안정감을 갖고 업무를 수행하도록 하며, 의사결정 과정에 구성원들의 참여를 촉진한다. 오늘날 모든 조직에서 가장 가치 있는 자원은 인적자원이기 때문에 인간관계 기술은 직급에 상관없이 조직의 모든 관리계층에서 필요한 중요한 리더십 기술이다.

(3) 개념적 기술

개념적 기술은 통찰력과 아이디어에 관련된 능력으로 조직의 비전과 목표 수립에 있어서 반드시 필요한 리더십 기술이다. 개념적 기술을 가진 리더는 조직의 문제해결을 위한 창의적인 아이디어를 제시하고, 구성원들에게 조직의 목표를 설득력 있게 전달하며, 경영환경에 영향을 미치는 경제원칙들을 이해하고 그것에 대해 구체적으로 설명할 줄 아는 사람이다. [그림 12-2]에서 제시된 것과 같이 개념적 기술은 상위 수준으로 올라갈수록 그 중요성이 증가하고 중간 계층 또는 하위 계층으로 내려갈수록 감소한다. 왜냐하면 직급이 올라갈수록 조직 전체에 영향을 미치는 중대한 의사결정 과정에 참여할 가능성이 높기 때문이다.

조직의 계층에 따라 요구되는 리더십 기술 역량이 다르다는 것은 성공적인 리더십 역할의 수행을 위해서는 계층별 리더에게 요구하는 리더십 기술 역량을 정확하게 파악하고 지속적으로 이를 개발하여야 함을 의미한다. 지난 30년간 효과적인 리더십 역량 개발을 위하여 강의, 사례연구, 역할연기, 역할 모델링, 시뮬레이션, 코칭, 멘토링, 액션러닝, 직무순환, 360도 평가 등과 같은 다양한 리더십 훈련방법이 소개되었다. 하지만 실제적 경험은 리더십 개발에 있어서 가장 중요한 핵심 요소이다. 특히 조직의 구성원들은 다양한 과업 또는 상황의 경험으로부터 리더십 역량을 개발할 수 있다. Kolb에 의하면 조직의 구성원들은 행동 → 관찰 → 성찰(Action → Observation → Reflection: AOL)의 과정을 통해 리더십 행동을 학습한다. AOL 모델 중 특히 성찰의 개념은 기존에 갖고 있던 근본적인 가정이나 믿음에 대해 의문을 제기함으로써 변화의 필요성을 인식하는 이원학습(double-loop learning)과 유사한 개념으로서, 리더는 성찰을 통해 조직 구성원에 대한 자신의 가정(presumption), 조직에서의 자신의 역할, 조직목표에 대한 자신의 이해 등에 대해 의문을 제시함으로써 자신의 리더십 스타일에 대한 변화를 시도한다. 따라서 리더십 개발 프로그램에서는 성찰의 기회를 제공하는 것이 매우 중요하다(Kolb, 1984).

최근 들어 리더십 기술 역량을 개발하기 위해 다양한 프로그램이 대학의 교육과정이나 민간 또는 공공 부문 리더십 훈련 프로그램 등을 통해 제공되고 있다. 특히 미국의 주요 기업 중의 65%가 사내교육을 실시하고 있는데, 대표적인 리더십 훈련기관으로는 1961년에 설립된 맥도널드의 햄버거 대학, GE의 크로턴빌 연수원, 모토로라의 사내대학 등이 있다. 이들 프로그램은 리더십 이론의 제공 외에 인간의 성격 특성, 인지능력, 가치, 행동, 동기부여, 집단역학, 의사소통 등의 개념을 강의 또는 개인별 피드백, 사례연구와 토의, 역할연기, 시뮬레이션 게임, 아웃도어 활동 등의 다양한 방법으로 제공함으로써 리더십 계발에 힘쓰고 있다.

다음은 리더십 훈련 프로그램에서 자주 사용하는 교육방법이다.

① 강의: 리더십에 대한 이론적 지식 제공
② 개인별 피드백: 개인의 성격적 특성, 지능, 흥미검사 점수, 리더십 행동 등에 대한 피드백 제공
③ 사례연구 및 토의: 다양한 리더십 상황을 묘사한 사례에 대한 연구와 리더십 경험에 대한 토의
④ 역할연기: 직무와 관련된 시나리오를 작성하고 주어진 역할을 연기
⑤ 시뮬레이션 및 게임: 작업환경에서 직면하게 되는 과업 수행이나 의사결정 등의 과정을 반영하여 설계된 구조화된 교육 프로그램을 통해 가상 체험을 제공
⑥ 아웃도어 활동: 참가자들로 하여금 작업환경에서 벗어나 새로운 도전을 경험하도록 설계
⑦ 인바스켓(in-basket): 서류함 기법 또는 현안업무 처리기법이라고도 불리는 훈련 방법으로서 실제 업무 상황과 유사한 환경을 조성하여 학습자의 리더십 역량을 평가하는 방법. 일반적으로 다양한 업무를 던져 주고 업무 처리에 대한 우선순위 부여방법을 묻는가 하면 간단한 기획 보고서를 작성하게 하거나 갈등관계에 대해 조정방법 등을 파악함으로써 리더십 역량을 측정

GE의 리더십 파이프라인

GE는 리더십의 단계를 여섯 단계로 구분하고 이를 리더십 파이프라인이라고 명명하였다. 리더십 파이프라인의 첫 번째는 '스스로의 관리에서 타인의 관리(manage self to manage others)'로 가는 단계이고, 두 번째는 '타인의 관리에서 초급 관리자의 관리(manage others to manage manager)'로 가는 단계이다. 세 번째는 '초급 관리자의 관리에서 영역전담 관리(manage manager to manage functional manager)'로 가는 단계이고, 네 번째는 '영역전담 관리에서 사업총괄 관리(functional manager to business manager)'로 가는 단계이다. 다섯 번째는 '사업총괄 관리에서 그룹 관리(business manager to group manager)'로 가는 단계이며, 마지막 여섯 번째는 '그룹 관리에서 기업 관리(group manager to enterprise manager)'로 가는 단계이다.

리더십 파이프라인은 일직선으로 연결되지 않고 각 단계마다 꺾어진 큰 변곡점을 가지는데, 이것은 하나의 단계에서 다음의 단계로 나아갈 때에는 다른 종류의 파이프라인으로 연결된다는 의미이다. 다시 말하면, 각각의 리더십 파이프라인은 각기 다른 역할과 역량을 요구하기 때문에 하나의 단계에서 다음 단계로 나아갈 때는 기존의 리더십과 동일한 역할과 역량이 아닌 각 리더십 파이프라인에서 요구되는 새로운 역할과 역량을 채워 놓아야만 전체 파이프라인이 막히지 않고 원활하게 흘러간다는 뜻이다.

GE는 리더십 파이프라인을 통해 파악한 구성원들의 리더십 역량과 실제 성과를 조합해서 9매트릭스를 만들고 매년 세션 C라는 검증과정을 통해 각 단계에 적합한 인재를 길러 내고 있는데 이를 GE의 succession plan 또는 승계계획이라고 한다.

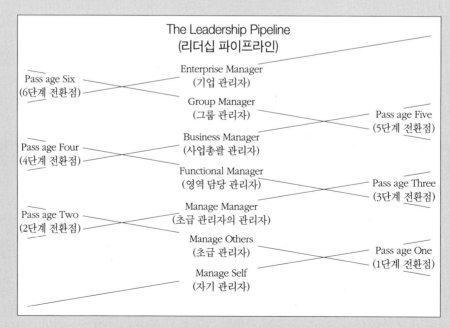

The Leadership Pipeline
(리더십 파이프라인)

Pass age Six
(6단계 전환점)

Enterprise Manager
(기업 관리자)

Group Manager
(그룹 관리자)

Pass age Five
(5단계 전환점)

Pass age Four
(4단계 전환점)

Business Manager
(사업총괄 관리자)

Functional Manager
(영역 담당 관리자)

Pass age Three
(3단계 전환점)

Pass age Two
(2단계 전환점)

Manage Manager
(초급 관리자의 관리자)

Manage Others
(초급 관리자)

Pass age One
(1단계 전환점)

Manage Self
(자기 관리자)

팀 토 의

SBI(Situation-Behavior-Impact) 피드백을 통해 효과적인 피드백 방법을 연습해 보시오.

1. 4명이 한 팀이 된다.
2. 1명을 선정하여 나머지 3명이 그의 리더십 행동에 대해 S-B-I 기법을 사용하여 피드백한다.
3. 같은 과정을 4명 모두에게 반복한 뒤 서로의 느낀 점을 공유한다.

Situation	Behavior	Impact
A.		
B.		
C.		
D.		
예) "어제 팀 회의에서 네가 발표를 할 때……."	예) "너는 PPT를 간략하고 이해하기 쉽도록 작성했다." "네가 작성한 PPT는 전체 내용을 잘 전달하고 있었다."	예) "나는 네가 주제에 대해 정확하게 이해한 것으로 보였다."

💡 참고문헌

강정애, 태정원, 양혜현, 김현아, 조은영(2010). 리더십론. 서울: 시그마프레스.

김경수, 김공수(2015). 조직행동론 분석수준 관점. 경기: 법문사.

김병섭, 박광국, 조경호(2009). 휴먼 조직론. 서울: 대영문화사.

김준식, 박민생, 차대운, 김정수(2007). 핵심 조직행동론. 대구: 도서출판 대명.

김호정(2011). 갈등유형과 갈등관리방식의 관계: 교육행정직 공무원을 대상으로. 한국 조직학회보, 8(2), 111-140.

민병모, 유량도, 박종구, 정재창 공역(1998). 핵심역량 모델의 개발과 활용. 서울: PSI 컨설팅.

박보식(2017). 리더십: 이론과 실제. 서울: 대영문화사.

박유진(2009). 현대사회의 조직과 리더십. 서울: 양서각.

백기복, 신제구, 김정훈(2009). 리더십의 이해. 서울: 창민사.

손주영(2013). 조직과 리더십. 서울: 도서출판 두남.

송계충, 정범구(2008). 조직 행위론. 서울: 경문사.

이민규(2002). 네 꿈과 행복은 10대에 결정된다. 서울: 더난출판사.

이상호(2015). 조직과 리더십. 서울: 북넷.

이영민(2006). 리더십 대탐험. 서울: 다만북스.

이영석, 오인수 공역(2002). 핵심역량과 학습조직[*Competency and the Learning Organization*]. Donald, S. 저. 서울: 시그마프레스.

이홍민(2009). 역량평가. 경기: 리드리드출판.

이홍민, 김종인(2003). 핵심역량, 핵심인재. 서울: 한국능률협회.

정우일, 박선경, 양승범(2009). 리더와 리더십. 서울: 박영사.

정재창, 민병모, 김종명 공역(2001). 알기 쉬운 역량 모델링. 서울: PSI 컨설팅.

황원기(2007). 창의력사고와 문제해결. 서울: 다이내믹컨설팅연구소.

Blake, R. R., & Mouton, J. S. (1964). *The Managerial grid*. Gulf: Houston.

Dalton, M. (1997). Are competency models a waste? *Training and Development, 51*(10), 46–49.

Katz, R. L. (1974). Skills of an effective administrator. *Harvard Business Review*, September-October, 94–96.

Kolb, D. A. (1984). *Experiential learning: experience as the source of learning and development* (Vol. 1). Englewood Cliffs, NJ: Prentice-Hall.

Lucia, A. D., & Lepsinger, R. (1999). *The art of science of competency models: Pinpointing critical success factors in organizations*. New York: Pfeiffer.

McClelland, D. C. (1973). Testing for competence rather than for intelligence. *American Psychologist, Jan*, 1–14.

Schein, E. H. (1988). *Process consultation* (Vol. 1). Reading, MA: Addison-Wesley.

Spencer, L. M., & Spencer, S. M. (1993). *Competence at work*. New York, NY: John Wiley & Sons.

제13장 리더십과 자기관리

1. 비전 관리 ┃ 2. 목표 관리 ┃ 3. 직무 스트레스 관리

1. 비전 관리

조직을 '공동의 목적 달성을 위하여 두 사람 이상이 의식적으로 결합하여 상호작용하는 사회적 집합체'라고 정의할 때, 공동의 목적(common purpose)은 조직의 미션과 비전, 핵심 가치, 목표, 전략 등을 포함한다. 일반적으로 미션(mission)은 조직의 존재이유 또는 사명 등으로 표현되며, 비전(vision)은 조직이 추구하는 미래상이라고 할 수 있다. 그리고 목표(goal)는 조직의 비전을 구체화한 것으로서 조직 미래상의 주요결과이며, 전략(strategy)은 비전과 목표를 달성하기 위한 최적의 실행방법이다.

변화관리 전문가인 하버드 경영대학원의 Kotter 교수(Kotter & Cohen, 2002)가 "리더의 비전은 조직의 나침반과도 같다. 만일 리더나 그를 따르는 사람들이 자신들이 어디로 가고 있는지를 모른다면, 그 어떤 리더십을 발휘해도 소용이 없다."라고 강조했듯이 리더에게 가장 중요한 역할 중 하나는 조직의 비전과 목표를 설정하고 이를 구성원들에게 제시하는 일이다. 그는 "비전은 미래의 그림을 말하는 것으로서 조직 구성원들이 그 미래를 창조하기 위해 노력해야 하는 이유를 명시적으로 또는 묵시적으로 나타낸 것"이라고 정의하고, 비전은 반드시 구성원들과 공유되어야 한다고 강조한다. 또한 비전은 구성원들이 함께 이루어 나가야 하는 조직의 미래 모습이기 때문에 추상적이지 않고, 원하는 미래의 모습을 가능한 한 명확한 말로 표현해야 하며, 미션 및 전략과의 연관관계를 명확하게 설명할 수 있어야 한다.

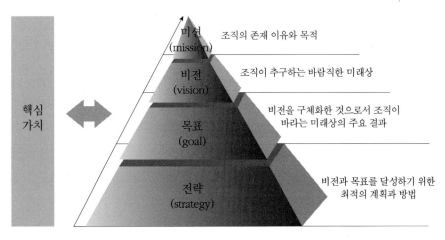

|그림 13-1| 조직 공동의 목적

효과적인 비전은 다음과 같은 특징을 갖는다.

① 상상이 가능해야 한다.
② 선의, 희생, 정의 등과 같이 바람직한 것이어야 한다.
③ 실행 가능한 것이어야 한다.
④ 초점이 있어야 한다.
⑤ 유연해야 한다.
⑥ 이해할 수 있어야 한다.

또한 비전은 다음과 같은 역할과 기능을 한다.

① 비전은 명확하고 구체적으로 조직의 미래 방향을 제시하기 때문에 조직 구성원들로 하여금 미래에 대한 꿈과 희망을 갖게 하고 한 방향으로 그들을 결집시킨다.
② 비전은 조직의 나아가야 할 바람직한 방향을 제시함으로써 구성원들로 하여금 옳고 그름을 판단하는 가치 판단의 기준을 제공하고, 개인의 이익보다는 조직 전체의 이익이 되는 바람직한 의사결정을 하게 하며, 조직의 변화와 혁신을 촉진시킨다.

리더의 명확하고 구체적인 비전은 바람직한 방향으로 조직의 변화를 불러일으키고 궁극적으로는 조직 성장의 원동력이 된다. 하지만 리더의 가장 중요한 역할 중 하나가 비전의 창출과 전달임에도 불구하고 다수의 조직 리더들은 비전이 무엇이고, 어떠한 과정을 통해 만들어지며, 구성원들에게 어떻게 그것을 전달해야 하는지 등에 대해 정확하게 알지 못하는 것이 사실이다.

Kotter에 의하면 리더가 스스로 조직의 비전을 창출하기 어려운 이유는, 첫째, 조직 구성원들이 변화를 싫어하기 때문이다. 조직 구성원들의 변화에 대한 소극성이나 저항은 조직의 비전을 거추장스럽고 불편한 것으로 인식하게 하고 결국에는 불필요하게 만든다. 둘째, 변화 관리능력의 부재로 인해 비전을 제시하는 것을 불안하게 생각하기 때문이다. 조직 또는 리더의 새로운 비전 제시는 바람직한 방향으로 조직의 변화를 불러일으키지만 리더가 변화를 효과적으로 관리하지 못할 경우 조직의 혼란은 가중된다. 따라서 리더의 효과적인 변화 관리능력이 입증되지 못할 경우 리더가 제시하는 새로운 비전은 구성원들의 이해와 호응을 불러일으키기 어렵다. 셋째, 비전의 실행에 대한 리더의 책임감 결여 때문이다. 조직이나 리더가 비전을 제시만 할 뿐 실행에 대한 책임감을 상실하면 추종할 구성원들은 없을 것이다. 따라서 바람직한 비전 리더는 미래를 내다보며 준비하는 사람이고, 모든 것을 꿰뚫어 보는 혜안을 가진 사람이며, 과거 또는 현실에 안주하기보다는 조직 구성원들에게 함께 공동의 목표달성을 향해 나아가자고 격려하고 동기를 부여하는 사람이다.

소설가 생 텍쥐페리는 비전 리더의 특징을 다음과 같이 요약하고 있다. "만약 배를 만들고 싶다면 북을 쳐서 남자들을 불러 모아 목재를 마련하고, 임무를 부여하고, 일을 나누어 주지 말라. 대신 그들에게 무한히 넓은 바다에 대한 동경을 가르쳐라."

이영민(2006)에 따르면 비전 리더의 특성은 다음과 같다.

① 비전 리더는 섬기는 사람이다: 비전 리더는 조직 구성원들에게 비전을 제시하고, 이를 공유하며, 비전을 성취하기 위해 자신을 헌신하고 섬기는 삶을 사는 사람들이다. 간디와 마틴 루터 킹 목사 그리고 백범 김구 선생 등이 대표적이다.

② 비전 리더는 모든 것에 혁신적인 사람이다: 비전 리더는 혁신적인 사고를 가지고, 모든 것에서 창의성을 발휘하며, 자기 자신부터 변화함으로써 혁신적인 분위기를 창출하는 사람이다.

③ 비전 리더는 개방적인 사람이다: 비전 리더는 구성원들의 다양한 의견을 수렴하고 이를 적극적으로 의사결정에 반영하는 개방적인 사고와 태도를 가지고 있다.

④ 비전 리더는 후계자를 양육하는 사람이다: 비전 리더는 조직 구성원들의 잠재력을 개발하고, 자신의 비전을 이어 갈 인재를 양성함에 있어 누구보다도 적극적이다.

⑤ 비전 리더는 고통스러운 순간에도 희망을 전파하는 사람이다: 비전 리더의 명확하고 구체적인 비전은 조직 구성원들로 하여금 현재의 어려움을 극복하고 미래를 향해 도전할 수 있도록 동기를 부여하는 역할을 한다.

하지만 비전 리더의 중요성에도 불구하고 대다수 조직의 리더들은 이에 대한 준비가 부족하다. 왜냐하면 비전 수립과 목표설정에 대한 이해와 실행 경험 등이 부재하기 때문이다. 따라서 이 장에서는 특히 개인적 차원에서의 비전 수립과 목표설정에 초점을 맞추고 구체적인 방법론을 제시하고자 한다.

1) 리더십과 비전 수립

개인적 차원에서 비전은 개인이 추구하는 궁극적 가치로서 개인이 하고 싶은 것, 되고 싶은 것 등을 상징하는 꿈, 소망, 욕구 등을 의미한다. 따라서 개인적 차원에서 비전은 '자신의 미래에 대한 구상'이며 '되고자 하는 미래상'이며 '삶의 지향점'이다. 일반적으로 비전은 개인의 존재 이유(사명), 핵심 가치, 도전적인 목표 등의 요소로 구성된다. 따라서 효과적인 비전 리더가 되기 위해서는 자신에게 주어진 사명이 무엇인지를 깨닫고 이러한 사명을 완수하는 삶을 살았을 때의 자신의 모습을 구체적으로 그려 보며, 어떠한 상황에서도 끝까지 포기하지 않고 유지해야 할 핵심 가치를 규정하고, 이러한 비전을 달성하기 위한 구체적인 목표를 설정하는 것이 필요하다.

앞에서 설명한 것과 같이 효과적인 비전 리더가 되기 위해서는 자신에게 주어진 사명을 깨닫고 이를 이루었을 때의 모습을 구체적인 그림으로 그려 보는 지속적인 훈련이 필요하다. 왜냐하면 개인의 사명에 대한 명확한 인식과 구체적인 비전의 설정은 미래의 삶에 대해 소망을 품게 하고, 목표를 향해 열정적으로 움직이게 하며, 지치고 힘들어 포기하려 할 때 참고 견딜 수 있는 새로운 힘을 갖게 하기 때문이다.

또한 명확하고 구체적인 비전은 개인으로 하여금 해야 할 일과 하지 말아야 할 일을 깨닫게 해 주고, 자신에게 주어진 시간을 보다 가치 있고 보람 있게 사용할 수 있게 해 준다. 미래의 나의 모습을 구체적으로 상상하고 그러한 미래의 모습을 이루기 위해 비전 선언문을 작성하는 것은 현재의 나의 행동에 긍정적인 영향을 미치고 더욱 열심히 현재를 살아가게 만든다.

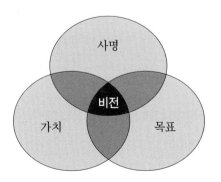

|그림 13-2| 비전의 구성요소

비전을 가진 사람들

안개에 둘러싸인 성과 곤경에 처한 공주 그리고 용감한 기사들이 살던 시대에 한 젊은이가 길을 가다가 망치와 정을 가지고 있는 힘을 다해 돌을 두드리고 있는 석공을 만났다. 젊은이는 무척이나 화가 나 있는 듯이 보이는 그 석공에게 말했다.

"당신은 무엇을 하고 있습니까?" 그 석공은 고통스러운 듯한 목소리로 대답했다.
"나는 이 돌의 형태를 다듬고 있는 중인데, 이것은 등뼈가 휘어질 정도로 힘든 작업이랍니다."

젊은이는 여행을 계속하다가 비슷한 돌을 다듬고 있는 또 한 사람을 만나게 되었는데
그는 특별히 화가 나 보이지도, 행복해 보이지도 않았다.
"당신은 무엇을 하고 있습니까?" 젊은이가 묻자 석공은 대답했다.
"집을 짓기 위해 이 돌을 가다듬고 있는 중입니다."

젊은이는 계속 길을 가다가 돌을 다듬고 있는 또 다른 석공을 만났는데,
그는 일을 하면서 행복하게 노래를 부르고 있었다.
"무엇을 하고 있습니까?" 그 석공은 미소를 지으면서 대답했다.
"성당을 짓고 있습니다."

– 출처: 조영탁(2004)에서 재인용.

2) 비전 선언문 작성방법

(1) 사명과 핵심 가치를 생각하라

효과적인 비전 리더가 되기 위해서 가장 먼저 해야 할 일은 '나는 어떤 사람이고, 어떤 삶을 살고 싶은가?'라는 물음에 대한 진솔한 자기고백이다. 즉, 나의 존재 이유는 무엇이며, 나는 누구를 위해 존재하고, 무엇을 주는 존재인가 등에 대한 깊이 있는 성찰이 무엇보다 우선되어야 한다. 누구나 성공한 삶을 살고 싶지만 성공한 삶에 대한 생각은 제각각이다. 왜냐하면 성공에 대한 정의가 모두 다르기 때문이다. 이것은 사람들이 다양한 가치체계를 가지고 있기 때문이기도 하다. 확고한 가치체계를 가진다는 것은 각자의 인생에서 어디에 가장 높은 우선순위를 두고 초점을 맞추며 한정된 시간을 어떻게 효과적으로 사용할 것인가를 정하도록 도와준다. 자신의 존재 이유(사명)를 생각하고, 자신의 삶에 있어서 가장 중요한 것과 성공의 의미를 생각하라. 그리고 이를 바탕으로 자신의 삶에서 끝까지 포기하지 말고 지켜야 할 핵심 가치 세 가지를 정해서 우선순위에 따라 글로 표현해 보도록 한다.

무엇이 성공인가?

자주 그리고 많이 웃는 것
현명한 이에게 존경을 받고
아이들에게서 사랑을 받는 것
정직한 비평가의 찬사를 듣고
친구의 배반을 참아내는 것
아름다움을 식별할 줄 알며
다른 사람에게서 최선의 것을 발견하는 것
건강한 아이를 낳든
한 뙈기의 정원을 가꾸든
사회 환경을 개선하든
자기가 태어나기 전보다
세상을 조금이라도 살기 좋은 곳으로
만들어 놓고 떠나는 것
자신이 한때 이곳에 살았음으로 해서
단 한 사람의 인생이라도 행복해지는 것
이것이 진정한 성공이다.

– 출처: 류시화(2002), p. 26.

삶에 있어서 성공의 의미

나에게 있어서 성공이란?

나의 핵심 가치	구체적 내용
첫 번째 가치	
두 번째 가치	
세 번째 가치	

(2) 구체적인 비전을 수립하라

비전은 자신의 미래상이다. "보지 못하는 사람보다 더 불행한 사람은 볼 수는 있으나 비전을 갖지 못한 사람이다."라는 헬렌 켈러의 말과 같이 비전은 자신이 바라는 꿈을 사명과 연계하여 시각화하는 것이다. 가장 먼저 자신에 대한 깊이 있는 성찰을 기반으로 내가 가장 존경하는 인물 또는 내가 되고자 하는 롤 모델(role model)을 설정하고, 그 사람의 어떠한 점을 닮고 싶은지 등을 구체적으로 파악하여 궁극적으로 자신이 되고자 하는 인물의 모습을 글로 표현하라. 또한 존경하는 인물의 성품과 능력, 이미지, 그 사람의 삶의 자세와 영향력 등에 대해 생각해 보고 진정으로 자신이 되고자 하는 모습을 형상화한다.

▷ 나는 어떠한 사람인가? 자신의 강점(Strength), 약점(Weakness), 기회(Opportunity), 위협(Threat) 등에 대한 SWOT 분석
▷ 나는 어떤 성품과 특성을 가진 사람이 되고 싶은가?
▷ 나는 어떤 능력의 소유자가 되고 싶은가?
▷ 나는 어떤 삶의 자세와 영향력을 가진 사람이 되고 싶은가?
▷ 나는 어떤 이미지의 사람으로 인식되고 싶은가?

팀 토 의

자신이 되고자 하는 바람직한 리더의 모습에 대해 서로 의견을 나누고 각자의 액션플랜을 작성하시오.

〈리더로서의 나는?〉

액션플랜 작성

바람직한 모습		개발 포인트	
지식	• • •	지식	• • •
기술	• • •	기술	• • •
태도	• • •	태도	• • •

개인의 비전 수립에 있어 많은 사람이 어려워하는 것은 자신의 주변에서 존경하는 인물을 찾는 것이 어렵다는 것이다. 주위의 리더들을 살펴보면 리더로서의 빼어난 장점 못지않게 단점도 많아 진정으로 존경하는 사람을 찾기 힘들다는 뜻이다. 그렇다면 너새니얼 호손의 『큰 바위 얼굴(Great Stone Face)』을 읽어 보자. 세상에 완벽한 인간은 없다. 존경하는 인물이 없다고 불평하기보다는 각 리더가 가지고 있는 장점에 초점을 맞추고, 그들의 단점을 반면교사 삼아 이상적인 리더가 되기 위해 노력한다면 어느 날 만인에게 존경받는 모습을 자신에게서 발견할 수 있지 않을까?

큰 바위 얼굴

- 미국 작가인 너새니얼 호손이 1850년 발표한 단편소설
- 어린 시절부터 얼굴 모양의 바위산을 보고 자란 어니스트는 어머니로부터 '언젠가 우리 마을에 저 바위 산과 닮은 얼굴의 위대한 인물이 등장할 것이다.'라는 전설을 굳게 믿고 청년, 장년 그리고 노년에 이르기까지 큰 바위 얼굴과 닮은 인물이 나타나기를 기다림.
- 첫 번째는 '개더골드(Gather Gold, '금을 긁어모은다'는 뜻)'라는 별명의 재력가가 그 바위 얼굴이라고 생각했지만 구걸하는 거지에게 동전을 던져 주는 탐욕스러운 모습을 보고 실망함.
- 두 번째는 올드 블러드 앤드 선더(Old Blood And Thunder, 유혈낭자한 노인)라는 유명한 장군에게서 강한 의지와 힘을 보았지만 자애로움과 지혜를 볼 수 없어서 그가 아님을 깨달음.
- 세 번째는 올드 스토니 피즈(Old Stony Phiz, 늙은 바위 얼굴)라는 성공한 정치가였는데 큰 바위 얼굴처럼 당당하고 힘찬 외모를 가졌지만 큰 바위 얼굴이 가진 '장엄함이나 위풍, 신과 같은 위대한 사랑'보다는 권력과 명예욕에 찌든 사람임을 닮고 또다시 실망함.
- 노년기의 어니스트는 사람들을 깨우치는 설교가가 되고, 어니스트의 설교를 들은 시인은 어니스트가 곧 큰 바위 얼굴과 닮은 인물임을 알게 됨.
- 하지만 어니스트는 자신보다 더욱 훌륭한 인물이 큰 바위 얼굴을 닮은 인물일 것이라고 말함.

(3) 5년 또는 10년 후의 자신의 모습을 상상하며 구체적으로 비전 선언문을 작성하라

『논어』의 위정편(爲政篇)을 보면 공자는 "나는 15세에 학문에 뜻을 두었고, 30세가 되어 자신의 입장을 가졌고, 40세에는 미혹됨이 없었으며, 50세에 하늘이 내게 명하는 바가 무엇인지를 알았고, 60세가 되니 남의 말이 순수하게 들렸고, 70세에는 내 마음이 내키는 대로 행동하여도 도에서 벗어나지 않게 되었다(子曰, 吾十有五而志于學, 三十而立, 四十而不惑, 五十而知天命, 六十而耳順, 七十而從心所欲不踰矩)."라고 하였다. 특히 공자는 30세를 이립(而立)이라고 하여 모든 기초를 세우는 나이, 자신의 가치관이 정립된 나이라고 하였는데, 특정 시기의 나는 경제적으로 또는 사회적으로 어떠한 성취를 하였으며, 가정생활과 인간관계는 어떠하며, 자신의 사명에 부합한 직업생활을 하고

있는지, 어떤 사회 활동 등을 하는지 등에 대해 구체적으로 상상하며 비전 선언문을 작성해 보도록 한다.

특히 비전 선언문을 작성할 때는 ① 반드시 종이에 기록하고 매일 볼 수 있는 곳에 두며, ② 미래형으로 작성하는 것이 아니라 이미 그것이 달성된 것처럼 현재형으로 작성하고, ③ 구체적인 목표와 다양한 행동 지표를 포함시켜야 한다.

그리고 마지막으로 효과적인 비전의 달성을 위해서는 다음과 같은 사항에 유의한다.

① 확고한 비전을 수립한다.
② 최선을 다해 노력한다면 반드시 비전이 달성되리라는 확신을 갖는다.
③ 비전을 글로 적는다.
④ 비전을 달성하는 과정에서 직면하게 될 장애물과 비전 달성 후에 자신에게 주어질 유익 등을 예상하고 이를 종이에 기록한다.
⑤ 비전을 몇 개의 명확한 목표로 나누어 설정한다.
⑥ 각 목표를 구체적인 단계로 구분하고, 단계별로 상세한 활동을 계획한다.
⑦ 각 활동을 점검할 시간과 방법 그리고 완료 날짜 등을 결정한다.

팀 토 의

다음은 박노해의 〈솔개는 제 부리를 깬다〉라는 시이다.
다음의 동영상을 보고 서로가 느낀 점을 공유하라.

창공에 솔개 한 마리 유유히 원을 그리면 / 온 마을 짐승들이 숨어들기 바빴지

솔개는 40년을 날아다니다 보면 / 서슬 푸른 발톱과 부리에 힘이 빠지고
깃털은 두꺼워져 날기조차 힘이 든다지

몸이 무거워진 솔개는 험한 산정으로 올라가
절벽 끝 바위를 쪼아 낡아진 부리를 깨고 / 밤마다 굶주린 창자로 홀로 울부짖는다지
새 부리가 돋아나면 그 부리로 발톱을 뽑아내고
두꺼워진 깃털마저 다 뽑아낸다지

그렇게 반년의 처절한 환골탈태 수행을 거치면
솔개는 다시 힘찬 날개짓으로 창공을 떠올라
새로운 30년을 더 서슬 푸르게 살아간다지

　　　　　　　　　　　　- 출처: 박노해, 〈솔개는 제 부리를 깬다〉 중에서

2. 목표 관리

효과적인 비전의 달성은 구체적이고 체계적인 목표의 설정과 긴밀하게 연관된다. 일반적으로 비전은 5년에서 10년에 이르는 장기적인 도달점이며, 목표(goal)는 조직의 비전을 구체화한 것으로서 비전을 달성하기 위한 중단기적인 도달점을 말한다. '목표는 마감시한이 있는 꿈(Goals are dreams with deadlines)'이며, 목표 없는 비전은 허황된 꿈에 지나지 않는다.

구체적이고 명확한 목표설정은 삶의 의미에 대한 깊이 있는 성찰을 가능하게 하고, 자신이 나아가야 할 방향에 대해 정확하게 인식하게 하며, 목표달성을 위해 자신이 가진 능력을 집중시켜 주고, 자신의 삶을 스스로 결정하고 통제할 수 있게 한다.

미국의 저명한 리더십 교육기관인 LMI(Leadership Management International)의 회장인 Paul Meyer는 "문서화하지 않은 목표는 행동으로 옮겨지지 않는다."라고 강조하고 "우리 마음속에 그린 것을 생생하게 상상하고, 간절히 바라며, 깊이 믿고, 열의를 다해 행동하면 그것이 무슨 일이든 반드시 현실로 이루어진다."라고 하였다.

문서화된 목표는 그 자체만으로 특별한 효과가 있는 것은 아니지만 목표를 글로 기록하고 계획하는 동안 우리 머릿속에는 목표달성의 과정에서 직면하게 될 장애요인, 그것을 극복하고 목표를 달성하였을 때의 자신의 모습, 그 결과로 얻게 될 사회적인 영향력 등에 대한 수많은 생각이 떠오르게 되고 이를 통해 목표달성을 향한 행동화의 결의를 더욱 강력히 하게 된다. 따라서 목표의 문서화는 목표달성의 가능성을 보다 높이게 되는 것이다.

글로 작성한 목표

성공의 핵심은 '글로 쓴 구체적인 목표와 계획'이다. 1979년에 하버드 경영대학원 졸업생들을 대상으로 '명확한 장래 목표를 설정하고 기록했는가?'라고 질문하였을 때 이들 중 3%는 자신의 목표를 설정하여 종이에 기록했고, 13%는 마음속으로만 목표를 생각하고 이를 종이에 기록하지 않았으며, 나머지 84%는 구체적인 목표가 없다고 응답하였다.

10년 후인 1989년에 다시 응답자들을 조사하였을 때 비전은 있었지만 이를 종이에 기록하지 않았던 13%는 비전이 없었던 84%의 응답자들보다 평균 2배의 수익을 올리고 있는 것으로 나타났다. 반면, 명확한 비전과 구체적인 계획을 종이에 기록했던 3%는 나머지 97%보다 평균적으로 10배의 수익을 올리고 있었다.

- 출처: 정범진 역(2003) 중에서

미국의 탐험가 존 고다드는 15세가 되던 1940년에 "내가 젊었을 때 이것을 했더라면……."이라는 할머니의 푸념을 듣고 자신은 결코 후회하지 않는 삶을 살겠다는 결심을 하고 '나의 인생목표'라는 제목으로 자신의 인생목표를 설정하였다. 그는 자신의 인생목표를 ① 탐험할 장소, ② 원시문화 답사할 장소, ③ 등반할 산, ④ 배워야 할 것, ⑤ 사진 찍을 장소, ⑥ 수중탐험을 할 장소, ⑦ 여행할 장소, ⑧ 수영할 장소, ⑨ 해낼 일 등으로 분류하고 총 127개의 구체적인 목표를 설정하여 이를 종이에 기록하였다.

1972년, 미국의 『라이프(Life)』는 '꿈을 성취한 미국인'으로 존 고다드를 대서특필하였는데, 당시 그는 104개의 목표를 달성하였다. 그가 달성한 목표들은 결코 쉬운 목표들이 아니었는데 세계의 주요 고산 등반과 큰 강 탐험 등을 포함하여 셰익스피어 전집 읽기, 브리태니커 백과사전 전권 읽기 등이 포함되어 있었다. 1980년에 우주비행사가 된 그는 달에 도착함으로써 127개의 목표 중 110개의 목표를 달성하였고, 그 후로도 500여 개의 꿈을 더 이루었다.

존 고다드의 Dream List에서 배울 점

- 목표는 머릿속에서만 생각하지 말고 종이에 기록하라.
- 목표는 짧고 간단하게(short & simple) 적으라.
- 목표는 구체적이고 상세하게 설정하라.
- 목표는 자신이 진정으로 원하는 것으로 설정하라.
- 목표는 반드시 달성해야 할 '짐'이 아니다. 목표달성의 과정을 즐기라.

---

1) 목표설정의 방법

'글로 쓴 구체적인 목표와 계획'이 성공의 핵심임에도 불구하고 많은 경우 ① 목표설정의 중요성을 인식하지 못하고, ② 목표와 계획을 세우는 방법을 알지 못하며, ③ 목표를 달성하지 못하고 실패할 것이라는 두려움이 있고, ④ 목표달성에 실패하였을 경우 주위 사람들의 시선을 걱정하는 것 등으로 인해 효과적인 목표설정이 어렵다. 성공적인 목표달성을 위해서는 영국의 종교철학자 Gold Smith의 말과 같이 '인간에게 있어 최대의 행복은 실패하지 않는 것이 아니라 쓰러질 때마다 당당하게 일어서는 것'임을 명심하고 새로운 도전을 즐겨야 한다.

효과적인 목표설정을 위해서는 먼저 자신의 비전을 명료하게 하고, 성취하고자 하는 목표를 정확하게 설정하며, 그에 따른 구체적인 계획이 필요하다. 또한 목표달성을 위한 계획은 반드시 최종시한을 정하고 매일, 매월 등으로 세분화하여 계획하여야 한다. 그리고 수립된 계획은 반드시 실행하여 정해진 시간에 달성하고 말겠다는 강한 의지와 열정을 가져야 한다.

목표는 자신의 인생에서 가장 원하는 것들을 중심으로 설정하여야 한다. 왜냐하면 강렬한 욕구는 인간의 모든 행동에서 최고의 동기가 되기 때문이다. 목표달성에 있어 효과적인 계획의 수립 못지않게 중요한 것은 자신의 의지와 능력에 대한 확신이다. 브라질의 소설가 파울로 코엘료가 "꿈을 이루지 못하는 것은 실패할지도 모른다는 두려움 때문이다."라고 말했듯이 성공적인 목표달성을 위해서는 실패를 두려워하지 말아야 하고, 자신의 약점 대신 강점에, 문제점 대신 잠재력에 초점을 맞추고 반드시 '나는 목표를 달성하리라.'는 믿음을 가져야 한다.

특히 적극적이고 긍정적인 사고는 성공적인 목표달성의 본체이다. "어떤 일을 할 수 있다고 믿든, 할 수 없다고 믿든 아마도 당신이 믿는 그대로 될 것이다."라는 헨리 포드의 말과 같이 '나는 반드시 목표를 달성한다.'는 긍정적인 자기암시가 필요하다.

가장 먼저 성공적인 목표달성을 위해서는 SMART 5원칙에 따라 체계적으로 목표를 설정하는 것이 효과적이다. SMART에서 S(Specific)는 구체적인 목표를 의미하는 것으로서, 효과적인 목표설정을 위해서는 자신이 정확하게 무엇을 하고자 하는지를 명확하게 하여야 한다. 존 고다드가 목표를 몇 개의 영역으로 분류하고, 각 영역을 '언제, 어디서, 무엇을, 어떻게, 얼마나' 할 것인지를 정한 것과 같이 반드시 구체적이고 명확하게 목표를 설정하여야 한다. M(Measurable)은 측정 가능한 목표를 의미하는 것으로서, 목표는 반드시 목표달성의 여부를 객관적으로 판단할 수 있어야 한다. 따라서 막연히 '영어 공부를 한다.'가 아닌 '1일에 10개 단어를 외우고 1개월 안에 300개의 단어를 외운다.'라는 목표가 성공 가능성이 높다. A(Action-oriented)는 행위 중심적인 목표를 의미하는 것으로서, '친절한 사람이 된다.'와 같은 포괄적이고 개념적인 목표가 아닌 '이웃 사람들에게 날마다 웃으면서 인사한다.'와 같은 구체적인 행위가 명시된 목표를 설정하여야 한다. 또한 R(Realistic)은 현실적인 목표를 의미하는 것으로서, '하루에 20시간을 공부한다.'와 같은 실현 불가능한 목표보다는 자신의 능력에 맞춰 지속적으로 실행할 수 있는 범위의 목표를 설정하는 것이 보다 성공의 가능성을 높인다. 마지막으로, T(Timely)는 적절한 시간 배정을 의미하는데, '언제까지 목표를 달성할 것인가'를 의미한다. 목표달성의 마감시한을 너무 빠르게 설정하면 쉽게 지쳐서 포기하게 되고, 너무 느리게 설정하면 나태해지기 때문에 적절한 시간 배정은 반드시 필요하다.

　다음으로 효과적인 목표달성을 위해서는 목표설정의 3P 공식에 맞춰 목표를 긍정적으로(Positive), 현재 시제로(Present) 그리고 1인칭으로(Personal) 글로 써서 기록하는 것이 중요하다. 왜냐하면 우리의 잠재의식은 부정적인 명령을 처리하지 못하기 때문에 우리의 행위를 유발시키기 위해서는 스스로에게 내리는 명령을 반드시 긍정적으로 서술하여야 한다. 또한 우리의 잠재의식은 반드시 현재 시제로 쓰인 긍정문을 통해서만 작동하기 때문에 목표를 적을 때는 내가 이미 그것들을 성취한 것처럼 현재 시제로 서술하여야 한다.

2) 목표달성의 방법

　"성실은 하늘의 길이요, 성실하려는 것은 사람의 길이다(誠者天之道 誠之者人之道)." 라는 『중용(中庸)』의 말과 같이 목표달성의 지름길은 성실하고 지속적인 실행이다. 러시아의 유명한 피아니스트인 루빈스타인이 "하루를 연습하지 않으면 자기가 알고, 이틀을 연습하지 않으면 동료가 알고, 사흘을 연습하지 않으면 청중이 안다."라고 하였듯이 목표달성의 성공을 방해하는 가장 큰 장애물은 언제나 나 자신이다. "더 못한다

팀
토
의

각자의 목표에 대해 서로 이야기를 나누고 아래의 자기암시문을 참조하여 각자의 자기암시문을 작성하시오.

1. 자신이 진정 되고 싶고, 갖고 싶고, 원하는 것이 무엇인지를 팀원에게 설명하고, 그것을 기반으로 자기암시문을 작성한다.
2. 자기암시문의 시제는 현재형 또는 현재 진행형으로 작성한다.
3. 각자 작성한 자기암시문을 큰 소리로 팀별로 발표하고 원하는 자신의 이미지를 상상한다.

〈예시〉
1. 나는 매우 특별한 존재이다.
2. 나는 훌륭한 능력과 잠재력을 가지고 있다.
3. 나는 열정적이고 적극적인 사람이다.
4. 나는 매일매일 성장한다.
5. 나는 ……가 된다.

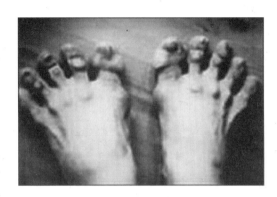

|그림 13-3| 강수진의 발

고, 이 정도면 됐다고 생각할 때 예술 인생은 끝난다."라고 말한 강수진은 독일의 세계
적인 발레단인 슈투트가르트 발레단의 프리마 발레리나였다. 그녀의 성공적인 목표달
성 역시 하루에 열 시간 넘는 연습과 1년에 150여 개의 토슈즈를 갈아치우는 성실하고
지속적인 실행의 결과물이었다.

이민규(2002)는 효과적으로 목표를 달성하는 사람들의 특징을 WISE로 명명하고 다
음과 같이 설명하였다.

① W(Will power): 목표달성에 성공하는 사람들은 일단 목표를 세우면 반드시 달성
   하고 말겠다는 강한 의지와 자신의 노력으로 목표가 달성되리라는 확신을 가지
   고 있다.
② I(Initiative): 목표달성에 성공하는 사람들은 자신이 가능한 시간에, 하고 싶을 때, 또
   는 여건이 될 때를 기다리지 않고 즉각적으로 계획을 실행하는 강한 실천력이 있다.
③ S(Stamina): 목표달성에 성공하는 사람들은 단시일 내에 목표를 달성하겠다는 생
   각보다는 끝까지 포기하지 않고 하나씩 달성하겠다는 강한 끈기가 있다.
④ E(Enthusiasm): 목표달성에 성공하는 사람들은 목표달성을 '짐'이라고 생각하지
   않고 즐거운 마음으로 실행하는 긍정적인 생각과 열정이 있다.

마지막으로, 성공적인 목표달성에는 반드시 전략적인 실행이 뒤따라야 한다. 성공
적인 목표달성을 위해서는 '시간의 원칙(3 · 3 · 3 원칙)'에 따라 목표를 세운 3일 안에 행
동으로 옮기고, 3주를 지속하여 습관으로 만들며, 3년을 투자하여 전문가가 되고자 하
는 지속적인 노력이 필요하다. 주어진 일 중에서 우선순위를 정하고, 중요한 일부터

하나씩 즉각적으로 실행하며, 20%의 노력이 80%의 결과를 창출한다는 20:80 법칙에 따라 효율적으로 계획을 실행하고, 잘못된 습관과 행위 등으로 인한 시간 낭비요인을 제거하며, 다이어리 등을 사용하는 등의 시간 관리 습관을 길러야 한다.

　효과적인 시간 관리를 위해서는 아이젠하워 매트릭스(Urgency-Important Matrix)를 활용할 수 있다. 아이젠하워 매트릭스는 중요도와 긴급도의 두 축에 따라 모든 작업을 네 가지 영역으로 분류한 뒤 작업의 우선순위를 관리한다. "중요한 것은 거의 긴급하지 않고, 긴급한 것은 거의 중요하지 않다(What's important is seldom urgent, and what's urgent is seldom important)."라는 아이젠하워의 말과 같이 '중요하면서 긴급한 일'을 시간관리의 우선순위에 두되, 가능한 사전에 계획을 세우고 미리 준비함으로써 '중요하면서 긴급한 일'을 '중요하지만 긴급하지 않은 일'로 만드는 것이 중요하다.

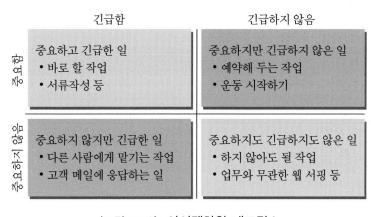

|그림 13-4|　아이젠하워 매트릭스

비전 선언문 작성				
나의 비전				
나의 목표				
구체적인 목표	• 건강: • 지식: • 기술: • 태도: • 대인관계: • 여가활동: • 봉사활동:			
가장 중요한 목표	구체적인 실천 방안 (행동 중심으로)	성취 기준	성취 시기	보상 계획
1.				
2.				
3.				
실천을 위한 나의 다짐				

3. 직무 스트레스 관리

직장에 근무하는 직장인들은 리더나 부하 모두 업무와 관련된 스트레스를 경험하게 된다. 구성원들이 경험하는 직무 스트레스와 관련해 리더는 다른 구성원들보다도 직무 스트레스를 관리하는 방법에 대해 알 필요가 있다. 리더는 자신의 직무 스트레스를 관리해야 할 뿐 아니라 자신의 밑에 있는 많은 부하의 직무 스트레스를 인식하고 그들이 직무 스트레스를 덜 경험하도록 도와주는 역할을 할 필요가 있기 때문이다.

여기서는 탁진국(2011)이 근로자의 직무 스트레스 관리를 위해 기술한 내용을 토대로 직무 스트레스를 평소에 어떻게 관리하고 예방하는 것이 바람직한지에 대해 간단히 설명하고자 한다.

1) 직무 스트레스 인식

직무 스트레스가 개인의 건강과 수행에 부정적인 영향을 미친다는 연구는 이미 많이 발표된 바 있다(예: Chao, Jou, Liao, & Kuo, 2015; Chou, Chu, Yeh, & Chen, 2014; Govind, Ratchagar, & Ruby Violet Rani, 2014; Hu, Wang, Xu, & Xu, 2014 등). 직무 스트레스의 이러한 부정적 영향 때문에 리더는 자신뿐 아니라 구성원의 직무 스트레스를 관리하는 데 많은 관심을 기울일 필요가 있다. 이를 위해서는 먼저 어떤 신체적 및 정신적 증상이 나타나면 직무 스트레스가 있는 것으로 인식할 수 있는지를 파악하는 것이 중요하다. 일반적으로 다음과 같은 상태가 평소보다 더 많이 발생하면 직무 스트레스가 상당히 있다고 볼 수 있다.

- 일의 능률이 저하된다.
- 별것도 아닌 일로 동료한테 화를 낸다.
- 짜증나고 성가신 경우가 많다.
- 업무성과가 오르지 않는다.
- 회사를 며칠이라도 쉬었으면 좋겠다고 생각한다.
- 괜히 초조하고 안절부절못한다.
- 뜻대로 일이 진행되지 않는다.
- 머리가 자주 아프다.
- 소화가 잘 안 된다.
- 전보다 잠이 잘 안 온다.
- 흡연이나 음주가 전보다 늘었다.

2) 직무 스트레스 대처방안

직무 스트레스를 경험할 때 가장 이상적인 방법은 그것을 가져오는 원인을 찾아내어 해결하는 것이다. 하지만 이러한 원인이 구성원 스스로 해결하기 어려운 경우라면 해결방법을 찾는 것은 쉬운 일이 아니다. 예를 들어, 회사에서는 보통 엄격한 성과급제도를 실시하고 있기 때문에 자신의 성과에 따라 연봉이 달라지게 되는데, 자신의 성과가 상대적으로 낮은 구성원들은 스트레스가 심할 수밖에 없다. 하지만 그렇다고 해서 성과급제도가 싫으니 그것을 없애 달라고 이야기하기는 어려울 것이다.

물론 리더로서 구성원들이 경험하는 직무 스트레스의 원인을 파악하여 그것을 해결해 주기 위한 노력을 할 필요가 있다. 하지만 리더라 하더라도 자신의 직급이나 직장

내에서의 영향력 정도에 따라 직무 스트레스의 원인을 통제하기 어려운 경우가 있을 수 있다. 이러한 경우에는 스트레스를 받을 때 어떻게 잘 관리하면 좋은지를 스스로 익혀서 대처하는 것이 바람직할 수 있는데, 이에 관한 몇 가지 방법을 소개하고자 한다.

직무 스트레스를 경험할 때는 적절하게 자기관리를 함으로써 스트레스로 인한 증상을 줄일 수 있다.

(1) 긴장이완 기법

긴장이완 기법은 스트레스로 유발되는 심리적 또는 생리적 반응을 해소할 수 있다. 긴장이완은 맥박, 땀 등의 감소를 가져오며, 심리적 불안의 감소도 가져온다. 이 방법은 신체의 다양한 근육을 긴장했다 이완하는 과정을 반복하는 것을 의미하는데, 신체에는 다양한 종류의 근육이 있어서 어떤 특정 부위를 긴장 또는 이완시키는지에 따라서 다양한 방법이 가능하다. 각자 자신이 사용하기에 편안한 근육만을 긴장 또는 이완시키는 것도 방법이다.

① 먼저 의자에 앉아 편안한 상태를 유지한다. 머리는 어깨와 직각을 유지하고 등은 의자에 닿도록 하며, 다리는 바닥에 닿게 하고, 손은 무릎 위 또는 팔걸이에 둔다.
② 특정 근육(예: 다리와 발의 경우 두 무릎을 쭉 펴고 발목과 발가락을 발아래 쪽으로 밀어서 허벅지, 종아리, 발가락이 마치 곧은 막대기처럼 단단하게 느껴지도록 한다)을 긴장시킨 후 이를 10초 정도 유지한다.
③ 즉시 이완시킨(예: 위의 예에서 무릎을 살짝 구부리고 발목을 원래 위치대로 둔다) 후 약 50초 정도 천천히 호흡하며 이완 상태를 느낀다.
④ 신체 내 다른 근육(예: 팔, 손, 목, 이마, 가슴, 턱 등)으로 옮겨서 ②, ③ 과정을 되풀이한다. 자신이 원하는 부위에 대해 몇 개 정도 범위 내에서 선택하여 진행한다.

(2) 호흡법

스트레스를 받는 흥분 상태가 되면 무의식적으로 호흡이 거칠게 된다. 이때 호흡을 편안하게 하면 긴장 상태를 이완시키고 스트레스를 줄이는 효과를 얻을 수 있다.

① 의자에 편히 앉거나 바닥에 편히 누워 오른 손은 배, 왼손은 가슴에 올려놓는다.
② 눈을 지긋이 감고 코로 숨을 들이마시면서 배가 볼록해짐을 오른손을 통해 느낀다.

③ 입으로 숨을 천천히 내쉬면서 볼록해졌던 배가 다시 내려오는 것을 느낀다.

④ 편안한 마음이 들 때까지 이 과정을 천천히 되풀이한다.

(3) 심상훈련

① 과거 편안했던 기억을 떠올린다.

② 복식호흡을 천천히 하면서 "편해." "쉬어." 등의 말을 천천히 속으로 반복한다.

(4) 인지 변화

최근 하버드 대학교 연구 팀이 8년 동안 3만 명의 성인을 대상으로 실시한 종단적 연구에 따르면 연구 참여자들에게 작년에 스트레스를 얼마나 받았는지 또 스트레스가 건강에 해가 되는지 물어보고 그 가운데 사망자를 조사한 결과, 스트레스를 많이 받았다고 답한 사람은 그렇지 않은 사람보다 사망률이 43% 증가한 것으로 나타났다. 하지만 그중에서도 스트레스가 건강에 해롭다고 생각하지 않은 사람은 사망 확률이 가장 낮았으며, 이 비율은 스트레스를 거의 받지 않았다고 답한 사람보다도 낮은 것으로 나타났다. 이는 자신이 스트레스를 어떻게 생각하는지에 따라 스트레스가 가져오는 부정적 결과가 달라질 수 있음을 보여 주는 연구결과이다.

이와 같은 방법으로 스트레스를 받을 때 자신의 생각을 변화시켜 상황을 긍정적으로 인지하면 스트레스를 줄일 수 있다. 예를 들어, 상사로부터 꾸지람을 들을 경우 '저 상사가 나에게 관심이 있기 때문에 이렇게 야단치는 것이다.'라고 긍정적으로 생각하면 스트레스를 덜 받게 될 수 있다.

3) 직무 스트레스 예방을 위한 평상시 자기관리

앞에서 기술한 방법은 직장에서 스트레스를 받을 때 시도할 수 있는 것에 관한 것이다. 다음에 기술하는 방법은 직무 스트레스를 예방하거나 덜 경험하기 위해 평상시 일상생활에서 각자가 노력할 수 있는 것에 관한 것이다.

(1) 건강한 신체 만들기

평소에 건강한 신체를 유지하면 스트레스에 대한 저항력을 높일 수 있다.

① 균형 있는 식사

- 너무 많이 섭취하지 않는다.
- 과일과 채소 섭취를 늘린다.
- 비만은 건강 위험을 높일 뿐만 아니라 그 자체가 스트레스의 요인이 되므로 적정 체중을 유지하기 위해 지방질과 칼로리가 높은 음식을 피한다.

② 적절한 운동

규칙적인 운동은 불쾌한 감정과 생리적 긴장감을 줄이고 스트레스에 대처하는 저항력을 높인다. 아울러 만성 질환의 위험을 낮추어 더욱 건강하게 한다. 매주 총 150분 이상 중강도(빠르게 걷는 정도의 운동 강도) 이상의 운동을 하는 것이 좋다. 근력운동을 포함하면 더욱 좋다. 다음과 같은 방법을 찾아 꾸준히 운동을 한다.

- 운동 시간을 정하여 꾸준히 운동을 한다.
- 하루에 30분 이상 시간을 내어 빠르게 걷는다.
- 운동할 시간을 내기 어렵다면 일주일에 두세 번은 자동차를 이용하지 않고 출퇴근이나 업무상의 활동 시간에 걷는 기회를 갖도록 한다. 천천히 걷는 것이 아니라 나름대로의 능력 범위 내에서 빠르게 걷는 것이 중요하다.

(2) 직무 스트레스 요인에 대한 대응

① 성격으로부터의 스트레스

- 자기 성격에 대한 이해: 경쟁심이 강하고 급하게 행동하는 사람은 화를 잘 내고 성격이 급하기 때문에 자신뿐 아니라 주변에 있는 사람에게도 부정적인 영향을 줄 수가 있다. 이런 사람들은 너무 급하게 서두르지 않고 좀 더 천천히 일을 진행한다면 자신의 건강뿐 아니라 회사에도 더욱 크게 기여할 수 있다.
- 성격에 따른 대응방안: 자신이 급한 성격 유형에 속한다고 생각하면 업무 처리를 좀 더 천천히 하도록 한다. 이를 통해 업무도 처리하고 건강도 증진시킬 수 있다.

② 기대와 현실의 불일치로 인한 스트레스

- 현실의 이해: 구성원은 회사의 전망, 경영 이념, 회사의 종업원 복지제도와 같은 다양한 정책 등이 기대했던 것과 다를 때 스트레스를 받는다. 특히 기대가 현실보

다 지나치게 높으면 심리적 탈진 상태에 빠질 수 있다. 또한 업무 성취나 보상에 대해 비현실적으로 높은 기대를 할 때 스트레스를 받고 탈진 상태에 빠질 수 있다.

- 현실적인 기대와 목표의 설정: 현실적으로 성취 가능한 기대와 목표를 가지는 것이 좋다. 자기 혼자서만 생각하지 말고 다른 사람과 얘기해서 자신의 기대와 목표를 보다 현실적으로 수정한다. 또한 너무 일에만 치중하지 말고 가정이나 취미 활동, 다른 사회 활동(종교 활동 포함)에 시간을 투자한다. 다양한 활동을 하면 일만이 자기 생활의 전부가 아님을 느끼게 된다. 또한 일의 보상이 적다고 느낄 경우에도 모든 자신감을 잃게 되는 결과를 막을 수 있다.

③ 대인관계로부터의 스트레스

- 터놓고 이야기하기: 대인관계에서 스트레스를 받을 경우 직장 내에서 누군가에게 스트레스 받은 내용을 털어놓고 이야기한다. 다른 사람에게 자신의 스트레스를 이야기함으로써 자신이 생각하지도 않았던 극복방법을 배울 수 있고, 문제를 해결하도록 격려받을 수 있으며, 이로 인해 마음의 위안을 얻을 수 있다.
- 의지할 수 있는 사람 사귀어 두기: 직장 내에서 믿고 의지할 수 있는 사람을 평소에 사귀어 둠으로써 스트레스를 완화시켜 줄 수 있는 사회적 지지 체계를 마련한다.

(3) 행동의 통제

① 자기 행동의 인식

스트레스를 주는 상황에 접하게 될 때 많은 사람은 자신을 통제하지 못하고 바람직하지 못한 행동을 보인다. 예를 들어, 동료가 자신이 부탁한 것을 거절할 때 동료에게 그럴 수 있느냐고 소리를 지를 수 있다. 하지만 이러한 행동은 스트레스를 해결하는 데 도움이 되지 않으며, 오히려 역효과를 가져온다. 즉, 이러한 행동은 자신의 불쾌한 감정을 더욱 증폭시키고 내부의 긴장을 더욱 가속화시켜 스트레스를 증대시킨다. 또한 타인에게 화를 낼 경우 그 사람의 감정을 폭발시켜 상대방도 화를 내도록 만든다.

② 바람직하지 못한 행동의 지연

자신의 행동을 조절해서 절제된 방식으로 말하거나 불만을 표시하는 기술을 익힌다.

- 분노가 일어나려는 순간을 인식한다.

- 이 순간 가능한 한 천천히 말을 하거나 숨을 천천히 쉬거나 일순간 아무 말도 하지 않으며 흥분을 가라앉힌다.
- 마음속으로 "정지."라고 말하며 아무 말도 하지 않고 그 순간을 넘긴다.
- 흥분된 상태를 넘긴 후 차분히 대응방안을 고려한다.

③ 행동의 습관화
- 평소 남에게 부드러운 목소리로 말하고 침착하게 행동하며, 남의 이야기를 주의 깊게 경청하는 노력을 한다.
- 매일매일의 행동을 관찰해서 기록할 필요가 있다. 예를 들어, 동료와 대화하면서 스트레스를 받아 큰 소리를 지르는 행동을 보였을 때 그 상황에서 어떠한 바람직한 행동을 했고, 그 결과로 인해 어떠한 느낌이 들었는지를 기록해 둔다.
- 이러한 기록을 통해서 자신의 스트레스 극복 행동의 문제점을 파악한다. 즉, 기록을 하면서 자신이 올바르게 행동했는지의 여부를 판단하고, 올바르게 행동하지 못했다고 판단할 경우 어떻게 행동하는 것이 바람직한 것인지를 생각하며, 다음에는 행동으로 옮기도록 노력한다. 반면, 올바르게 행동했을 경우 계속 그러한 행동을 반복해서 습관화한다.

> **팀 토 의**
>
> 직무 스트레스에 대처하는 방법 가운데 어떠한 방법이 자신에게 잘 맞는다고 생각하는지에 관해 토의해 보시오.

 참고문헌

강정애, 태정원, 양혜현, 김현아, 조은영(2010). 리더십론. 서울: 시그마프레스.

김경환, 정지영 역(2009). 마시멜로 이야기[Don't eat the marshmallow yet!]. 호아킴 데 포사다 저. 서울: 한국경제신문사.

김병섭, 박광국, 조경호(2009). 휴먼 조직론. 서울: 대영문화사.

김원중 역(2012). 논어[論語]. 공자 저. 경기: 글항아리.

김준식, 박민생, 차대운, 김정수(2007). 핵심 조직행동론. 대구: 도서출판대명.

류시화(2002). 지금 알고 있는 것을 그때도 알았더라면. 서울: 열림원.

박보식(2017). 리더십: 이론과 실제. 서울: 대영문화사.

박유진(2009). 현대사회의 조직과 리더십. 서울: 양서각.

백기복, 신제구, 김정훈(2009). 리더십의 이해. 서울: 창민사.

손주영(2013). 조직과 리더십. 서울: 도서출판 두남.

송계충, 정범구(2008). 조직 행위론. 서울: 경문사.

이민규(2002). 네 꿈과 행복은 10대에 결정된다. 서울: 더난출판사.

이상호(2015). 조직과 리더십. 서울: 북넷.

이영민(2006). 리더십 대탐험. 서울: 다만북스.

정범진 역(2003). 목표 그 성취의 기술[Goals!]. 브라이언 트레이시 저. 서울: 김영사.

정우일, 박선경, 양승범(2009). 리더와 리더십. 서울: 박영사.

조영탁(2004). 100억 연봉 CEO. 서울: 휴넷.

최종옥 역(2010). 폴 마이어의 성공 시크릿[Success Secret]. 폴 J. 마이어 저. 서울: 책이있는마을.

탁진국(2011). 산업보건관리분야 안전보건기술지침 개발 용역 보고서. 직무 스트레스 자기관리를 위한 근로자용 지침(pp. 131-142). 한국산업안전공단 산업안전보건연구원.

Chao, M. C., Jou, R. C., Liao, C. C., & Kuo, C. W. (2015). Workplace stress, job satisfaction, job performance, and turnover intention of health care workers in rural Taiwan. *Asia-Pacific Journal of Public Health*, *2*, 1827-1836.

Chou, L. F., Chu, C. C., Yeh, H. C., & Chen, J. (2014). Work stress and employee well-being: The critical role of Zhong-Yong. *Asian Journal of Social Psychology, 2,* 115-127.

Govind, K., Ratchagar, I., & Ruby Violet Rani, E. (2014). Job stress in relation to mental health among the college teachers. *Annamalai International Journal of Business Studies & Research, 1*, 35-46.

Hu, Y., Wang, D., Xu, G., & Xu, P. (2014). The relationship between work stress and mental health in medical workers in East China. *Social Behavior & Personality: An International Journal*, *2*, 237-244.

Kotter, J. P., & Cohen, D. S. (2002). *The heart of change*. Boston, MA: Harvard Business School Press.

| 찾아보기 |

〈인명〉

〈내용〉

| 저자 소개 |

탁진국(Jinkook Tak)
미국 캔자스 주립대학교 심리학 박사(산업 및 조직심리 전공)
전 한국산업및조직심리학회장
　한국코칭심리학회장
　한국심리학회장
　한국직무스트레스학회장
현 광운대학교 인문사회과학대학장 겸 교육대학원장

손주영(Jooyoung Son)
미국 코넬 대학교 교육학 박사(평생교육 전공)
전 삼성전자 본사 인사팀 리더십개발센터 부장
현 광운대학교 인제니움학부대학 교수(리더십교육 전공)

리더십
이론과 실제
Leadership: Theory and Practice

2017년 6월 20일 1판 1쇄 인쇄
2017년 6월 30일 1판 1쇄 발행

지은이 • 탁진국 · 손주영
펴낸이 • 김진환
펴낸곳 • (주) **학 지사**
　　　　04031 서울특별시 마포구 양화로 15길 20 마인드월드빌딩
대표전화 • 02)330-5114　　　팩스 • 02)324-2345
등록번호 • 제313-2006-000265호

홈페이지 • http://www.hakjisa.co.kr
페이스북 • https://www.facebook.com/hakjisa

ISBN 978-89-997-1261-6 93180

정가 20,000원

이 도서의 국립중앙도서관 출판시도서목록(CIP)은 서지정보유통지
원시스템 홈페이지(http://seoji.nl.go.kr)와 국가자료공동목록시스템
(http://www.nl.go.kr/kolisnet)에서 이용하실 수 있습니다.
(CIP 제어번호: CIP2017015181)

교육문화출판미디어그룹 학 지사

심리검사연구소 **인싸이트** www.inpsyt.co.kr
원격교육연수원 **카운피아** www.counpia.com
학술논문서비스 **뉴논문** www.newnonmun.com